Pla)
(Id S.30-40)

Hegel 254-267(276)
13 Seiten (22 S.)

Jörg Disse

Kleine Geschichte der abendländischen Metaphysik

Von Platon bis Hegel

PRIMUS VERLAG

Einbandgestaltung: Jutta Schneider, Frankfurt a. M.

Die Deutsche Bibliothek – CIP-Einheitsaufnahme
Ein Titeldatensatz für diese Publikation ist bei
Der Deutschen Bibliothek erhältlich.

Gedruckt auf säurefreiem und alterungsbeständigem Papier
Printed in Germany

www.primusverlag.de

ISBN 3-89678-412-9

Den Luzerner Studierenden
in Dankbarkeit

Inhalt

Vorwort

Die Philosophie hat sich zur Jahrtausendwende mehrheitlich auf einen metaphysikkritischen Kurs eingependelt. Eine Einführung in die Metaphysik läuft daher Gefahr, als ein unzeitgemäßes Unterfangen gar nicht erst beachtet zu werden. Soweit man dem Autor keine restaurativen Absichten unterstellt, wird man ihm allerhöchstens ein rein philosophiegeschichtliches Interesse zugestehen. Das vorliegende Buch versteht sich jedoch von seinem Ansatz her weder als restaurativ noch als progressiv, sondern beruht über alles philosophiegeschichtliche Interesse hinaus auf der m. E. philosophisch ausweisbaren Überzeugung: Die Metaphysik ist und bleibt der Kern der Philosophie.

Kein Gebiet der Philosophie ist heute in manchen philosophischen Kreisen mehr verpönt als die Metaphysik. Schon der Begriff als solcher ist ein rotes Tuch, und *die* Metaphysik ist für viele Philosophen der Prügelknabe schlechthin, der für philosophiegeschichtliche Positionen herhalten muss, von denen man sich verächtlich und oft ohne nähere Begründung glaubt definitiv verabschieden zu können, die aber, wenn überhaupt, höchstens eine der möglichen Spielarten abendländischer Metaphysik darstellen. Mag das vorliegende Buch dazu beitragen, dass auch diese Kreise sich bewusst machen, dass nicht nur wesentliche Denker der abendländischen Philosophie von Platon bis Hegel im Wesentlichen Metaphysiker waren – was bekannt sein dürfte –, sondern auch, dass die Philosophie durch ihre Ausrichtung auf die Metaphysik im Grunde genommen erst ihre Existenzberechtigung erhält. Die Philosophie würde aufhören, Philosophie zu sein, sie würde sich in nichts von anderen wissenschaftlichen Disziplinen unterscheiden, hätte sie keinen Bezug zur Metaphysik. Selbst da, wo die Metaphysik radikal negiert wird, bleibt die Philosophie auf sie als auf ihre äußerste Spitze bezogen.

Ich habe versucht, mich auf wesentliche Aspekte der abendländischen Metaphysik zu konzentrieren. Das aus meiner Tätigkeit als Dozent an der Universität Luzern erwachsene Buch legt vor allem Wert auf Transparenz in der Darstellung. Es geht mir in erster Linie darum, dem an der Philosophie interessierten Laien eine zuverlässige, anspruchsvolle, aber dennoch nicht entmutigende Einführung in die wichtigsten Ansätze der Metaphysik- und damit zugleich auch der Philosophiegeschichte im Allgemeinen zu bieten.

Einen wesentlichen Beitrag zum Zustandekommen dieses Buches haben meine Hörerinnen und Hörer aus Luzern geleistet, und meine Dankbarkeit möchte ich ihnen mindestens dadurch bekunden, dass ich es ihnen widme. Sie waren der beste Ansporn zu ständiger Verbesserung des Manuskripts. Betretenes Schweigen, Stirnrunzeln, nervöse oder verzweifelte Blicke in Richtung Mitschrift des Nachbarn oder vorsichtige Anfragen nach der Vorlesungsstunde haben mir immer wieder zu verstehen gegeben, dass meine Darstellung an gewissen Stellen noch nicht deutlich, nicht verständlich genug war. Ich bin überzeugt, dass es noch viele andere Stellen gibt, die weiterer Bearbeitung bedürften, das zugleich ständige, positive bis begeisterte Feed-back von Seiten der Studierenden, was die Vorlesung insgesamt betrifft, war dann aber ausschlaggebend dafür, dass ich mich dazu entschlossen habe, sie in der vorliegenden Form zu veröffentlichen.

Das Buch schöpft aus einer Vielzahl von Quellen, die ich mir in der Eile des ersten Vorlesungsentwurfs nicht notiert habe, und es war mir nicht möglich, alle diese Quellen nachträglich wieder aufzufinden. Es ist von daher nicht auszuschließen, dass sich hin und wieder Sätze finden, die in einem anderen Werk teilweise ähnlich oder fast gleich formuliert vorkommen. Ganz besonders verpflichtet aber bin ich in jedem Fall, dies möchte ich hervorheben, der neunbändigen Philosophiegeschichte von F. Copleston, die mir in mancherlei Hinsicht ein Vorbild war.

Freiburg, im Dezember 2000

Einleitung

Keiner, gerade auch kein Philosoph, kann genau definieren, was Philosophie ist, und es hat vielen den Anschein, als würde sie Fragen behandeln, die recht abgehoben von dem sind, was die für uns relevante, alltägliche Lebenswelt ausmacht, als wäre der Philosoph ein etwas esoterisches Wesen, zu dem man nur mit banger Ehrfurcht aufschaut oder den man als einen weltfremden, über abstrusen Fragen brütenden Trottel belächelt. Geradezu mit einer Aura des Esoterischen umgeben ist jedoch für den Außenstehenden – soweit er dem Begriff überhaupt schon einmal begegnet ist – die Metaphysik.

Auch dem heutigen Spezialisten ist diese philosophische Disziplin oft befremdlich geworden. Die Philosophie versteht sich zur Jahrtausendwende mehrheitlich als metaphysikkritisch, eine Auffassung, die sich vor allem im 19. Jahrhundert massiv durchgesetzt hat und heute schon fast zum guten Ton in der Philosophie geworden ist. Doch ist diese z. T. affektgeladene Feindseligkeit der Metaphysik gegenüber berechtigt? Verbirgt sich dahinter womöglich eine Verdrängung von Problemen, vor denen heute viele – eben auch Philosophen – ratlos dastehen? Vor allem aber: Kann die Philosophie sich so ohne weiteres von etwas verabschieden, was sie fast 3000 Jahre lang in ihrem Kern bestimmt hat, worum letztlich alle philosophischen Fragen gekreist sind?

Doch was ist überhaupt Metaphysik? Es hat in der abendländischen Geistesgeschichte eine Vielzahl von Formen der Metaphysik gegeben, von denen ein paar wichtige im Folgenden dargestellt werden sollen. Fragen wir uns jedoch zunächst, ob es nicht so etwas wie ein allgemeines Merkmal gibt, das all diese Formen vereint. Ein Rückblick in die Philosophiegeschichte zeigt, dass die Metaphysik in der Antike tatsächlich etwas Esoterisches an sich hatte, wie aus einem Bericht Plutarchs in seiner „Vita Alexandri" hervorgeht. Als nämlich Alexander der Große, der von Aristoteles auch in dieser philosophischen Disziplin unterrichtet worden war, auf seinen Eroberungszügen hörte, Aristoteles habe seine metaphysischen Schriften veröffentlicht, wandte er sich mit folgenden Worten enttäuscht an seinen Lehrer: „Du hast nicht recht getan, dass du die nur fürs Hören bestimmten Lehren veröffentlicht hast. Wodurch werden wir uns über die anderen erheben, wenn die Lehren, nach denen wir erzogen worden sind,

Allgemeingut werden?"[1] Später, während der römischen Kaiserzeit, wurde in der auf Platon zurückgehenden philosophischen Schule, der Akademie, der Mysteriencharakter der Philosophie hervorgehoben. Es erfolgte eine stufenweise Einweihung in ihre Lehren, die höchste Stufe aber bildete ein höchstes, ein metaphysisches Wissen, mit dem das Streben nach Weisheit zu seiner Erfüllung gelangt.[2]

Diesen Mysteriencharakter hatte die Metaphysik sicher deshalb angenommen, weil es ihr um ein Letztes ging, das sich dem in seiner Alltäglichkeit befangenen Menschen entzieht und von daher von einer Aura des Numinosen umgeben war. Die Metaphysik befasst sich in der Tat – dies wäre eine erste, formale Bestimmung ihres Wesens – mit den letzten, den Menschen umtreibenden Fragen, ja sie gründet gewissermaßen in einer Grundfrage, wie sie grundsätzlicher nicht mehr gestellt werden kann. Allerdings ist zunächst jede Wissenschaft die Antwort auf eine bestimmte Grundfrage. Die Frage „Was ist Materie?" etwa könnte man als die Grundfrage der Physik bzw. der Chemie bezeichnen. „Was ist Leben?" wäre die Grundfrage der Biologie, „Was ist der Mensch?" die Grundfrage der Anthropologie. Zudem gibt es eine ganze Reihe sehr grundsätzlicher Fragen, die uns allgemein bzw. existentiell beschäftigen. Wie gestalte ich mein zukünftiges Leben? Wie habe ich mich in diesem Leben gegenüber meinen Mitmenschen zu verhalten? Was ist gut, was ist moralisch von mir gefordert? Woraufhin bewegt sich unsere Gesellschaft, und was kann ich dazu beitragen, dass sie den richtigen Weg geht? Was ist überhaupt der Sinn des Lebens und insbesondere meines Lebens? Was ist das für eine Welt, in der wir leben, in der es Ungerechtigkeit, Leiden und Tod gibt? All diese Fragen gehen jeden von uns brennend an und haben auch bereits metaphysischen Charakter. Die Metaphysik jedoch fragt immer noch ein Stück weiter, ihr Fragen reicht noch über jede der eben genannten Fragen hinaus. Die wohl eindrucksvollste Formulierung einer letzten, metaphysischen Grundfrage stammt vom Philosophen Gottfried Wilhelm Leibniz. Sie lautet: Warum gibt es überhaupt etwas und nicht vielmehr nichts?[3] Was abendländische Metaphysik im Verlauf der Philosophiegeschichte seit ihren Anfängen in Griechenland im 7./6. Jahrhundert v. Chr. insgesamt gewesen ist, lässt sich allerdings kaum als eine direkte Antwort auf gerade diese Frage verstehen. Sie ist in der Antike so gar nicht gestellt worden.

[1] Plutarch, Alexander und Caesar I, 7, in: *Große Griechen und Römer*, Bd. 5, München 1980.

[2] Art. Metaphysik, in: *Historisches Wörterbuch der Philosophie*, Bd. 5, Basel 1980, 1197f.

[3] G. W. Leibniz, *Vernunftprinzipien der Natur und der Gnade*, Hamburg [2]1982, § 7.

Deutlich jedoch wird mit der Formulierung von Leibniz – und dies ist ein weiterer, wichtiger Anhaltspunkt –, dass es der Philosophie in ihrem Letzten um den nicht weiter hinterfragbaren Grund der Dinge geht.

Dabei ist mit dem Grund notwendig der Grund von all dem gemeint, was ist. Die Philosophie unterscheidet sich wesentlich darin von den Einzelwissenschaften, dass es ihr nicht um das Verstehen einzelner Gegenstände oder Gegenstandsbereiche als solcher geht, sondern um das der Wirklichkeit insgesamt. Eine Philosophie, die den Horizont des Ganzen völlig aus den Augen verliert, hört auf, Philosophie zu sein. Die philosophische Disziplin jedoch, die sich historisch gesehen mit dem Sein im Allgemeinen so befasst, dass sie zugleich nach dessen Grund fragt, wurde in Anlehnung an ein Werk von Aristoteles „Metaphysik" genannt. Die Metaphysik bildet den Kern aller Philosophie, indem sie durch die Frage nach dem Sein als solchem und nach dessen Grund überhaupt erst den Blick für das Ganze öffnet.

Auf das metaphysische Fragen kann der einzelne Mensch sich jedoch nur einlassen, wenn er etwas zurückgewinnt, was ihm seit seiner Kindheit meist abhanden gekommen ist: die Fähigkeit zu staunen. Die Verwunderung, das Staunen ist der Anfang aller Philosophie, so heißt es schon in Platons Dialog „Theätet", und so äußert sich auch Aristoteles.[4] Die meisten „erwachsenen" Menschen nehmen die Dinge einfach hin, wie sie nun einmal sind, versuchen, sich im Gegebenen einzurichten, so gut es geht. Hinterfragen ist tabu, tabu ist damit auch, sich über das eigene In-der-Welt-Sein zu verwundern. Schon die Wissenschaft macht einen Schritt darüber hinaus, indem sie die Dinge auf ihre zugrunde liegende Beschaffenheit hinterfragt. Erst die Philosophie, insbesondere die Metaphysik aber lässt sich auf das Staunen darüber ein, was überhaupt ist bzw. dass überhaupt etwas ist.

Die Frage nach dem Grund bildet den Leitfaden für die nun folgende Darstellung einiger der wichtigsten Klassiker der abendländischen Metaphysik von Platon bis Hegel. Dabei wird nicht so sehr die ideengeschichtliche Entwicklung metaphysischen Denkens im Vordergrund stehen, sondern es sollen neun herausragende Gestalten je für sich in den Blick genommen werden. Jede Darstellung bleibt Fragment, viele, ebenfalls zentrale Themen wurden aus Gründen der Klarheit und Durchsichtigkeit des Aufbaus weggelassen, und um nur einen Gedankengang umfassend zu entfalten, wurde auf viele weitere verzichtet. Trotz dieses fragmentarischen Charakters wird der philosophische Ansatz eines jeden dieser Philosophen möglichst so dargestellt, dass zugleich das systematische Ganze zum Ausdruck kommt.

[4] Platon, *Theätet* 155d; Aristoteles, *Metaphysik* A, 1.

Das Buch gliedert sich in drei Teile, entsprechend den drei großen Epochen der abendländischen Geistes- bzw. Philosophiegeschichte: Antike, Mittelalter und Neuzeit. Aus jeder dieser Epochen wurden drei maßgebende Philosophen ausgewählt, deren metaphysische Konzeption in ihren Grundzügen dargestellt wird. Dies sind für die Antike Platon, Aristoteles und Plotin, für das Mittelalter Augustinus, Thomas von Aquin und Ockham sowie für die Neuzeit Descartes, Kant und Hegel. Es wäre denkbar gewesen, darüber hinaus wichtige Gestalten der Metaphysik nach Hegel zu behandeln, wie etwa Whitehead, oder die Metaphysikkritik des 19./20. Jahrhunderts ausführlich zu berücksichtigen. Whitehead allerdings liegt noch zu nah, um ihn bereits einen Klassiker zu nennen, einen kurzen Überblick über die Metaphysikkritik nach Hegel aber bietet das Schlusskapitel dieses Buches.

ERSTER TEIL: DIE METAPHYSIK DER ANTIKE

Einleitung

Mit der Frage nach dem Grund hat die abendländische Philosophie im griechischen Kulturraum, genauer gesagt in Ionien an der kleinasiatischen Küste im 7./6. Jahrhundert v. Chr., begonnen: Was ist die den Dingen, wie sie uns erscheinen, zugrunde liegende Wirklichkeit? Was ist das eigentliche Sein, ohne das alles andere nicht wäre, nicht existieren könnte? Gemeint ist dabei nicht einfach die in unserem heutigen Sinne wissenschaftliche Frage nach dem Wie der einzelnen Dinge, nach ihren Ursachen im Sinne von ihren Verknüpfungen mit anderen Dingen. Es geht nicht um *einzelne* Dinge, sondern philosophisch um die Wirklichkeit *insgesamt*, um ihr letztes Fundament, d. h. um ein Sein, auf dem alles andere Sein gründet, und zwar als ein qualitativ höheres. Anders gefragt: Was an der Gesamtwirklichkeit *ist* im eigentlichen Sinne des Wortes? Was ist das Erste, von dem alles andere nur ein abgeleitetes Sein ist? In diesem Sinne ist in der Antike die von Platon erstmals ausdrücklich formulierte Frage: „Was ist das Sein?" zu verstehen. Das metaphysische Staunen der Griechen ist ein Nicht-Hinnehmen, Sich-nicht-zufrieden-Geben mit dem, wie sich einem die Dinge unmittelbar, auf den ersten Blick zeigen, mit dem unmittelbar gegebenen Sein. Es wird gefragt nach einer wahren Wirklichkeit, nach einem Sein, das mehr als das uns unmittelbar Gegebene ist.

Die Frage nach dem Grund taucht zwar schon bei griechischen Dichtern im 8. Jahrhundert auf, insbesondere bei *Hesiod* um 700 v. Chr., dem es in seiner „Theogonie" ebenfalls um eine Darstellung der Wirklichkeit in ihrer Gesamtheit geht und um ein Erstes, aus dem alles andere hervorgeht. Beantwortet wird sie aber noch durch Mythen, durch Göttererzählungen, auch wenn manche dieser Götter von Hesiod bereits als entpersonifizierte Naturmächte verstanden werden. Erst mit den Ioniern vollzieht sich der Übergang vom bildhaft-erzählenden zum begrifflich-erklärenden Denken, der Übergang vom Mythos zum Logos, zur Vernunft und damit zum eigentlich philosophischen und späterhin wissenschaftlichen Denken.

Gemeinsam war den Ioniern das Bewusstsein der ständigen Veränderung der Dinge, des Entstehens und Vergehens, des Überganges von Leben zu Tod, des Wechsels der Jahreszeiten usw. Dieser Veränderung musste ihrer Auffassung nach etwas Beständiges zugrunde liegen. Für *Thales* (ca. 624–546), dem ersten dieser ionischen Denker, den Aristoteles den Vater der Philosophie nennt, wird der Grund der Wirklichkeit nicht mehr auf mythologische Begebenheiten zurückgeführt. Der Grund, die „archḗ“, wie es im Griechischen heißt, die das eigentliche Sein oder Wesen der Dinge ausmacht, aus dem alles entspringt, ist das Wasser, wobei das Wasser als etwas verstanden wird, was selbst weder entsteht noch vergeht und damit nicht nochmals aus etwas anderem hervorgeht, als etwas also, was der Grund für alles andere ist. Für *Anaximander* (ca. 610–545), der fast gleichzeitig mit Thales lebt, ist der Grund, der Ursprung von allem nicht das Wasser, sondern das Unendliche. Gemeint ist ein alles umfassender Stoff, der feiner als Wasser und dichter als die Luft ist und eine Art unerschöpflichen Vorrat darstellt, aus dem alles entsteht und in den sich alles wieder auflöst. Dieses Unendliche steuert den Kosmos, es ist unsterblich und unvergänglich. Für *Anaximenes* (ca. 585–528), den Schüler von Anaximander, ist es die Luft. Alle anderen Stoffe, aus denen die Dinge bestehen, sind lediglich Luft in jeweils verschiedener Dichte. Gelockert wird die Luft Feuer, verdichtet Wind, dann Wolke, weiter durch noch stärkere Verdichtung Wasser, dann Erde, dann Stein; alles Übrige aber entsteht aus diesem.

Bei all diesen Denkern ist der Grund, das eigentliche Sein, immer etwas Materielles. Das, was dem materiellen Kosmos zugrunde liegt, ist seinerseits etwas Materielles, wobei die Materialität hier allerdings die Vorstellung der Lebendigkeit nicht ausschließt. Für Thales ist das Wasser oder für Anaximenes die Luft zugleich etwas Beseeltes, und zwar in dem Sinne, dass zwischen bloß Materiellem und Lebendigem noch gar nicht unterschieden wird. Auch handelt es sich um etwas Materielles, das in seiner Beschaffenheit Eigenschaften ausweist, die über das rein Beobachtbare hinausgehen, wie die Unveränderlichkeit und die Ewigkeit.

Mit *Pythagoras* (ca. 570–496) geht die abendländische Metaphysik einen Schritt weiter. Der Grund von allem ist hier nicht mehr etwas Materielles. Für ihn ist vielmehr, damit auf die moderne Wissenschaft vorausweisend, die Zahl das Prinzip des Kosmos. Die Zahl ist das Formgebende, wodurch das Unbestimmte zu einem Bestimmten wird. Sie schafft die Körper, sie grenzt sie ab, gibt ihnen ihre Maße. Noch weiter in diese Richtung geht *Xenophanes* (ca. 570–475). Für ihn ist das Prinzip, und dies erstmals im polytheistischen Griechenland, dessen vermenschlichende Göttervorstellung er kritisiert, der eine Gott, der ganz Geist ist. Er ist ebenfalls unsterblich und unvergänglich und lenkt das ganze Weltall.

Auch bei *Heraklit* (ca. 544–484) verbirgt sich das wahre Prinzip der Wirklichkeit hinter den Erscheinungen der materiellen Welt. Dabei ist der Grund aller Dinge der Logos, ein Begriff, der bei Heraklit erstmals in Erscheinung tritt. Logos bedeutet: Wort, Gedanke, Sinn und vor allem Vernunft. Die Wirklichkeit, wie sie uns zunächst erscheint, ist ein Kampf von Gegensätzen wie Tag und Nacht, Krieg und Frieden, Krankheit und Gesundheit, Leben und Tod usw. Sie ist zudem ein ständiges Entstehen und Vergehen, alles ist im Fluss, alles ist aufgrund der sich bekämpfenden Gegensätze im Werden. Dieser Kampf ist fruchtbar, ist voller Leben und zeugender Kraft. Von daher Heraklits bekannter Satz: „Der Krieg ist der Vater aller Dinge, ist aller Dinge König." Die diesen Erscheinungen zugrunde liegende Wirklichkeit aber, der ewige Logos, der auch als Gott bezeichnet wird, ist nichts von den Erscheinungen Getrenntes. Er ist zwar von den Gegensätzen selbst verschieden, aber zugleich die Einheit dieser Gegensätze. Das heißt, der göttliche Logos ist das Verhältnis, in dem die Gegensätze zueinander stehen, er ist das Gesetz, nach dem alles abläuft.

Parmenides (ca. 540–470) schließlich geht im Gegensatz zu Heraklit davon aus, dass es nichts als den einen, unveränderlichen Grund aller Dinge gibt, er nennt ihn das Sein. Alles andere, die vielen verschiedenen, im Werden begriffenen Dinge, wie wir sie wahrnehmen, sind nur Schein und Trug. Im Widerspruch zu aller Erfahrung gibt es für ihn kein Werden, nur ein Sein, das in sich ungeteilt ist, das ungeworden, unvergänglich, unveränderlich und vollkommen ist. Von diesem Sein kann kein weiteres Sein getrennt werden, neben diesem Sein kann kein weiteres Sein bestehen. Es ist das stets mit sich selbst Identische. Dieses Sein ist zudem eins mit dem Denken. Denken und Sein sind ein und dasselbe.

Bei jedem dieser so genannten Vorsokratiker wird in verschiedenen Formen ein gleiches Thema variiert: die Frage nach dem Grund der Dinge, d.h. die Frage der Metaphysik, zumindest in der Form, wie sie für das philosophische Denken der Antike bestimmend ist. Im Folgenden wird es nun darum gehen, die drei wichtigsten philosophischen Ansätze der Antike, diejenigen von Platon, Aristoteles und Plotin, von genau dieser Frage her zu entfalten.

Erstes Kapitel: Platon

I. Die Zweiweltenlehre

Den Begriff „Metaphysik“ als solchen verwendet auch Platon noch nicht. Erst mit Bezug auf Aristoteles wird er in Erscheinung treten, wobei er allerdings noch nicht einmal von Aristoteles selbst stammt. Was aber im Nachhinein als Platons Metaphysik bezeichnet werden kann, ist seine so genannte Ideenlehre. Dabei bildet die Ideenlehre gleich den ersten Höhepunkt sowohl der Metaphysikgeschichte im Besonderen als auch der Philosophiegeschichte überhaupt, einen Höhepunkt, der vielleicht nie wieder erreicht worden ist, was der englische Philosoph Alfred North Whitehead (1861–1947) mit der prägnanten Aussage zum Ausdruck gebracht hat, alle Philosophie seit Platon sei nichts als eine Fußnote zu Platon.

1. Leben und Werk

Platon bzw. Plato – beide Schreibweisen sind möglich – ist voraussichtlich im Jahre 427 v. Chr. geboren. Über sein Leben weiß man wenig. Vor allem jedoch war er der Schüler Sokrates'. Platons eigener Darstellung nach war das Anliegen Sokrates', der etwa von 469–399 lebte und kein schriftliches Werk hinterlassen hat, im Gespräch einzelne Menschen auf die Grundannahmen ihrer Lebenseinstellung zu hinterfragen, und zwar so, dass sie immer wieder ihrer Unwissenheit überführt wurden. Dies machte ihn auf Dauer in Athen unbeliebt, und die Athener führten schließlich 399 einen Prozess gegen ihn, bei dem er zum Tode verurteilt wurde, unter dem Vorwand, er verderbe die Jugend und führe neue Götter ein. Dieser Tod aber, dem Sokrates sich nicht zu entziehen versuchte, obwohl er aus seinem Gefängnis hätte fliehen können, muss Platon sehr erschüttert haben und scheint ihn zu dem Entschluss gebracht zu haben, sein Leben der Philosophie zu widmen und nicht als Politiker tätig zu werden. Im Jahre 387 erwarb Platon einen Garten beim Heiligtum des Heros Akademos und gründete seine nach diesem Heros benannte philosophische Schule, die berühmte, bis ins sechste Jahrhundert n. Chr. existierende Akademie. Dort lehrte und forschte er mit Unterbrechungen durch Reisen – insbesondere nach Sizilien, wo er vergebens versuchte, seine politische Philosophie mit

Hilfe eines Verwandten des dortigen Herrschers in politische Praxis umzusetzen – bis zu seinem Tod im Jahre 347 im Alter von achtzig Jahren.

Platons Werk besteht fast ausschließlich aus Dialogen, wovon 24 allgemein als echt anerkannt werden. Die Ausnahme bilden ein paar Briefe und die Darstellung von Sokrates' Prozess, die berühmte „Apologie". Platons Schriften lassen sich nicht genau datieren, man kann sie aber durch Aufteilung in drei verschiedene Perioden recht gut klassifizieren. Die erste Periode, diejenige der *Frühschriften* Platons, enthält die „Apologie" und Dialoge, die vor allem die Person des Sokrates darstellen und von Sokrates' Tod 399 v. Chr. an geschrieben worden sein dürften. Sie sind gewissermaßen eine postume Verteidigung und Ehrung Sokrates' und zeigen Sokrates, der in den Straßen von Athen Leuten begegnet und sie darüber ausfragt, was sie zu wissen meinen über Tugend, Besonnenheit, Schönheit, Frömmigkeit oder ähnliche Themen. Diese Dialoge sind für Platons Metaphysik weniger von Belang. Eine zweite Kategorie bilden die so genannten *klassischen Dialoge*, in denen zwar auch Sokrates die Hauptfigur ist, in denen Platon aber wesentlich seine eigenen Theorien in Sokrates' Mund legt. Die bekanntesten dieser Dialoge sind das „Gastmahl" (bzw. „Symposion"), „Phaidon", der „Staat" (oder die „Politeia") und „Phaidros". In diesen klassischen Dialogen entwickelt Platon seine frühe Ideenlehre und damit die wichtigsten Grundlagen seiner Metaphysik. Schließlich gibt es noch die so genannten *Spätdialoge*, die sich formal dadurch auszeichnen, dass meist nicht mehr Sokrates der Wortführer ist und dass sie nicht mehr die Lebendigkeit und literarische Brillanz haben wie diejenigen der klassischen Periode, dass sie wesentlich trockener und sachlicher geschrieben sind. Es stellt sich zudem die Frage, ob Platon in ihnen seine klassische Ideenlehre noch aufrecht erhält. Im Zusammenhang mit dem Nachfolgenden zu erwähnen sind der „Parmenides", den man allerdings je nachdem auch noch zur klassischen Periode zählt, sowie die Dialoge „Timaios", „Sophistes" und „Politikos".[1]

[1] Textverweise im Folgenden: Euth. = Euthyphron; Men. = Menon; Parm. = Parmenides; Phaid. = Phaidon; Phaidr. = Phaidros; Phil. = Philebos; Pol. = Der Staat/Politeia; Soph. = Sophistes; Symp. = Das Gastmahl/Symposion; Tim. = Timaios. – Zitate erfolgen entweder nach der *Jubiläumsausgabe sämtlicher Werke*, 8 Bde., übers. v. R. Rufener, eingel. v. O. Gigon, Zürich 1974, oder nach *Sämtliche Dialoge*, übers. u. hrsg. von O. Apelt in Verbindung mit C. Ritter, K. Hildebrandt und G. Schneider, Hamburg 1988 (Nachdr.).

2. Das Höhlengleichnis

Die Ideenlehre ist Platons Antwort auf die metaphysische Grundfrage der Antike. Nicht das Wasser, die Luft, die Zahl oder der Logos liegen den Dingen zugrunde, sondern es sind die Ideen. Dabei fällt der Unterschied zwischen der uns unmittelbar zugänglichen Wirklichkeit und der ihr zugrunde liegenden Wirklichkeit der Ideen bei Platon besonders krass aus. Es handelt sich gewissermaßen um zwei verschiedene Welten. Man spricht daher in Bezug auf Platons Metaphysik von einer Zweiweltenlehre. Zur Explizierung der Zweiweltenlehre als der ersten, grundlegenden Charakteristik seiner Metaphysik sollen im Folgenden drei wichtige Textausschnitte aus seinen klassischen Dialogen herangezogen werden. Der erste Ausschnitt ist eine besonders bekannte Stelle aus Platons Werk, vielleicht die berühmteste überhaupt, das so genannte Höhlengleichnis, das sich zu Anfang des 7. Buches der „Politeia" befindet (514 a–517 a).

Man stelle sich Menschen in einer unterirdischen Höhle vor, die von Kindheit an an Beinen und Hals gefesselt sind, sodass sie immer an derselben Stelle bleiben und nicht den Kopf wenden können, sondern stets auf die hintere Wand der Höhle blicken. Die Höhle ist lang gestreckt, und es führt ein langer Weg aufwärts zum Ausgang hin, der so breit ist, wie die ganze Höhle breit ist. Das Tageslicht haben die Höhlenbewohner, die den Kopf nicht wenden können, nie gesehen. Zudem befindet sich zwischen Ausgang der Höhle und der hinteren Wand, der die Menschen zugewandt sind, in einiger Entfernung eine niedrige Mauer, und hinter ihr, zwischen der Mauer und dem Ausgang, ein Feuer. Längs dieser Mauer tragen Menschen verschiedene künstliche, von Menschenhand gemachte Gegenstände von Dingen und Tieren. Was die Höhlenbewohner, die immer nur auf die hintere Wand blicken, einzig wahrnehmen können, sind die Schatten dieser Gestalten, die durch das Feuer auf die Hinterwand der Höhle projiziert werden. Soweit sie aber miteinander reden können, sind sie notwendig der Meinung, dass es sich bei diesen Schatten um die wahre Wirklichkeit handelt, denn eine andere kennen sie nicht.

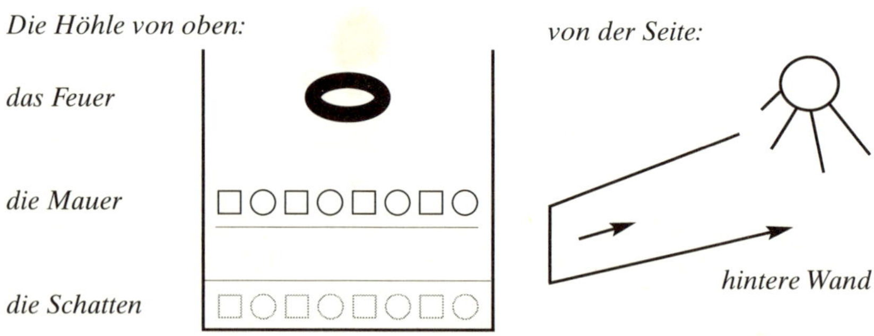

Was aber, wenn einer dieser Höhlenbewohner, von seinen Fesseln befreit, gezwungen wird aufzustehen, seinen Kopf zu wenden und das Feuer anzuschauen? Sicher wäre er zunächst vom Feuer geblendet und könnte die Dinge, von denen er bisher nur den Schatten sah, gar nicht erkennen. Er würde auch nicht glauben, dass diese Dinge wirklicher sind, als deren Schatten, die er vorher sah. Würde man seinen Blick zusätzlich noch auf das Feuer selbst richten, so würden ihn seine Augen schmerzen, und er würde danach trachten, sich wieder jenen Dingen zuzuwenden, deren Anblick er gewohnt ist, den Schatten. Würde man ihn aber auch noch den holperigen und steinigen Weg aufwärts schleppen, bis er am Ausgang der Höhle ans Tageslicht gelangt, wäre ihm dies um so schmerzlicher, und er würde sich dagegen sträuben, ans Licht zu kommen. Alles, was man ihm jetzt als das Wirkliche zeigt, würde er um so weniger erkennen können. Er müsste sich erst an das Tageslicht gewöhnen, indem er nach und nach von der Wahrnehmung der Schatten der Dinge zu derjenigen der Dinge selbst und schließlich der des Sonnenlichts fortschreitet. Hätte er sich aber einmal daran gewöhnt, so würde er erkennen, dass dies die eigentliche Wirklichkeit ist, von der letztlich alles, was es in der Höhle gibt, abhängig ist, und in der Erinnerung an die Höhle und seine dortigen Mitgefangenen würde er sich glücklich preisen, nun die wahre Wirklichkeit zu erkennen und nicht mehr bloß den Schatten künstlicher Gegenstände, die vor ein Feuer gehalten werden, dessen Licht nicht einmal das wahre Sonnenlicht ist.

Ich möchte das Höhlengleichnis an dieser Stelle entgegen Platon nicht direkt auf die Ideenlehre hin auslegen (Pol. 517 a–c), sondern zunächst allein auf den grundsätzlichen Tatbestand, um den es Platon geht, aufmerksam machen. Die Gefangenen in der Höhle stellen die Mehrheit der Menschheit dar, die sich mit der unmittelbar gegebenen Wirklichkeit zufrieden gibt und diese für die eigentliche Wirklichkeit hält. Die Wirklichkeit, die wir unmittelbar wahrnehmen, ist aber gar nicht die eigentliche Wirklichkeit, sondern bloß eine Art Schatten, vielleicht sogar nur der Schatten künstlich kopierter Gegenstände, deren Originale wir, wie hier im Höhlengleichnis, als gefesselte Höhlenbewohner in keiner Weise zu Gesicht bekommen können. Was uns die unmittelbare Wahrnehmung zeigt und was uns unser „gesunder Menschenverstand" vorgibt, für die Realität zu halten, ist gar nicht die wahre Wirklichkeit, sondern sogar etwas ihr gegenüber höchst Minderwertiges. Den Dingen, wie sie uns erscheinen, liegt eine ganz andere Wirklichkeit zugrunde, der wir eigentlich zustreben sollten, zu der sich aufzumachen aber nur wenigen gelingt. Philosophie aber ist für Platon genau dies: das zunächst schmerzhafte Sichlosmachen von der unmittelbaren Wirklichkeit, um zu der eigentlichen zu gelangen. Platon unterscheidet somit im Höhlengleichnis zunächst einmal grundsätzlich zwischen zwei Welten und bestimmt eine Bewegung des

Menschen, nämlich die Tätigkeit der Philosophie, die ihn von der ersten in die zweite, eigentlichere führen soll.

Allerdings soll der Philosoph nach vollzogenem Aufstieg zur wirklichen Welt wieder in die Höhle hinabsteigen (Pol. 519 d ff.). Nachdem er wieder seinen Platz unter den Gefangenen eingenommen hat, ist er zunächst ungeschickt. Er hat sich an die Dunkelheit noch nicht gewöhnt, und die Höhlenbewohner schließen daraus, der Aufstieg in die wahre Wirklichkeit sei schädlich, verderbe Geist und Charakter und ziehe Unfähigkeit in Bezug auf das praktische Leben nach sich. Doch einmal an die Finsternis gewöhnt, sehen die Philosophen tausendmal besser als die Höhlenbewohner, da sie all die Bilder, die auf die Höhlenwand projiziert werden, als das erkennen, was sie wirklich sind und was ihr Ursprung ist. Die Philosophen sind von daher allein fähig, andere Menschen durchs Leben zu führen. Platon fordert dementsprechend, dass die Philosophen die Regierung ausüben müssen. Ein guter und gerechter Staat kann nur entstehen und Bestand haben, wo er von Menschen regiert wird, die wissen, was die wahre Wirklichkeit ist. Die Philosophen müssen, wie es bei Platon heißt, Könige werden (Pol. 473 c–e).

3. Der platonische Eros

a) Eros und Philosophie

Die in Bezug auf das Höhlengleichnis dargestellte Aufstiegsbewegung kann am Beispiel einer weiteren, berühmten Stelle aus dem Dialog „Das Gastmahl" näher bestimmt werden (Symp. 199 c–212 a). Das „Gastmahl" oder „Symposion" gehört wie die „Politeia", aus der das Höhlengleichnis stammt, zu den klassischen Dialogen Platons, wobei hier der Dialogcharakter stark zurücktritt und die Schrift die Form einer Abfolge von Reden annimmt. Die Reden werden bei einem von einem Dichter namens Agathon gegebenen Gastmahl gehalten. Da bereits am Tag davor ein Gelage zu Ehren dieses Dichters gehalten worden war und den Teilnehmern dieses Gelage noch schwer in den Gliedern liegt, sodass sie zu reichem Weingenuss nicht aufgelegt sind, schlägt nach dem Mahl einer der Teilnehmer vor, statt eines erneuten Gelages solle jeder Anwesende eine Lobrede auf den Gott Eros, den Gott der Liebe halten, denn es sei doch eine Schande, dass es für manche andere Götter Hymnen gebe, die die Dichter auf sie gemacht haben, während auf den uralten und gewaltigen Gott Eros noch kein Dichter je ein Loblied gedichtet habe. Die verschiedenen Teilnehmer entfalten nun ihre Lobrede auf die Liebe, und zuletzt ist Sokrates an der Reihe, dessen Rede hier allein relevant ist.

Dabei legt Sokrates bzw. Platon alias Sokrates seine Auffassung von der

Liebe einer Prophetin namens Diotima in den Mund. Die Darstellung beginnt damit, dass dem Eros abgesprochen wird, ein Gott zu sein. Alle Götter sind nach griechischer Auffassung glücklich. Glücklich aber ist, wer im Besitz des Guten (agathón) und des Schönen (kalón) ist. Liebe hingegen ist immer Liebe zu etwas, dessen man ermangelt, zu etwas, was man nicht hat. Liebe ist also höchstens ein *Streben* nach dem Schönen und Guten und kann daher keine Gottheit sein. Die Liebe, der Eros, ist keine Gottheit, sondern ein Dämon, d.h. ein Mittleres zwischen Gott und Mensch. Die Liebe ist aber dennoch beseelt von dem Streben nach dem Guten und Schönen, bzw. nach der Einsicht (phrónēsis) oder Weisheit (sophía). Das Gute, das Schöne und die Weisheit bilden nach platonischem Verständnis eine untrennbare Einheit. Als Liebe zur Weisheit aber ist der Eros – und in diesem Sinne spricht man vom *platonischen* Eros – nichts anderes als Philosophie, auf Griechisch „philo-sophía", d.h. „phílos" = Freund oder Liebe der „sophía" = Weisheit. Die Philosophie ist nicht der ständige Besitz der Weisheit, sondern bildet, so Platon, eine Mitte zwischen Weisheit und Unwissenheit. Wer schon weise ist, der philosophiert nicht. Der Philosoph ist der von Liebe, vom Eros beseelte Mensch, der nach der Weisheit und damit zugleich nach dem Glück strebt.

b) Der Aufstieg zum an sich Schönen

Wo allerdings wird er die Weisheit, das Gute und Schöne und damit das Glück im höchsten Sinne finden? Was ist der höchste Gegenstand der Liebe, des Eros? Auch durch den körperlichen Zeugungstrieb strebt der Mensch nach dem Glück. Doch findet der Eros darin, so Platon, gerade nicht zu seinem Ziel. Um zu diesem Ziel zu gelangen, bedarf es vielmehr eines besonderen Weges, den Diotima am Ende ihrer Rede im Sinne eines Aufstiegs in vier Schritten zum an sich Schönen beschreibt. Der erste Schritt lautet wie folgt:

„Wer den richtigen Weg zu dieser Sache geht, muss in seiner Jugend damit anfangen, dass er den schönen Leibern nachgeht und, wenn sein Führer ihn richtig leitet, zuerst einen Leib lieben und dort schöne Reden erzeugen. Dann aber soll er gewahr werden, dass die Schönheit an irgendeinem einzelnen Leibe mit der an jedem anderen verschwistert ist, und dass es höchste Einsichtslosigkeit wäre – wenn anders man dem Schönen an der äußeren Gestalt nachgehen muss –, die Schönheit an allen Leibern nicht für eine und dieselbe zu halten. Wer das aber eingesehen hat, muss zum Liebhaber aller schönen Leiber werden, in dieser heftigen Liebe zu jenem einen aber nachlassen, sie gering schätzen und für unwichtig ansehen." (Symp. 210 a–b)

Der Mensch wendet sich also zuerst der sinnlich wahrnehmbaren Schönheit zu, wobei hier deutlich wird, dass nicht das Gefallen an der Schönheit dieses oder jenes einzelnen Menschen angestrebt werden soll, sondern die körperliche, die sinnlich wahrnehmbare Schönheit überhaupt. Auf dieser untersten Stufe erweist sich der philosophische Aufstieg somit als eine Bewegung, die vom Einzelnen, vom Individuellen zum Allgemeinen führt. Es geht um das Schöne, wie es allen schönen Körpern gemeinsam ist, es geht um ein Verhältnis zu schöner Körperlichkeit als solcher.

Als nächsten Schritt muss der Mensch vom körperlich Schönen zum seelisch Schönen und allem, was mit dem seelisch Schönen verwandt ist, aufsteigen, wobei das körperlich Schöne auf dieser Stufe als etwas Minderwertiges zurückgelassen wird (Symp. 210 c). Es ist der Übergang vom Sichtbaren, mit den Sinnen wahrnehmbaren Schönen zum Seelisch-Schönen als dem Unsichtbaren bzw. als Ausdruck des Unsichtbaren im menschlichen Handeln. Die Seele ist für Platon u. a. das Prinzip des Handelns und der ethischen Verantwortung, sie entwirft aber auch die Gesetze, die „nomoi", die das gesellschaftliche Leben regeln. Die zweite Stufe ist somit die Stufe der Schönheit der Seele im Sinne ihrer moralischen Tätigkeit und der aus dieser Tätigkeit ebenfalls hervorgehenden Gesetzgebung.

Hierauf folgt als dritter Schritt der Übergang zum Schönen in Denken und Erkennen, zur Schönheit der Wissenschaften (Symp. 210 c–d). Die Seele ist einerseits das Prinzip moralischen Handelns, sie ist andererseits aber auch das, was uns zur theoretischen Erkenntnis befähigt. Dabei ist die Erkenntnis für Platon eine dem Handeln gegenüber übergeordnete Fähigkeit der Seele. Auf dieser Stufe aber soll der Mensch, nachdem er sich vom Schönen der Handlungen losgesagt hat, verharren, bis er, gestärkt und herangereift, noch höher, zur allerhöchsten Stufe steigt. Das heißt, an die dritte Etappe schließt eine vierte an, und zwar im Sinne eines Übergangs vom Vielen zum Einen. Der Gegenstand der Erkenntnis im dritten Stadium waren die vielen Gegenstände der verschiedenen Wissenschaften, jetzt wendet der Jüngling sich einer einzigen Wissenschaft zu, einer Wissenschaft, die nur einen einzigen Erkenntnisgegenstand hat, nämlich, so Platon, das Schöne selbst. Wer bei dieser Wissenschaft angelangt ist, der hat das Ziel, das Liebenswerteste von allem, die Vollendung der Liebeskunst, den höchsten Gegenstand des Eros erreicht, der erblickt „… plötzlich ein Schönes von erstaunlicher Natur, eben jenes, Sokrates, um deswillen ja auch alle früheren Mühsale da waren" (Symp. 210 e). Dieses Schöne an sich aber wird wie folgt beschrieben:

„Es ist erstens ein immer Seiendes, das weder entsteht noch vergeht, weder zunimmt noch abnimmt. Zweitens ist es nicht teilweise schön und teilweise hässlich, auch nicht zuweilen schön, zuweilen nicht, auch nicht in

Bezug auf das eine Ding schön, auf das andere dagegen hässlich, auch nicht hier schön, dort aber hässlich, als sei es nur für den einen schön, für die anderen dagegen hässlich. Dieses Schöne zeigt sich ihm auch nicht als bloße Erscheinung, wie ein Antlitz oder wie Hände oder sonst etwas, woran der Leib teilhat, aber auch nicht als irgendeine Aussage oder ein einzelnes Wissen, noch irgend als ein Seiendes, das sich irgendwo an einem anderen findet, etwa an einem Lebewesen oder an der Erde oder am Himmel oder sonst an etwas, sondern es ist es selbst, an sich selbst, mit sich selbst, eingestaltig und immer seiend. Alles andere Schöne aber hat an jenem Anteil, etwa in der Weise, dass dieses andere entsteht und vergeht, während es selbst weder mehr oder weniger wird noch sonst in irgendeiner Weise etwas erleidet.“ (Symp. 211 a–c)

Das Schöne an sich erweist sich also als 1) etwas ewig Seiendes, 2) etwas in jeder Hinsicht Schönes, 3) etwas, woran alles andere Schöne nur unvollkommen teilnimmt, 4) etwas, was sich immer gleich bleibt.

Diotima fasst den ganzen Weg gleich anschließend noch einmal in wenigen Worten zusammen:

„Das bedeutet den rechten Weg zu den Dingen der Liebe gehen oder von einem anderen geführt werden, dass man, mit diesen schönen Dingen hier beginnend, um jenes Schönen willen immer weiter hinaufsteigt, wie auf Stufen: von einem schönen Leibe zu zweien und von zweien zu allen schönen Leibern, und von den schönen Leibern zu den schönen Sitten und Handlungsweisen und von diesen zu den schönen Wissenschaften, bis man dann von den Wissenschaften aus zu jener Wissenschaft gelangt, die die Wissenschaft von nichts anderem als von jenem Schönen selbst ist, und er schließlich das erkennt, was das Schöne selbst ist.“ (Symp. 211 c)

Und Diotima fügt noch hinzu: „An dieser Stelle im Leben, mein Sokrates, wenn überhaupt irgendwo, ist das Leben für den Menschen lebenswert: wenn er das Schöne selbst schaut.“ Die Erkenntnis des Schönen an sich ist das höchste Glück, das der Mensch sich wünschen kann. Das Schöne an sich wird etwas weiter im Text sogar als göttlich bezeichnet (Symp. 211 e), nicht als Gott selbst oder einer der Götter, sondern als etwas in einem diffuseren Sinne Göttliches. Dabei überkommt es den Menschen plötzlich. Die Erkenntnis des Schönen selbst hat den Charakter einer mystischen Inspiration, die quasi-religiöse Dimension von Platons Metaphysik tritt an dieser Stelle besonders deutlich hervor.

Die Beschreibung dieses Aufstiegs lässt deutlich erkennen, was bei Platon mit der eigentlichen Wirklichkeit, dem wahren Sein gegenüber dem unmittelbar sinnlich wahrnehmbaren Sein gemeint ist. Es handelt sich um ein ewiges Sein gegenüber dem vergänglichen und um ein geistiges gegenüber dem körperlichen. Für den Menschen aber kommt es darauf an, dass er die vergänglich-körperliche Welt verlässt, um sich allein der ewiggeistigen zuzuwenden. Im Sinne dieses Dualismus legt Platon auch sein Höhlengleichnis aus. Die Schatten, die die Gefesselten in der Höhle an der Wand sehen, sind die uns durch sinnliche Wahrnehmung erscheinenden Dinge, das Feuer in der Höhle ist die reale Sonne, die alle diese Dinge erleuchtet. Man kann dies als die *Sinnenwelt* bezeichnen. Der Aufstieg nach oben aber und die Betrachtung der oberen Welt außerhalb der Höhle sind die Erhebung der Seele in das Reich des nur Denkbaren (Pol. 517 b). Sinnenwelt und Reich des Denkbaren stehen sich wie im „Gastmahl" gegenüber.

4. Philosophie als Einübung in das Sterben

Die dritte, ebenfalls namhafte Stelle aus dem „Phaidon" (63 d–68 d) nun führt zum Begriff der Idee. Im Dialog „Phaidon", einem der lebendigsten, stilistisch brillantesten und zugleich philosophisch bedeutendsten Dialoge geht es um eine fiktive philosophische Unterhaltung über die Unsterblichkeit der Seele, die Sokrates mit den engsten seiner Freunde wenige Stunden vor seinem Tod im Gefängnis führt und worüber Phaidon, einer der Freunde Sokrates', gebeten wird zu berichten.

Ausgelöst wird die ganze Unterhaltung durch die völlige Sorglosigkeit und Aufgeräumtheit, mit der Sokrates dem ihm noch am selben Tag bevorstehenden Tod entgegenblickt, als seine Freunde ihn am letzten Tag im Gefängnis besuchen kommen. Dabei begründet er seine Haltung gegenüber dem Tod mit der Auffassung, wessen Lebensbeschäftigung die Philosophie gewesen sei, d.h., wer sich ein Leben lang auf rechte Art mit Philosophie befasst habe, habe es im Grunde schon immer auf nichts anderes abgesehen als zu sterben und tot zu sein. Wer sein Leben lang als Philosoph gelebt hat, für den wäre es, so Sokrates, wunderlich, wenn er in dem Augenblick, wo der Tod wirklich bevorsteht, sich gegen das sträuben wollte, was er immer erstrebt hatte. Philosophie ist vielmehr richtig besehen nichts anderes als eine Einübung in das Sterben (Phaid. 63 e ff.).

Den Tod aber sehnt der Philosoph deshalb herbei, weil er die Trennung der Seele vom Körper bedeutet. Eine solche Trennung ist für ihn überaus wünschenswert, weil er sich nicht viel aus so genannten Annehmlichkeiten des Lebens wie Essen und Trinken, Liebesgenüssen, Pflege des Körpers und Erwerb kostbarer Kleider macht, weil das Tun des Philosophen sich nicht um den Körper dreht und um das, was mit dem Körper zu tun hat, sondern er ihm so fern wie möglich bleibt. Das Trachten des Philosophen ist ganz auf seine Seele ausgerichtet. Der Philosoph versucht gewissermaßen immer schon, seine Seele von der Gemeinschaft mit dem Körper zu lösen.

Genauer gesagt ist der Philosoph um das Denken, um die Erkenntnis als die ausgezeichnete Tätigkeit der Seele bemüht. Für den Erwerb der Erkenntnis jedoch ist der Körper geradezu ein Hindernis. Nicht durch Zuhilfenahme von Sinneswahrnehmungen, etwa Sehen oder Hören, gelangt der Mensch zu sicherer Wahrheit, sondern er wird durch sie irregeführt. Die Wahrheit bzw. das, was in Wahrheit ist, wird einem vielmehr in einem rein auf sich gestellten Denken offenbar. Im „Phaidon" ist somit entgegen dem „Gastmahl" nicht lediglich von einer nicht weiter spezifizierten Wissenschaft die Rede, sondern die Art der Erkenntnis wird genauer bestimmt: Die Wahrheit ist allein einem von aller Sinnlichkeit losgelösten Denken zugänglich. Als das Wahre aber versteht Platon auch hier Dinge wie Schönheit an sich, Gerechtigkeit an sich, *das* Gute, *die* Größe, *die* Gesundheit oder die Kraft an sich. Rein durch das Denken können wir diese Art Gegenstände so, wie sie an sich sind, wie sie wirklich sind, erkennen. Der Mensch aber denkt am besten, am reinsten, wenn nichts Körperliches ihn dabei stört, weder Sinneswahrnehmungen noch Schmerz- oder Lustgefühl.

Sich von all dem zu lösen, danach strebt immer schon der Philosoph, und sein Leben ist weiter nichts als ein dem Tod Entgegenleben. Der echte Philosoph ist der Überzeugung, dass er nirgendwo anders der wahren, reinen Erkenntnis wirklich teilhaftig wird als dort, wo er als getrennte Seele weiterexistieren wird. Die Unsterblichkeit der Seele, die dieser Dialog anschließend zu beweisen versucht, ist natürlich die Voraussetzung dieses Gedankenganges.

Das Gemeinsame der drei in diesem Abschnitt behandelten Textstellen ist nicht schwer zu erkennen. Als Grundstruktur kann festgehalten werden, dass es Platon um den Gegensatz zweier Welten geht und um den Aufstieg des Menschen von der einen in die andere mittels der Philosophie, d.h., wie vor allem aus dem „Phaidon" hervorgeht, wesentlich durch die Tätigkeit des von aller Sinneswahrnehmung getrennten Denkens. Alle diese Gegenstände aber, die das reine Denken wahrnimmt, das Schöne, die Gerechtigkeit, das Gute usw., nennt Platon *Ideen*. Den Gegenstandsbereich des Denkens können wir somit, im Gegensatz zur sinnlich wahrgenommenen Welt, d.h. zur Sinnenwelt, die *Ideenwelt* nennen. Grundlage von Platons Metaphysik ist die so genannte Zweiweltenlehre, die Lehre des Gegensatzes zwischen Sinnen- und Ideenwelt, wobei die Ideenwelt als die höhere, weil ewige und geistige Wirklichkeit die der Sinnenwelt zugrunde liegende, sie fundierende ist, nach der die an den Körper gebundene menschliche Seele strebt.

II. Was sind Ideen?

Eine Stelle im „Timaios“ fasst die Zweiweltenlehre noch einmal zusammen. Da es sich um einen Spätdialog handelt, macht sie zugleich deutlich, dass Platon an der Zweiweltenlehre zumindest grundsätzlich über sein ganzes Werk hinweg festgehalten hat. Es gibt

„... das Gebiet der unwandelbaren Ideen, die ungeworden und unzerstörbar sind [...], dem Auge verborgen und auch den anderen Sinnen nicht wahrnehmbar, [sie sind] genau also das, dessen Betrachtung Sache des reinen Denkens ist. Das Zweite (Gebiet) ist das, was mit jenem gleichbenannt und ihm ähnlich ist, sinnlich wahrnehmbar, erzeugt, in immer währender Bewegung, an einem bestimmten Orte entstehend und von da wieder verschwindend, [...] mit der Sinneswahrnehmung erfassbar.“ (Tim. 52 a)

Es gilt jetzt, näher zu klären, was genau unter einer Idee zu verstehen ist. Einige wichtige Merkmale der Ideen wurden bereits im vorigen Abschnitt angesprochen. Die Ideen sind 1) ewig bzw. ungeworden, sie bleiben sich 2) immer gleich, sind unwandelbar, sind etwas, „was sich immer auf gleiche Weise verhält und niemals und nirgends auf keine Weise irgendeine Veränderung annimmt“ (Phaid. 78 d). Alles Nichtideenhafte hat 3) an der Idee als solcher nur teil. Die Ideen sind zudem 4) unkörperlich und Gegenstände allein des reinen Denkens.

Die Schwierigkeit einer genaueren Darstellung besteht nun darin, dass Platon über seine Ideenlehre keinerlei systematische Abhandlung verfasst hat. Überhaupt ist seine Philosophie nicht systematisch angelegt, sondern jeder Dialog macht sich je neu auf den Weg des Denkens. Die Ideenlehre als solche nimmt zudem, obwohl sie im Zentrum seiner Philosophie steht, im Rahmen der einzelnen Dialoge einen erstaunlich geringen Platz ein. Sie tritt nur verstreut über seine Schriften hinweg hie und da in Erscheinung. Man gerät in Verlegenheit, sobald man präzise Aussagen über sie machen soll, und viele Fragen bleiben einfach offen. In diesem Kapitel soll Platons Ideenlehre – quer durch seine Dialoge hindurch – anhand von fünf grundlegenden Aspekten dargestellt werden.

1. Wovon gibt es Ideen?

Eine im Grunde genommen sehr schwierige Interpretationsfrage ist, wovon es nach Platons Auffassung alles Ideen gibt. Im „Phaidon“ etwa ist lediglich von zwei Kategorien von Ideen die Rede, nämlich einerseits von

Ideen aus dem Bereich der Moral und des Ästhetischen, d.h. von Ideen wie die Gerechtigkeit, Frömmigkeit, Besonnenheit, Weisheit, Tapferkeit oder das Schöne, andererseits von mathematischen Ideen, wie die Gleichheit, die Zahl Eins oder Zwei, oder in späteren Dialogen die Einheit, die Vielheit oder die Ähnlichkeit. In der „Politeia" werden zudem noch die Ideen von künstlichen Gegenständen wie Betten und Tischen erwähnt (Pol. 596 b). In der „Politeia" und im „Sophistes" gibt es negative Ideen, wie etwa die Ungerechtigkeit, das moralisch Hässliche oder das Unschöne (Pol. 475 e, 476, Soph. 257 e). Im „Parmenides" zögert der junge Sokrates, ob es auch Ideen wie „Haare", „Kot" und „Dreck" gebe (Parm.130 c). In den Spätdialogen schließlich ist noch von Ideen biologischer Gattungen wie „Lebewesen" (Tim. 38 e), „Mensch" oder „Ochse" (Phil. 15 a) sowie von den Ideen der klassischen Elemente, Feuer, Wasser, Erde und Luft die Rede (Tim. 51 a). Nie erwähnt werden hingegen Ideen einzelner Individuen. Was es nicht zu geben scheint, ist eine Idee von Sokrates oder Diotima.

Die geläufigste Interpretation ist, dass es bei Platon letztlich Ideen von allem gibt, was in der Sinnenwelt existiert, mit Ausnahme von Individuen. Vor allem der Dialog „Timaios", wo der Demiurg sich der Ideen als Urbilder, als Muster oder als Exemplare bei der Erschaffung der Welt bedient, scheint davon auszugehen, dass es von allem in der Sinnenwelt das entsprechende Urbild als Idee gibt. Dieser so genannte *platonische Exemplarismus* erhält, wie sich noch zeigen wird, im Mittelalter große Bedeutung. Gegen diese Interpretation kann allerdings auf die eben erwähnte Stelle im „Parmenides" verwiesen werden, wo der junge Sokrates in Bezug auf die Existenz gewisser, eigentlich nahe liegender Ideen wie „Haare", „Kot" und „Dreck" zögert, und zwar womöglich deshalb, weil die Ideen für ihn etwas Erhabenes sind, das mit solch niederen Dingen seinem Empfinden nach nicht in Verbindung gebracht werden kann. Es gibt noch andere Gründe, die manche Interpreten zu der Auffassung führen, Platon habe entweder nie angenommen, dass es Ideen von allem gibt, oder er habe es wenn, dann erst in seiner Spätphilosophie getan. Mehrheitlich aber wird davon ausgegangen, dass es von allem, was in der sinnlichen Welt existiert, Ideen gibt.

2. Die Transzendenz der Ideen

Die Ideen bilden bei Platon einen von der Sinnenwelt eindeutig getrennten Wirklichkeitsbereich. Eine solche Trennung wird in der „Politeia" durch den Unterschied zwischen der Schattenwelt in der Höhle und den wirklichen Dingen im Tageslicht suggeriert, im „Gastmahl" durch die Entfernung zwischen den sinnlich wahrnehmbaren, schönen Körpern auf der ersten und der Idee des Schönen auf der letzten Stufe des Aufstiegs nahe gelegt, oder sie zeigt sich im „Phaidon“ durch die Zweiteilung zwischen den Gegenständen sinnlicher Wahrnehmung und den Ideen als reinen Gedankengegenständen. Die Ideen sind nicht wesentlich *an* den Dingen, sondern es gilt, sich von den Dingen abzuwenden, um die Ideen als etwas von der Sinnenwelt völlig Unabhängiges zu erschließen.

a) Anamnesis

Besonders deutlich tritt das Vorhandensein einer solchen Trennung am Beispiel von Platons Anamnesislehre hervor. Das griechische Wort „anámnēsis“ bedeutet auf Deutsch Wiedererinnerung. Im Dialog „Menon“ begegnen wir erstmals der Lehre, wonach alle Erkenntnis Wiedererinnerung ist (Men. 80 a–86 c). Was ist hiermit gemeint? Sokrates unterhält sich im „Menon“ mit einem ungebildeten Sklaven, der nichts von der Geometrie weiß und nie ein geometrisches Problem gelöst hat. Durch bloßes Fragen bringt er ihn zu der Einsicht, das Quadrat des Durchmessers eines Vierecks sei gleich das Doppelte der Fläche dieses Quadrats ($d^2 = 2a^2$).

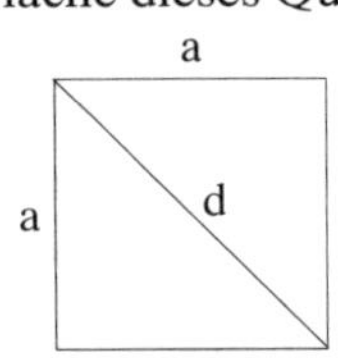

Sokrates befragt den Sklaven in etwa wie folgt: Du weißt, dass ein Quadrat eine Figur ist, in der alle vier Seiten gleich lang sind. Wenn die horizontale Seite zwei Meter lang ist und die vertikale ebenfalls, so ist das Ganze 2 × 2, also vier Quadratmeter groß. Die Aufgabe, die Sokrates jetzt dem Sklaven stellt, ist: Wie groß sind die Seiten eines Quadrates, das doppelt so groß, also 8 Quadratmeter groß ist? Der Sklave antwortet zunächst, dass, wenn das ganze Quadrat doppelt so groß sei, auch die Seiten doppelt so groß sein müssten. Wären die Seiten des zweiten Quadrates doppelt so groß, dann hieße dies aber, so Sokrates, dass das Quadrat viermal so groß wie das erste, also 16 Quadratmeter groß wäre.

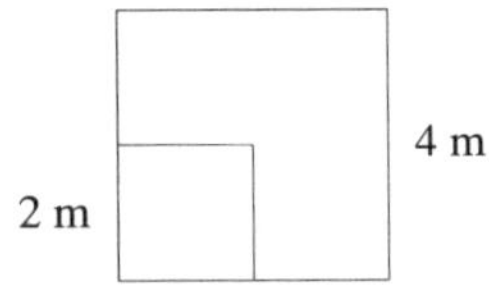

Aufgrund der Überlegung, dass ein 8 Quadratmeter großes Quadrat doppelt so groß wie ein 4 Quadratmeter großes und halb so groß wie ein

16 Quadratmeter großes Quadrat ist, schlägt der Sklave noch ein Quadrat mit Seiten von drei Meter Länge vor. 3 × 3 ergibt allerdings 9 und nicht 8 Quadratmeter. Jetzt weiß der Sklave nicht mehr weiter.

Sokrates unterteilt nun das 16 m^2 große Quadrat in vier gleich große Quadrate und bringt den Sklaven zur Einsicht, dass jedes der vier Quadrate vier Quadratmeter groß ist. Zieht man anschließend durch jedes dieser Vierecke einen Diagonalstrich von Winkel zu Winkel, so wird jedes der Quadrate in zwei Hälften geteilt. Diese vier Diagonallinien aber bilden ein Viereck. Wie groß ist dieses Viereck? Sokrates macht deutlich, dass es 4 × die Hälfte eines 4 Quadratmeter großen Quadrates enthält. Es ist also genau die gesuchten 8 Quadratmeter groß. Da jedoch das gesuchte Quadrat aus den Diagonallinien des ersten Quadrates gebildet ist, stimmt es, dass die Diagonale im Quadrat das Doppelte der Fläche des Quadrates ausmacht, nämlich $2a^2$. Also $d^2 = 2a^2$.

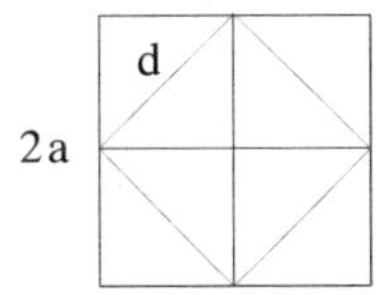

Für Platon nun ist dieser ganze Hergang so zu verstehen, dass nicht Sokrates dem Sklaven diesen geometrischen Satz beigebracht hat, sondern der Sklave selbst sich an ein Wissen wiedererinnert, das er bereits einmal besessen hat, das ihm aber nicht mehr präsent ist. Und da gewiss ist, dass bisher niemand dem Sklaven Geometrie gelehrt hat, muss er diesen geometrischen Satz vor seiner menschlichen Existenz gelernt haben, in einer Präexistenz als bloße Seele. So wie mit diesem geometrischen Satz aber verhält es sich für Platon mit allem Wissen. Alle Erkenntnis ist Wiedererinnerung. Auch dieser These liegt damit der Satz der Unsterblichkeit der Seele zugrunde. Wenn ein Mensch etwas erkennt, erinnert er sich nur an das, was die unsterbliche Seele bereits vor seiner Geburt erkannt hatte.

Im „Phaidon" wird diese Anamnesislehre unmittelbar in Zusammenhang mit Platons Ideenlehre nochmals aufgegriffen (Phaid. 72 e–77 a). Der Ausgangspunkt ist hier die Idee der Gleichheit. Sokrates geht davon aus, dass es so etwas wie eine Gleichheit an sich gibt, eine Idee der Gleichheit. Wie jedoch, so jetzt die Frage, gelangen wir dahin zu wissen, was Gleichheit ist? Dem „Phaidon" nach entsteht die Idee der Gleichheit nicht aufgrund der Wahrnehmung von Gegenständen, die gleich sind. Vielmehr erinnern wir uns beim Anblick zweier gleicher Gegenstände in der Sinnenwelt, etwa zweier gleicher Hölzer oder Steine, an die Idee der Gleichheit als etwas, was schon vor dieser Wahrnehmung in uns war. Das heißt, die

Erkenntnis, dass die zwei Hölzer oder Steine gleich sind, setzt die Kenntnis der Idee der Gleichheit immer schon voraus. Die Begründung dafür ist im „Phaidon", dass die gleichen Gegenstände in der Sinnenwelt nicht in demselben Maße die Gleichheit besitzen, wie dies bei der Gleichheit an sich der Fall ist. Dies könnte so zu verstehen zu sein, dass zwei gleiche Dinge in der Sinnenwelt hinter der vollkommenen Idee der Gleichheit immer zurückstehen, weil sie ihr an Gleichheit nicht gleichkommen. Dieser Diskrepanz aber könnten wir uns nicht bewusst sein, wenn wir nicht schon über die zwei sinnlich wahrnehmbaren Gegenstände hinaus einen Maßstab hätten, von dem her sich zeigt, dass sie nicht völlig gleich sind. Das heißt, beim Sehen von zwei gleichen Gegenständen erinnern wir uns an die Gleichheit an sich als einen idealen Maßstab, den wir immer schon besaßen, der in uns bis dahin aber nicht präsent war. Und zwar müssen wir die Gleichheit an sich, die Idee der Gleichheit notwendig schon vor der Zeit gekannt haben, wo wir die unvollkommen gleichen Dinge zum ersten Mal sehen. Sehen aber können wir seit unserer Geburt. Demnach müssen wir die Idee der Gleichheit schon vor unserer Geburt erkannt haben und werden vermittels der zwei gleichen Dinge lediglich an sie wiedererinnert.

Somit ist bei Platon nicht die Sinneswahrnehmung die Grundlage für unsere Erkenntnisinhalte, sondern die durch das reine Denken zugänglichen Erkenntnisinhalte, die Ideen, sind die Voraussetzung für unser Erkennen durch die Sinne. Auch wenn die Sinneswahrnehmung die Wiedererinnerung bewirkt, das Wiedererinnerte selbst, die Idee der Gleichheit, ist die Voraussetzung dafür, dass man zwei Gegenstände als gleich erkennt. Damit aber erweisen sich die Ideen als völlig unabhängig von der Sinnenwelt. Die Anamnesislehre Platons zeigt, dass die Ideen nicht primär etwas *in* den Dingen sind, etwas, was wir *an* den Dingen erkennen, sondern etwas von ihnen Getrenntes, wovon die Dinge nur ein unvollkommenes Abbild sind.

b) Trennung

Wie jedoch ist diese Trennung genau zu verstehen? Der griechische Begriff für Trennung ist „chōrismós". Der „chōrismós" zwischen beiden Welten bildet einen der Hauptpunkte von Aristoteles' Kritik an Platons Ideenlehre, auf den ich in Bezug auf Aristoteles noch zurückkommen werde. Bei Platon selbst wird dieser Begriff in Bezug auf die Zweiweltenlehre eigentlich nur selten verwendet. In keinem Fall jedoch kann damit eine räumliche Trennung gemeint sein, obwohl die räumliche Trennung im klassischen Griechisch die erste lexikalische Bedeutung des Verbs „chōrízein" ist. Dass eine räumliche Trennung nicht gemeint ist, geht daraus hervor, dass Platon die Ideen ausdrücklich als unkörperlich bezeichnet bzw. ihnen im „Timaios" räumliche Ausdehnung abspricht (Tim. 52 a–b).

Wie aber ist diese Abgesondertheit der Ideen gegenüber der Sinnenwelt dann zu verstehen? Platon gibt uns hierüber keine nähere Auskunft mehr, was gewiss damit zusammenhängt, dass mit dieser Frage das schwierige Problem des Verhältnisses von Immanenz und Transzendenz angesprochen ist. Platon kennt die Begriffe Immanenz und Transzendenz als solche nicht. Unter Transzendenz im strengen Sinne des Wortes ist eine Wirklichkeit zu verstehen, die 1) jenseits der sinnlichen, der raumzeitlichen Wirklichkeit ist, und die 2) eine vollkommene Wirklichkeit bildet, in der erst die unvollkommene, raumzeitliche ihren eigentlichen Grund findet. Genau diese beiden Kriterien erfüllt Platons Ideenwelt. Angenommen aber, es gibt wirklich etwas Transzendentes, etwas über diese Welt hinaus, etwas jenseits von Raum und Zeit: Wie soll dann das Verhältnis dieses Transzendenten zur raumzeitlichen Welt näher bestimmt werden? Inwiefern lässt sich hierüber überhaupt noch etwas aussagen, inwiefern kann es in irgendeiner Weise „neben" oder „über" dieser Welt existieren? Die Tendenz, hier auf räumliche Bestimmungen wie „neben" oder „über" zurückzugreifen, zeigt schon an, dass die menschliche Sprache, die sich mit Bezug auf Gegenstände in Raum und Zeit gebildet hat, hier an ihre Grenzen stößt, dass ihre primäre Ausrichtung auf die Immanenz, auf diese Welt, eine ernst zu nehmende Erschwernis für alles metaphysische Denken ist. Wie ist ein Jenseits, das kein räumliches Jenseits sein soll, positiv zu denken?

3. Die Realität der Ideen

Es klingt Missverständliches mit, wenn wir in Bezug auf das Gute, das Schöne, die Gerechtigkeit oder die Gleichheit bei Platon von Ideen reden. Im heutigen Deutsch verstehen wir unter einer Idee einen Begriff, einen Gedanken oder eine Vorstellung, d.h. einen bloßen Bewusstseinsgehalt, zunächst unabhängig davon, ob ihm in der Wirklichkeit etwas entspricht oder nicht. Es handelt sich um eine subjektive Bestimmung und nicht um etwas objektiv, d.h. unabhängig von unserem Bewusstsein Gegebenes. Tatsächlich ist Platons Ideenlehre Anfang des 20. Jahrhunderts in diesem Sinne von „Idee" ausgelegt worden. Zu nennen ist vor allem der Neukantianer Natorp, der diese Auslegung 1903 in einer einflussreichen Schrift mit dem Titel „Platons Ideenlehre" vertreten hat.[2] Die Ideen sind seiner Auffassung nach reine Denkbestimmungen, denen keine Wirklichkeit unabhängig von ihrem von uns Gedachtsein zukommt. Viele zentrale Stellen bei Platon machen jedoch unverkennbar deutlich, dass er mit den Ideen

[2] P. Natorp, *Platons Ideenlehre. Eine Einführung in den Idealismus*, Hamburg ²1961.

bewusstseinsunabhängige Einheiten meint. Wie Platon die Realität der Ideen genau versteht, soll anhand zweier grundlegender Aspekte seiner Ideenlehre näher expliziert werden. Dies führt uns schließlich zur Konstitution des Seinsbegriffs als einem metaphysischen Grundbegriff.

a) Die „Schau" der Ideen

Schon Überlegungen auf rein sprachlicher Ebene zeigen, dass die Ideen für Platon nicht Setzungen des Denkens sind, sondern denkunabhängige Gegenstände. Zunächst ist darauf hinzuweisen, dass, was im Griechischen für das Wort „Idee" steht, nichts mit dem Gebrauch des deutschen Wortes zu tun hat. Die platonischen Begriffe, die wir mit „Idee" übersetzen, sind „eĩdos" und „idéa". Sie stehen in der griechischen Sprache im vorphilosophischen Sprachgebrauch zunächst einmal für die sichtbare Gestalt von Dingen oder Personen, und zwar meist für die schöne Gestalt. Es handelt sich also um Begriffe aus dem Bereich des konkreten Sehens und Anschauens. Dies ist von daher wichtig, weil Platon auch die Erkenntnis der Ideen immer wieder, insbesondere im Dialog „Phaidros" (vgl. 247 c–e), eine Schau der Ideen nennt („theōría", von „theōreĩn", schauen). Das heißt, der Akt des Denkens von Ideen wird in Analogie zur Anschauung konkreter, sinnlich wahrnehmbarer Gegenstände konzipiert. Bei Platon werden die Begriffe „idéa" und „eĩdos" zwar vom Sichtbaren ins Unsichtbare, vom sinnlich Wahrgenommenen ins abstrakt Gedachte übertragen, dabei wird aber die Struktur des Vorganges sinnlicher Wahrnehmung für den Denkakt beibehalten. Dies bedeutet jedoch, dass, so wie die Wahrnehmung von Gegenständen durch die Sinne keine schöpferische Erfindung von Wahrnehmungsgegenständen ist, sondern ein passives In-sich-Aufnehmen von Wahrgenommenem, das unabhängig von meiner Wahrnehmung existiert, auch das geistige Schauen ein hinnehmendes Bezogensein auf etwas ist, was außerhalb des Bewusstseins gegeben ist. Der menschliche Geist ist bei der Erkenntnis der Ideen wesentlich passiv. Er nimmt eine Idee so in sich auf, dass er sich in seinem Geist ein Bild von ihr als von etwas schon Bestehendem macht. Die moderne, idealistische Interpretation vermag gerade Platons Umschreibung des Denkens als ein Schauen nicht ernst zu nehmen. Natorp bleibt nichts als diesbezüglich von einem „gefährlichen Spiel mit Metaphern" zu reden.[3]

Die Art der Erkenntnis, durch die die Ideen erkannt werden, nennt Platon „nóēsis". Die Analogie zwischen sinnlicher Wahrnehmung und „nóēsis" besteht auch darin, dass es sich beide Male um ein unmittelbares Bezogensein auf den Wahrnehmungs- bzw. Erkenntnisgegenstand handelt. So wie wir beim Sehen eine unmittelbare Begegnung mit dem Gegenstand

[3] Ebd., 75.

haben, so auch beim erstmaligen Erfassen der Ideen. Die „nóēsis" hebt sich hierin von einer anderen Art von Erkenntnis ab. Platon unterscheidet grundsätzlich zwischen noetischem und dianoetischem Denken oder Erkennen (Pol. 510f., 533).[4] „Diánoia" ist diskursives, begriffliches Denken in Form von Sätzen bzw., wie es philosophisch heißt, von Aussagen oder Urteilen, „nóēsis" hingegen enthält ein Moment der unmittelbaren Einsicht in eine Idee, unabhängig von ihrer Verknüpfung mit anderen. Die „diánoia" ist ein Fortschreiten im Denken von Begriff zu Begriff, von Idee zu Idee, durch die „nóēsis" hingegen wird eine Idee zunächst durch einen einzigen „Blick" in ihrer Ganzheit erfasst, ein „Blick", der mit unmittelbarer Gewissheit verbunden ist. Der erste Kontakt mit einer Idee ist mit anderen Worten eine intuitive Einsicht. In diesem Sinne ist insbesondere die Schau der Idee des Schönen im „Gastmahl" zu verstehen.

b) Idee und Sein

Die Ideenwelt ist nicht nur real, sondern sie bildet für Platon zugleich die Realität im höchsten Grade. Dies ging bereits deutlich aus den drei im ersten Abschnitt dargestellten Textstellen hervor. Das eigentliche Sein ist im Höhlengleichnis die Wirklichkeit außerhalb der Höhle, ist im „Gastmahl" das Schöne an sich, sind im „Phaidon" die Gegenstände des reinen Denkens. Wie genau jedoch das Sein der Sinnenwelt sich zum Sein der Ideenwelt verhält, ist damit begrifflich noch nicht festgelegt. Im 5. Buch der „Politeia" (Pol. 475 d–480 a) wird dieses Verhältnis näher bestimmt. Der Grundgedanke ist, dass die Realität bzw. das Sein für Platon etwas ist, für das es ein Mehr oder Weniger gibt. Etwas kann mehr oder weniger Sein haben.

Platon geht auch in diesem Text von der Zweiweltenlehre aus. Wir haben auf der einen Seite die, wie es heißt, Hörbegierigen, Schaulustigen und Liebhaber von Künsten sowie die Vertreter der praktischen Berufe. Ihr Trachten richtet sich auf das Schöne in der Sinnenwelt. Ihr Geist ist nicht fähig, das Schöne selbst zu schauen und sich daran zu freuen. Auf der anderen Seite gibt es den Philosophen, dem es um die Wahrheit als solche geht, um das Schöne an sich, und nicht um die vielen Dinge, die am Schönen lediglich teilhaben. Die auf die schönen Dinge ausgerichteten Menschen aber verhalten sich zu dem auf das Schöne selbst bezogenen Philosophen, so Platon, wie die Träumenden zum Wachenden. Indem sie nur sehen, was an der Schönheit teilhat, und nicht das Schöne an sich, sehen sie, was nur in gewisser Weise schön, in anderer Weise aber auch wieder

[4] Vgl. K. Oehler, *Die Lehre vom noetischen und dianoetischen Denken bei Platon und Aristoteles*, München 1962; sowie G. Jäger, „Nus" in Platons Dialogen, Göttingen 1967.

hässlich ist. Als etwas am Schönen lediglich Teilhabendes ist der schöne Gegenstand nie uneingeschränkt schön. Wie bereits aus dem „Gastmahl" hervorging, ist nur das Schöne an sich in jeder Hinsicht schön zu nennen (Symp. 211 a). Von hier aus gelangt Platon zu dem Schluss, dass, so wie die Dinge der Sinnenwelt schön und nicht schön sind, während die Idee des Schönen in jeder Hinsicht schön ist, die Dinge der Sinnenwelt auch Gegenstände sind, die zwischen Sein und Nichtsein stehen, während die Ideen das vollkommen Seiende, das in jeder Hinsicht Seiende sind. Die Sinnesdinge haben am Vollkommen-Sein der Ideen lediglich teil und sind von daher von einer niedrigeren Seinsstufe.

Parallel zu dieser Abstufung von vollkommenem Sein der Ideen und unvollkommenem Sein bzw. Sein und Nichtsein der Sinnesdinge läuft eine grundsätzliche Unterscheidung, was die menschliche Erkenntnis betrifft. Weil die Dinge der Sinnenwelt nie ganz sind, was sie sind, ist das auf die Sinnenwelt bezogene Erkennen immer ein Mittleres zwischen Unwissenheit und Wissen. Ein Mittleres zwischen Unwissenheit und Wissen aber ist das Meinen. Das heißt, während der Philosoph weiß, was das Schöne an sich ist, während er über sicheres Wissen (epistḗmē) über die Ideen verfügt, ist das Erkennen des Schönen, Guten usw. der auf die Sinnenwelt beschränkten Menschen nur ein Meinen (dóxa). Die Erkenntnis des Schönen an sich ist unfehlbar und gewiss, weil sie sich auf in jeder Hinsicht Seiendes bezieht, die Meinung in Bezug auf das Schöne schöner Gegenstände hingegen ist fehlbar und ungewiss.

c) Der Seinsbegriff

Was das Verhältnis von Idee und Sein betrifft, muss noch die von Platon verwendete Begrifflichkeit erwähnt werden, da – nebst Parmenides – Platon entscheidend dazu beigetragen hat, dass zwei vom Verb „sein" abgeleitete Konjugationsformen zu zentralen philosophischen Begriffen erhoben wurden.

Bedeutend für die philosophische Begrifflichkeit ist zum einen das zu „tò ón" substantivierte Partizip geworden, was man auf Deutsch dem Griechischen genau entsprechend mit „das Seiende" übersetzen kann, was aber auch einfach durch „das Sein" wiedergegeben wird. Neben „tò ón" sehr häufig ist auch der Plural „tà ónta". Dabei bestätigt Platons Verwendung dieser Begriffe das eben dargestellte Seinsverständnis, indem nämlich „tò ón" vornehmlich in Bezug auf das Sein der Ideen verwendet wird. Mit Sein kann zwar auch das Sein der Dinge gemeint sein, der Begriff bezeichnet jedoch vor allem die höhere Wirklichkeit der Ideenwelt. Das umgangssprachlich doch eher banale Verb „sein" erhält damit eine gewisse Erhabenheit, die Platon durch Adjektive noch zu betonen versucht, indem er in Bezug auf die Ideenwelt vom rein Seienden (Pol. 478 d), vom immer

Seienden (Pol. 266e) oder sogar vom seiend Seienden (Soph. 266e) spricht.

Für die abendländische Metaphysikgeschichte fast noch wichtiger ist, dass Platon im selben Zusammenhang den Begriff „ousía" verwendet. Auch hier handelt es sich um eine Substantivierung, und zwar um eine des Infinitivs vom Verb „sein". Platon führt diesen Terminus als Erster als einen festen Begriff in die philosophische Sprache ein. Er bezieht sich ebenfalls im Wesentlichen auf die Ideen, auf das wahre Sein der Ideen. Bei Aristoteles avanciert dieser Begriff dann zur entscheidenden Kategorie der Metaphysik. In die weitere Philosophiegeschichte ist er vor allem durch sein lateinisches Pendant „substantia" eingegangen.

4. Ideen als Universalien

Ein weiterer, zentraler Aspekt ist Platons Verständnis der Ideen als Universalien. Der Begriff der Universalien stammt aus der Scholastik. Heute würde man von Prädikaten oder generellen Termini reden. Universalien sind Bezeichnungen, die den Charakter des Allgemeinen haben, d.h., es sind Wörter, deren Inhalt immer von mehreren Individuen ausgesagt werden kann. In einer Aussage sind sie das, was *von* etwas ausgesagt wird. Beispiel: Sokrates ist rothaarig. Sokrates ist das Satzsubjekt bzw. in heutiger philosophischer Terminologie ein singulärer Terminus, d.h. ein Wort, das seiner Funktion nach auf einen einzigen Gegenstand verweist. Die Prädikate aber sind die generellen Termini oder Universalien, die auf viele verschiedene singuläre Termini bezogen werden können. Nicht nur Sokrates ist rothaarig, sondern auch viele andere Menschen können als rothaarig bezeichnet werden.

Als Universalien in diesem Sinne treten die Ideen vor allem in den Frühdialogen in Erscheinung, d.h. in den Dialogen, die Platon zum Gedenken an seinen Lehrer Sokrates geschrieben hat. Sie zeigen Sokrates, der in den Straßen von Athen Menschen begegnet und sie darüber ausfragt, was Tugend, Besonnenheit, Schönheit, Frömmigkeit usw. sind. Dabei werden die meist arroganten, von sich selbst überzeugten Dialogpartner, die genau zu wissen vorgeben, was jede dieser Allgemeinbestimmungen ist, auf für sie oft peinliche Weise der Unwissenheit überführt. Sokrates' Methode aber besteht darin, die Gesprächspartner dazu zu bringen, Tugend, Besonnenheit und Derartiges zu definieren. Durch ein solches Definieren wird erstmals im abendländischen Denken deutlich, was Allgemeines in Abgrenzung von Besonderem ist.

Ein gutes Beispiel ist der Dialog „Euthyphron". Der Priester Euthyphron behauptet zu wissen, was fromm und was unfromm ist. Dabei stellt sich heraus, dass er gerade gegen den eigenen Vater mit der Anklage auf Mord vorgeht. „Dein eigener Vater, mein Bester?“, fragt Sokrates bestürzt und fügt ironisch hinzu: „Bei Herakles! Ich denke mir, dass es nicht richtig ist für den ersten Besten, so etwas zu tun, das kann nur tun, wer bereits einen hohen Grad von Weisheit erreicht hat.“ Euthyphron bemerkt die Ironie nicht und antwortet enthusiastisch: „Beim Zeus, fürwahr, einen hohen Grad an Weisheit, Sokrates“ (Euth. 4 a–c). Dies ist die typische Ausgangssituation eines frühen Dialogs von Platon. Sokrates fordert ihn daraufhin auf zu definieren, was denn Frömmigkeit sei. Euthyphron antwortet zunächst auf typische Weise, indem er Beispiele statt einer Definition gibt. Nach einer Weile aber versteht er, was mit Definieren gemeint ist. Von da an jedoch werden alle Definitionen, die er vorschlägt, von Sokrates widerlegt. Euthyphron verstrickt sich immer wieder in Widersprüche. Der Dialog dreht sich im Kreis, und man gelangt am Ende wieder bei der Definition an, von der man ausgegangen war.

Im Verlauf dieses Dialogs nun kommt es dazu, dass Sokrates zwischen einzelnen Handlungen, die fromm sind, und dem Frommen selbst unterscheidet. Dabei macht er deutlich, dass, egal wie die verschiedenen frommen Handlungen sich auch voneinander unterscheiden, das Fromme doch in allen Handlungen ein und dasselbe sei, d.h., in allen frommen Handlungen finde sich, so ausdrücklich der Dialog, ein und dieselbe Idee (Euth. 6 d–e). Das allen frommen Handlungen Gemeinsame ist die Idee der Frömmigkeit. Der Begriff der Idee steht hier somit in unmittelbarem Zusammenhang mit der Bestimmung des Allgemeinen. Eine Idee ist etwas Definierbares und damit etwas mehreren Individuen bzw. mehreren Sinnesdingen Gemeinsames, wobei sie in jedem Individuum oder Sinnesding ein stets Gleiches ist. In diesem Sinne sind die Ideen Universalien, d.h., sie können sprachlich gesehen als Prädikate fungieren.

5. Ideen als Ursachen

Die ursprüngliche metaphysische Frage der Antike war die Frage nach dem, was im eigentlichen Sinne des Wortes *ist*, d.h. die Frage nach der den Dingen zugrunde liegenden wahren Wirklichkeit. Der griechische Denker gibt sich nicht zufrieden mit dem, wie ihm die Dinge unmittelbar erscheinen, sondern sucht nach dem Sein, das hinter den Dingen die Dinge zutiefst zusammenhält. Es geht ihm damit auch nicht primär um eine Erklärung der Welt aus sich selbst heraus, etwa im Sinne einer Bestimmung der kausalen Verhältnisse der Dinge untereinander, wie in der modernen Naturwissenschaft, sondern um ein von der unmittelbar erscheinenden Wirklichkeit abgehobenes Fundament dieser Wirklichkeit. Die Welt erklären heißt das vordergründige Sein durch das zugrunde liegende erklären.

Auch Platons Ideen sind nicht Allgemeinbestimmungen, die erklären, woraus die Welt besteht, woraus sie zusammengesetzt ist, sondern von der raumzeitlichen Wirklichkeit getrennte Prinzipien, die, von außen auf sie einwirkend, sie zusammenhalten.[5] Aus dieser Perspektive betrachtet Platon die Ideen auch als Ursachen. Jedenfalls wird der Begriff „aitía“ im Singular meist mit „Ursache“ übersetzt. Als Ursache verstehen wir heute etwas, was etwas anderes bewegt oder verändert. Ein zeitlich voraufgehendes A bewirkt B. Dabei gehören sowohl Ursache als auch Wirkung der einen uns erscheinenden Welt an. Wenn ich z.B. einer Kugel einen Stoß gebe, bewegt sie sich mit der und der Geschwindigkeit in die und die Richtung, mein Stoß (A) bewirkt die Bewegung der Kugel (B). Platons Ideen aber sind gerade nicht im Sinne dieses modernen Kausalitätsverständnisses Ursache der Sinnesdinge. Im „Phaidon“ (Phaid. 99 e–100 e) wird die Idee des Schönen die Ursache aller schönen Gegenstände genannt. Alle schönen Dinge der Sinnenwelt sind, so Platon, aus keinem anderen Grund schön, als weil sie an der Idee des Schönen teilhaben. Dieses Teilhaben bringt zum Ausdruck, dass die Idee des Schönen der Grund der Schönheit der sinnlich wahrnehmbaren Dinge ist. In diesem Sinne bewirkt die Idee der Schönheit die Schönheit eines Gegenstandes der Sinnenwelt. Jede innerweltliche Kausalität aber wird für belanglos erklärt. Die Ursache dafür, dass irgendetwas schön ist, ist weder die Farbe noch die Gestalt des Dinges oder Derartiges, sondern es ist nichts anderes als die Gemeinschaft mit der transzendenten Idee des Schönen selbst, wie immer, so Platon vorsichtig, diese Gemeinschaft zu verstehen ist. Die innerweltliche, sagen wir „horizontale“ Kausalität der Dinge untereinander, das also, was die heutige Naturwissenschaft für allein relevant ansieht, interessiert Platon gar nicht, ja, er verwirft im „Phaidon“ ihre Berechtigung und versucht die Dinge allein „vertikal“ auf Gründe zurückzuführen, die einer höheren, der raumzeitlichen zugrunde liegenden Wirklichkeit zugehören.

III. Teilhabe

Das Verhältnis zwischen Ideen und Sinnenwelt konzipiert Platon, zumindest was die klassischen Dialoge betrifft, als ein Verhältnis der Teilhabe der Gegenstände der Sinnenwelt an den verschiedenen Ideen. Dieses Teil-

[5] Vgl. J. Moravcsik: *Plato and Platonism. Plato's Conception of Appearance and Reality in Ontology, Epistemology, and Ethics, and its Modern Echoes*, Cambridge, Massachusetts 1992, 55ff.

habeverständnis spielt eine wichtige Rolle in der abendländischen Metaphysik, mit Auswirkungen vor allem auf das christliche Denken der Patristik und des Mittelalters. Beim Versuch, es näher zu bestimmen, stößt man bei Platon allerdings schnell an Grenzen. Vor allem im Dialog „Parmenides", mit dem Platons Spätwerk eingeleitet wird, sieht es danach aus, als würde sich die gesamte Ideenlehre an der Unmöglichkeit einer sinnvollen Bestimmung des Teilhabegedankens zerschlagen.

Der „Parmenides" ist wegen der in seinem ersten Teil vorgenommenen Kritik der Ideenlehre ein erstaunlicher, für jeden, der sich näher mit Platon auseinander setzt, höchst verwirrender Dialog, und zwar vor allem deshalb, weil diese Kritik überraschenderweise weder im „Parmenides" noch in Platons nachfolgenden Dialogen widerlegt oder überhaupt beantwortet wird. Verschiedene Hypothesen über den Sinn dieses Dialogs wurden geäußert. Es könnte sich um Einwände handeln, die der junge Aristoteles als Mitglied der von Platon gegründeten philosophischen Schule, der Akademie, erhoben hat, da sich in Aristoteles' Werk ähnliche Kritikpunkte finden. Es könnte sich um Auslegungen der Ideenlehre durch andere Mitglieder der Akademie handeln, deren Schwierigkeiten Platon zum Ausdruck bringen will. Es könnte sich aber auch um Schwierigkeiten bezüglich der Ideenlehre handeln, deren Platon sich selbst bewusst geworden ist. Dabei erscheinen manchem Platon-Forscher die Einwände gegen die Ideenlehre so schwerwiegend, dass sie die Auffassung vertreten, Platon habe diese Lehre in den Dialogen nach dem „Parmenides" aufgegeben. Es ist m. E. eher davon auszugehen, dass Platon nur zeigen wollte, wie seine Ideenlehre nicht verstanden werden sollte.

Der griechische „terminus technicus" für Teilhabe ist im Parmenides der Begriff der „méthexis" (Parm. 132 d). Das Mittelalter verwendet später hierfür den lateinischen Begriff der „participatio". Die „méthexis" war uns im vorletzten Abschnitt in Bezug auf das „Gastmahl" begegnet, wo davon die Rede war, alles Schöne habe an der Idee des Schönen in gewisser Weise teil. Ebenso liegt der „Politeia" die Auffassung zugrunde, dass die Sinnesdinge ihr geringeres Sein nur durch Teilhabe am vollkommeneren Sein der Ideen haben. Die Hörbegierigen und Schaulustigen, die im Gegensatz zu den Philosophen allein auf die Sinnesdinge ausgerichtet sind, sehen lediglich das, was an der eigentlichen Wirklichkeit der Ideen teilhat. Schließlich war vom Teilhabegedanken in Bezug auf das Verständnis der Ideen als „aitíai", als Ursachen oder Gründe die Rede. Die schönen Dinge der Sinnenwelt sind, so der „Phaidon", nur schön, weil sie an der Idee des Schönen teilhaben. Keine dieser Stellen aus den klassischen Dialogen aber erklärt, was mit Teilhabe gemeint ist. Wie soll man sich ein Verhältnis der Teilhabe näher denken? Ist der Teilhabegedanke, wie es Aristoteles Platon polemisch vorwerfen wird, wirklich nichts als eine poetische Metapher, nichts als leeres Gerede (Met. M 5, 1079 b 24–26)?

1. Identität und Teilhabe

Entscheidend für das Verständnis des „Parmenides“ ist der philosophiegeschichtliche Hintergrund, von dem her sich die Frage der Teilhabe stellt. Der Dialog steht, zusammen mit dem „Sophistes“ und dem „Politikos“, im Zeichen des Philosophen Parmenides bzw. der von ihm vertretenen eleatischen Schule, zu der auch der zu Beginn des Dialogs auftretende Zenon gehört. In der Zeit kurz vor Platon stehen sich zwei Philosophen gegenüber, auf die bereits in der Einleitung kurz eingegangen wurde: Heraklit und Parmenides. Während Heraklit, grob gesagt, der Auffassung ist, dass die ganze Wirklichkeit sich in ständigem Fluss, in ständiger Bewegung befindet, sodass alle Dinge sich verwandeln, entstehen und vergehen und nichts bleibt, vertritt Parmenides im Gegensatz zu Heraklit die These, dass das Seiende ungeworden, unvergänglich, unveränderlich, vollkommen und eines ist, d.h. unteilbar ist, keine Vielheit zulässt. Platon steht in gewisser Weise in der Mitte zwischen diesen beiden Konzeptionen, indem seine Sinnenwelt der Wirklichkeit Heraklits ähnelt, vor allem aber seine Ideenwelt der des Parmenides. Tatsächlich sind alle Eigenschaften, die bei Parmenides vom Sein ausgesagt werden, auch Eigenschaften der einzelnen Ideen bei Platon. Wie bei Parmenides das Sein ist die einzelne Idee ungeworden, unvergänglich, unveränderlich, vollkommen und hat insbesondere die Eigenschaft der Unteilbarkeit.

Im Dialog „Parmenides“ tritt zu Anfang Zenon, der Schüler Parmenides’ auf. Er vertritt wie Parmenides die Auffassung, es gebe keine Vielheit. Für Parmenides ist das eine, vollkommene Sein das Ganze, es gibt nur dieses eine, unteilbare Sein, es gibt nichts außer ihm und nichts in ihm. Alle Vielheit ist bloßer Schein, ist Täuschung. Zenon aber, dies ist der Ausgangspunkt der Diskussion über das Teilhabeverständnis im „Parmenides“, begründet die Ablehnung der Existenz einer Vielheit durch folgendes Argument: Wenn das Seiende Vieles wäre, müsste es zugleich ähnlich und unähnlich sein, das aber ist unmöglich. Wie ist dieser auf den ersten Blick recht unverständliche Satz zu verstehen? Zunächst liegt ihm folgender Gedankengang zugrunde: Wenn es viele verschiedene Dinge gäbe, so wäre ein und derselbe Gegenstand einigen anderen ähnlich und einigen unähnlich. Ein Gegenstand ähnelt etwas, etwas anderem wiederum nicht. Das aber bedeutet für Zenon: Dieser Gegenstand hätte die Eigenschaft der Ähnlichkeit und der Unähnlichkeit zugleich, und das ist für ihn unmöglich. Unmöglich, weil es ein Widerspruch ist, dass etwas zugleich etwas und sein Gegenteil sein kann. Das Ähnliche wäre dann unähnlich und umgekehrt (Parm. 127 e).

Einmal abgesehen davon, dass Ähnlichkeit und Unähnlichkeit Beziehungsbegriffe sind, dass etwas im Grunde nur relativ zu etwas anderem ähnlich oder unähnlich sein kann, fragt sich, warum ein Gegenstand nicht zugleich Ähnlichkeit und Unähnlichkeit besitzen können soll. Es leuchtet sicher jedem intuitiv ein, dass dieses Argument unhaltbar ist. Wie aber kommt Zenon dazu, so zu denken? Der entscheidende Punkt ist, dass Zenon jede Subjekt-Prädikat-Aussage als eine Identitätsaussage versteht, d.h. so versteht, als seien Subjekt und Prädikat identisch.[6] Gewissermaßen bedeutet das „ist" in „S (= Subjekt) ist P (= Prädikat)" für die eleatische Schule „ist identisch mit". Das heißt, die eleatische Schule versteht das „ist" im Satz „Der Stuhl ist grün" anders, als wir es im Normalfall tun. Für uns bedeutet diese Aussage nicht, dass Stuhlsein und Grünsein identisch sind, sondern „grün" charakterisiert den Gegenstand „Stuhl" neben vielen anderen Eigenschaften, die ihn ebenfalls charakterisieren. Wenn aber „ist" tatsächlich für „ist identisch mit" steht, dann kann ein Gegenstand nicht verschiedene Eigenschaften zugleich haben, es sei denn, alle seine Eigenschaften sind identisch. Wenn der Stuhl zugleich grün, aus Holz, mit Lehne usw. ist, so kann dies dem eleatischen „ist"-Verständnis nach im Satz „Der Stuhl ist grün" nur bedeuten, dass alle diese Eigenschaften ein und dasselbe sind. Wenn $a \equiv b$ und $a \equiv c$ und $a \equiv d$, dann ist notwendig $b \equiv c \equiv d$. Bei konträren Eigenschaften aber führt dies zu einem Widerspruch. Wenn ich im Sinne des Beispiels von Zenon sage „Der Stuhl ist ähnlich" und „Der Stuhl ist unähnlich", weil er einem zweiten Stuhl zwar wirklich ähnlich ist, aber einem Pferd völlig unähnlich, gelange ich zu einem Widerspruch, wenn das Wort „ist" in diesen beiden Sätzen für „ist identisch mit" steht. Dann wäre die Ähnlichkeit identisch mit der Unähnlichkeit.

Von dieser Basis aus wird insbesondere die Aussage Parmenides', dass es allein nur das Sein gibt, verständlich. Wenn nämlich „sein" als eine Eigenschaft angesehen wird, dann kann diese Eigenschaft im Falle einer Identitätsaussage nur einen einzigen Gegenstand haben: das Sein selbst. Wenn „ist" „ist identisch mit" bedeutet, kann der Satzanfang „Das Sein ist ..." nur durch das als Eigenschaft verstandene Prädikat „sein" ergänzt werden. Es kann über das Sein im Grunde keine weitere Aussage gemacht werden, als dass es ist. Vom Standpunkt der eleatischen Schule aus kann man, so auch ausdrücklich im Dialog „Sophistes", nur das Gute gut und nur den Menschen Mensch nennen (Soph. 251 c).

Wir meinen jedoch offensichtlich nicht Identität, wenn wir etwa sagen „Der Stuhl ist grün". Der junge Sokrates aber versucht, dieses offensichtlich falsche Verständnis von „ist" durch den Teilhabegedanken zu korrigie-

[6] Die folgende Interpretation stützt sich auf den Ansatz von A. Nehemas, „Self-Predication and Plato's Theory of Forms", in: *American Philosophical Quarterly*, (16) 1979, 93–103, sowie ders., „Participation and predication in Plato's later thought", in: *Review of Metaphysics*, (36) 1982, 343–374.

ren. Das Dilemma kann nach Sokrates' Auffassung vermieden werden, wenn man in Bezug auf das gegebene Beispiel die Existenz zweier Ideen annimmt, die der Ähnlichkeit und die der Unähnlichkeit, und zwar als von den Sinnesdingen *getrennte* Einheiten, sodass die Dinge zugleich an beiden Ideen *teilhaben* können, ohne mit dem Ähnlichen und dem Unähnlichen gleich *identisch* zu sein und damit einen Widerspruch hervorzurufen (Parm. 129 a). Im Satz „Der Stuhl ist ähnlich" bedeutet „ist" somit „teilhaben an" und nicht „identisch sein mit". So kann der Stuhl zugleich auch aus Holz sein, eine Lehne haben usw., oder ähnlich sein und unähnlich sein. Durch die Teilhabe kann *ein* Gegenstand zugleich *vieles* sein, können aber auch *viele* Gegenstände einander ähnlich und nicht ähnlich sein, ohne dass es zu Widersprüchen kommt. Der Gegenstand *ist* nicht die Ähnlichkeit selbst, sondern hat an ihr als von ihm Verschiedenem nur teil.

2. Parmenides' Kritik

Das Teilhabeverständnis bedeutet somit gegenüber dem Ansatz der eleatischen Schule, so könnte man heute sagen, einen Fortschritt hinsichtlich der Theorie der Prädikation. Parmenides, der im Dialog bisher nur zugehört hat, gibt sich mit Sokrates' Antwort auf Zenons Paradox jedoch nicht zufrieden. Vielmehr beginnt er nun seinerseits, das gerade von Sokrates behauptete Teilhabeverhältnis zwischen Sinnesdingen und Ideen zu hinterfragen (Parm. 130 e–133 a).

Parmenides fragt Sokrates, was er sich denn unter Teilhabe eigentlich vorstelle, und diskutiert daraufhin verschiedene Verstehensmöglichkeiten mit ihm. Eine erste Möglichkeit ist die Auffassung, dass die Idee dem Gegenstand, der an der Idee teilhat, innewohnt. Was aber ist in diesem Falle mit Innewohnen gemeint? Sagt man, der Vielheit der Sinnesdinge wohne die *ganze* Idee inne, dann wäre sie ja zugleich ganz in den Dingen und als außerhalb der Sinnenwelt existierende Idee ganz getrennt von den Dingen, d.h. die Idee getrennt von sich selbst. Das aber ist, so Parmenides, unmöglich, was Sokrates auch sofort einsieht, denn hiermit würde das Grundverständnis verletzt, wonach die Ideen einfach, eins, also unteilbar sind. Alles, was aus mehrerem zusammengesetzt ist, so wird schon im „Phaidon" deutlich (Phaid. 78 c), entsteht und vergeht, das Ewige bzw. die ewigen Ideen können daher nur das Einfache, das Unteilbare sein. Es ist also nicht möglich, dass eine Idee getrennt von sich selbst in den zudem noch räumlich voneinander getrennten Sinnesdingen existiert.

Damit bleibt nur, die Idee so in den Sinnesdingen innewohnen zu lassen, dass die Sinnesdinge nicht an der ganzen Idee, sondern nur an einem *Teil* von ihr teilhaben. Wie aber soll man sich dies denken? Parmenides schlägt den Vergleich mit einem Segeltuch vor, das man über viele Menschen ausbreitet, sodass über jedem Menschen nur ein Teil des Segeltuchs liegt. Der sinnliche Gegenstand verhielte sich also so zur Idee wie der Mensch, der nur von einem Teil des Segeltuchs bedeckt wäre. Dieses Verständnis der Teilhabe aber widerspräche wiederum der Auffassung, dass die Ideen unteilbar sind. Der sinnliche Gegenstand kann nicht ein Stück von der Idee haben. Wie soll eine Idee zugleich unteilbar, d.h. eins sein, und sollen Teile von ihr in den vielen Sinnesdingen sein? Parmenides' Segeltuchbeispiel ist natürlich insofern bedenklich, als es sich bei dem Verhältnis zwischen dem Segeltuch und den Menschen um ein räumliches Verhältnis handelt. Dass die Teilhabe räumlich verstanden zu Widersprüchen führt, bedeutet noch nicht, dass der Teilhabegedanke auch da widersprüchlich ist, wo es um die Relation zwischen etwas Räumlichem und etwas Nichträumlichem geht, wie dies zwischen Sinnesdingen und Ideen der Fall wäre. In jedem Fall aber erweist sich auch bei dieser Variante die positive Bestimmung des Teilhabegedankens als schwierig.

Nachdem beide Varianten eines möglichen Innewohnens der Ideen in den Gegenständen verworfen wurden, wiederholt Parmenides seine Frage, wie denn nun die Sinnendinge Sokrates' Meinung nach an den Ideen teilhaben, wenn sie weder an Teilen noch an dem Ganzen derselben teilhaben können. Sokrates schlägt nun eine zweite Lösung vor. Teilhabe lässt sich auch ohne ein Innewohnen der Idee in den Sinnesdingen denken: „... mir, Parmenides, leuchtet am meisten folgende Ansicht ein: Die Ideen stehen gleichsam als Musterbilder in voller Wirklichkeit da, die Einzeldinge aber sind ihnen ähnlich und sind Abbildungen von ihnen, und die Teilnahme (méthexis) der Einzeldinge an den Ideen besteht eben in nichts anderem als in dieser Nachbildung" (Parm. 132 c–d). Teilhabe wäre demnach als ein Urbild-Abbild-Verhältnis zwischen Idee und Gegenstand zu denken. Die Idee wohnt diesem Teilhabeverständnis nach dem Gegenstand nicht inne, sondern die Dinge sind Abbilder der Idee. Die Unteilbarkeit der Ideen scheint auf diese Weise gewahrt zu bleiben.

Gegen diese Auffassung aber argumentiert Parmenides wie folgt: Er greift zunächst Sokrates' eigenes Teilhabeverständnis vom Anfang des Dialogs auf. Ein Gegenstand hat Ähnlichkeit, so Sokrates, weil er an der vom Gegenstand getrennten Idee der Ähnlichkeit teilhat. Zwei Dinge also sind ähnlich, weil sie beide an derselben Idee als einem Dritten teilhaben. Zwei Dinge sind schön, weil sie beide an der Idee der Schönheit als einem Dritten teilhaben. Wenn es aber notwendig so ist, dass zwischen zweierlei Dingen nur Ähnlichkeit bestehen kann durch die Beziehung zu einer Idee als einem Dritten, an dem beide teilhaben, entsteht folgendes Problem in Bezug auf das Urbild-Abbild-Verständnis von Teilhabe: Sokrates hatte zuletzt gesagt, das Ding verhalte sich zur Idee wie das Abbild zum Urbild. Es werden hier also nicht zwei Dinge, sondern ein Ding mit einer Idee verglichen. Zwischen Ding und Idee aber besteht aufgrund des Urbild-Abbild-Verhältnisses eine Ähnlichkeit. Warum aber sind Ding und Idee ähnlich? Die Antwort kann entsprechend Sokrates' Teilhabeverständnis vom Anfang des Dialogs nur sein: Weil sie beide an einem Dritten teilhaben. Nehmen wir als Beispiel wiederum das schöne Ding und die Idee des Schönen. Sie verhalten sich, so Sokrates, wie das Abbild zum Urbild, sind ähnlich, wie ein Abbild dem Urbild ähnlich ist. Warum aber sind sie ähnlich? Notwendig deshalb, weil sie beide an der Idee der Schönheit teilhaben. Das schöne Ding und die Idee des Schönen sind also ähnlich, weil beide an einem Dritten, der Idee des Schönen, teilhaben. Damit aber gibt es neben der ersten Idee des Schönen noch eine Idee des Schönen. Das heißt, wenn man erst einmal die Ähnlichkeit zwischen zwei Dingen als das Verhältnis zu einem Dritten, an dem sie beide teilhaben, setzt, dann kann man die Idee selbst mit einem Ding nur noch so vergleichen, dass man wiederum ein Drittes setzt. Es muss immer ein „tertium comparationis" geben. Damit aber vervielfältigt sich die Idee. Ihre Identität, die Grundvoraussetzung von Platons Ideenlehre, wird auch hier aufgehoben. Parmenides: „So ist es demnach unmöglich, dass ein Einzelding der Idee ähnlich sei oder die Idee dem Einzelding, denn wäre dies der Fall, so würde neben der Idee noch eine andere Idee zum Vorschein kommen, und wenn sie wieder einem anderen ähnlich ist, abermals eine andere, und so wird unaufhörlich immer wieder eine neue Idee auftauchen, wenn die Idee demjenigen, was an ihr teilhat, ähnlich ist" (Parm. 132 e).

Parmenides verwirft somit auch dieses Teilhabeverständnis. Das Argument, das seit Aristoteles das Argument vom „dritten Mann" genannt wird, weil Aristoteles es am Beispiel eines Menschen festmacht (vgl. Met. 990 b 15), ist schwierig. Es stellt insbesondere – worauf hier nicht näher eingegangen werden kann – eine Herausforderung für die moderne Logik dar. Dies ist wohl auch der Grund dafür, dass über dieses Argument in den letzten Jahrzehnten mehr an Sekundärliteratur geschrieben worden ist als zu irgendeinem Thema bei Platon sonst.[7]

Erstaunlich ist es jedoch, dass Platon weder im „Parmenides" noch anderswo in seinen Dialogen diese Einwände gegen die Ideenlehre ausdrücklich zu widerlegen oder entkräften versucht. Das Rätsel, wie denn Teilhabe zwischen Ideenwelt und Sinnenwelt wahrhaft zu denken ist, bleibt bestehen. Oder hat Platon nach dem „Parmenides" seine Ideenlehre im Sinne einer Zweiweltenlehre doch aufgegeben, wie einige meinen? Dass er es nicht getan hat, bekräftigt die bereits erwähnte Stelle im Dialog „Timaios": Es gibt

[7] Zur Logik dieses Arguments siehe F. von Kutschera, *Platons „Parmenides"*, Berlin 1995, 29ff.

„...das Gebiet der unwandelbaren Ideen, die ungeworden und unzerstörbar sind [...], dem Auge verborgen und auch den anderen Sinnen nicht wahrnehmbar, (sie sind) genau also das, dessen Betrachtung Sache des reinen Denkens ist. Das Zweite [Gebiet] ist das, was mit jenem gleichbenannt und ihm ähnlich ist, sinnlich wahrnehmbar, erzeugt, in immer währender Bewegung, an einem bestimmten Orte entstehend und von da wieder verschwindend, [...] mit der Sinneswahrnehmung erfassbar." (Tim. 52 a)

Ausdrücklich wird hier von einer Ähnlichkeit der Sinnenwelt mit der Ideenwelt gesprochen, womit nur das zuletzt besprochene Urbild-Abbild-Verhältnis gemeint sein kann. Eindeutig ist an anderer Stelle im „Timaios" in genau diesem Sinne davon die Rede, dass bei der Weltschöpfung durch den Demiurgen die Dinge nach dem Muster der Ideen geschaffen werden (Tim. 29). In diesem Dialog, der, so die Meinung der meisten Platon-Forscher, nach dem „Parmenides" geschrieben wurde, scheint Platon also so zu tun, als hätte es die Kritik des Teilhabegedankens nie gegeben.

Wie aber soll der Platon-Leser den „méthexis"-Gedanken dann überhaupt bewerten? Soll er ihn wie Aristoteles als poetische Metapher oder als leeres Gerede beiseite schieben, oder gibt es gute Gründe für das Beibehalten dieses Begriffs, obwohl er letztlich unklar bleibt? Mir fällt hierzu Ähnliches ein wie zum Begriff der Trennung im vorigen Abschnitt. Denn auch bezüglich des Teilhabegedankens geht es um das Immanenz-Transzendenz-Verhältnis. Die Sinnesdinge sind immanent, die Ideen transzendent, und der Teilhabegedanke versucht, das positive Verhältnis zwischen beiden zum Ausdruck zu bringen. Wenn man aber wie Platon davon ausgeht, dass es so etwas wie Transzendenz gibt, ist der „méthexis"-Begriff dann nicht unumgehbar? Zwar bleibt die Schwierigkeit bestehen, wie man das Verhältnis von etwas, was von dieser Welt getrennt ist, zu dieser Welt denken soll, wenn kein räumliches Verhältnis zwischen beiden gemeint sein kann, bzw. wie Dinge an etwas Unteilbarem teilhaben können. Es stellt sich jedoch generell die Frage, ob die Philosophie, als Metaphysik verstanden, nicht immer eine Gratwanderung zwischen dem Gerade-noch-Sagbaren und dem Unsagbaren ist und das platonische Teilhabeverständnis genau diese Gratwanderung zum Ausdruck bringt.

IV. Gott und die Seele

Platon ist in dem Sinne der erste strenge Metaphysiker, dass er einen Bereich der Transzendenz setzt, also neben der raumzeitlichen Welt einen von dieser verschiedenen, höheren Wirklichkeitsbereich annimmt und die gesamte Wirklichkeit von diesem Gesichtspunkt her konsequent zu deuten versucht. Metaphysik steht zwar nicht notwendig in Verbindung mit der Annahme einer transzendenten Wirklichkeit. Von einem mehr von Aristoteles her kommenden Metaphysikverständnis kann jeder Entwurf von Welt insgesamt bereits als Metaphysik bezeichnet werden. Wo jedoch der uns unmittelbar gegebenen Wirklichkeit gegenüber nichts ihr Zugrundeliegendes mehr gedacht wird, kann von Metaphysik im hervorgehobenen Sinne eines Denkens von Transzendenz nicht mehr die Rede sein. In dieser Hinsicht ist Nietzsche, der jegliche Annahme von, wie es bei ihm heißt, „Hinterwelten" radikal ablehnt, als der Antimetaphysiker und Antiplatoniker schlechthin zu verstehen.

In Bezug auf Platons Metaphysik stellt sich jetzt noch die Frage, wie sich Gott und die Seele zu seiner Ideenlehre verhalten. Gott und die Seele sind gewissermaßen zwei Momente der Wirklichkeit, die ebenfalls eine Art Anspruch auf Transzendenz erheben. In welchem Verhältnis stehen sie bei Platon zu den transzendenten Ideen? Beginnen wir mit der Frage nach dem Verhältnis von Gott und den Ideen.

1. Gott und die Ideen

a) Die Idee des Guten

Innerhalb der Ideenwelt gibt es *eine* Idee, die gegenüber allen anderen eine hervorgehobene Position einnimmt. Bereits anhand von Sokrates' Rede im „Gastmahl" wurde dies deutlich. Der Aufstieg ging von den schönen Körpern über die schönen Handlungen zu den schönen Wissenschaften. Dabei könnten mit den Wissenschaften die vielen Ideen gemeint sein, die Vielheit der Ideen als Gegenstände des reinen Denkens. Der Aufstieg von der Sinnenwelt zur Ideenwelt hört mit den vielen Wissenschaften jedoch nicht auf, sondern geht, wie dort beschrieben, noch eine Stufe weiter bis zu einer höchsten Idee. Über den Wissenschaften gibt es eine noch höhere Wissenschaft, die nur einen einzigen Gegenstand hat. Dieser Gegenstand ist die Idee des Schönen.

Vor allem das Höhlengleichnis im 7. Buch der „Politeia" weist auf diese Abstufung zwischen einer höchsten Idee und den anderen Ideen hin, indem der aus der Höhle ans Tageslicht aufgestiegene Mensch zuerst bemüht ist, die wirklichen Dinge in der realen Welt zu erkennen, um sich dann, wenn er sich einmal daran gewöhnt hat, in einem weiteren Schritt der Sonne selbst zuzuwenden. Das Gebiet des Tageslichts außerhalb der Höhle ist der Bereich dessen, was uns durch reines Denken zugänglich ist. Die Sonne aber wird mit dem höchsten Punkt im Bereich des Denkbaren verglichen (Pol. 517 b–c).

Diesen Vergleich zwischen Sonne und höchster Idee hat Platon bereits im 6. Buch der „Politeia“ ausführlich dargestellt (504 e–509 d) und greift ihn im Höhlengleichnis nur nochmals auf. Dabei geht es auch in diesem Buch um die Frage, was denn die höchste Wissenschaft und der Gegenstand derselben sei. Sokrates antwortet hier auf den ersten Blick überraschend, dass die Idee des *Guten* das höchste Wissen darstelle und nicht wie im „Gastmahl“ die des Schönen. Zudem wird hier die Erkenntnis der Idee des Guten als notwendige Voraussetzung aller anderen Erkenntnis aufgefasst. Wie soll einer, fragt Sokrates, der über die Idee des Guten als der höchsten Idee in Unkenntnis ist, mit der Kenntnis der anderen Ideen richtig Bescheid wissen (Pol. 506 a)?

Um zu erklären, in welchem Verhältnis das Gute zu den anderen Ideen steht, wird die Rolle der Idee des Guten im Bereich der Ideenwelt mit derjenigen der Sonne in der Sinnenwelt verglichen. Der Vergleich geht wie folgt: In der Sinnenwelt hat das Vermögen des Sehens einen Vorzug gegenüber dem Gehör und allen anderen Sinnesvermögen. Während nämlich das Gehör einen Ton ohne ein weiteres Mittel hört, so jedenfalls Platon, bedürfen die Augen, um einen Gegenstand zu sehen, des Lichts. Das aber, was uns das Licht gibt, um die Dinge zu sehen, ist die Sonne. Das heißt, die Sonne ist die Ursache dafür, dass wir die Dinge sehen. Auf der Ebene der Ideenwelt nun spielt die Idee des Guten eine ähnliche Rolle. So wie unser Sehen vom Sonnenlicht abhängig ist, erkennt auch unsere Seele nur das, worauf das Licht der Idee des Guten fällt; nur dann erfassen und erkennen wir die Gegenstände des Denkens richtig.

Die Idee des Guten ermöglicht allerdings nicht nur die Erkenntnis der Ideen, sondern verleiht den Ideen auch ihr Dasein, so wie die Sonne uns nicht nur das Sehen ermöglicht, sondern den Sinnesdingen auch Werden, Wachstum und Nahrung ermöglicht. Die Idee des Guten ist somit die Ursache (aitía) sowohl der Erkenntnis als auch des Seins der Ideen. Als Ursache der Ideenwelt, der „ousía“ der Ideen, aber bildet sie eine noch höhere Wirklichkeit als die der anderen Ideen. Das heißt, sie ist dem Sein der Ideen gegenüber etwas Überseiendes, sie ragt „an Würde und Kraft noch über das Sein (ousía) hinaus“ (Pol. 509 b). Die Idee des Guten transzendiert gewissermaßen nochmals die bereits transzendente Ideenwelt. Sie transzendiert sie als Ursache (aitía) dieser Ideenwelt.

Warum nun nennt Platon in der „Politeia“ die höchste Idee Idee des Guten und nicht des Schönen wie im „Gastmahl“? Die Idee des Guten in der „Politeia“ unterscheidet sich zwar dadurch von der Idee des Schönen, dass Letztere im „Gastmahl“ nicht als Ursache aller anderen Ideen dargestellt wird, sondern nur als das, woran alles andere Schöne teilhat, dennoch ist in beiden Fällen der höchste Gegenstand der Wissenschaft damit bezeichnet, und es deutet eigentlich alles darauf hin, dass es sich um ein und dieselbe Idee handelt. So wird die Idee des Guten in der „Politeia“ an einer Stelle ausdrücklich als die „Ursache alles Guten und Schönen" bezeichnet (Pol. 517 c). Überhaupt bilden das Schöne und das Gute im Verständnis der Griechen eine Einheit. In der griechischen Sprache ist mit „schön" (kalón) nicht nur das ästhetisch Schöne gemeint, sondern auch zweckmäßiges, d.h. auf ein Gut ausgerichtetes Handeln wird schön genannt. Für das Vaterland sterben etwa ist nach griechischem Verständnis schön. Das wahre Ziel aller menschlichen Tätigkeit, das Gute, ist demnach immer auch schön. Das höchste Ziel aller Denktätigkeit aber ist die Erkenntnis der Idee des Guten, die damit, ohne dass Platon dies im Kontext seiner Zeit ausdrücklich zu sagen braucht, zugleich auch das Schöne ist.

b) Ist die Idee des Guten Gott?

In Bezug auf die Idee des Guten stellt sich nun vor allem die Frage, ob Platon mit dieser Idee möglicherweise Gott selbst meint. Diese zumindest in der Vergangenheit größere Streitfrage in der Platon-Forschung scheint mir eindeutig verneint werden zu müssen. Zwar wird im „Gastmahl" die Idee des Schönen, wie bereits erwähnt, als göttlich verstanden. Der dort verwendete griechische Begriff ist allerdings „theĩos", und mit diesem Begriff ist in der Antike noch nichts Personal-Göttliches gemeint. Der Begriff „theĩos" wird im Griechischen als Prädikat gebraucht, qualifiziert also eine Vielzahl von Dingen. Gemeint aber ist der sehr vage Bereich all dessen, was über dem Menschen anzusiedeln ist, was insbesondere unsterblich bzw. ewig ist. Alles, was größer als der Mensch ist und den Menschen überdauert, wird „theĩos", göttlich genannt. Auf diese Weise ist für Platon der gesamte Bereich der Ideenwelt, nicht nur die Idee des Schönen oder Guten, göttlich. Der Begriff des Göttlichen führt damit zu keiner näheren begrifflichen Klärung dessen, was mit der höchsten aller Ideen, der Idee des Guten, gemeint sein kann.

Neben „theĩos" gibt es bei Platon aber auch den personal gemeinten Begriff „theós". Er scheint sich in einigen Fällen sogar auf einen einzigen, höchsten Gott zu beziehen. Die Idee des Guten wird jedoch weder im Sonnengleichnis im 6. Buch noch im Höhlengleichnis im 7. Buch der „Politeia" – dies sind die einzigen Stellen im Werk Platons, wo überhaupt von der Idee des Guten die Rede ist – jemals mit Gott (theós) identifiziert. Was bei der Idee des Guten an Gott denken lässt, ist natürlich, dass es sich einerseits um die höchste aller geistigen Wirklichkeiten, aller Ideen handelt, und diese Idee andererseits als Ursache verstanden wird. Inwiefern jedoch ist sie Ursache? Ursache scheint im Sonnengleichnis doch etwas mit unserem heutigen Verständnis von Wirkursache zu tun zu haben, da ja die Idee des Guten wie die Sonne für Werden und Wachstum der Dinge verantwortlich ist. Allerdings ist das Verhältnis von Sonne und etwa einem Baum nicht so zu verstehen, dass die Sonne den Baum geschaffen hat. Sie ist vielmehr das, was das Werden eines bereits existierenden Baumes ermöglicht. Es ist also fraglich, das Gute als das Schöpferprinzip der Ideen ansehen zu wollen, etwa in Parallele zum Schöpfergott der Offenbarungsreligionen. Dies ist insbesondere deshalb fraglich, weil Platon das Gute nicht als Ursache der Sinnesdinge, sondern nur als Ursache der Ideen darstellt. Die Ideen sind zudem ewig. Es gibt keinen Zeitpunkt, wo es sie nicht gab. Das heißt, selbst wenn die Idee des Guten als der Grund aller anderen Ideen zu verstehen ist, so höchstens in dem Sinne, wie im „Phaidon" die anderen Ideen den Grund für die Sinnesdinge bilden.

Allerdings wird an einer anderen Stelle in der „Politeia" Gott (theós) – und damit scheint an dieser Stelle ein einziger, höchster Gott gemeint zu sein – ganz unabhängig von der Idee des Guten als in jeder Hinsicht gut und als Ursache alles Guten bezeichnet (Pol. 377 a–383 c). Auch wenn derartige Stellen für sich genommen nicht ausreichen, um die Idee des Guten bei Platon doch noch mit dem „theós", mit Gott zu identifizieren, muss zur Kenntnis genommen werden, dass beim Vergleich aller relevanten Textstellen bezüglich der Frage nach dem Verhältnis der Idee des Guten zum Gottesbegriff eine gewisse Zweideutigkeit und Unklarheit bestehen bleibt.

c) Der Demiurg

Eine weitere Quelle zur Klärung der Gottesfrage bei Platon bildet der berühmte Dialog „Timaios". Er hat auf die Geistesgeschichte des Abendlandes einen besonders großen Einfluss ausgeübt und war im christlichen Raum für lange Zeit, d.h. bis ins 12. Jahrhundert hinein, der einzige bekannte Text von Platon.

Ein Mensch namens Timaios hält in diesem Dialog eine Rede über die Schöpfung der Erde und die Entstehung des Menschen, wobei vorauszuschicken ist, dass Platon sich dessen bewusst ist und in dem Dialog mehrmals ausdrücklich erwähnt, dass der Mensch über solche Fragen, also über Fragen der Kosmologie und Naturphilosophie, keine Gewissheit erlangen kann, sondern höchstens zu Einsichten gelangt, die eine gewisse Wahrscheinlichkeit für sich in Anspruch nehmen (Tim. 29). Wir befinden uns im Bereich der „dóxa" und nicht in dem der „epistémē". Von daher wird diese Lehre ausdrücklich als Mythos vorgetragen und nicht als begrifflich genaue Beschreibung, womit sich natürlich die Frage stellt, wie wörtlich Platon seine Ausführungen am Ende gemeint hat.

Es stellt sich, so Timaios, in Bezug auf den Kosmos die Frage, ob er von jeher da war, ohne entstanden zu sein, oder ob er geworden ist und einen Anfang hatte. Nun ist der Kosmos sichtbar, fühlbar und körperlich. Er ist also sinnlich wahrnehmbar. Alles sinnlich Wahrnehmbare aber ist dem Werden zuzurechnen, und alles Gewordene muss irgendeine Ursache haben. Der Kosmos ist weiter ein vernunftgemäß geordnetes Ganzes. Also setzt er nicht nur irgendeine Ursache, sondern eine vernünftige Ursache voraus. Es gibt also notwendig einen Bildner, einen Demiurgen, einen, wie es ausdrücklich heißt, Vater des Kosmos, der hier zugleich Gott (theós) genannt wird (Tim. 28).

In Bezug auf das Wie des göttlichen Schöpfungsakts aber muss zunächst unterschieden werden zwischen dem immer Seienden, das kein Werden zulässt und das durch vernünftiges Denken mittels des Verstandes erfassbar ist, und dem immer Werdenden, das nur über die Sinneswahrnehmung zugänglich ist und worüber wir nie zu festem Wissen, sondern immer nur zu (schwankenden) Meinungen gelangen. Dem „Timaios" liegt, wie bereits gesehen, ebenfalls die Grundunterscheidung von Sinnenwelt und Ideenwelt zugrunde. Die Frage stellt sich nun, woraufhin der Bildner, der Demiurg, bei der Herstellung der Dinge schaut, was ihm als Muster für seine Weltschöpfung dient: das immer Seiende oder das Gewordene? Die Antwort ist, so Timaios, nicht schwierig, denn da der Kosmos als Ganzes das Schönste von allem Gewordenen ist, hat der Demiurg bei der Schöpfung offensichtlich nach dem Ewigen geblickt. Aufgrund ihrer Schönheit muss der Weltbildner die Welt nach dem Muster des immer Seienden und für den Verstand Erfassbaren geschaffen haben, nach dem Muster also der Ideen (Tim. 29 a).

Der Demiurg schafft allerdings den sichtbaren Kosmos nicht aus dem Nichts. Es handelt sich nicht um eine „creatio ex nihilo" im Sinne christlicher Theologie. Vielmehr besteht der Weltbildungsakt darin, dass der ganze Bereich des Sichtbaren aus der Unordnung in die Ordnung überführt wird. Das heißt, bevor es den Kosmos als geordnetes Ganzes gab, gab es schon einen Zustand gestaltlosen Seins der Dinge. Da nun der Demiurg vollkommen gut ist – auch hier wird die Güte, aber nicht die Idee des Guten mit Gott in Verbindung gebracht – und will, dass alles ihm selbst so ähnlich wie möglich ist, es aber nichts Höheres gibt als etwas Beseeltes und zugleich Vernunftbegabtes, hat er das Weltall zu einem beseelten und vernünftigen Geschöpf gemacht. Um der Vollkommenheit willen hat der Demiurg es zudem als ein einziges, sichtbares, lebendiges Wesen gebildet, das alle ihm von Natur verwandten Geschöpfe in sich schließt. Der Demiurg erschafft den Kosmos als einen körperhaften, seligen Gott (Tim. 34 b).

Um das – für uns – Naiv-Plastische dieses großartigen Schöpfungsmythos, von dem Augustinus sogar vermutete, dass er in Kenntnis des Buches Genesis geschrieben sein könnte,[8] ein wenig zu vermitteln, seien noch ein paar sekundäre Momente der Beschreibung angeführt. So ist das Weltall

[8] Vgl. A. Augustinus, *Der Gottesstaat* VII, 11.

aus den vier Elementen Feuer, Luft, Wasser und Erde gebildet, und es hat die Form einer Kugel. Nichts sondert sich von ihm ab, nichts wird ihm hinzugefügt, es braucht nichts, es muss nichts von sich abwehren. Der Demiurg verlieh dem Weltall zudem diejenige von sieben Bewegungsarten – so viele zählt Platon –, die ihrem Wesen nach der Vernunft am nächsten steht, nämlich die völlig gleichförmige Bewegung um ihre eigene Achse. Zu dieser Umdrehung aber bedarf sie keiner Füße, und deshalb schuf er das Weltall ohne Schenkel und Füße. Das Weltall ist ein geschlossenes Ganzes, das vollkommen ist und auch aus vollkommenen Teilen besteht. Der Weltseele aber hat der Demiurg ihren Sitz in der Mitte der Welt gegeben, hat sie zugleich über das Ganze ausgebreitet und den Weltkörper auch noch von außen mit ihr umhüllt.

Gott erschuf mit dem Kosmos auch die Zeit. Doch ist das Weltall nicht reine Zeitlichkeit. Gott wollte, dass das Weltall als Ganzes dem Urbild, nach dem es geschaffen wird, so ähnlich wie möglich ist. Nun ist das Urbild die in jeder Hinsicht ewige, d. h. völlig zeitlose Ideenwelt. Dies auf das Gewordene vollständig zu übertragen war nicht möglich. Daher wird das lebendige Weltall, die Weltseele, als etwas zwischen reiner Ewigkeit und reiner Zeitlichkeit konzipiert. Das Weltall als Ganzes bzw. die Seele des Weltalls ist zwar ewig, aber nicht im Sinne des völlig zeitlosen Urbildes, sondern so, dass es endlos werdend ist. Platon unterscheidet also zwischen Ewigkeit als absoluter Zeitlosigkeit und Ewigkeit als unendlicher Zeit.

Die Erschaffung der Lebewesen ging so vor sich: Es gibt vier Kategorien lebendiger Wesen, 1) Götter, 2) geflügelte und in der Luft sich tummelnde Lebewesen, 3) die im Wasser lebende Art und schließlich 4) die auf Füßen und auf dem Land sich bewegende Art (Tim. 40 a). Nachdem der Demiurg alle Götter als unsterbliche Wesen geschaffen hat – sie werden seine Kinder genannt –, beauftragt er diese Götter, die drei anderen Kategorien von Lebewesen zu gestalten, und zwar nach dem Vorbild, das der Demiurg ihnen mitgibt. Nicht der Demiurg selbst also, sondern die Götter erschaffen die anderen Lebewesen, damit sie nicht Göttern gleichgestellt werden. Den unsterblichen Teil dieser Lebewesen gibt der Demiurg den Göttern als Samen und Anfänge der Gestaltung mit, das Sterbliche dazu aber müssen sie selber gestalten. Der Demiurg also schafft die unsterblichen Seelen, wobei er sie in gleicher Zahl wie die Sterne schafft, jedem Stern wird eine Seele zugeordnet (Tim. 41 d). Auf der Grundlage dieser Seelen schaffen die Götter dann die Menschen.

Der Mensch aber, genauer gesagt der Mann, der die ihm zugemessene Zeit wohl verbracht hat, wird heimkehren in die Stätte des ihm zugewiesenen Sterns, um dort ein glückseliges Leben zu führen. Wer aber gefehlt hat, der wird bei einer zweiten Geburt die Natur der Frau annehmen, und wenn er auch in dieser Gestalt sich nicht seiner Boshaftigkeit entschlägt, so wird er in ein tierisches Wesen verwandelt, bis er zur Form seiner ersten und edelsten Beschaffenheit zurückgekehrt ist (Tim. 42 b–c)!

Bemerkenswert ist noch eine Stelle mitten im Text, an der es heißt: Und als nun der schaffende Vater dies Weltall als Abbild der Götter von Bewegung und Leben erfüllt sah, freute er sich (Tim. 37 c). Die Parallele zum biblischen „und Gott sah, dass es gut war" ist offensichtlich.

Im „Timaios" gibt es somit eindeutig einen über den Ideen und zudem auch noch über den anderen Göttern erhabenen Weltschöpfer. Dabei ist der Dialog „Timaios" nicht der einzige Dialog, in dem von einem Schöpfergott die Rede ist. Auch im „Sophistes" (265 c) und im „Politikos" (273 b) wird ein Weltschöpfer angenommen. Der Demiurg wird zudem als „noũs", Vernunft, Geist, bezeichnet. Er ist eine rein geistige Wirklichkeit. Allerdings wirkt bei der Entstehung des Weltalls nicht nur die göttliche Vernunft, sondern auch eine blinde Notwendigkeit mit, eine, wie es heißt, „planlos umherschweifende Ursache" (Tim. 48 a). Auch wenn die Vernunft die Oberhand über diese Notwendigkeit behält, kann der Demiurg somit – im Gegensatz zur uneingeschränkten Freiheit Gottes gegenüber seiner Schöpfung nach christlichem Verständnis – nicht als in jeder Hinsicht über seine Hervorbringungen erhaben angesehen werden.

Was jedoch das Verhältnis von Gott bzw. Demiurg und Ideenwelt betrifft, wird deutlich, dass im „Timaios" die Ideen und der Demiurg unabhängig voneinander sind, der Demiurg also nicht als eine Idee unter anderen angesehen werden kann. Selbst wenn er ausdrücklich als vollkommen gut bezeichnet wird, gibt es somit keinen ernsthaften Hinweis dafür, ihn mit der Idee des Guten, wie sie uns in Platons „Staat" begegnet, identisch zu setzen. Der Demiurg ist auch nicht, wie die Idee des Guten, als Ursache der Ideen anzusehen, schon gar nicht als deren Schöpfer, sondern in dem Augenblick, wo er sich daranmacht, das Weltall zu gestalten, findet er die Ideen schon vor. Das heißt, während die Idee des Guten Ursache der Ideen ist, ist der Demiurg die Ursache einer den Ideen gemäß gestalteten Sinnenwelt.

Die Vorstellung eines Schöpfergottes, wie sie im „Timaios" zum Ausdruck kommt, ist noch in anderer Hinsicht mit Vorsicht zu genießen. Für die Griechen war es selbstverständlich, dass die Welt ewig, d.h. ungeschaffen ist, und Platon ist der Einzige, der eine Schöpfungsgeschichte darstellt. Hat er diesen Schöpfungsmythos wirklich so wörtlich verstanden, dass er über diese antike Selbstverständlichkeit hinweg die Ewigkeit der Welt als Einziger in Frage gestellt hat? Für Aristoteles jedenfalls handelt es sich nur um eine Allegorie. Die Reihenfolge, in der die Erschaffung der Welt erzählt wird, ist seiner Ansicht nach nicht als eine zeitliche Reihenfolge gedacht. Plotin folgt ihm in dieser Ansicht. Man darf in der Tat nicht vergessen, dass es sich, wie anfangs gesagt, für Platon selbst um einen Mythos handelt, um eine approximative Darlegung mit Erzählcharakter, und nicht um begrifflich gesicherte Erkenntnis. Dennoch bleibt die Frage letztlich offen, und es ist nicht völlig undenkbar, dass Platon tatsächlich das Buch Genesis zur Vorlage hatte.

2. Der metaphysische Status der Seele

a) Seele und Ideen

Es bleibt die Frage des Verhältnisses von Ideenwelt und Seele. Die genaue Bestimmung dessen, was Platon unter Seele versteht, ist aufgrund der unterschiedlchen Ansätze in den verschiedenen Dialogen ein komplexes Problem. Grundsätzlich gesehen aber ist die Seele für Platon dreierlei: 1) Das Prinzip des Lebens. Sie entweicht, wenn der Tod eintritt, bzw. der Tod ist, wie in Bezug auf den „Phaidon" deutlich wurde, die Trennung von Körper und Seele. 2) Das Prinzip des Handelns und der ethischen Verantwortung. Sie hat die Möglichkeit zum Guten und zum Bösen. Die Seele ist aber 3) vor allem der Sitz der Erkenntnis, der Erkenntnis insbesondere der Ideen, also des unkörperlichen und unveränderlichen Seins.

Im „Phaidon" nun wird die Seele an einer Stelle als den Ideen *ähnlich* bezeichnet (Phaid. 79 b–80 b). Für Platon gilt wie auch für Aristoteles der Grundsatz, dass etwas nur durch Gleiches erkannt werden kann. In der „Politeia" drückt Platon dies durch folgenden bekannten Vergleich aus: „Wie das Auge nur darum die Sonne zu sehen vermag, weil es selbst sonnenartig ist", so kann auch die Seele die Idee des Guten nur erkennen, weil sie selbst dieser Idee ähnlich ist (Pol. 508 a–b). Die Seele muss gewissermaßen selbst ideenartig sein, um Ideen erkennen zu können. Ist damit aber gemeint, dass die Seele als solche so etwas wie eine Idee ist?

Im „Phaidon" argumentiert Platon wie folgt (Phaid. 79 a–80 b): Es gibt zwei Arten von Dingen, sichtbare und unsichtbare. Die Seele aber ist eindeutig dem Bereich des Unsichtbaren zuzuordnen. Der Bereich des Sichtbaren ist ihr fremd. Dies zeigt sich auf der Ebene des Erkennens. Versucht die Seele etwas mit Hilfe des Körpers zu erkennen, sei es durch das Auge oder durch das Ohr oder irgendeinen anderen Sinn, so richtet sie sich auf Dinge, die niemals gleich bleiben, und gerät in ihrem Erkennen ins Schwanken. Ihr Erkennen ist nicht mehr als Meinung (dóxa), wie es in der „Politeia" heißt. Wenn sie hingegen ganz auf sich selbst beschränkt eine Betrachtung anstellt, wenn sie sich im reinen Denken dem Ewigen, Unsterblichen und immer sich Gleichen der Ideenwelt zuwendet, dann lässt alles Schwanken in der Erkenntnis nach, denn dann hat sie es mit Dingen gleicher Natur zu tun, dann ist die Erkenntnis wahre, gewisse Erkenntnis (epistḗmē). Die Seele ähnelt also mehr dem immer Gleich-Bleibenden der Ideenwelt als dem Gegenteil. Die Seele ist außerdem, ein weiteres Argument, das Befehlende und Herrschende, der Leib hingegen das Dienende und Gehorchende. Das Befehlende und Herrschende aber ist, so Platon, das Göttliche. Damit ähnelt die Seele mehr dem Göttlichen (theĩos), der Leib mehr dem Sterblichen. Die Seele ist also dem Göttlichen und sich immer Gleichbleibenden der Ideenwelt ähnlich und nicht der Sinnenwelt.

Dennoch kann die Seele bei Platon wohl weder als eine Idee noch als der Ideenwelt selbst irgendwie angehörig angesehen werden. Dass sie göttlich ist, bedeutet noch nicht, dass sie selbst eine Idee ist, auch wenn die Ideenwelt als göttlich bezeichnet wird. Der Begriff des Göttlichen ist, wie bereits gesagt, ein sehr vager Begriff und bezeichnet zunächst nur den Bereich des Unsterblichen und Ewigen, den Bereich dessen, was den des Sterblich-Menschlichen übersteigt. Unsterblich und ewig sind für Platon nicht nur die Ideen, sondern, wie der „Timaios" gezeigt hat, auch die Götter. Die Götter aber sind vom Demiurgen geschaffene Wesen. Sie gehören somit nicht der Welt der ungeschaffenen Ideen an. Dennoch sind sie unsterblich und unkörperlich geschaffen und damit in ihrer Unauflöslichkeit den Ideen ähnlich. Genau in diesem Sinne ist auch die menschliche Seele den Ideen nur ähnlich. Sie ist nicht selbst eine Idee, sondern nur wie die Ideen auch unsterblich und übersinnlich.

Welcher Status im Weltganzen aber kommt dann der Seele zu? Wie ist sie in das Ganze der Wirklichkeit einzureihen? Wenden wir uns zur Beantwortung dieser Frage Platons Auffassung der Unsterblichkeit der Seele etwas näher zu. Die Unsterblichkeit der Seele ist ein zentrales Thema seiner Philosophie. Gemeint ist die Unsterblichkeit der jeweils individuellen Seele. Nicht nur der ganze „Phaidon" ist diesem Thema gewidmet, sondern auch im „Phaidros" gibt es wichtige Ausführungen, und in einer Reihe berühmter Mythen quer durch Platons Dialoge wird das Leben der Seele nach dem Tode beschrieben. So enden sowohl der „Phaidon" als auch der „Gorgias" und die „Politeia" mit einem Mythos über das Schicksal der Seele im Jenseits. Platons Grundverständnis ist dabei die Vorstellung, die Seele befinde sich hier in dieser Welt, vereint mit einem Körper, in einem Gefängnis, sie sei in den Leib eingesperrt, so im „Phaidros", wie die Auster in ihre Schale (Phaidr. 250 c), und zwar um für die Fehler ihrer vorherigen Leben zu büßen. Ihre größte Sehnsucht ist es also, in ein Jenseits zu fliehen, wo sie unabhängig vom Leib ein glücklicheres Leben zu führen vermag. Das heißt, wenn die Seele sich im reinen Zustand vom Körper trennt, ohne von ihm etwas mit sich zu nehmen, also wenn sie sich während ihres Erdenlebens auf eine Gemeinschaft mit dem Körper nicht eingelassen hat, rein geblieben ist, sich in sich selbst gesammelt hat, dann entweicht sie in den Bereich des mit ihr Gleichartigen, des Unsichtbaren, des Göttlichen, Unsterblichen und Vernünftigen, wo angelangt sie dann glückselig sein wird, befreit von Irrtum und Unwissenheit, von Furcht,

Liebesraserei und sonstigen menschlichen Übeln. Dort lebt sie mit den Göttern vereint (Phaid. 80 e–81 a).

Der Gegensatz zwischen Diesseits und Jenseits ist also für die Seele ein Gegensatz zwischen einem Leben mit dem Körper unter den Menschen und einem Leben ohne den Körper vereint mit den unsterblichen Göttern. Dieser Gegensatz ist jedoch nicht identisch mit dem der Zweiweltenlehre, mit dem Gegensatz von Sinnenwelt und Ideenwelt. Die Götter sind wie gesagt geschaffene Wesen, sie gehören dem „Timaios" nach dem vom Demiurgen geschaffenen Kosmos an. Damit aber befinden sie sich zusammen mit den unsterblichen Seelen der Menschen, die mit ihnen verweilen, noch diesseits der Ideenwelt. Die Wohnstätte der Götter und der unsterblichen Seelen ist *ein* Bereich des Kosmos, und das menschliche Leben in der Sinnenwelt ein anderer. Über beiden aber – wobei diese räumliche Redeweise natürlich metaphorisch ist – befindet sich das Jenseits der Ideenwelt.

b) Bindeglied zweier Welten

Die Seele gehört damit im Verhältnis zu den Ideen eindeutig noch in den Bereich dieser Welt. Sie ist aber zugleich – und damit komme ich zur Bestimmung dessen, was ihr eigentlicher Status ist – das Bindeglied zwischen beiden Welten, d. h., ihr kommt die Mittelstellung zwischen Kosmos und Ideenwelt zu. Sie gehört zwar dem Kosmos an, ist aber nicht wie die Dinge der Sinnenwelt körperlich, sondern unkörperlich und bildet aufgrund ihrer Unkörperlichkeit zugleich den Kontaktpunkt zur Ideenwelt.

Diese Mittelstellung exemplifiziert vor allem der berühmte Mythos vom Götterzug im „Phaidros" (246 a–249 d). Aus dem Vorgehenden wurde deutlich, dass die unsterblichen Seelen und die Götter von verwandter Natur sind. Beide sind unkörperlich. Die Götter sind gewissermaßen lediglich eine besondere Form von Seelen. Dementsprechend geht es Platon im „Phaidros" um göttliche und menschliche Seelen zugleich. Die Seele im Allgemeinen aber vergleicht er mit einem geflügelten Wagengespann mit Lenker, das von Pferden gezogen wird. Während nun die Pferde der Götter alle edlen Stammes sind, haben die der anderen Seelen, also der menschlichen Seelen, Pferde von vermischter Herkunft. Nur das eine ist schön und edel und aus entsprechender Zucht, das andere aber von entgegengesetzter Beschaffenheit. So ist denn bei uns die Lenkung notwendig beschwerlich und mühsam.

Diese Seelen und Götter werden nun im „Phaidros" auf ihrer Rundfahrt durch den Himmel beschrieben:

„Der große Gebieter im Himmel nun, Zeus, fährt voraus, seinen geflügelten Wagen lenkend, indem er alles ordnet und für alles sorgt; ihm folgt ein

Heer von Göttern und Dämonen, in elf Rotten geordnet: Hestia (Göttin des Herdfeuers) allein bleibt zurück im Hause der Götter. Dagegen die anderen Götter alle, die zur Zahl der zwölf herrschenden Götter gehören, ziehen in der Ordnung, die einem jeden gewiesen ist, als Scharenführer dahin. Da gibt es nun manches beseligendes Schauen auf den Straßen innerhalb des Himmels, die das Geschlecht der seligen Götter wandelt, indem jeder tut, was ihm obliegt. Und es folgt, wer immer will und kann. Denn der Neid steht außerhalb des göttlichen Reigens. Wenn sie nun aber zum Schmaus und zur Erquickung gehen wollen, halten sie steil empor zur Höhe der Himmelswölbung. Die Gespanne der Götter nun, die im Gleichgewicht und wohl in den Zügeln gehalten sind, fahren leicht dahin, die andern aber nur mühsam. Denn das mit Schlechtigkeit behaftete Ross drückt, wenn es von seinem Lenker nicht gut gezogen worden ist, mit schwerer Wucht gegen die Erde nieder. Da hat denn die Seele mit äußerster Kraftanstrengung den ernstesten Kampf zu führen ...“ (Phaidr. 246 e–247 b).

Gemeint sind mit letzteren die Seelen der Menschen. Sie versuchen den Göttern bei ihrer Rundfahrt zu folgen, was aber, so der Mythos, nur einigen gelingt, die anderen sind zu schwach und können den Aufstieg nicht mitmachen. Wohin aber führt dieser Aufstieg?

„Die unsterblichen Seelen fahren, wenn sie auf der Höhe angelangt sind, hinaus und betreten den Rücken des Himmelsgewölbes; hier stehend führt sie der Umschwung (gemeint ist der Umschwung des Himmels) herum, sie aber schauen, was außerhalb des Himmels ist.“ (Phaidr. 247 b–c)

In krassester räumlicher Darstellung, die jedoch im Rahmen eines Mythos nichts Anstößiges hat, wird hier der Kosmos verlassen, um etwas „außerhalb“ seiner zu schauen (theoreĩn). Das Außerhalb-Seiende aber ist nichts anderes als die transzendente Ideenwelt:

„Den überhimmlischen Ort aber hat noch nie einer von den Dichtern hier besungen, noch wird ihn je einer würdig besingen. Es verhält sich damit aber so [...]. Das farb- und gestaltlose und untastbare, wirkliche Sein lässt sich allein von dem Geist, dem Steuermann der Seele, erschauen [...]. Der göttliche Geist nun [...] findet seine Befriedigung und erhält Nahrung und Wonne aus dem Anblick der Wahrheit, bis der Umschwung im Kreis auf denselben Punkt zurückgekehrt ist. Während der Umdrehung aber betrachtet er die Gerechtigkeit selbst, die Besonnenheit und das Wissen: nicht jenes, dem ein Entstehen anhaftet [...], sondern das wirkliche Wissen, dessen Gegenstand das wirkliche Sein ist. Ebenso schaut die Seele sich die anderen wirklichen Wesenheiten an und erlabt sich an ihnen; dann taucht sie wieder ein in das Innere des Himmels und kommt nach Hause. Hierauf führt der Wagenlenker seine Rosse an die Krippe, wirft ihnen Ambrosia vor und tränkt sie dazu mit Nektar." (Phaidr. 247 c–e)

Die Seelen also sind diejenigen Wesenheiten, die gewissermaßen den Kosmos verlassen können, um sich den Ideen zuzuwenden. In diesem Sinne stehen sie zwischen Kosmos und Ideenwelt, sind sie eine Zwischenbestimmung zwischen Sinnesdingen und Ideen.

Was aber, so fährt der Mythos fort, geschieht mit den Seelen, die diesem Aufstieg zum Himmelsgewölbe nicht folgen können, weil sie zu schwach sind, um nachzukommen? Nun, deren Flügel zerstoßen sich, sie stürzen zur Erde nieder und werden bei der ersten Geburt in den Keim eines Menschen eingepflanzt. Wer sein irdisches Leben gerecht führt bis ans Ende, erlangt daraufhin ein besseres Leben, wer ungerecht, ein schlechteres. An den Ort ihrer Herkunft selbst aber, den Himmel, kehrt die Seele nicht vor 10000 Jahren wieder zurück, denn so lange wachsen ihr keine Flügel mehr, mit Ausnahme der Seele dessen, der ehrlich nach Weisheit gestrebt hat. Eine solche Seele bekommt bereits im dritten 1000jährigen Umzug ihre Flügel wieder und kehrt somit im 3000sten Jahr heim. Nach Weisheit streben aber ist das Streben nach Wiedererinnerung (anámnēsis) an die Dinge dort, die unsere Seele schaute, als sie im Gefolge ihres Gottes dahinziehend über den Kosmos hinausging. Verlässt jedoch ein Mensch die Bahn der gewöhnlichen menschlichen Tätigkeiten, um sich auf diese Weise der Weisheit, dem Göttlichen, zuzuwenden, wird er, so der Mythos, von den anderen Menschen nur gescholten, als wäre er verrückt. Niemand merkt, dass er gottbegeistert ist (Phaidr. 249d).

ZWEITES KAPITEL: ARISTOTELES

I. WAS IST METAPHYSIK?

Von der glitzernden Welt Platons mit ihren sowohl stilistisch wie gedanklich brillanten und eleganten Dialogen gehen wir jetzt über zu den nüchternen, trockenen Schriften Aristoteles', deren Stil der englische Aristoteles-Forscher Barnes wie folgt beschreibt: „Die erhalten gebliebenen Schriften des Aristoteles sind größtenteils knapp und bündig. Seine Argumente sind prägnant. Es gibt abrupte Überleitungen, wenig elegante Wiederholungen, gedankenlose Anspielungen. Paragraphen, die eine zusammenhängende Darstellung enthalten, befinden sich zwischen abgehackten Bemerkungen. Die Sprache ist karg, nur Haut und Knochen."[1] Es sind allerdings nur $^{1}/_{5}$ seiner Schriften erhalten geblieben, und es wird bezeugt, dass Aristoteles elegant, ja glänzend schreiben konnte und ein großer Redner war. Sein Stil wurde von antiken Schriftstellern wie Cicero gelobt. Da es von diesen Schriften höchstens noch Fragmente gibt, müssen wir uns jedoch – gerade auch in Bezug auf die Metaphysik – mit dem nüchternen Teil seines Denkens begnügen. Erschwerend kommt hinzu, dass Aristoteles der Urheber einer großen Anzahl philosophischer Begriffe und begrifflicher Unterscheidungen ist, die grundlegend sowohl für die Metaphysik im Besonderen als auch für die Philosophiegeschichte im Allgemeinen geworden sind.

1. Leben und Werkstruktur

Aristoteles wurde 384 v. Chr. in der nordgriechischen Stadt Stageira geboren. Im Alter von siebzehn Jahren ging er nach Athen, wo er in die Akademie eintrat und unter der Leitung Platons studierte. Er blieb zwanzig Jahre lang Mitglied der platonischen Akademie. Im Jahre 347, dem Todesjahr Platons, musste er Athen verlassen und verbrachte einige Jahre in Kleinasien und auf der Insel Lesbos. 343/2 wurde er dann von König Philipp von Makedonien gebeten, die Erziehung des damals dreizehnjährigen Alexanders des Großen zu übernehmen. Aristoteles konnte 335 nach

[1] J. Barnes, *Aristoteles. Eine Einführung*, Stuttgart 1992, 9.

Athen zurückkehren, nachdem Alexander 336 König von Makedonien geworden war. In Athen lehrte und forschte er im Lykeion, nach dem heiligen Bezirk des Apollon Lykeios benannt, auf dem es sich befand, einem Gymnasium, d. h. einem öffentlichen Ort, wo Redner und ihre Schüler sich wie in der Akademie Platons zur Lehre trafen. Es ist umstritten, ob Aristoteles das Lykeion selber gegründet hat oder ob die rechtliche Gründung der aristotelischen Schule auf Theophrast, den ersten Nachfolger von Aristoteles, zurückgeht. Sie wurde neben Lykeion auch Peripatos genannt und die Aristoteliker Peripatetiker, von „peripateĩn" (umherwandeln), womöglich weil, wie berichtet wird, Aristoteles die Gewohnheit hatte, auf- und abgehend bzw. mit seinen Schülern umherwandelnd zu lehren, oder einfach weil der Unterricht oft in einer Wandelhalle, Peripatos genannt, gehalten wurde. Nach dem Tod Alexanders im Jahre 323 musste Aristoteles wieder aus Athen fliehen und zog sich zurück auf Euböa, wo er an einer nicht näher bestimmbaren Krankheit 322 im Alter von 62 Jahren starb.

Was das sehr umfangreiche Werk Aristoteles' betrifft, ist zunächst zu unterscheiden zwischen den von ihm selbst publizierten für die allgemeine Öffentlichkeit gedachten, *exoterischen* Schriften, vor allem Dialoge, die meistens bis auf Fragmente verloren gegangen sind, und den Lehrschriften, den *esoterischen* Schriften, die allein für den engeren Vorlesungsgebrauch bestimmt waren. Von letzteren ist so Vielfältiges erhalten geblieben, dass man sagen kann, dass sie so gut wie alle Wissensgebiete umfassen, mit denen Aristoteles sich auch wirklich befasst hat.

Philosophie fällt bei Aristoteles zunächst mit Wissenschaft überhaupt zusammen, d. h., er behandelt in seinen Schriften alle damals bekannten Wissensgebiete. Es gibt Schriften etwa zur Logik, zur Sprache, zu den Künsten, zur Ethik, zur Politik, zur Verfassungsgeschichte, zur Psychologie, zu Zoologie und Botanik, zur Himmelskunde und zur Meteorologie. Aristoteles war ein Universaldenker und -forscher, wie dies heute nicht mehr – wie zuletzt wohl mit Leibniz im 17. Jahrhundert – möglich ist. All diese Schriften, deren Chronologie bis heute umstritten ist und die nach Aristoteles' Tod zunächst dreihundert Jahre lang verloren waren, wurden im 1. Jahrhundert v. Chr. von Andronikos von Rhodos bearbeitet, d. h. zu bestimmten Sachgebieten zusammengefasst und herausgegeben. Erst mit dieser Ausgabe hatte man begonnen, Aristoteles zu rezipieren. Sie ist mit dem uns heute erhaltenen *Corpus Aristotelicum* praktisch identisch.

Aristoteles versucht die vielen verschiedenen Wissensgebiete, mit denen er sich befasst, in eine systematische Ordnung zu bringen, indem er das Wissen in drei Hauptklassen einteilt: Es gibt die herstellenden, die praktischen und die theoretischen Wissenschaften (Met. E 1). Die herstellenden Wissenschaften beschäftigen sich damit, wie gewisse Dinge gemacht werden – etwa die Kosmetik, der Ackerbau, die Kunst oder die Technik. Die einzigen überlieferten Schriften auf diesem Gebiet sind Aristoteles' „Poetik" und „Rhetorik". Die praktischen Wissenschaften hingegen haben menschliches Verhalten zum Gegenstand, es geht ihnen genauer gesagt um die Frage, wie der Mensch handeln soll. Hierzu gehören Aristoteles' Schriften zur Ethik und zur Politik, worunter vor allem die nach Aristoteles' Sohn Nikomachos benannte „Nikomachische Ethik" hervorzuheben ist, eine seiner berühmtesten Schriften. Wissen aber ist theoretisch – hiermit komme ich zur dritten Hauptklasse –, wenn es weder ein Herstellen von Gegenständen noch das menschliche Handeln zum Zweck hat, sondern wenn das Wissen um seiner selbst willen angestrebt wird. Zum theoretischen Wissen gehören neben der Mathematik zunächst die Naturwissenschaften, d. h. Botanik, Zoologie, Psychologie, Meteorologie, Chemie und die Physik. Die für uns wichtigen Schriften aus diesem Bereich sind vor allem die „Physik" und die Schrift „Perì psychē̄s" (üblich geworden ist die lateinische Übersetzung „De anima", also auf Deutsch „Über die Seele"). Zentral für das Werk Aristoteles' sind zudem die von ihm in diese Dreiteilung nicht eingeordneten Schriften zur Logik. Sie haben zwar einerseits ebenfalls theoretischen Charakter, werden aber vielleicht deshalb im Katalog der Wissenschaften nicht angeführt, weil sie eine Art Grundlage für alle Disziplinen bilden, eine methodologische Einführungswissenschaft bezüglich der Möglichkeiten des Denkens und Erkennens überhaupt darstellen. Zu erwähnen sind im Zusammenhang mit Fragen der Metaphysik vor allem die „Kategorien", die so genannte „Erste" und „Zweite Analytik" sowie die „Topik". Der Begriff „órganon" (Werkzeug, Instrument), unter dem sie alle zusammengefasst sind, deutet dieses Verhältnis zu den anderen Wissenschaften zumindest an.

Es gibt aber vor allem noch eine weitere in den Bereich des theoretischen Wissens fallende Schrift, die den Titel „Metaphysik" trägt. Der Begriff „Metaphysik" wird allerdings von Aristoteles selbst nie verwendet, weder als Titelbezeichnung noch innerhalb seiner Schriften. „Metaphysik" ist vielmehr in allererster Linie eine Sammelbezeichnung für 14 zu verschiedenen Zeiten verfasste Schriften (sie werden entweder von 1 bis 14 nummeriert oder durch griechische Buchstaben bezeichnet, wobei Buchstabenreihenfolge und Zahlenreihenfolge leicht verschoben sind, weil es zu Anfang ein Buch A und ein Buch α gibt). Erst im ersten Jahrhundert v. Chr. wurden sie in der Ausgabe von Andronikos von Rhodos unter diesem Titel zu einem Buch zusammengefasst, und zwar im Sinne einer bibliothekarischen Bezeichnung für all diejenigen Schriften, die in dieser Ausgabe *nach* den naturwissenschaftlichen Schriften kommen. „Metá" bedeutet auf Griechisch mit Akkusativ „nach". Die „Metaphysik", das sind die Schriften „metà tà physiká", die Schriften nach denen der Physik. In der „Metaphysik“ selbst wird für den Bereich, mit dem sich diese 14 Schriften befassen, neben den Begriffen „Theologie“ und „Weisheit“ vor allem die Bezeichnung „erste Philosophie“ verwendet.[2]

2. Metaphysik als höchste Wissenschaft

a) Wissenschaft der ersten Prinzipien

Der Begriff „Metaphysik“ ist nicht nur eine bibliothekarische Sammelbezeichnung für die 14 Schriften, die in der Aristoteles-Ausgabe des Andronikos von Rhodos nach den naturwissenschaftlichen kommen, er erlangt im Zusammenhang mit dem in diesen Schriften entfalteten Verständnis von Theologie, Weisheit bzw. erster Philosophie in der Folgezeit auch eine inhaltliche Bedeutung. Versuchen wir daher, dem nachzugehen, was Aristoteles selbst unter den letztgenannten Begriffen verstanden hat.

Den Ausgangspunkt von Aristoteles' Überlegungen bildet sein Wissenschaftsverständnis im Allgemeinen. Das Buch A beginnt mit dem bekannten Satz: „Alle Menschen streben von Natur aus nach Wissen“ (Met. A 1, 981 a 21). Zunächst unterscheidet Aristoteles Wissen und Erfahrung. Während man durch Erfahrung zwar weiß, dass etwas so und so ist, weiß man erst durch das Wissen, weshalb etwas ist, wie es ist. Durch Erfahrung etwa weiß ich, dass die Sonne jeden Morgen im Osten aufgeht, durch Wissen weiß ich, warum sie es tut, nämlich, wie wir es heute sehen würden, wegen der Bewegung der Erde um sich selbst und um die Sonne. Wissen ist somit wesentlich ein Verstehen von Ursachen und Prinzipien. Dabei können die Begriffe „archḗ“ (Prinzip) und „aitía“ (Ursache), die von Aristoteles selbst oft nicht auseinander gehalten werden, in diesem Zusammenhang als synonym betrachtet werden.

Wissenschaft kann für Aristoteles zudem keinen anderen Gegenstand haben als das Allgemeine. Alle Wissenschaft geht auf das Allgemeine (Met. B 6, K 1). Einzelnes kann als Einzelnes nicht bestimmt werden, d.h. weder definiert noch bewiesen werden (Met. Z 15), denn alle Denkbestimmungen geschehen durch Begriffe, und Begriffe drücken immer etwas aus,

[2] Textverweise im Folgenden: An. post. = Lehre vom Beweis oder Zweite Analytik/Analytica posteriora; De anima = Von der Seele; De caelo = Vom Himmel; De gen. anim. = De generatione animalium; Kat. = Kategorien; Met. = Metaphysik; Phys. = Physik; Top. = Topik. – Die Zitate sind generell folgenden Ausgaben entnommen: *Metaphysik*, übers. v. F. F. Schwarz, Stuttgart 1970; *Aristoteles' Physik. Vorlesung über Natur* (gr./dt.), 2 Halbbde., Übers., Einl. und Anm. v. H. G. Zekl, Hamburg 1987 f.; *Vom Himmel. Von der Seele. Von der Dichtkunst*, übers. u. hrsg. v. O. Gigon, München 1983.

was mehreren Einzeldingen zugleich zukommen kann. Aristoteles verteilt das Wissen zudem, wie bereits gesehen, auf verschiedene Wissenschaften. Dabei unterliegen die verschiedenen Formen von Wissen einer hierarchischen Ordnung, die sich wiederum an ihrer je größeren Allgemeinheit orientiert. Je allgemeiner und umfassender das Wissen ist, desto höher ist es Aristoteles nach einzustufen. Je allgemeiner insbesondere die Ursachen und Prinzipien sind, die sie behandeln, desto höher stehen sie in der Hierarchie der Wissenschaften. Die Metaphysik aber ist die allgemeinste und damit die höchste aller Wissenschaften, denn sie befasst sich mit den allerersten Ursachen und Prinzipien, mit denen, die am meisten alles andere bestimmen, von denen alles Übrige abhängt (Met. A 2).

Was sind diese ersten Prinzipien und Ursachen? Diese Frage ist nicht leicht zu beantworten bzw. führt bereits zu grundsätzlichen Interpretationsschwierigkeiten. Gibt es nur *ein* allererstes Prinzip oder mehrere? Beide Antworten sind von Aristoteles her gesehen möglich: Man kann sich einerseits eine gewisse Anzahl von der Wirklichkeit zugrunde liegenden ersten Ursachen und Prinzipien vorstellen, nach denen diese Wirklichkeit regiert wird. In diesem Sinne verwendet Aristoteles für das, was in der „Metaphysik" abgehandelt wird, vor allem den Begriff „erste Philosophie" (Met. Γ 2). Man kann es sich aber auch so denken, dass mit den ersten Prinzipien und Ursachen allein der allererste Grund, die allererste Ursache von allem, also Gott gemeint ist. Dies ist im Buch A der Fall. Die höchste Wissenschaft ist, so heißt es dort, eine göttliche Wissenschaft, die vom Göttlichen handelt. Gott aber gilt, so Aristoteles, allen als Ursache und Prinzip (Met. A 2). In diesem Sinne ist die Metaphysik Theologie.

b) Wissenschaft vom Seienden als Seienden

Im Buch Γ erfolgt noch eine weitere, ebenso grundlegende Bestimmung der Metaphysik wie diejenige als Wissenschaft der ersten Prinzipien. „Es gibt", so beginnt dieses Buch, „eine Wissenschaft, die das Seiende, insofern es seiend ist, betrachtet ..." (Met. Γ 1, 1003 a 21). Was ist Seiendes, insofern es seiend ist, bzw. Seiendes als Seiendes (ón hę̄ ón)? Die Interpretation dieser Stelle ist schwierig, in jedem Fall aber geht es auch hier zunächst um die Bestimmung des Allgemeinen. Gemeint ist eine Wissenschaft, die das, was ist, die das Seiende im Allgemeinen betrachtet. Es ist also eine Wissenschaft, die sich nicht einen Teil des Seienden herausnimmt und ihn untersucht, wie etwa die Mathematik oder die Naturwissenschaften es tun, sondern das Seiende als solches, unspezifiziert. Die Metaphysik ist die Wissenschaft, die noch vor aller Zuwendung zu einem bestimmten Seinsbereich untersucht, was über das Sein im Allgemeinen ausgesagt werden kann.

Die Bezeichnung „erste Philosophie" verwendet Aristoteles vor allem in Bezug auf die Bestimmung von Metaphysik als Wissenschaft des Seienden als Seienden. Es gibt viele verschiedene Philosophien, sprich Wissenschaften, eine davon aber muss die erste sein, und dies ist die Wissenschaft, die als die allgemeinste allen anderen über- und vorgeordnet ist. Auch hier jedoch wird der theologische Aspekt der Metaphysik nicht ausgeschaltet. Der Gegenstand der Metaphysik erweist sich wiederum als ein doppelter. Die höchste Wissenschaft nämlich ist, so Aristoteles im selben Buch Γ, eine Wissenschaft, „die das Seiende allgemein und das erste Wesen betrachtet" (Met. Γ 3).

Beide Bestimmungen, Metaphysik als Wissenschaft der ersten Ursachen und Prinzipien und Metaphysik als Wissenschaft vom Seienden als Seienden aber bezeichnen letztlich eine einzige Wissenschaft. Die ersten Ursachen und Prinzipien sind diejenigen, die am allgemeinsten sind. Als die allgemeinsten sind sie jedoch zugleich diejenigen, die sich nicht auf einen besonderen Bereich des Seienden beziehen, sondern das Seiende als Seiendes bestimmen. Das heißt, ein Wissen vom Seienden als Seienden ist nichts anderes als die Bestimmung der ersten Ursachen und Prinzipien des Seienden (Met. Γ 2).

c) Erste Philosophie und Theologie

Schwieriger ist die Frage, ob wirklich beide zusammen, Gott und das Seiende im Allgemeinen, Gegenstand der Metaphysik sind, ob für Aristoteles die Metaphysik wirklich eine Einheit von Theologie und erster Philosophie ist. Die Auffassung ist vertreten worden, es gebe bei Aristoteles gar keine Wissenschaft vom allgemein Seienden, d. h. auch der Ausdruck „das Seiende als Seiendes" beziehe sich auf Gott, sodass Metaphysik ganz mit Theologie zusammenfällt.[3] Aristoteles ist aber auch entwicklungsgeschichtlich gedeutet worden, indem bei ihm eine Überlagerung zweier zeitlich verschiedener Metaphysikverständnisse gesehen wurde, einem frühen, in dem Aristoteles die Metaphysik allein als Theologie verstand, als Lehre vom rein übersinnlichen höchsten Seienden in größerer Anlehnung noch an Platon, und einem späteren, wo die theologische Auffassung ergänzt und schließlich ersetzt wird durch die Auffassung von Metaphysik als Wissenschaft vom Seienden als Seienden, unabhängig davon, ob es sich um übersinnlich Seiendes handelt oder nicht.[4] Auf diese Weise könnte man tatsächlich erklären, warum die Metaphysik an manchen Stellen nur als Theologie bezeichnet wird, an anderen aber nur als erste Philosophie

[3] Vgl. Ph. Merlan, „Metaphysik: Name und Gegenstand", in: F.-P. Hager (Hrsg.), *Metaphysik und Theologie des Aristoteles*, Darmstadt 1969, 251–265.

[4] Vgl. W. Jaeger, *Aristoteles. Grundlegung einer Geschichte seiner Entwicklung*, Zürich 1955, 200ff.

bzw. als erste Philosophie und Theologie zugleich in Erscheinung tritt. Keiner dieser Interpretationsansätze hat sich jedoch durchsetzen können, sodass heute weitgehend an der These eines Doppelverständnisses von Metaphysik sowohl als philosophische Theologie als auch als erste Philosophie festgehalten wird.

In diesem Sinne ist Aristoteles auch von der mittelalterlichen Scholastik und der frühen Neuzeit verstanden worden. Metaphysik besteht, so die frühneuzeitliche Terminologie, einerseits aus einer „metaphysica specialis", deren Gegenstand das erste Seiende, d.h. Gott ist, andererseits aus einer „metaphysica generalis", deren Gegenstand das Seiende im Allgemeinen ist. Dabei hat sich für die „metaphysica generalis" in der frühen Neuzeit auch der Titel „Ontologie", d.h. wörtlich Seinswissenschaft – „ón", Plural „ónta", bedeutet „seiend", „lógos" „Lehre", also Lehre vom Seienden – gebildet. Die Metaphysik ist somit im Gegensatz zum Metaphysikverständnis, das sich von Platon her anbietet, nicht allein ein Denken von Transzendenz, d.h. von etwas übersinnlich Seiendem, sondern sie ist zugleich die Lehre von der Beschaffenheit des Seienden überhaupt.

II. Grundlagen der Metaphysik

Der weitaus größte Teil der Metaphysik des Aristoteles befasst sich mit dem Bereich der „metaphysica generalis", der Gegenstand der folgenden drei Abschnitte sein wird. Im vorliegenden Abschnitt werden Grundlagen geklärt, die einerseits Aristoteles' Wissenschaftsverständnis als solches vertiefen, andererseits für das Verständnis des metaphysischen Kerngedankens von Aristoteles unverzichtbar sind.

1. Prinzipien und Ursachen

Die Metaphysik als „metaphysica generalis" ist eine Wissenschaft der ersten Prinzipien und Ursachen. Kommen wir noch einmal auf die Frage zurück, welches diese Prinzipien und Ursachen sind. Die Begriffe „arché̄" (Prinzip, Anfang) und „aitía" (Ursache, Grund) werden, wie bereits erwähnt, von Aristoteles selbst oft nicht auseinander gehalten. Dennoch kann mit Hilfe dieser Begriffe eine wichtige Unterscheidung zum Ausdruck gebracht werden. Während nämlich der Begriff „Ursache" sich wesentlich auf Ursachen von realen Dingen bezieht, können mit Prinzipien auch Prinzipien des Wissens gemeint sein, d.h. Prinzipien, die nicht den Dingen, sondern unserer Erkenntnis der Dinge zugrunde liegen.

a) Die Erkenntnisprinzipien

Alle Erkenntnis gründet nach Aristoteles in ersten Erkenntnisprinzipien, die selbst nicht noch einmal durch andere begründet werden. Wissen oder Erkennen ist wie gesehen dann gegeben, wenn wir die Ursache der Dinge angeben können. Dabei darf Ursache auch bei Aristoteles im Allgemeinen nicht im modernen Sinn einer Wirkursache verstanden werden. Es gibt Übersetzer, die es vorziehen, „aitía" durch einen anderen Begriff wiederzugeben. Der Begriff „Erklärung" etwa bringt das Gemeinte zum Ausdruck. Etwas erklären heißt sagen, warum es so ist, wie es ist. Wir wissen oder erkennen Dinge, wenn wir erklären können, warum sie so sind, wie sie sind. In diesem sehr allgemeinen Sinne ist bei Aristoteles von Ursachen die Rede. Dass etwas so ist, wie es ist, weil es von etwas anderem *kausal* bewirkt wurde, ist für ihn nur *eine* Form von Erklärung oder Ursache.[5]

Es genügt Aristoteles allerdings nicht, dass wir fähig sind, das Warum der Dinge anzugeben. Wir müssen, wenn wir wissenschaftlich vorgehen, erklären können, warum die Dinge *notwendig* so sind, wie sie sind (An. post. A 2). Das heißt, es gilt Ursachen zu finden, die erklären, warum etwas nur so und nicht anders sein kann. Notwendig ist für Aristoteles etwas, was nicht anders sein kann, als es ist. Dieses Wissenschaftsideal widerspricht dem heutigen wissenschaftlichen Selbstverständnis, das meist von einer grundsätzlichen Revidierbarkeit aller Erkenntnis ausgeht. Das Moment der Notwendigkeit aber macht sich dadurch bemerkbar, dass Aristoteles Wissenschaft als ein strenges System beweisbarer Sätze versteht. Für jede wissenschaftliche Aussage muss es eine notwendige Begründung im Sinne eines Beweises geben (An. post. A 4). Die Begründungszusammenhänge zwischen verschiedenen Sätzen untersucht Aristoteles in seiner Lehre vom Syllogismus, vom logischen Folgern. Jeder Syllogismus besteht aus Obersatz, Untersatz und Schlussfolgerung. Dabei gibt es eine ganze Anzahl verschiedener Typen von Begründungszusammenhängen zwischen diesen Sätzen, auf deren komplizierte Systematik hier nicht eingegangen zu werden braucht. Wir können uns mit dem folgenden, klassischen Beispiel begnügen:

Alle Menschen sind sterblich. (Obersatz)
Sokrates ist ein Mensch. (Untersatz)

Sokrates ist sterblich. (Schlusssatz)

Wenn aber Wissenschaft wesentlich ein schlussfolgerndes Denken ist, sodass jede Aussage durch andere Aussagen begründet werden muss, stellt sich die Frage, wo die Kette der Begründungen ein Ende nimmt, denn

[5] Vgl. J. Barnes, *Aristoteles. Eine Einführung*, Stuttgart 1992, 53.

auch der begründende Satz muss ja seinerseits begründet werden usw. Ginge diese Kette einfach ins Unendliche fort, bestünde hier einfach, wie es heißt, ein „regressus ad infinitum“, dann gäbe es nach Aristoteles gar keine Wissenschaft (An. post. A 3). Wo kein erstes Begründendes ist, kann auch die folgende Kette der Begründungen nicht als wirklich begründet angesehen werden. Alles Wissen gründet daher, wenn es wirklich wissenschaftliches Wissen sein soll, immer in ersten Sätzen, die selbst nicht mehr begründet werden müssen. Sie müssen aber deshalb selber nicht mehr begründet werden, weil sie unmittelbar einleuchten. Unmittelbar einleuchtende Sätze gibt es auf verschiedenen Stufen. Die allgemeinsten jedoch, diejenigen, die für alle Wissensdisziplinen übergreifend gelten und damit Gegenstand der Metaphysik sind, werden von Aristoteles Axiome genannt (Met. 3). Axiome sind allen Wissensgebieten gemeinsame Prinzipien, die nicht bewiesen werden können, die aber zugleich von vornherein jedem sinnvollen Zweifel enthoben sind (An. post. A 2). Aristoteles' Wissenschaftsverständnis ist mit anderen Worten ein axiomatisches, insofern es aus bewiesenen Sätzen und ihnen zugrunde liegenden, in sich evidenten Axiomen oder anderen Grundsätzen besteht.

Der in der Erkenntnis fortschreitende Mensch erkennt allerdings nicht zuerst diese Axiome und dann alles andere. Vielmehr beginnt für Aristoteles alles menschliche Erkennen mit der sinnlichen Wahrnehmung (An. post. B 19). Während die Begriffe, die Ideen bei Platon immer schon in der menschlichen Vernunft verborgen liegen und nur durch Wiedererinnerung wieder ans Licht gebracht werden müssen, erklärt Aristoteles, es gebe keine Erkenntnis, keine Vorstellungen, die nicht der sinnlichen Wahrnehmung entstammen, es gebe keine Begriffe, die der Mensch unabhängig von aller Sinneswahrnehmung bereits in sich hat. Menschliche Erkenntnis ist damit stets ein Aufsteigen vom Besonderen des in der Sinneswahrnehmung Gegebenen zum Allgemeinen von Begriffen und Sätzen. Allgemeinbegriffe werden genauer gesagt durch einen Vorgang der Abstraktion gewonnen, indem aus vielen besonderen, in der sinnlichen Wahrnehmung gegebenen Gegenständen das ihnen Gemeinsame, das All-gemeine herausgelesen wird. Man nennt diesen Vorgang des Aufstieges vom Besonderen zum Allgemeinen Induktion im Gegensatz zur Deduktion, die vom Allgemeinen zum Besonderen fortschreitet.

Allein die ersten, allem Erkennen zugrunde liegenden und sie leitenden Prinzipien (Axiome usw.) bilden eine Ausnahme hierzu. Sie werden durch unmittelbare Einsicht, durch den reinen Geist (noũs) erkannt (An. post. B 19). In Bezug auf die ersten Erkenntnisprinzipien gibt es hiermit auch bei Aristoteles so etwas wie eine intuitive Erkenntnis. In Analogie zu Platons Noesis erkennt der Geist diese ersten Prinzipien auf einen Schlag. Allerdings setzt bei Aristoteles selbst die intuitive Erkenntnis der ersten

Prinzipien eine vorbereitende Induktion voraus. Das heißt, auch die Prinzipienerkenntnis geschieht nicht völlig unabhängig von der sinnlichen Wahrnehmung. Sie lässt sich aus dem auf der Wahrnehmung gründenden Induktionsvorgang aber nicht vollständig herleiten, sondern der Mensch gelangt letztlich durch eine sprunghafte Einsicht zur Erkenntnis des entsprechenden Axioms.

Welches sind nun solche ersten Erkenntnisprinzipien? Aristoteles führt nur äußerst wenige an. Das grundlegendste und praktisch einzige von Aristoteles ausführlich behandelte Erkenntnisprinzip ist der *Satz vom Widerspruch*. Er besagt, dass etwas unmöglich gleichzeitig und in derselben Beziehung derselben Sache zukommt und nicht zukommt (Met. Γ 3). Dies ist für Aristoteles das sicherste Erkenntnisprinzip von allen. Es ist unmöglich, dass jemand annimmt, dass dasselbe sei und nicht sei. Wer aber das Gegenteil behauptet, wer also behauptet, etwas könne zugleich sein und nicht sein, widerspricht sich selbst. Sobald ein Gesprächspartner ein Wort äußert, dem er einen bestimmten Sinn gibt, hat er, so Aristoteles, bereits zugegeben, dass etwas nicht zugleich sein und nicht sein kann. Es gäbe keine vernünftige Rede, wenn ein Wort etwas bezeichnen könnte und zugleich sein Gegenteil. Ohne Wörter mit bestimmter Bedeutung kann man nichts denken, eine bestimmte Bedeutung aber kann ein Wort nicht haben, wenn es zugleich sein Gegenteil bedeutet (Met. Γ 4). Man kann vom heutigen philosophischen Sprachgebrauch her sagen: Der Widerspruchssatz ist die Voraussetzung sprachlicher Kommunikation.

Das zweite Axiom ist der *Satz vom ausgeschlossenen Dritten*, demnach es bei zwei sich widersprechenden Behauptungen kein Mittleres gibt. Entweder das Eine ist wahr oder das Andere. Ein Beispiel: Entweder ein Lebewesen ist lebendig, oder es ist tot. Es gibt kein Drittes dazwischen. Mit anderen Worten: Von zwei kontradiktorischen Sätzen muss mit Bezug auf einen Sachverhalt der eine wahr und der andere falsch sein (Met. Γ 6).

b) Die vier Ursachen

Gehen wir jetzt von den Erkenntnisprinzipien zu den Realprinzipien über, d.h. zu den verschiedenen Formen von Ursachen der Dinge selbst. Aristoteles' Ursachenverständnis unterscheidet sich, wie bereits angedeutet, von dem heutigen, naturwissenschaftlich geprägten Ursachenverständnis. Seit der Neuzeit verstehen wir darunter allein die wirkursächliche Beziehung von Ereignissen. Ein Ereignis A ist die Ursache des Ereignisses B, wenn B nach A kommt und unter dem Einfluss von A zustande kommt. A ist zudem als von B verschieden zu denken. Dieses moderne Ursachenverständnis gilt für Aristoteles nur bedingt. Zunächst weil die Ursachen für ihn, nicht immer aber im Normalfall, gleichzeitig mit dem sind, was sie bewirken, wie etwa – das klassische Beispiel bei Aristoteles – eine Hand, die einen Stock bewegt, den sie gerade in der Hand hält, und zugleich einen Ball, den dieser Stock berührt. Die Wirkursache ist zudem nur *eine* Form von Ursache. Aristoteles unterscheidet insgesamt vier Arten von Ursachen, wobei der gemeinsame Nenner aller vier Ursachen die bereits erwähnte Frage nach dem Warum der Dinge ist. Jede Ursache erklärt die Dinge entsprechend dem Schema „B ist deswegen weil A", weshalb wie gesagt „aitía" statt durch den Begriff „Ursache" auch durch den Begriff „Erklärung" wiedergegeben werden kann.

Die vier Arten von Ursachen sind:

1. die Materialursache (scholastisch: *causa materialis*),
2. die Formursache (scholastisch: *causa formalis*),
3. die Wirkursache (scholastisch: *causa efficiens*),
4. die Finalursache (scholastisch: *causa finalis*).

Im Buch Δ 2 führt Aristoteles für jede dieser Ursachen ein anderes Beispiel an. Man kann jedoch auch alle vier Ursachen an einem einzigen Beispiel veranschaulichen.[6] Aristoteles' klassisches Beispiel für die *Materialursache* ist die Bronzestatue. Die Materialursache erklärt das Woraus von etwas. Woraus ist die Bronzestatue gemacht? Aus Bronze. Die Bronze ist die Materie, das Material, das Ursache dafür ist, dass die Statue das ist, was sie ist, nämlich eine Bronzestatue. Neben der Materialursache gibt es die *Formursache*. Es ist die Form oder Gestalt der Statue, wonach der Bildhauer sein Material gestaltet bzw. demnach die Statue am Ende gestaltet dasteht. Die dritte Ursache ist die uns vertrautere *Wirkursache*. Sie ist das Prinzip der Veränderung bzw. des Entstehens eines Dinges. In Bezug auf das Beispiel der Bronzestatue wäre dies der Künstler, der die Statue bildet und damit das Material auf seine endgültige Gestalt hin verändert. Aristoteles selbst gibt hier auch das Beispiel von Vater und Sohn an. Der Vater bewirkt die Zeugung des Sohnes. Die vierte Ursache schließlich ist die *Finalursache*. Sie gibt das Worumwillen bzw. den Zweck von etwas an. Worumwillen ist die Statue? Sie ist um des ästhetischen Genusses oder um der kultischen Verehrung willen geschaffen. Aristoteles' meistgebrauchtes Beispiel ist das Spazierengehen. Der Zweck des Spazierengehens ist die Gesundheit. Um der Gesundheit willen gehe ich spazieren. Die Gesundheit ist in diesem Sinne die Finalursache des Spazierengehens.

Diese vier Ursachenarten bezeichnen verschiedene Hinsichten, unter denen man Gegenstände betrachten bzw. erklären kann. Dabei kann, wie das Beispiel der Bronzestatue zeigt, dasselbe Ding in Bezug auf denselben Sachverhalt mehrere Arten von Ursachen zugleich haben.

[6] So auch O. Höffe, *Aristoteles*, München 1996, 112f.

2. Die Kategorien

Auch aus der Perspektive der Metaphysik als Wissenschaft vom Seienden als Seienden ergeben sich grundlegende Bestimmungen, die einer näheren Beschäftigung mit Aristoteles' Metaphysik sinnvoll vorangehen. Als Wissenschaft des Seienden als Seienden betrachtet die „metaphysica generalis“ das Seiende im Allgemeinen, d.h., sie beschränkt sich nicht auf einen Teil des Seienden, wie etwa die Mathematik oder die Naturwissenschaften es tun, sondern betrachtet das Seiende als solches, unspezifiziert. Eines ihrer Anliegen ist dabei die Unterscheidung der verschiedenen Arten von Seiendem, die es gibt. Alles, was ist, lässt sich mit anderen Worten in verschiedene *Kategorien* von Seiendem einordnen, wovon Aristoteles eine Art Inventar aufgestellt hat.

Das ausführlichste Inventar finden wir in der Schrift mit eben dem Titel „Kategorien“ aus dem „Organon“. Aristoteles erstellt hier eine Liste von zehn Grundbedeutungen von Sein, d.h. von zehn Kategorien bzw. sprachlich gesehen von zehn Klassen von Begriffen. Dabei ist nicht klar, warum er sich gerade für zehn Kategorien entscheidet, zumal er in der „Metaphysik“ und anderswo nie alle zehn zugleich anführt bzw., wenn überhaupt, nur die ersten vier Kategorien ausführlich behandelt. Die verschiedenen Kategorien orientieren sich an verschiedenen Typen von Fragen. Nehmen wir – ich folge hierin der Darstellung von Barnes[7] – einen bestimmten Gegenstand, etwa Aristoteles selbst. 1) Was ist er? Ein Mensch. Mensch aber ist eine Substanz. Der Frage „Was ist etwas?“ entspricht die Kategorie der *Substanz*. 2) Was für Eigenschaften hat er? Er ist weiß, klug usw. Dies sind Qualitäten. Wir haben hier die Kategorie der *Qualität*. 3) Wie groß und wie schwer ist er? Er ist ein Meter soundsoviel groß und wiegt soundsoviel Kilo. Dies sind *Quantitäten*. 4) In welchem Verhältnis steht er zu den Dingen? Er ist Nikomachos' Vater, Pythias Ehemann. Dieser Frage entspricht die Kategorie der *Relation*. 5) Wo befindet er sich? Im Lykeion. Hier haben wir die Kategorie des *Ortes*. Es gibt, wie gesagt, insgesamt zehn solcher Kategorien. Hinzu kommen noch die Kategorien der *Lage*, der *Zeit*, des *Habens*, des *Wirkens* und des *Leidens*.

Mit den Kategorien ist allerdings noch nicht erschöpft, was Sein alles sein kann. Zu den zehn Kategorien kommen noch weitere Bedeutungen hinzu. Am Anfang des Buches E 2 befindet sich die wohl vollständigste Aufzählung der vielfachen Bedeutungen von Sein oder Seiendem. Zusätzlich zu den Kategorien führt Aristoteles hier folgende Unterscheidungen an: diejenige zwischen Sein im akzidentellen Sinn (per accidens) und Sein an sich (kath' autó, per se), die Unterscheidung von Wahrsein und Falsch-

[7] S. Barnes, Aristoteles, 64f.

sein und diejenige von Sein der Möglichkeit (dýnamis, potentia) und der Wirklichkeit (enérgeia, actus) nach.

Die meisten dieser Seinsbedeutungen werden in den zwei folgenden Abschnitten noch thematisiert werden. Wichtig ist jedoch zunächst allein das Prinzip, d.h. der Versuch als solcher, das, was ist, auf eine Anzahl grundlegender Bedeutungen von Sein zu verteilen. Das Sein hat damit bei Aristoteles – was insbesondere gegen Parmenides gerichtet ist – keinen einheitlichen Sinn, sondern wird in vielfachen Bedeutungen ausgesagt. Entscheidend ist dabei, dass für Aristoteles zwischen der ersten Kategorie, der Kategorie der Substanz, und allen anderen ein wesentlicher Rangunterschied besteht bzw. die Seinsweise der Substanz die hervorgehobenste aller Seinsweisen überhaupt ist. Aufgrund dieser Vorrangstellung nämlich sind die unterschiedlichen Bedeutungen von Sein (Quantität, Qualität, Relation, Möglichkeit, Wirklichkeit usw.) nicht so verschieden, dass sie miteinander nichts gemeinsam haben. Vielmehr ist die Substanz die *eine* Bedeutung von Sein, auf die alle anderen Bedeutungen von Sein bezogen sind (Met. Γ 2). Mit anderen Worten: Was Substanz ist, ist exemplarisch für das, was wir überhaupt unter Sein zu verstehen haben. Aristoteles' Substanzverständnis bildet damit den Kern seiner Metaphysik und ist für die gesamte Geschichte der abendländischen Philosophie nach Aristoteles von zentraler Bedeutung geworden.

III. Die Substanz

Die Grundfrage der antiken Metaphysik lautete: Was ist das der Wirklichkeit zugrunde liegende Sein? Platon verlegt dieses Zugrundeliegende in eine von der sinnlich wahrnehmbaren Wirklichkeit völlig getrennte und damit transzendente Ideenwelt. Auch für Aristoteles ist Metaphysik zum Teil Theologie, d.h., auch sie bezieht sich auf ein übersinnliches, höchstes Seiendes. Zunächst jedoch beantwortet Aristoteles diese Frage auf der Ebene der „metaphysica generalis": Es gibt eine bestimmte Art von Seiendem, die allem anderen Seienden zugrunde liegt, und dies ist die Substanz. Die Substanz ist auf der Ebene der „metaphysica generalis" Aristoteles' Antwort auf die antike Seinsfrage (Met. Z 1). Was unter diesem philosophiegeschichtlich maßgebenden Begriff zu verstehen ist, soll Thema der nun folgenden Ausführungen sein.

1. Der Substanzbegriff

Der Begriff „ousía" ist, wie bereits in Bezug auf Platon ausgeführt wurde, eine Substantivierung des Infinitivs von „sein". Er wurde ins Lateinische durch die Begriffe „substantia" und „essentia" übersetzt. Im Deutschen bieten sich die Begriffe „Substanz" und „Wesen" als Übersetzungsmöglichkeiten an. Dabei gibt es durchaus Übersetzungen, in denen durchgehend nur der Begriff „Wesen" verwendet wird. Weil jedoch Aristoteles' Substanzbegriff auf der Unterscheidung einer ersten und einer zweiten Substanz gründet, ziehe ich es vor, im Hinblick auf diese zwei Substanzverständnisse, zwischen Substanz und Wesen zu unterscheiden.

Die Substanz versteht Aristoteles zunächst ganz allgemein als die erste aller Kategorien und Seinsweisen. Die erste aber ist sie, weil alles Andere außer ihr nur insoweit ist, also Sein hat, als es *an* oder *in* einer Substanz ist. Das heißt, Qualitäten, Quantitäten usw. sind immer nur Bestimmungen in Bezug auf Substanzen. Wir sagen immer nur von Substanzen, dass sie soundso lang sind oder weiß oder gesund oder gut, also Qualitäten, Quantitäten usw. haben. Bestimmungen wie soundso lang, gesund und Ähnliches gibt es niemals für sich selbst, sondern nur als Bestimmungen von Substanzen. Mit anderen Worten: Solche Bestimmungen sind auf Substanzen angewiesen, um selber zu sein. Substanzen aber sind etwas Selbstständiges, etwas, was für sich existiert, was nicht selbst wieder an etwas anderem sein kann. Die Substanz ist also diejenige Kategorie, die für Seiendes steht, durch das alles Seiende der anderen Kategorien erst sein kann. In diesem Sinne kann man sagen, daß allein die Substanz im eigentlichen, im uneingeschränkten Sinne des Wortes *ist*. Alles Andere ist nur, wenn auch Substanz ist (Met. Z 1).

Welche Entitäten der Wirklichkeit aber kommen für solch ein Substanzverständnis in Frage? Diese Frage ist vor allem deshalb nicht leicht zu beantworten, weil Aristoteles in den „Kategorien" zwischen einer ersten und einer zweiten Substanz unterscheidet, diese Unterscheidung als solche in der „Metaphysik" aber nicht mehr hervorgehoben wird. Dabei gehen die Interpretationen bis dahin, Aristoteles habe diese Unterscheidung in der „Metaphysik" aufgegeben und verstehe nur noch das, was in den „Kategorien" die zweite Substanz ist, als die eigentliche Substanz.[8] Ich gehe meinerseits davon aus, dass auch wenn die Redeweise von erster und zweiter Substanz in der Schrift „Metaphysik" fehlt, der damit gemeinte Unterschied dennoch angesprochen ist und der Sache nach aufrechterhalten

[8] D. Ross steht paradigmatisch für diese bis heute vertretene Ansicht. Vgl. *Aristotle's Metaphysics*, hrsg. v. D. Ross, 2 Bde., Oxford 1924, Bd. 1, ci.

wird, es Aristoteles allerdings wesentlich um den Aspekt einer auf der zweiten Substanz zentrierten Einheit beider Substanzmomente geht.

2. Substanz als Träger

Beginnen wir mit der ersten Substanz. Die erste Substanz ist zu verstehen als das Substrat von etwas, auf Gr. „hypokeĩmenon". Dabei bedeutet „hypokeĩmenon" das Zugrundeliegende. Es ist das, dem selbst nicht noch einmal etwas anderes zugrunde liegt, das somit für sich besteht und zugleich der Träger aller sonstigen Bestimmungen ist, die ihm zukommen. Aus sprachlogischer Perspektive drückt Aristoteles diesen Sachverhalt wie folgt aus: Die erste Substanz ist das, was weder von etwas ausgesagt wird, noch in etwas ist, z.B. dieser Mensch oder dieses Pferd (Kat. 5). Im Buch Z 3 der „Metaphysik" heißt es ähnlich: „Substrat ist das, von dem alles Übrige ausgesagt wird, während es von keinem anderen ausgesagt wird" (1029 a 1). Die erste Substanz kann mit anderen Worten niemals Prädikat sein. Sie ist etwas, von dem etwas ausgesagt werden kann, sie ist etwas, das man durch Prädikate charakterisieren kann, sie kann aber nicht selbst wieder Prädikat von etwas anderem sein. Ich kann von einem Individuum sagen, dass es gesund oder soundso lang ist. Ich kann aber nicht sinnvoll das Individuum selbst zu einem Prädikat machen. Ich kann zwar sagen „Sokrates ist ein Mensch", nicht aber „x ist ein Sokrates", wenn mit „Sokrates" dieses konkrete Individuum gemeint ist, also wenn Sokrates als Eigenname verwendet wird, der ein bestimmtes Individuum bezeichnen soll.

Die erste Substanz ist damit aber nichts anderes als das konkrete, individuelle, d.h. selbstständig für sich existierende Einzelding. Damit wird deutlich, dass es für Aristoteles nicht nur eine Substanz gibt, sondern eine Vielzahl von Substanzen, und zwar so viele Substanzen, wie es konkrete, individuelle Einzeldinge gibt. Die offensichtlichsten Beispiele von Substanzen sind Tiere und Pflanzen sowie künstliche Gegenstände wie Tische, Stühle usw. Eine Hand hingegen ist keine erste Substanz, denn sie vermag nur an einem menschlichen Körper zu existieren und nicht unabhängig von ihm, nicht für sich allein.

3. Substanz als Washeit

a) „Tò tí ẽn eĩnai"

Neben der Bestimmung von Substanz als Substrat, als Träger, gibt es noch ein zweites Substanzverständnis, das im Folgenden durch den Begriff „Wesen" bezeichnet wird. Es ist die Substanz als das „tò tí ẽn eĩnai" von etwas.

Es handelt sich hierbei um einen schwer zu übersetzenden Ausdruck, um eine Art philosophisches Begriffsmonster, ähnlich wie Kants „transzendentale Einheit der Apperzeption“. Das Problem ist das Wort „ẽn“, das „war“ bedeutet, also sein in der dritten Person des Singulars im Präteritum. Wörtlich übersetzt bedeutet „tó tí ẽn eĩnai“ „das, was das Sein war“. Die Vergangenheitsform aber steht womöglich deshalb da, weil die über die Zeit hinweg konstante Identität eines Dinges gemeint ist. Das heißt, das Wesen ist als das Bleibende, das Beharrende gegenüber dem Wechsel aller anderen Bestimmungen zu verstehen. Während ein Ding andere Bestimmungen haben und sie wieder verlieren kann, ist die zweite Substanz die über die gesamte Existenz des Gegenstandes hinweg bleibende Bestimmung, d.h., sie ist eine notwendige, unverzichtbare Bestimmung. Der Gegenstand würde gewissermaßen ein anderer, wenn er diese Identität verlöre (Met. Z 4). Von daher aber ist die zweite Substanz als notwendig mit der ersten verbunden zu denken. Wo eine erste Substanz ist, ist auch eine zweite und umgekehrt. Wo keine erste Substanz ist, ist kein konkretes Einzelding, kein wahrer Gegenstand vorhanden, wo keine zweite ist, hat dieses konkrete Einzelding keine Identität, ist es nicht als ein mit sich gleichbleibendes Etwas identifizierbar (Met. Z 6).

Was aber ist genauer besehen diese bleibende Identität? Jeder Gegenstand hat eine Vielzahl von Bestimmungen, d.h. von Merkmalen, von Eigenschaften. Dem ersten Substanzverständnis nach können diese Bestimmungen gar nicht sein, existieren, ohne einen Träger, an oder in dem diese Bestimmungen sind. Die Substanz in diesem ersten Sinne ist für Aristoteles ein „tóde tí“, ein bestimmtes Dieses. Die zweite Substanz aber nennt Aristoteles im Gegensatz dazu ein „tí estín“, ein „was ist“, d.h., die zweite Substanz steht für das, *was* ein bestimmtes Dieses, ein „tóde tí“ ist (Met. Z 1). Wie ist dies jedoch gemeint? Wenn man die Frage „Was ist dieser bestimmte Mensch?“ stellt, kann man z.B. antworten: Er ist schwarzhaarig, klug, stammt aus Luzern, ist dann und dann geboren usw. und gelangt so zu einer fast unendlichen Anzahl von Bestimmungen, die auf die Frage antworten, *was* dieser bestimmte Mensch ist. Mit Substanz im zweiten Sinne meint Aristoteles aber gerade nicht die Gesamtheit der Bestimmungen, die einem „tóde tí“, einem Träger zukommen. Gemeint ist vielmehr eine allen anderen Bestimmungen zugrunde liegende Bestimmung des Gegenstandes. Das heißt, es geht um das wesentliche Was des Gegenstandes, um seine Washeit, um seine „quidditas“, wie der von den Scholastikern verwendete Begriff für Aristoteles' Kunstbegriff „tó tí ẽn eĩnai“ prägnanterweise lautet.

Die Washeit, die zweite Substanz eines einzelnen Menschen aber ist sein Menschsein, ist das, was ihn zu einem Menschen unter anderen Menschen macht. Sie ist das allgemeine Menschsein. Dieses allgemeine Menschsein bildet seine bleibende, seine notwendige Identität, solange er als er selbst existiert, als dieser bestimmte Mensch, als erste Substanz mit einer bestimmten Identität. Damit ist die Substanz auch im Sinne der zweiten Substanz etwas Zugrundeliegendes, allerdings nicht das Zugrundeliegende als Träger aller Bestimmungen, sondern als diejenige Bestimmung, die allen anderen Bestimmungen zugrunde liegt, als wesentlicher Inhalt, als das Fundament aller anderen Inhalte.

b) Akzidentelles Sein

Diese Washeit ist weiter das, was ein Seiendes an sich (kath' autó, per se) ist (Met. Z 4). Aristoteles unterscheidet zwischen Sein an sich und akzidentellem Sein, zwischen Sein „per se" und Sein „per accidens". Das Menschsein ist eine Bestimmung „per se" dieses einzelnen Menschen, seine Haarfarbe aber eine Bestimmung „per accidens". Oder nehmen wir folgendes Beispiel: „Schwarzhaarig" ist eine akzidentelle Bestimmung für einen Studenten, d.h., Studenten müssen nicht unbedingt schwarzhaarig sein, um Studenten zu sein. Es gibt etwa auch blonde oder rothaarige. Der lateinische Begriff „accidens" (auf Griechisch „symbēbekós") bedeutet genau in diesem Sinne Hinzugekommenes, d.h. Hinzugekommenes im Sinne von zufälligem Hinzukommen. Es gibt Bestimmungen, die notwendig zu einem Studenten dazugehören, die sein Studentsein als solches ausmachen, und es gibt solche, die ein Student zwar hat oder haben mag, die aber im Verhältnis zu seinem Studentsein zufällig sind. Im Buch Δ, das eine Art Lexikon verschiedener metaphysischer Begriffe ist, definiert Aristoteles Akzidenz von daher wie folgt: „Akzidenz heißt das, was an etwas vorhanden ist und der Wahrheit gemäß von ihm ausgesagt werden kann, jedoch nicht mit Notwendigkeit und nicht in der Regel" (Met. Δ 30, 1025 a 15f.). So kann, dies ist Aristoteles' eigenes Beispiel, ein musischer Mensch weiß sein, doch trifft dies weder mit Notwendigkeit noch in der Regel zu und ist somit eine akzidentelle Bestimmung des musischen Menschen.

Da alle Wissenschaft wie im vorigen Kapitel gesehen Notwendiges zum Gegenstand hat, gelangt Aristoteles im Buch E 2 zu der Aussage, vom akzidentellen Sein gebe es keine Wissenschaft. Der eigentliche Gegenstand der Wissenschaft, insbesondere der ersten Philosophie, ist das Wesen bzw. sind die Wesenseigenschaften, die einem Gegenstand notwendig zukommen.

c) Die Washeit als Definition

Eine *Wissenschaft* vom Wesen der Dinge aber gibt es insofern, als das Wesen, die Washeit sich noch weiter analysieren lässt. Das Wesen von Sokrates ist sein Menschsein. Dieses Wesen kann durch den Vorgang des Definierens näher bestimmt werden. Während wir heute unter einer Definition generell einen Satz verstehen, durch den wir einen beliebigen Begriff allgemeingültig zu bestimmen versuchen, ist die Definition für Aristoteles primär etwas, wodurch wir Begriffe zu bestimmen versuchen, die die Washeit eines Gegenstandes bezeichnen. Bezüglich der Aussage: „Sokrates ist weißhaarig" kann zwar auch die akzidentelle Bestimmung „weißhaarig" definiert werden, aber im eigentlichen Sinne bezieht sich das Definieren allein auf die wesentliche Bestimmung. Die Definition ist, mit Aristoteles' Worten, „eine Rede, die das Wesen anzeigt" (Top. H 5).

Was aber ist die Definition einer Washeit? Aristoteles' Definitionsverständnis ist technisch genau festgelegt (An. post. B 13, Top. VI, 5ff.). Eine Definition geschieht durch die Angabe einer Gattung (génos), die als bekannt vorausgesetzt wird, und einer artbildenden Differenz, für deren Bezeichnung sich der lateinische Begriff „differentia specifica" durchgesetzt hat. Nehmen wir etwa die Gattung „Lebewesen" und die Differenz „der Wahrnehmung fähig", so erhalten wir die Definition von „Tier". Die Gattung ist ein Allgemeinbegriff, der durch die „differentia specifica", wie schon der Begriff sagt, spezifiziert wird, d. h., es entsteht eine der Gattung gegenüber weniger allgemeine Art (eĩdos). Also: Gattung und „differentia specifica" zusammen bilden die Art. Allerdings kann der Begriff des Tieres wiederum als Gattung benutzt werden, um mit Hilfe einer weiteren Differenz den Menschen zu definieren, etwa durch die Differenz „vernunftbegabt". Der Mensch ist ein „vernunftbegabtes Tier", ein „animal rationale", wie das klassische Beispiel lautet. Hier ist der Mensch die gegenüber der Gattung „Tier" weniger allgemeine Art. Dabei ist auch die Art stets ein Allgemeinbegriff, der für viele Gegenstände gilt, er ist aber dennoch jeweils die am meisten besonderte Angabe dessen, was ein je konkreter Gegenstand ist. Man könnte auch die Bestimmung „Mensch" wieder zu einer Gattung machen, indem man einen Arzt als einen heilenden Menschen definiert oder einen Studenten als einen lernenden Menschen. Das einzige, wovon es keine Definition gibt, ist das einzelne Individuum. Es gibt keine Definition von Sokrates, genauso wie es bei Platon keine Idee von Sokrates gibt.

4. Form und Materie

Die Art von Substanzen, auf welche die Metaphysik zuerst ihr Augenmerk richtet, sind, wie in Z 3 dargelegt wird, die sinnlich wahrnehmbaren Substanzen. Sie sind die uns am unmittelbarsten zugänglichen Substanzen. Es gibt zwar für Aristoteles auch eine rein geistige Substanz. Alle Erkenntnis jedoch beginnt wie gesehen mit dem sinnlich Wahrnehmbaren, und der Erkennende geht wie der Lernende immer so vor, daß er sich vom Unmittelbaren zu weniger Unmittelbarem erhebt. Die Untersuchung dessen, was Substanz ist, muß daher von den sinnlich wahrnehmbaren Substanzen ausgehen. Jedes konkrete, sinnlich wahrnehmbare Einzelding aber ist aus Form und Materie zusammengesetzt. Die Unterscheidung von Form und Materie ist somit konstitutiv für das aristotelische Substanzverständnis und bedarf der näheren Beleuchtung.

Die griechischen Äquivalente für Form und Materie sind „morphḗ“ oder „eĩdos“ sowie „hýlē“. Die gängige Formulierung: „ein Material formen“ zeigt den praktischen Ursprung dieser Unterscheidung an. Sie entspringt dem Bereich des Handwerklichen, aus dem auch das typische Beispiel von Aristoteles selbst stammt: die bereits genannte Statue. Die Materie einer Statue ist die Bronze, die eine Form annimmt, beides zusammen, Form und Materie, bilden das Ganze des konkreten Einzeldinges, diese bestimmte Statue. Dabei sind Materie und Form nicht als zwei für sich selbst existenzfähige Teile eines Gegenstandes zu verstehen, d.h., die Bronze und die Form der Statue können nicht sachlich, sondern nur gedanklich auseinander gehalten werden: Die Form der Statue kann man nicht von der Bronze wegnehmen, wie man etwa einem Stuhl ein Bein abbrechen kann. Man kann einen Gegenstand höchstens umformen. Von diesem unmittelbaren Verständnis von Form und Materie muß nun zum technisch-philosophischen Verständnis dieser Begriffe weitergegangen werden.

a) Form

Der Begriff der Form ist die Übersetzung für die Begriffe „morphḗ“ oder „eĩdos“. „Morphḗ“ bedeutet vorphilosophisch genau wie die Begriffe „idéa“ und „eĩdos“ die äußere Gestalt von etwas. So wie Platon letztere beiden Begriffe auf die Ebene abstrakter Erkenntnis erhoben hat, ist auch bei Aristoteles mit der Form nicht die äußerliche Gestalt, sondern die ideelle, immaterielle Struktur der Statue gemeint, die der Bildhauer gedanklich entworfen hat und die in den Gegenstand eingegangen ist. Die mit dem Begriff „Form“ eigentlich gemeinte ideelle Struktur aber ist das Wesen des Gegenstandes. Das heißt, die Form ist ihrem primären Sinn nach nichts anderes als die durch die Definition bestimmte Washeit eines Dinges (Met. Z 7). Thomas von Aquin wird von einer „forma substantialis“ sprechen. Die Form von Sokrates ist somit sein Menschsein, die Form des Spatzes das Tiersein, die Form der Blume das Pflanzesein. Die Form ist genauer gesagt entweder die Gattung (génos) oder die Art (eĩdos) als Einheit von Gattung und spezifischer Differenz.

In einem sekundären Sinn allerdings gehören zur Form auch die akzidentellen Bestimmungen eines Einzeldinges. Dies hängt unmittelbar mit Aristoteles' Definitionsverständnis zusammen. Primär gibt es Definitionen wie gesehen nur von der Washeit von Gegenständen. In einem weiteren Sinne jedoch ist es nach Aristoteles möglich, auch akzidentelle Bestimmungen wie „weißhaarig“ zu definieren (Met. Z 4). Parallel hierzu sind auch akzidentelle Bestimmungen etwas, dem Form zuzusprechen ist. Man nennt dies die akzidentelle Form. Der Begriff „Form“, in seinem weitesten Umfang genommen, bezeichnet somit die Gesamtheit der Bestimmungen, die einem Gegenstand zukommen; primär wird der Begriff von Aristoteles jedoch zur Bezeichnung der Washeit eines Gegenstandes verwendet, d.h., primär gehört er dem Bereich der Substanz an und nicht dem der anderen Kategorien.

b) Materie

Der Gegenbegriff zum Begriff der Form ist der der Materie oder des Stoffs, wie „hýlē“ auch übersetzt wird. Die Materie ist wesentlich das, was von der Form bestimmt wird, was die Form empfängt. Sie ist somit selbst ein Unbestimmtes. Man kann sie jedoch als ein absolut Unbestimmtes oder als ein relativ Unbestimmtes verstehen. Aristoteles unterscheidet dementsprechend zwei Arten von Materie, eine erste und eine zweite Materie bzw., wie es in der Scholastik heißt, eine „materia prima“ und eine „materia secunda“.

Zunächst zur zweiten Materie. Die zweite Materie ist gewissermaßen das Material, woraus etwas besteht. Aristoteles definiert die zweite Materie genauer gesagt als „das, woraus etwas als aus seinem wesentlichen Material entsteht“ (Phys. A 9, 192 a 31f.). Die zweite Materie wäre also die Materie im Sinne der Bronze der Statue, des Holzes eines Stuhls, des Fleisches eines Tieres usw., Materie also als etwas Körperliches, Faßbares. Sie ist etwas Unbestimmtes, das von etwas anderem bestimmt wird. Sie ist aber nicht etwas völlig Unbestimmtes. Sie ist nur unbestimmt relativ zu der Bestimmung, der Form, die sie erhalten soll. Diese Relativität zeigt sich darin, dass etwas, was Form für einen bestimmten Gegenstand ist, zugleich wieder Materie in Bezug auf einen anderen sein kann. Das heißt, Holz ist die Materie für die Form des Brettes, Bretter aber sind ihrerseits die Materie von Stühlen, Schränken usw.

Von diesem Materieverständnis zu unterscheiden ist die Materie als „materia prima“. Die erste Materie nämlich ist die Vorstellung von etwas völlig Unbestimmten, das jeder Bestimmung zugrunde liegt. Aristoteles definiert dieses Materieverständnis wie folgt: Sie ist das, was man „weder als Substanz noch als Quantität noch sonstwie durch eine Kategorie bezeichnen kann, durch die das Seiende bestimmt wird“ (Met. Z 3, 1029 a 20f.). Das heißt, Materie in diesem anderen Sinne steht in einem radikalem Gegensatz zur Form. Während das Holz auch wieder Form ist im Verhältnis etwa zu den verschiedenen Atomen oder Molekülen als dessen Materie, ist die erste Materie jenseits aller Form. Sie ist damit im Gegensatz zur zweiten Materie etwas vollkommen Unkörperliches. Sie ist das absolut Unbestimmte und damit zugleich auch das Unterschiedslose.

Die erste Materie bildet gewissermaßen das Ende einer Kette von Abstufungen von Materie im zweiten Sinne. Jede tiefere Stufe ist wieder eine Zusammensetzung aus Form und einer noch elementareren Materie. Da aber dieser Prozess für Aristoteles nicht ins Unendliche gehen kann, muss es eine erste Materie geben als etwas, was auf keine elementarere Ebene mehr zurückzuführen ist. Mit dieser Auffassung von erster Materie stellt sich berechtigterweise die Frage: Kann sie überhaupt noch etwas sein, gehört sie überhaupt noch dem Seienden an? Beantwortet werden kann diese Frage erst, wenn im nächsten Abschnitt zur Unterscheidung von Materie und Form die dynamische Unterscheidung von Möglichkeit und Wirklichkeit hinzugenommen wird.

c) Hylemorphismus

Alle sinnlich wahrnehmbaren Einzeldinge bestehen im Sinne dieser Bestimmungen aus Form und Materie. Im Hinblick auf die vier Ursachen kann man dies auch so ausdrücken, dass Form und Materie Ursachen (aitíai) des Einzeldinges sind, denn sie erklären, warum ein Einzelding so ist, wie es ist. Der Grund dafür, dass diese bestimmte Bronzestatue das ist, was sie ist, ist die bestimmte Form und die Bronze, aus der sie besteht. Form und Materie sind Form- und Materialursache der Dinge.

Eine Philosophie aber, die wie bei Aristoteles den Materie-Form-Dualismus zur Grundlage hat, bezeichnet man als *Hylemorphismus*. Dieser Begriff ist die Zusammensetzung aus den griechischen Wörtern „hýlē" (Materie) und „morphḗ" (Form). Dabei ist, um den Materie-Form-Gegensatz noch einmal auf den Substanzbegriff zu beziehen, die zweite Substanz, die Substanz im Sinne von Washeit, die Form eines Gegenstandes, die erste Substanz hingegen, das Substrat oder der konkrete Träger, ist das aus Form und Materie zusammengesetzte Einzelding. Man kann die in diesem Abschnitt eingeführten Begriffe zusammenfassend in etwa durch folgendes Schema darstellen:

erste Substanz = Einzelding

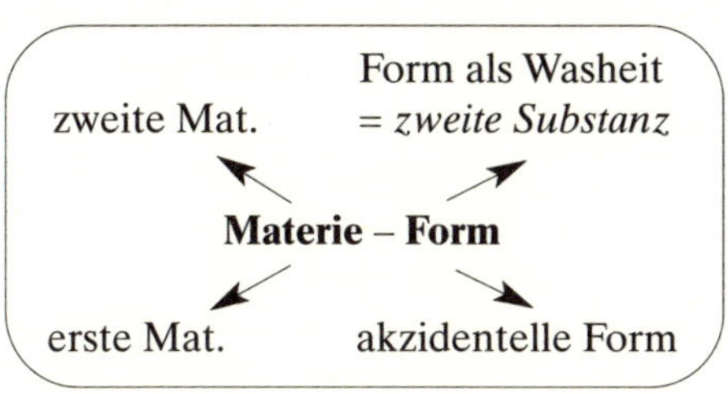

5. Aristoteles versus Platon

Aristoteles verwendet für den Begriff der Form den gleichen Begriff wie Platon für den Begriff der Idee, nämlich „eĩdos“. Dies ist kein Zufall. Aristoteles knüpft hiermit einerseits an Platon an, andererseits bringt er damit eine grundsätzliche Kritik an die Adresse Platons zum Ausdruck, die zum Schluss dieses Kapitels noch kurz angesprochen werden soll.

Aristoteles' Auseinandersetzung mit Platon ist eine äußerst komplexe Thematik. Ich greife hier nur den einen, entscheidenden Punkt auf, der in dem berühmten Fresko von Raffael, „Die Schule von Athen“ (1508–1511), das sich im Vatikanischen Museum in Rom befindet, künstlerisch festgehalten wurde. Es handelt sich um ein großes Wandgemälde, das eine Gruppe von Denkern der Antike darstellt, gewissermaßen eine Zusammenfassung der antiken Philosophie, wobei viele die Züge von Zeitgenossen von Raffael erhalten haben. Auf dem Bild sind etwa zu sehen Sokrates, Epikur, Heraklit oder der Mathematiker Euklid, zudem Gestalten wie Alexander der Große oder Raffael selbst. In der Mitte aber, von allen anderen umrandet, gehen Platon (der die Züge von Leonardo da Vinci trägt) und Aristoteles als die beiden Höhepunkte antiken Denkens nebeneinander her und unterhalten sich. Bezeichnend sind dabei die Gesten beider: Der eine weist mit dem Zeigefinger zum Himmel, der andere hält die Hand flach zu Boden gerichtet.

Hiermit wird genau der Gegensatz von Ideen- und Formenlehre illustriert, der die Philosophie Aristoteles' von derjenigen Platons unterscheidet. Nach Platon sind die Ideen Einheiten, die gesondert von den Einzeldingen in einer jenseits der Sinnenwelt befindlichen Ideenwelt existieren und das Urbild der Dinge der Sinnenwelt abgeben. Für Aristoteles hingegen hat ein „eĩdos“ keine jenseitige Existenz außerhalb der Einzeldinge. Dies käme seiner Auffassung nach einer unnötigen Verdoppelung der Realität gleich. Für ihn sind die Formen vielmehr etwas, was immer nur *in* den konkreten Substanzen, d.h. in den Einzeldingen existiert, niemals unabhängig davon. Es gibt kein allgemeines Menschsein an sich, getrennt von den Dingen, sondern nur ein Menschsein in konkreten, einzelnen Menschen. Der menschliche Geist abstrahiert zwar die allgemeinen Formen von den konkreten Dingen, indem er vom Besonderen und Materiellen der Gegenstände absieht, die Formen als solche existieren aber nicht real unabhängig, getrennt von ihnen.

IV. Werden und Teleologie

Zwei weitere Themen von zentraler Bedeutung für die Metaphysik des Aristoteles sind das Werden sowie die Zweckgerichtetheit oder Teleologie alles Seienden. Im Zusammenhang mit diesen beiden Themen aber stellt sich zugleich die tiefer gehende Frage, welches von den beiden Sustanzverständnissen – die erste oder die zweite Substanz – für Aristoteles das grundlegendere Sein ist. Vorausgesetzt, dass die Substanz allen anderen Seinsarten gegenüber die hervorgehobene Seinsart darstellt: Was in der Ordnung der Dinge ist das höchste Sein, die Substanz als Träger oder die Substanz als Washeit, mit anderen Worten das konkrete Einzelding oder die allgemeine Form? Dabei bestätigen sowohl Aristoteles' Auffassung des Werdens als auch diejenige der Zweckgerichtetheit eindeutig, dass nicht, wie man vielleicht hätte vermuten können, die erste, sondern die zweite Substanz den eigentlichen und letzten Grund der Wirklichkeit und damit zugleich die höchste Seinsart bildet.

1. Das Werden

a) Die vier Arten des Werdens

Aristoteles unterscheidet zunächst vier Arten des Werdens bzw. der Veränderung. Man kann auch von vier Formen der Bewegung sprechen, da er alle Arten des Werdens unter dem Oberbegriff „kínēsis", Bewegung, zusammenfasst: Es gibt einerseits ein substantielles Werden, d. h. das Entstehen und Vergehen von Substanzen (génesis), andererseits drei akzidentelle Arten des Werdens, 1) das Ändern der Größe (Wachsen und Abnehmen), also eine Veränderung der Kategorie der Quantität nach, 2) das Ändern der Beschaffenheit, d. h. eine Veränderung der Kategorie der Qualität nach, und 3) die Ortsveränderung als Änderung der Kategorie des Ortes nach, die in unserem heutigen Sinne eigentliche Bewegung (Met. Z 7). Ein Beispiel für die Veränderung der Substanz nach ist das Entstehen oder Vergehen eines Menschen oder Lebewesens überhaupt, ein Beispiel für die Veränderung der Quantität nach das Wachsen einer Pflanze, ein solches für die qualitative Veränderung das durch das Reifen einer Frucht verursachte Süßwerden dieser Frucht. Die Ortsänderung versteht sich von selbst.

b) Wie ist Werden möglich?

Für das griechische Denken war die Erklärung dessen, wie etwas zu werden vermag, ein besonders dorniges Problem. Zum Problem ist die Frage vor allem durch Parmenides geworden. Wie gesehen, gibt es seiner Auffassung nach nur ein einziges, unveränderliches, ewiges Sein. Dass für ihn alles Werden Täuschung ist, kann wie folgt erklärt werden: Um zu werden, müsste etwas sein und nicht sein, denn etwas, was wird, hat eine Eigenschaft zunächst nicht und erhält sie dann oder umgekehrt. Etwas kann aber der eleatischen Schule nach nicht sein und nicht sein, z. B. ein Mensch sein und kein Mensch sein, eine Blüte haben und sie nicht haben. Der Grund hierfür ist, wie bereits mit Bezug auf Platons Teilhabeverständnis dargelegt wurde, dass für Parmenides das „ist“ in einer prädikativen Aussage vom Typ „S (Subjekt) ist P (Prädikat)“ im Sinne von Identität zu verstehen ist. Etwas kann aber nicht mit etwas und seinem Gegenteil identisch sein.

Aristoteles nun geht davon aus, dass es offensichtlich ist, dass es Werden gibt (Phys. A 2). Die sinnlich wahrnehmbare Wirklichkeit konfrontiert uns ständig mit werdenden Dingen. Das Werden muss jedoch erklärt werden. Die Voraussetzung für die Möglichkeit des Werdens aber ist für Aristoteles genau das, was Parmenides verneint, nämlich dass etwas etwas sein kann und nicht sein kann. Mit anderen Worten: Es muss bezüglich eines Gegenstandes entgegengesetzte Zustände geben können (Phys. Γ 5). Etwas kann zwar auch nach Aristoteles' Ansicht nicht in derselben Hinsicht sein und nicht sein, da dies dem Satz vom Widerspruch zuwiderliefe, es kann aber in verschiedener Hinsicht sein und nicht sein, nämlich im Sinne eines zeitlichen Nacheinanders, in dem Sinne also, dass etwas nacheinander etwas ist und dann nicht mehr ist bzw. etwas nicht ist und dann wird. Eine Pflanze etwa hat eine Blüte und verliert sie, bzw. sie bekommt als Same Stil, Blätter und Blüte.

Was jedoch ermöglicht es, dass eine Substanz etwas nicht sein und dann doch sein kann oder umgekehrt? Platon hatte Parmenides' Seinsverständnis in der Hinsicht übernommen, dass auch seine Ideen ewiges, unveränderliches Sein sind. Zwar lehnt Aristoteles den Gedanken getrennter Ideen ab, die den Dingen immanenten Formen werden jedoch zunächst auch von ihm in Entsprechung zum parmenideischen Sein gedacht. Auch die Formen sind ewig und unveränderlich. Die Form ist etwas, was unteilbar ist, was immer gleich ist, sich nicht ändern kann (Met. Z 8). Bestünde daher die ganze sinnlich wahrnehmbare Wirklichkeit allein aus Formen, so könnte auch Aristoteles deren Werden nicht erklären. Alles wäre starr, alles wäre, was es ist. Das bedeutet aber, dass das Werden dadurch ermöglicht wird, dass die sinnlich wahrnehmbaren Dinge aus Form *und* Materie zusammengesetzt sind. Aufgrund der bei Aristoteles zu den Formen hinzukommenden Materie können sich die Gegenstände verändern, denn die Materie ist das am Gegenstand, was Formen empfangen und sie verlieren kann. Das heißt, Veränderung ist ein Vorgang der Vertauschung einer Form mit einer anderen bzw. des Entstehens oder Vergehens einer Form.

Dazu braucht es etwas Zugrundeliegendes – die Materie –, woran sich dieser Vorgang vollzieht (Phys. A 7). Somit kann ein Einzelding aufgrund der Materie etwas sein und danach etwas nicht sein, etwa die Pflanze kann eine Blüte haben und sie dann wieder verlieren, oder ein Körper kann ein Mensch werden und durch den Tod das Menschsein wieder verlieren, d. h., an einem Gegenstand kann es entgegengesetzte Zustände geben, ohne dass ein Widerspruch entsteht (Met. Z 6).

c) Das Werden von Substanzen

Befassen wir uns näher mit der ersten Art des Werdens, dem Entstehen und Vergehen von Substanzen. Das Entstehen und Vergehen von Substanzen unterscheidet sich zunächst dadurch vom akzidentellen Werden, dass es keine graduellen Übergänge gibt. Eine Form ist oder sie ist nicht (Met. Z 15). Entweder etwas ist Baum, Pferd, Mensch oder nicht. Das heißt, eine Substanz beginnt oder hört stufenlos auf zu sein, was sie wesentlich ist, während es etwa bei der qualitativen Veränderung von kalt zu warm einen kontinuierlichen Übergang gibt. Wenn z. B. ein Individuum durch Zeugung ein anderes Individuum derselben Form, derselben Art zum Entstehen bringt, wie, so Aristoteles, der Vater das Kind, so ist die Entstehung der Form im neuen Individuum kein zeitlich ausgedehnter Prozess. Die Form ist unveränderlich und unteilbar, sie besteht nicht aus Teilen, die sich nach und nach konstituieren, sondern mit dem väterlichen Samen ist von Anfang an die ganze Form gegeben. (Die Mutter trägt seiner Auffassung nach lediglich die Materie bei.) Die Form ist etwas Einheitliches, das von einem Moment zum anderen ganz in die Materie eingeht, die sie empfängt.

Zum Entstehen eines Menschen bedarf es aber nicht nur der Form und der Materie im gerade entstehenden Individuum, sondern auch eines von ihm verschiedenen Individuums, das im Sinne der „causa efficiens" die Ursache dafür ist, dass die Form in das neue Individuum eingeht (Met. Λ 5). Der einzelne Mensch verursacht sich nicht selbst. Es bedarf einer äußeren Wirkursache. Wirkursache eines neuen Menschen aber kann nur ein anderer Mensch sein, ein Wesen, das die Form des Menschseins bereits hat. Das heißt, die Form selbst entsteht und vergeht nicht, sondern wird im Zeugungsvorgang als etwas Fertiges von einem Individuum auf ein anderes übertragen.

Eine wichtige metaphysische Konsequenz aus diesem Verständnis substanziellen Werdens aber ist, dass es auf ewig Einzeldinge geben muss, welche die ewigen Formen verkörpern. Denn da Formen für Aristoteles nie getrennt für sich existieren, kann es sie nur so lange geben, wie sie in immer neuen Einzeldingen weiterexistieren. Da die Form selbst etwas Unzeitlich-Ewiges ist, muss es aus Form und Materie bestehende Einzeldinge in unendlicher Fortdauer geben. Mit anderen Worten: Die unzeitliche

Ewigkeit der Formen ist nicht denkbar ohne eine zeitliche Ewigkeit des Universums. Die „Abhängigkeit“ der ewigen Formen von der Existenz vergänglicher Einzeldinge zieht bei Aristoteles jedoch nicht die Höherbewertung des Einzeldings gegenüber der Form nach sich. Vielmehr schließt Aristoteles sich der Grundannahme antiken Denkens an, wonach das Ewige höher ist als das Vergängliche. Damit sind nicht die Formen um der Einzeldinge willen, sondern die Einzeldinge letztlich um der allgemeinen, ewigen Formen willen.

d) „Actus“ und „potentia“

Wie jedoch ist der Werdevorgang als solcher, d.h. der konkrete Übergang von einem Zustand zu einem anderen zu verstehen? Diese Frage beantwortet Aristoteles mit Hilfe einer weiteren, für sein Denken grundlegenden Unterscheidung, derjenigen von Akt und Potenz bzw. Wirklichkeit und Möglichkeit.

Die griechischen Begriffe für Akt sind „enérgeia“ und „entelécheia“, der Begriff für Potenz ist „dýnamis“ (auf Lat. „actus“ und „potentia“). Aristoteles definiert sie nicht, sondern erläutert sie durch Beispiele: Der Akt verhält sich zur Potenz wie der Wachende zum Schlafenden; der Sehende zu dem, der sehen kann, aber die Augen geschlossen hat; der Architekt, der ein Haus baut, zu dem, der seine Kunst nicht ausübt; die Figur, die aus dem Holzklotz geschnitzt ist, zum unbehauenen Holzklotz (Met. Θ 6).

Letzteres Beispiel zeigt, dass der Akt-Potenz-Gegensatz denjenigen von Form und Materie umfasst. Der unbehauene Holzklotz ist die Materie, die Figur ist die geformte Materie, der unbehauene Holzklotz ist aber dynamisch gesehen zugleich das, was potentiell die Figur ist, er enthält die Figur der Möglichkeit nach. Die Figur selbst ist der Akt, ist genauer gesagt die Wirklichkeit oder die Verwirklichung der Form. Ein anderes, wichtiges Beispiel ist das vom Sehenden und dem, der sehen kann, aber seine Sehtätigkeit nicht ausübt. Der Sehenkönnende hat die Fähigkeit zu sehen, der tatsächlich Sehende verwirklicht sein Sehen, also die Möglichkeit, zu der er fähig ist. Er führt sie aus, er ist das Sehen als verwirklichter Akt. Akt kann also grundsätzlich die Form im Verhältnis zur Materie sein, wie im ersten Beispiel, oder die Bewegung im Verhältnis zum Vermögen, wie im zweiten Beispiel (Met. Θ 6).

Die „potentia“ ist gewissermaßen das Sein der Anlage nach, das noch unbestimmte, unentwickelte Sein, welches in sich die Möglichkeit zu einem bestimmten Sein hat. Im Zustand der Potenz ist der Gegenstand damit in einem Zustand des Mangels, der Privation einer ihm zukommenden Wirklichkeit. Jeder Gegenstand ist im Besitz einer gewissen Anzahl von Möglichkeiten, auf deren Entwicklung er angelegt ist. Dabei dürfen die Etappen nicht übersprungen werden. Obwohl der Mensch letztlich aus

Erde besteht, ist nicht etwa die Erde dem Vermögen nach ein Mensch. Sie ist es erst, wenn sie Same geworden ist, und auch der Same erst, wenn er in die Gebärmutter gekommen ist (Met. Θ 7). Potenz ist also wie die Materie immer die nächstniedere Wirklichkeit, aus der eine bestimmte Form hervorgeht. Das Holz ist ein Brett der Möglichkeit nach, das Brett ist ein Tisch oder ein Schrank der Möglichkeit nach, um ein Beispiel aus dem letzten Abschnitt wiederaufzugreifen.

Die Wirklichkeit (actus) hingegen ist das entwickelte Sein, das seinen möglichen Inhalt ins Dasein überführt hat. Es ist die verwirklichte Möglichkeit, d.h. der fertige Gegenstand oder die sich vollziehende Tätigkeit. Das Wort Wirklichkeit kommt von „Wirken". In diesem dynamischen Sinne von Wirklichkeit, der besser durch das Wort Akt wiedergegeben wird, sind die griechischen Begriffe „enérgeia" bzw. „entelécheia" zu verstehen. Es handelt sich gewissermaßen um ein In-Wirkung-Sein von etwas.

Inwiefern aber kann durch das Begriffspaar Möglichkeit–Wirklichkeit erklärt werden, was Werden ist? Das klassische Argument gegen die Existenz von Werden lautet: Werden kann nicht darin bestehen, dass etwas, was schon ist, wird, denn wenn es schon ist, braucht es nicht mehr zu werden. Es kann aber auch nicht darin bestehen, dass aus nichts etwas wird, denn aus nichts kann nichts werden. Entweder aber etwas ist, oder es ist nicht. Werden kann es somit nicht geben (vgl. Phys. A 8). Es stellt sich hiermit wirklich die Frage, was das sein soll, woraus etwas wird. Es kann noch nicht das ganze Gewordene sein, es kann aber auch nicht etwas sein, was nichts von dem ist, was werden soll. Etwas von dem, was werden soll, muss bei dem, wovon es wird, schon da sein. Mit dem Begriff der „potentia" aber setzt Aristoteles eine Zwischenbestimmung zwischen Nichtsein und Sein, die dieses Dilemma in gewisser Weise auflöst (Met. Θ 3). Was möglich ist, ist nicht einfach nichts. Das Möglichsein ist auch eine gewisse Art von Sein. Der unbehauene Holzklotz „ist" schon eine Figur, das Baumaterial „ist" schon ein Haus, aber eben nur der Möglichkeit nach. Das heißt, in dem, was werden soll, ist die Anlage zu dem, was es werden soll, schon gegeben. Diese Anlage aber ist mehr als nichts und ist doch nicht schon die Wirklichkeit, die erst werden soll.

Hiermit kann auch die Frage bezüglich der ersten Materie im vorigen Abschnitt beantwortet werden. Die zweite Materie, etwa die Bronze, ist die Möglichkeit der Statue, d.h., sie hat diese Möglichkeit als reale Möglichkeit in sich und ist nicht einfach nichts von dem, was sie werden soll, nämlich Statue. Die erste Materie aber, die einem Gegenstand als das zugrunde liegt, was er ist, noch bevor er überhaupt irgendetwas geworden ist, ist damit das Sein aller Möglichkeiten des Gegenstandes. In diesem Sinne ist sie mehr als schlechthin nichts.

Kommen wir jedoch zur Frage des Werdens zurück. Während mit dem

Form-Materie-Gegensatz gegenüber Parmenides lediglich die Möglichkeit von Werden gesichert wird, kann auf dem Hintergrund des dynamischen Gegensatzpaares von Potenz und Akt bestimmt werden, was unter dem konkreten Übergang von einem Zustand zu einem anderen zu verstehen ist. Aristoteles' bekannte Definition der Bewegung in der „Physik" lautet: „Die Bewegung (kínēsis, also jede Art von Veränderung) ist die Verwirklichung (entelécheia) des der Möglichkeit nach Seienden ... („tò dynámei ón", was synonym ist mit „dýnamis")" (Phys. B 9, 201 a 10). Werden ist somit nichts anderes als die Verwirklichung von etwas in einem Ding schon Angelegtem. Das Wesen des Werdens ist, dass Mögliches wirklich wird, es ist das Wirklichwerden von Möglichem.

Dem Akt aber spricht Aristoteles eine höhere Wirklichkeit zu als der Potenz (Met. Θ 8). Der Akt ist das höhere Sein einerseits, weil er das Ziel der Veränderung ist, und das Vermögen, die Potenz nur um dieses Zieles wegen ist. Nicht um die Fähigkeit des Sehens zu haben, sehen die Tiere, sondern die Tiere haben die Fähigkeit des Sehens, um zu sehen. Nicht um der Möglichkeit des Hauses willen ist das wirkliche Haus, sondern umgekehrt. Ein zweites Argument lautet: Der Akt ist dem Sein nach höher als die Potenz, weil die ewigen Dinge höher sind als die vergänglichen Dinge. Ewige Dinge nämlich zeichnen sich dadurch aus, dass sie immer wirklich sind. Möglichkeit kann es nur bei vergänglichen Dingen geben. Da aber die Wirklichkeit Form ist, ist somit auch vom Akt-Potenz-Gegensatz her gesehen das höchste Sein nicht das konkrete, aus Form und Materie zusammengesetzte Einzelding, sondern die zweite Substanz, die reine Wesensform als solche.

2. Teleologie

a) Die Finalursache

Die Form ist einerseits das, was die Wirklichkeit eines Gegenstandes ausmacht, unter Umständen ist sie wie gesehen auch das, was von außen kausal auf einen Gegenstand einwirkt, sodass dieser sich verändert, sie kann aber für Aristoteles auch das innere Ziel (télos) sein, auf das hin sich etwas entwickelt. Aristoteles' Auffassung ist, und darin unterscheidet er sich grundlegend von dem heute allgemein geläufigen Weltverständnis, dass alle Dinge einem Zustand zustreben, der ihr Ziel bedeutet, dass alles, was sie vollbringen, bevor dieses Ziel erreicht ist, um dieses Zieles willen geschieht. Mit anderen Worten: Die Wirklichkeit ist zweckmäßig, sie ist „teleologisch" verfasst.

Aristoteles' Teleologie steht in ausdrücklichem Gegensatz zu dem für uns heute überraschenden, zu Recht als „Proto-Darwinismus" bezeichneten Ansatz von Empedokles (5. Jh.), den Aristoteles in der „Physik" wie folgt skizziert:

„Warum sollte etwas dagegen einzuwenden sein, dass es sich mit den Organteilen in der Natur ähnlich verhält, dass z. B. Vorderzähne entstehen, die sich zum Beißen eignen und scharf sind, während die Kauzähne breit und nützlich zum Zermahlen der Speise sind, aber nicht, weil sie zu diesem Zweck entstanden sind, sondern zufällig? Ähnlich könnte es sich auch bei den anderen Organen verhalten, bei denen Zweckmäßigkeit vorzuliegen scheint. Könnte nicht überhaupt alles und auch das Zweckmäßige nebenbei entstanden sein, wobei dann einiges zufällig überlebensfähig blieb, anderes aber nicht, das verdarb und zugrunde ging wie z. B. nach der Behauptung des Empedokles Rinder mit menschlichen Vorderteilen?" (Phys. 198 b 16–32)

Die Begriffe der zufälligen erblichen Veränderung und der Selektion sind in diesem Text der Sache nach bereits angesprochen. Aristoteles aber lehnt diese für uns vertraut klingende Theorie mit der Begründung ab, dass, wo ein Vorgang ausnahmslos oder doch in der großen Mehrzahl immer wieder dasselbe Ziel erreiche, auch davon ausgegangen werden könne, dass ein auf die Erreichung eines Zieles gerichtetes Streben vorliege (Phys. B 8). Kauzähne sind somit zu dem Zweck entstanden, dass sie nützlich zum Zermahlen der Speise sind, nicht zufällig.[9]

Wie ist diese teleologische Verfasstheit näher zu verstehen? Die Dinge haben für Aristoteles eine innere Zielgerichtetheit in dem Sinne, dass sie von innen her auf die Verwirklichung ihrer Form angelegt sind. Genauer gesagt: Die Materie des aus Form und Materie zusammengesetzten Einzeldinges ist ein Streben nach der fertigen Form als der Vollendung des Einzeldinges (Phys. A 9). Das Ziel des Wachsens des Baumes etwa ist der Zustand des Ausgewachsenseins. Was aber bewirkt die Richtung auf das Ziel hin, was etwa bewirkt das Streben des Baumes zu seiner vollendeten Gestalt? Aristoteles antwortet: Was im Baum die Entwicklung auf das Ziel hin bewirkt, ist das Ziel selbst. Das Ziel selbst gibt dem Wachsen die Richtung auf dieses Ziel hin. Die Zweckgerichtetheit der Dinge ist damit aber nichts anderes als die Ursächlichkeit im Sinne der Finalursache. Wenn das Ziel des Spazierengehens die Gesundheit ist, dann ist die Vorstellung der Gesundheit der Grund dafür, dass ich spazieren gehe. Die Zielvorstellung bewirkt von Anfang an die Bewegung des Spazierengehens. Ähnlich entwickelt sich der Baumsamen so auf den ausgewachsenen Baum hin, dass

[9] Ausführlicher hierzu R. Spaemann/R. Löw: *Die Frage Wozu?,* München 1985, 67ff.

die Zielvorstellung schon in ihm enthalten ist. Der angestrebte Endzustand ist das „um … willen“, das die Entwicklung von Anfang an bewirkt (Met. Θ 8).

Dabei ist die Entfaltung des Baumes nicht eine Möglichkeit, die verwirklicht werden kann oder nicht, sondern der Same wird sich *notwendig* zu dem Baum entwickeln, wenn nicht akzidentell etwas dem Streben selbst Fremdes dazwischentritt. Eine Störung hervorrufen kann etwa ein zufälliger Einfluss von außen (Phys. Θ 4). So kann, wenn ein Mensch einen jungen Baum fällt, dieser sein Ziel nicht mehr erreichen. Es ist aber dennoch das natürliche, das im Normalfall notwendig eintretende Ziel des Baumsamens, ein ausgewachsener Baum zu werden. Die Störung kann auch von innen kommen, wenn der Baum in sich selbst Mängel aufweist, etwa genetische Mängel. Ein solcher innerer Mangel ist für Aristoteles darauf zurückzuführen, dass die Materie die Form daran hindert, von der Form richtig durchdrungen zu werden, dass die Materie der Form widerstrebt (Phys. B 8). Dies ist jedoch wie bei Störungen von außen nur in Ausnahmefällen der Fall. In der Regel erreicht das Naturding sein Ziel notwendig.

Es gibt weiter zwei Arten von Zielen (Met. Θ 8). Aristoteles führt die Beispiele des Bauens und des Sehens an. Das Bauen ist auf ein von der Tätigkeit des Bauens verschiedenes Ziel, das zu bauende Haus, ausgerichtet. Ist das Haus fertig, so ist der Vorgang des Bauens abgeschlossen. Die Verwirklichung des Ziels ist das zeitliche Ende des Vorgangs, der auf das Ziel gerichtet war. Die Tätigkeit hat hier also ihr Ziel außerhalb ihrer selbst. Die andere Art der Zielgerichtetheit wird am Beispiel des Sehens exemplifiziert. Das Sehen nämlich hat kein von sich verschiedenes Ziel. Es bringt nichts von ihm Verschiedenes hervor, sondern das Ziel der Tätigkeit des Sehens ist das Sehen selbst. Das Sehen ist um seiner selbst willen. Die Tätigkeit des Sehens aber ist für Aristoteles vollkommener als die Tätigkeit des Bauens. Mit anderen Worten: Die in sich selbst zielhafte Tätigkeit ist für Aristoteles „enérgeia“ im ausgezeichneten Sinne. Jede Verwirklichung ist „enérgeia“, „enérgeia“ im ausgezeichnetsten Sinne aber sind Tätigkeiten wie das Sehen oder etwa das Leben einer Pflanze.

Da die Zielgerichtetheit für Aristoteles die Beschaffenheit alles Seienden bzw. aller Arten von Abläufen in der Welt ist, trifft sie, was uns heute reichlich befremdlich vorkommt, auch für die Ortsbewegung zu. Auch die Ortsbewegung eines jeden Körpers hat ein natürliches Ziel. Das Ziel der Ortsbewegung ist der „oikeîos tópos“, das „Zuhause“ des jeweiligen Gegenstandes (Phys. 253 b 34). Die schweren Körper fallen auf die Erde, weil ihr zugehöriger Ort unten ist, die leichten steigen nach oben, weil ihr „Zuhause“ oben ist. Der hoch liegende Stein fällt oder rollt aus diesem Grund nach unten, sobald er nicht daran gehindert wird, das Wasser hingegen, das leichter als die Erde ist, drängt nach oben, indem es etwa als Quelle aus dem Boden sprudelt.

Wie ist es jedoch zu verstehen, dass nicht nur menschliche Handlungen, sondern auch und für Aristoteles sogar vornehmlich Naturdingen das Streben nach einem Ziel zugrunde liegt? Auf der Ebene menschlicher Handlungen ist die Teleologie etwas unmittelbar Einleuchtendes. Wenn ich etwas plane und mir daraufhin diesen Plan als Ziel meiner Handlung setze, so ist die Zielvorstellung die Ursache meines Handelns. Als Beispiel etwa wäre der Bildhauer zu nennen, der eine bestimmte Skulptur als Zielvorstellung hat. Er verfolgt einen bestimmten Zweck als den erhofften Ausgang seines Schaffens. Sein Handeln ist zweckmäßig. Das Ziel, das er anstrebt, strebt er absichtlich an. Wie aber verhält es sich mit der Zielgerichtetheit der Naturdinge? Ist auch diese Zielgerichtetheit im Sinne einer in den einzelnen Dingen vorhandenen Absicht zu verstehen? Die Vorstellung einer absichtlichen Zielgerichtetheit der Naturdinge wäre ein krasser Anthropomorphismus, den Aristoteles nicht vertritt. Es gibt kein Zweckbewusstsein der Dinge, sondern deren Zielgerichtetheit ist unbewusst. Pflanzen planen nicht, Blätter zu treiben, Blüten zu bekommen.

Damit stellt sich allerdings die Frage, woher die Zielgerichtetheit der Dinge dann stammt. Aristoteles' Aussagen hierzu sind leider nicht sehr klar. Er spricht sehr allgemein von der Natur als der klugen Bildnerin der natürlichen Welt. Es heißt bei ihm, die Natur tue „nichts sinnlos und zwecklos" (De caelo 291 b 13). Selbst dies ist jedoch nicht so zu verstehen, als sei die Natur als Ganze ein System von aufeinander abgestimmten Zweckmäßigkeiten. Aristoteles' Teleologie ist vielmehr etwas, was wesentlich für einzelne Naturabläufe je für sich genommen gilt. Von daher kann auch von einer allgemeinen Vorsehung nicht die Rede sein. Eine befriedigende Antwort auf die Frage, inwiefern die Natur in einzelnen Naturabläufen einer Zielvorstellung gemäß agiert, gibt es bei Aristoteles nicht.

b) Die Form als „télos"

Ein weiterer Aspekt der aristotelischen Teleologie ist, dass jede Bewegung in der Weise auf ein Ziel gerichtet ist, dass dieses Ziel den angemessenen Zustand des Gegenstandes darstellt. Bei der Ortsbewegung trachtet der Gegenstand nach einem Ort, der sein eigentlicher ist, sein „Zuhause", bei der Entwicklung strebt der Gegenstand nach der vollen Entfaltung seiner selbst. Das Ziel des Gegenstandes ist damit stets das für den Gegenstand Gute, ja Beste (Phys. B 3). Abweichungen, krankhaftes Wachstum, Beschädigungen von außen usw. sind wie geschen nicht Bestandteil des teleologischen Vorganges als eines solchen.

Alles bewegt sich also auf das Telos, das Ziel als ein Gut zu, als das dem jeweiligen Gegenstand angemessene Gute oder Beste. Das erste Gut aber, auf das ein jeder Gegenstand gerichtet ist, ist die Erhaltung seiner eigenen Form. Von dem Augenblick an, wo etwa ein Lebewesen entstanden ist, d.h. die Form des Lebewesens in die entsprechende Materie Eingang gefunden hat, strebt es wesentlich danach, diese Form zu erhalten, einerseits, indem es sich selbst ernährt, andererseits durch Weitergabe der Form mittels Fortpflanzung (De anima II 4). Damit aber stellt sich die nicht ganz unwichtige Frage: Erhält ein Einzelding sich letztlich um des Einzeldinges wegen oder um der Form des Einzeldinges wegen? Ist der teleologische Prozess auf die Substanz im ersten oder im zweiten Sinne gerichtet? Mit anderen Worten: Kommt es mehr auf diesen Menschen Sokrates an oder auf das allgemeine Menschsein von Sokrates? Worumwillen versucht sich eine Substanz als Träger in ihrer Form zu erhalten? Aristoteles' Antwort ist eindeutig: Das eigentliche Telos der Lebewesen besteht darin, „ein anderes hervorzubringen wie sie selbst, das Tier ein Tier, die Pflanze eine Pflanze“ (De anima 415 b 28). Jedes Einzelwesen ist damit um der Erhaltung der in ihr enthaltenen Form willen bestrebt, sich selbst zu erhalten, d.h. um der Art willen, zu der das jeweilige Einzelwesen gehört. Nicht um des Einzelwesens willen erhält es sich, sondern um der Form willen, die es darstellt. Mit aller Deutlichkeit wird hiermit der Vorrang der Form bzw. zweiten Substanz vor der aus Form und Materie zusammengesetzten ersten Substanz ausgesagt. Das Einzelwesen strebt wesentlich danach, die Art zu erhalten. Die Art ist etwas dem Individuum Übergeordnetes. Die Eltern opfern sich für die Nachkommenschaft um der Erhaltung der Art willen.

Warum aber strebt alles Seiende danach, sich bzw. seine Art in seinem Sein zu erhalten? Aristoteles antwortet, den Begriff der Teilhabe allein hier positiv verwendend: um der „méthexis“, der Teilhabe am Göttlichen willen. Am Göttlichen teilzuhaben, „danach strebt alles und um dessentwillen handelt alles, was seiner Natur gemäß handelt“ (De anima 415 a 30f.). Das Göttliche ist das Ewige. Durch ihre Form aber und durch die Weitergabe dieser Form haben die vergänglichen Wesen an dieser Ewigkeit teil. Da die vergänglichen, ersten Substanzen als solche „am ewigen und Göttlichen nicht in stetiger Dauer teilhaben können [...]“, bleibt ihnen nichts, als dass jede – in der Zeit – daran teilnimmt, „soweit sie teilzunehmen vermag, die eine mehr, die andere weniger“ (De anima 415 b 3ff.). Es ist somit das Göttliche der ewigen Formen, um dessentwillen die vergänglichen Einzeldinge letztlich sind. Auf der Ebene der „metaphysica generalis“ ist die Form bzw. die zweite Substanz die gesuchte Antwort auf die metaphysische Grundfrage der Antike.

V. Metaphysica specialis

Der „metaphysica generalis" geht es um die ersten Prinzipien des Seienden im Allgemeinen. Das erste unter diesen ersten Prinzipien ist die Substanz als Form, als Washeit. Die Frage der „metaphysica specialis" lautet jetzt: Gibt es unter den Substanzen eine hervorgehobene, welche die allererste Ursache der Wirklichkeit ist und damit Gegenstand desjenigen Teils der Metaphysik, den Aristoteles Theologie nennt?

1. Der Kosmos

Die Gottesfrage ist für Aristoteles genauer besehen die Frage nach einem ersten unbewegten Beweger als Ausgangspunkt aller Bewegung im Kosmos. Diese Frage stellt sich ihm jedoch vor einem ganz anderen weltanschaulichen bzw. kosmologischen Hintergrund als dem unseren. Wenn wir heute an einen ersten unbewegten Beweger denken, schwebt uns dabei eine erste Ursache vor, die am Anfang eines sich in der Zeit entfaltenden Universums steht. Der gängigen heutigen Kosmologie nach ist das Universum etwas, was sich aus einem ersten Anfangszustand heraus zeitlich und räumlich entfaltet hat. Es gab einen Urknall, einen „Big Bang" vor etwa 15 Milliarden Jahren, aus dem heraus das Universum entstanden ist. Es war am Anfang gewissermaßen zu einem winzigen Energiepaket zusammengepresst und hat sich daraus entfaltet. Das heutige kosmologische Modell ist somit ein evolutives Modell, genauso wie die Entstehung des Lebens auf unserem Planeten evolutiv, als Entwicklung aller Pflanzen- und Tierarten aus einer ersten Urzelle heraus gedacht wird.

Diese ganze Vorstellung ist Aristoteles völlig fremd. Die Formen, insbesondere auch die Tierarten und die Pflanzenarten, sind wie gesehen ewig. Sie sind also unveränderbar. Aus einer Form wird keine andere. Aus einem Affen wird kein Mensch, sondern immer nur wiederum ein Affe. Das Entstehen und Vergehen betrifft nur die Einzelwesen, nicht die Arten, nicht die Formen der Dinge. Indem aber die Formen ewig sind, ist notwendig auch der ganze Kosmos ewig (De caelo I 10). Die Formen gibt es wie gesehen nicht getrennt von den konkreten Dingen, sondern im Gegensatz zu Platon immer nur in den Dingen. Die Form Mensch gibt es nur, weil es einzelne Menschen gibt, die sie sukzessive verkörpern. Es hat also notwendig schon immer Menschen gegeben und wird auch immer Menschen geben. Die gesamte Welt wird in diesem Sinne als etwas von unendlicher Fortdauer gedacht, als ein ewiges Entstehen und Vergehen von ersten Substanzen, die Formen verkörpern und sie im Falle von Lebewesen durch Fortpflanzung an andere Lebewesen weitergeben. Aristoteles begründet die Ewigkeit des Kosmos auch vom Zeitverständnis her. Die Zeit kann für ihn weder Anfang noch Ende haben. Gäbe es nämlich einen Anfang der Zeit, so gäbe es ein Vorher der Zeit. Das wäre aber schon wieder eine zeitliche Vorstellung. Man kann sich keinen Anfang der Zeit denken, weil die Vorstellung von einem Vorher der Zeit widersprüchlich ist bzw. bereits auf einer Zeitvorstellung beruht (Phys. Θ 1).

Zum Verständnis von Aristoteles' Theologie ist noch ein weiterer Aspekt seiner Kosmologie hervorzuheben: das geozentrische Weltbild. Diesem Weltbild nach befindet sich im Mittelpunkt des Universums die Erde (De caelo II 15). Die Erde aber wird umschlossen von 56 konzentrischen Himmelssphären. In diesen Sphären bewegen sich die Planeten und die Sterne. Der Kosmos insgesamt ist damit eine räumlich begrenzte, aber zeitlich unbegrenzt existierende Kugel (De caelo II 4). Er ist jedoch vor allem aus zwei qualitativ grundverschiedenen Teilen konstituiert, nämlich einerseits der sublunaren Welt, der Welt unterhalb des Mondes, andererseits der Welt der Himmelskörper, d.h. der Mond selbst und alles, was sich oberhalb des Mondes befindet (De caelo II 2–4). Die sublunare Welt besteht aus vergänglichen Substanzen, wie sie etwa in den beiden vorigen Abschnitten analysiert wurden, die Welt der Himmelskörper hingegen besteht aus ewigen Substanzen. Während alles in der sublunaren Welt aus vier Elementen, aus vier „essentia" zusammengesetzt ist, wie es auf Lateinisch heißen wird, nämlich aus Erde, Luft, Feuer und Wasser, bestehen die ewigen Himmelskörper aus einem fünften Element, einer Quintessenz, d.h. einem Element, das es nur im Himmelsbereich gibt, dem Äther. Und während es für die vergänglichen Dinge vier Arten der Bewegung gibt, vollziehen die Himmelskörper nur eine ideale Bewegung, die ewige Kreisbewegung. Die Himmelskörper sind zudem als lebendig und vernunftbegabt anzusehen (De caelo II 12).

Es gibt damit letztlich drei Arten von Substanzen bei Aristoteles: die vergänglichen Substanzen der sublunaren Welt, die unvergänglichen Himmelskörper und Gott als unbewegten Beweger (Met. Λ 1). Die ersten beiden Arten von Substanzen sind stets aus Form und Materie zusammengesetzt, auch wenn die Materie der Himmelskörper eine andere als die der vergänglichen Substanzen ist, nämlich die besagte Quintessenz. Gott aber ist die einzige Substanz, die nicht aus Form und Materie zusammengesetzt ist.

2. Gott

a) Der unbewegte Beweger

Kommen wir jetzt zu Aristoteles' Theologie als solcher. Das Erste, was Aristoteles im Buch Λ, dem insgesamt wichtigsten Buch zu diesem Thema, in Bezug auf Gott erarbeitet, ist ein Beweis seiner Existenz. Einen solchen Beweis gibt es in ausführlicherer Fassung auch in der „Physik" in den Büchern H und Θ. Die folgende Darstellung wird sich vor allem auf letzteres Buch stützen. Es geht mir jedoch nicht um eine ausführliche Darlegung aller Beweisschritte, sondern lediglich um eine Erarbeitung der grundlegenden Struktur dieses insgesamt sehr komplexen – von Aristoteles selbst so nicht genannten – Gottesbeweises.[10]

Da das Universum ewig ist, kann der Gottesbeweis nicht darauf zielen, einen zeitlichen Anfang des Universums zu setzen. Zu diesem Zweck bedarf es bei Aristoteles keines Gottes. Es gibt bei ihm keinerlei Vorstellung von einer Schöpfung. Das Problem der Existenz Gottes stellt sich vielmehr von seinem Verständnis von Bewegung bzw. Veränderung her. Das heißt, Ausgangspunkt des Gottesbeweises ist die einer Anfangsvorstellung geradezu entgegengesetzte Aussage, dass Bewegung niemals angefangen haben kann, dass die Veränderung im Kosmos notwendig ewig ist. Aristoteles führt diesbezüglich im Buch Θ der „Physik" zwei Begründungen an, von denen hier eine kurz skizziert werden soll. Sie beruht auf der engen Beziehung, die für ihn zwischen Veränderung und Zeit besteht.

Zeit und Veränderung hängen für Aristoteles so miteinander zusammen, dass es keine Zeit unabhängig von Veränderung gibt (Phys. Δ 10–11). Als Grund dafür wird angegeben, dass wir, wenn wir keine Veränderung wahrnehmen, auch kein Vergehen von Zeit wahrzunehmen vermögen. Würde alles in der Welt stets gleich bleiben, so hätten wir auch keine Zeitempfindung. In diesem Sinne gibt es keine Zeit ohne Bewegung oder Veränderung und umgekehrt. Zeit ist aber mit Bewegung nicht einfach gleichzusetzen, denn während eine Bewegung schneller oder langsamer ablaufen kann, gibt es in Bezug auf die Zeit kein schneller oder langsamer. Die Zeit ist vielmehr das Maß für schnell oder langsam. Die Zeit ist, so Aristoteles, das Maß der Bewegung (Phys. Δ 12). Wenn aber überall, wo Zeit ist, auch Bewegung ist, kann es, weil die Zeit keinen Anfang hat, d.h., weil es wie gesehen kein „Vor der Zeit" gibt, auch keinen Anfang der Bewegung geben. So wie die Zeit ewig ist, ist es auch die Bewegung (Phys. Θ 1).

Ewigkeit bedeutet demnach für Aristoteles unterbrechungslose Kontinuität der Bewegung. Kontinuität ist dann gegeben, wenn es zwischen Zweien kein Intervall gibt, ja nicht einmal zwei verschiedene Ränder da sind, die sich berühren (Phys. Z 3). Nur wenn Kontinuität in diesem Sinne gewährleistet ist, ist die Ewigkeit des Universums gewährleistet. Das Problem ist nun, dass die Bewegungen und Veränderungen im sublunaren Bereich diese Kontinuität nicht gewährleisten können. Denn Bewegungen im

[10] Vgl. dazu auch I. Cramer-Ruegenberg, *Die Naturphilosophie des Aristoteles*, Freiburg 1980, 117–133.

sublunaren Bereich sind – und das betrifft alle vier Formen der Bewegung – immer endliche Bewegungen mit Anfang und Ende. Zwischen dem Ende einer Bewegung und dem Anfang der nächsten besteht immer ein Unterbruch, ein Zeitintervall der Ruhe, der Bewegungslosigkeit (Phys. Θ 7 + 8). Die einzige völlig kontinuierliche, anfangs- und endlose Bewegung wäre Aristoteles nach die Ortsbewegung im Sinne einer ewigen Kreisbewegung (Phys. Θ 7). Eine solche ewige Kreisbewegung aber vollziehen nur die dem sublunaren Bereich nicht mehr zugehörigen Himmelskörper (De caelo II 3; Met. Λ 7). Es bedarf also im Kosmos der Kreisbewegung der Himmelskörper. Sie garantieren die kontinuierliche, ewige Bewegung des ewigen Universums, allen voran der erste Himmel, d.h. die Fixsterne, deren Kreisbewegung vollkommen ist, im Gegensatz zu Kreisbewegungen der niederen Sphären, der Sonne, der Planeten und des Mondes, die weniger regelmäßig sind.

Sehen wir uns jetzt folgenden Syllogismus an:

Alles, was in Bewegung ist, wird von einem anderen bewegt.
(Obersatz)
Die Reihe der Beweger kann nicht ins Unendliche gehen.
(Untersatz)

Es muss einen ersten, selber unbewegten Beweger geben.
(Schlusssatz)

Die einzelnen Sätze dieses Beweises müssen genauer analysiert werden. Ich beginne mit dem *Obersatz*. Alles, was in Bewegung ist, wird von einem anderen bewegt. Bewegung bzw. Veränderung überhaupt ist, wie der letzte Abschnitt gezeigt hat, der Übergang von der Möglichkeit in die Wirklichkeit, von der Potenz zum Akt. Diese Bewegung aber wird immer durch etwas bewirkt, was außerhalb des bewegten Gegenstandes ist und selbst schon Akt ist. Der Bildhauer bewirkt von außen die Veränderung der Bronze zur Statue. Ein Stock bewegt einen Stein. Nicht die Bronze verändert sich durch sich selbst, und nicht der Stein bewegt sich durch sich selbst. Kein Gegenstand kann sich Aristoteles' Auffassung nach selbst von der Möglichkeit in die Wirklichkeit überführen, die Wirklichkeit einer Möglichkeit kann nur von etwas bereits Wirklichem bewirkt werden. Auch für Lebewesen, die sich selbst zu bewegen scheinen, gilt dies. Es ist immer ein Teil des Lebewesens, der einen anderen Teil in Bewegung setzt, d.h. die Seele den Körper. Es gibt somit keinerlei Selbstbewegung. Alles, was in Bewegung ist, wird von einem anderen bewegt (Phys. Θ 5).

Ich gehe über zum *Untersatz*. Die Reihe der Beweger kann nicht ins Unendliche gehen. In Bezug auf eine Reihe, in der eins vom anderen abhängig ist, kann man, so Aristoteles, nicht sagen, es gäbe keinen Anfang der Reihe, keinen ersten Beweger, denn wenn es keine erste Ursache gäbe, gäbe es auch keine Zwischenglieder (Phys. E 2). Die notwendige *Schlussfolgerung* aber lautet damit, dass es einen ersten, selber unbewegten Beweger geben muss. Unbewegt muss er sein, denn wäre er es nicht, so wäre er notwendig seinerseits noch von etwas anderem bewegt.

Wo es Bewegung gibt, bedarf es also eines ersten, unbewegten Bewegers. Dieser Argumentationsgang muss nun auf die Himmelskörper bezogen werden. Dank der ewigen Bewegung der Himmelskörper ist der Kosmos in ewiger Bewegung. Doch auch die ewige Kreisbewegung der Himmelskörper wird notwendig von etwas anderem bewegt. Der Beweger der unendlichen Kreisbewegung der Himmelskörper aber ist für Aristoteles Gott. Dieser Beweger wird nicht wiederum von noch etwas anderem bewegt, sondern ist der erste, selber unbewegte Beweger (Phys. Θ 6, Met. Λ 7). Da die Kreisbewegung ewig ist, muss allerdings auch der erste Beweger ewig sein, denn Aristoteles kann sich die Wirkung eines Bewegenden auf das von ihm Bewegte nur als eine fortdauernde Berührung beider vorstellen (Phys. Γ 2). Es ist für ihn nicht denkbar, dass es durch einen punktuellen Anstoß für längere Zeit in Bewegung bleibt (Phys. Θ 10). Es muss also, wenn die Kreisbewegung der Himmelskörper ewig ist, auch der sie bewegende erste Beweger ewig sein. Er muss die sich ewig bewegenden Himmelskörper ewig gleichzeitig bewegen (Phys. Θ 6).

Ich fasse die gesamte Argumentation noch einmal in fünf Schritten zusammen:

1. Im Kosmos ist ewige Bewegung.
2. Die Himmelskörper gewährleisten die ewige Bewegung des Kosmos.
3. Alles, was in Bewegung ist, wird von einem anderen bewegt.
4. Die Reihe der Beweger kann nicht ins Unendliche gehen.
5. Es gibt einen ewigen, unbewegten, ersten Beweger der ewigen Bewegung der Himmelskörper. Dies ist Gott als ein ewiges Wesen.[11]

b) Die Gottesvorstellung

Auf die Frage nach der Existenz Gottes folgt natürlicherweise diejenige nach seinem Wesen. Die wichtigsten Aspekte von Aristoteles' Gottesvorstellung können in vier Punkten zusammengefasst werden:

1) In der „Physik" erscheint Gott als der erste unbewegte Beweger. Er bewegt die Himmelskörper, die Himmelskörper aber bewegen, so Aristoteles, alles andere (Phys. Θ 6). Wie jedoch bewegt Gott? Der Eindruck

[11] K. Oehler, *Der unbewegte Beweger des Aristoteles*, Frankfurt a. M. 1984 hat neu zur Geltung gebracht, dass dieses Schema letztlich auch dem Gottesbeweis im Buch Λ zugrunde liegt.

konnte entstehen, Gott bewege die Himmelskörper analog dazu, wie man mit der Hand eine Kugel in Bewegung setzt. Gott wirkt aber bei Aristoteles gerade nicht als Wirkursache im Sinne der *causa efficiens*. Im Buch Λ wird vielmehr deutlich, dass der erste Beweger allein Finalursache ist, dass somit das Verhältnis Gottes zur Welt teleologisch zu denken ist. Gott bewegt als geliebt (Met. Λ 7), als das ihn Liebende zu sich hin Anziehende. Er wirkt in dem Sinne, dass er das Ziel ist, nach dem alles strebt. Im Abschnitt über Aristoteles' Teleologie wurde ausgeführt, dass alles nach dem Guten als dem Ewigen und Göttlichen strebt (De anima II 4). Dies bedeutet, dass, wenn ein sublunares Lebewesen danach strebt, sich als Art ewig fortzupflanzen, dies letztlich der Ausdruck seines Strebens nach dem ewigen Sein Gottes ist. In diesem Sinne ist der gesamte Kosmos auf Gott als auf sein Strebensziel gerichtet. Gott aber kann auf diese Weise ein erster Beweger sein, der selbst unbewegt bleibt. Gott als Objekt des Strebens bewegt das Strebende, ohne selbst bewegt zu sein.

2) Während alles andere im Kosmos eine Zusammensetzung aus Materie und Form, aus Potenz und Akt ist, auch die Himmelskörper, ist Gott als der erste, unbewegte Beweger als einziger reine Form und reiner Akt (Met. Λ 7). Alles nämlich, was Materie hat, kann durch ein anderes verändert werden, alles, was Möglichkeit hat, muss durch ein anderes in Wirklichkeit überführt werden. Über den ersten Beweger hinaus kann es aber nichts mehr geben, das ihn bewegt und verändert. Er ist ja selbst unbewegt. Der erste Beweger ist also notwendig reine Form und reiner Akt, bzw. wie es im Mittelalter heißt: Gott ist „actus purus". Die Himmelskörper sind ewig, sie können nicht entstehen und vergehen, sie müssen aber in ihrer Bewegung von einem anderen aufrechterhalten werden, vom ersten Beweger, von Gott. Ihre Materialität beschränkt sich darauf, dass sie ständig von der Möglichkeit örtlicher Bewegung in deren Wirklichkeit überführt werden müssen. Gott hingegen ist vollkommen ohne jegliche Materialität, ohne jegliche Möglichkeit oder Potenz.

3) Der erste Beweger ist in sich vollkommen glückliches Leben (Met. Λ 7). Denn das Glück liegt im Vollzug der eigenen Wirklichkeit, das Tier ist glücklich im Vollzug seines Tierseins, der Mensch ist glücklich, wenn er sein Menschsein vollzieht. Während Tier und Mensch dieses Glück aber nur in gewissen Momenten besitzen, besitzt Gott es immer, da er der ständige, ewige Vollzug seiner eigenen Aktwirklichkeit ist.

4) Gott als „actus purus" ist völlig unkörperlich und damit notwendig reiner Geist, d.h. reines Denken (Met. Λ 9). Was jedoch denkt Gott? Zunächst denkt Gott notwendig immer dasselbe, denn würde sich sein Denken von einem Gegenstand auf einen anderen richten, so gäbe es Veränderung, Potenz und Akt in Gott, was ja nicht möglich ist. Der Gegenstand, den Gott denkt, ist aber nicht irgendein beliebiger Gegenstand, son-

dern kann nur der würdigste und göttlichste aller Gegenstände sein. Gott selbst ist der würdigste und göttlichste Gegenstand. Es kann also nicht anders sein, als dass Gott sich selbst denkt. Gott ist das Denken des Denkens, das sich selbst denkende Denken, „noēseōs nóēsis" (Met. 1074 b 34). In Gott fallen das Denken und sein Gegenstand zusammen.

Hiermit wird deutlich: Der aristotelische Gott ist das in sich selige Leben, das mit weiter nichts beschäftigt ist als mit sich selbst. Als reiner Geist steht er völlig selbstbezogen außerhalb des Kosmos. Es gibt keinerlei Beziehung Gottes zur Welt. Alles in der Welt ist zwar auf Gott als das höchste Ziel, als das vollkommene Gut bezogen, Gott selbst ist aber nicht auf die Welt bezogen. Er denkt allein sich selbst.

Aristoteles ist schließlich derjenige von allen antiken Denkern, dessen Gottesvorstellung am eindeutigsten mit dem Gottesverständnis des griechisch-antiken Polytheismus bricht. Den volkstümlichen Glauben an eine Unzahl von anthropomorphistisch konzipierten Göttern, Halbgöttern und Dämonen lehnt er ab, und auch wenn er es für zulässig hält, die Götter der Tradition mit den Himmelssphären gleichzusetzen, spricht er die Himmelssphären doch zugleich nie als Götter an (Met. Λ 8). Es sieht so aus, als trete bei Aristoteles an die Stelle der vielen Götter wirklich eine einzige Gottheit. In seiner völligen Beziehungslosigkeit aber bleibt dieser Gott etwas Abstraktes. Für die Welt ist er nichts als ein kosmisches Prinzip. Als solches ist er zwar auch ein Gegenstand der Verehrung für Aristoteles (Met. Λ 7), aber da von diesem Gott keine Gegenliebe zu erwarten ist, fehlt das Wesentliche für eine konkrete, religiöse Beziehung.

3. Die Seele

Die „metaphysica specialis" reicht bei Aristoteles weiter als die Thematisierung Gottes, denn im Buch „De anima" erweist sich auch die Seele als ein spezifisch metaphysischer Gegenstand. Nicht deutlich wird allerdings, in welchem Verhältnis diese Metapsychologie zur seiner Theologie steht.

Die Seele ist für Aristoteles zunächst einmal die Form des Leibes (De anima II 1). Seele und Körper verhalten sich wie die Form zur Materie und bilden damit nicht wie bei Platon zwei getrennte und feindliche Momente. Der Körper ist für Aristoteles nicht der Sarg der Seele, in dem diese gefangen ist und von dem sie sich möglichst schnell trennen sollte. Sie ist vielmehr notwendig an den Körper gebunden. Sie kann so wenig unabhängig vom Körper sein, wie überhaupt die Formen körperlicher Dinge getrennt von der Materie existieren können.

Die Seele ist zudem nicht nur das Prinzip oder die Form des Menschen, sondern aller Lebewesen. Auch Tiere und Pflanzen haben Seelen. Es gibt die vegetative Seele, die das Wachstum, die Nahrungsaufnahme und die Fortpflanzung gewährleistet, die Tierseele, die der Wahrnehmung, dem Begehren und der Ortsbewegung fähig ist, und die Menschenseele, die Geist (noũs) ist (De anima II 2). Dabei schließt die Tierseele die Fähigkeiten der Pflanzenseele und die Menschenseele die Fähigkeiten der beiden anderen Seelen mit ein. In jeder der Seelen ist stets das höhere Prinzip das tonangebende, so im Menschen der Geist als das Vermögen des Denkens (De anima II 3).

Während die Seele im Prinzip etwas Einheitliches ist, also nicht aus trennbaren Teilen zusammengesetzt ist, bildet die menschliche Geistseele eine Ausnahme. Der menschliche Geist besteht aus zwei Momenten, denen eine je verschiedene Funktion im menschlichen Erkenntnisakt zukommt. Einen Gegenstand erkennen bedeutet für Aristoteles generell die Form des Gegenstandes in den Geist aufnehmen. Dazu bedarf es im Geist eines passiven Vermögens, das die jeweils erkannte Form in sich aufzunehmen vermag, das selber keine Form ist, sondern die bloße Offenheit, Potenz, das bloße Rezeptakel der Formen der Dinge (De anima III, 4). Während bei Platon die Ideen vor aller Erfahrung im Geist immer schon enthalten sind, enthält der Geist bei Aristoteles die Formen zunächst nur der Möglichkeit nach. Dieses Moment des Geistes ist der „noũs pathētikós", der erleidende Geist, wie man übersetzen könnte. Später in der Scholastik ist hierfür der Begriff „intellectus possibilis", aufnehmender Verstand oder Geist verwendet worden. Neben diesem passiven Geist gibt es noch einen aktiven Geist, einen „noũs poiētikós" bzw. „intellectus agens", der die Formen der Gegenstände vom sinnlich wahrgenommenen Gegenstand abstrahiert und in den passiven Geist überführt.

Eine schwierige Interpretationsfrage ist es nun, wie dieser aktive Geist zu verstehen ist. Der entsprechende Abschnitt in „De anima" gehört zu den meistinterpretierten bei Aristoteles überhaupt (III 5). Von metaphysischem Interesse aber ist diese Frage, weil Aristoteles allein den aktiven Geist als unsterblich und damit als vom Rest der menschlichen Seele, die sterblich ist, trennbar ansieht. Er ist reiner Akt, reine Form, ohne alle Potenz, ohne alle Materie, und von daher ewig. Er wird von Aristoteles als göttlich bezeichnet. Das heißt, während die niedere Seele in der Zeugung vom Vater auf das Kind übertragen wird, kommt der aktive Geist von außen zur Seele des Kindes hinzu, kommt aufgrund seiner göttlichen Herkunft von außen „zur Tür herein" (De gen. animal. 736 b 278). Der „Metaphysik" nach war der einzige reine Akt, „actus purus", wie gesehen Gott als unbewegter Beweger. Die These ist von daher vertreten worden, dieser aktive Geist in „De anima" sei Gott selbst als in der Menschenseele anwesend. Dies ist jedoch unwahrscheinlich, da Gott allein sich selbst denkt, der aktive Geist aber das die Dinge erkennende Prinzip ist. Kann der aktive Geist aber nicht mit Gott gleichgesetzt werden, dann existiert der „Metaphysik“ zum Trotz neben Gott noch etwas, was wie Gott nicht aus Form und Materie zusammengesetzt, sondern reine Form ist.

Ein weiteres Problem ergibt sich bezüglich des aktiven Geistes noch dadurch, dass die Form etwas Allgemeines ist. Die Form jedes einzelnen Baumes ist dem Inhalt nach die allgemeine Form des Baumseins. Was einen einzelnen Baum zu diesem einzelnen Baum macht, kann somit nicht die Form sein. Es ist die Materie. Aufgrund der Materie gibt es überhaupt erst numerisch voneinander verschiedene Gegenstände von ein und derselben Form (Met. Z 8). Man drückt dies philosophisch auch so aus: Die Materie ist das Individuationsprinzip der Dinge. Ist aber die Materie das Individuationsprinzip, so bedeutet dies für den unsterblichen Teil der Seele, den aktiven Geist, dass er, da er reine Form ist, nicht individuiert ist, dass es also immer der numerisch eine aktive Geist ist, der in jedem einzelnen Menschen wirkt. Damit gibt es zwar etwas im Menschen, was den Tod überlebt, es ist aber – im Gegensatz zu Platon – nicht das menschliche Individuum in seiner Individualität, nicht die individuelle menschliche Seele, die überlebt. Aristoteles behauptet dies nicht ausdrücklich, aber es ist die nächstliegende Schlussfolgerung aus den wenigen Sätzen, die er zum Thema aktiver Geist im dritten Kapitel von „De anima“ geäußert hat. Ein unsterblicher Geist, der zugleich individuell ist, scheint von Aristoteles her schwer denkbar zu sein, was damit auch zu einer wichtigen Streitfrage in der Scholastik wird.

S. 102 – 114
= 12 Seiten

Drittes Kapitel: Plotin

Die Metaphysik des Einen

Die Philosophie Plotins bildet den letzten Höhepunkt der antiken Metaphysik. Noch einmal entsteht im 3. Jh. n. Chr. ein umfassender Denkansatz in der Antike, dessen Auswirkungen auf die Philosophiegeschichte des Mittelalters und der Neuzeit denen von Platon und Aristoteles nicht nachstehen. Dabei wird mit Plotin die gesamte Wirklichkeit mit vielleicht einmaliger Stringenz auf ein Absolutes hingeordnet konzipiert, sodass Ontologie und philosophische Theologie zu einer bruchlosen Einheit verschmelzen. Plotins Denken überhaupt ist wie ein Schmelztiegel, in dem verschiedene Ansätze antiker Philosophie, vor allem Platon, aber auch Aristoteles und die Stoa, zu einer eigenen Synthese zusammenfinden.

1. Leben und Werk

Über Plotin gibt es eine lesenswerte Biographie von seinem Schüler Porphyrios, die Plotins Werk, den *Enneaden*, am Anfang oder als Anhang meist beigegeben ist. Er wurde 205 n. Chr. geboren. Ab etwa dem Alter von 28 Jahren war er elf Jahre lang Schüler von Ammonius Sakkas in Alexandrien. Mit vierzig Jahren ging er nach Rom und eröffnete eine philosophische Schule. Er genoss dort großes Ansehen, und zwar nicht nur als Denker, sondern auch aufgrund seiner bescheidenen, selbstlosen und strengen Lebenshaltung. Sein Leben soll in Übereinstimmung mit dem gestanden haben, was er ab dem Alter von 50 Jahren schrieb und lehrte. Viele Menschen, die kurz vor dem Tod standen, vertrauten ihm ihre Kinder als Vormund an. Er war auch immer wieder als Schiedsrichter bei Streitigkeiten gefragt. 270 n. Chr. starb Plotin krank und angeblich von seinen Schülern verlassen.

Plotin war wie gesagt der Schüler von Ammonius Sakkas († 242). Dieser aber gilt als der Begründer des Neuplatonismus, dessen Hauptvertreter Plotin ist. Er hatte in Alexandrien gewirkt und noch einen anderen, sehr einflussreichen Schüler, den Theologen Origenes. Von Ammonius Sakkas heißt es, er habe die Immaterialität der Seele und die grundsätzliche Übereinstimmung von Platon und Aristoteles vertreten. Der Versuch, verschiedene Denkansätze zusammenzudenken, ist bezeichnend für die Spätantike. Bei aller Synthese aber versteht der Neuplatonismus sich vor allem als ein der Philosophie Platons verpflichtetes Denken. Platon sei der Wahrheit am nächsten gekommen. Er bildet den Maßstab, an dem alle anderen Ansätze gemessen werden. So wird mit dem Neuplatonismus die Philosophie Platons noch einmal zur bestimmenden philosophischen Richtung in der Antike.

Plotins schriftliches Werk, die bereits genannten *Enneaden*, sind von seinem Schüler Porphyrios herausgegeben worden, der sie zu sechs Abteilungen von je neun Traktaten zusammengefasst hat. Das griechische Wort für neun aber ist „ennea". Von daher der Titel *Enneaden*. Diese Anordnung entspricht nicht der chronologischen Anordnung, die Porphyrios in seiner Biographie angibt. Die deutsche Ausgabe von R. Harder geht – abweichend von den meisten anderen Ausgaben – chronologisch vor, was an sich nicht unberechtigt ist, was aber auch Verwirrung stiften kann, da Porphyrios' Anordnung die traditionelle und trotz mancher Probleme – er hat u. a. einige Schriften auseinander gerissen – weiterhin die meistverwendete ist.[1]

2. Hypostase und Emanation

Plotins Denken gründet in der Unterscheidung von drei Stufen bzw. drei Seinsbereichen oder Hypostasen: das Eine (hén), den Geist (noũs) und die Seele (psychḗ) (V, 1.10). Diese drei Stufen befinden sich in einem Verhältnis der graduellen Abstufung zueinander. Das Eine ist die höchste Wirklichkeit, gefolgt von Geist und Seele, die dem Einen hierarchisch untergeordnet sind (V, 4.1). Dabei bedeutet der Begriff „Hypostase" so etwas wie selbstständige Existenz. Es gibt gewissermaßen drei für sich bestehende, unabhängige Wirklichkeitsbereiche, die aber zugleich nicht völlig voneinander getrennt sind, sondern eine Kontinuität bilden (V, 2.2).

Diese drei Hypostasen sind zugleich als eine Art Prozess zu verstehen: Eine Hypostase geht aus der anderen hervor (V, 1.6). Aus dem Einen geht der Geist hervor, aus dem Geist die Seele. Der Begriff „Prozess" ist allerdings missverständlich. Die Hervorgänge dürfen nicht als ein zeitlicher Vorgang gedacht werden. Alle drei Hypostasen sind ewig, hat es schon seit Ewigkeit gegeben. Zwischen den Hypostasen besteht also keine zeitliche Abfolge, sondern nur ein Begründungsverhältnis. Das Eine ist das dem

[1] Zitate im Folgenden nach *Plotins Schriften*, gr.-dt., übers. von R. Harder, neubearbeitet von R. Beutler/W. Theiler, 6 Bde., Hamburg 1956–1971, Verweise auf Textstellen hingegen klassisch nach Porphyrios' Anordnung in sechs Enneaden.

Geist Zugrundeliegende, ohne das der Geist nicht wäre und woraus der Geist ewig hervorgeht, der Geist ist das der Seele Zugrundeliegende, aus der die Seele immer schon entspringt.

Die Hypostasen gehören dem Bereich der ewigen, rein geistigen Welt an. Hinzu kommt noch die der Zeitlichkeit ausgesetzte Welt sinnlich wahrnehmbarer Dinge. Sie ist ihrerseits eine Ausgeburt der Seele, bildet aber keine eigene Hypostase mehr. Die Seele, gemeint ist die eine, allgemeine Weltseele im Sinne von Platons „Timaios“, tritt aus sich selbst heraus und schafft die körperliche Welt, ohne sie in die Eigenständigkeit zu entlassen (III, 6). Plotins Stufenbau der Wirklichkeit kann durch folgendes Schema zusammengefasst werden:

geistige Wirklichkeit	*Eine* (hén)	1. Hypostase
	Geist (noûs)	2. Hypostase
	Seele (psychḗ)	3. Hypostase
	sinnlich wahrnehmbare Wirklichkeit	4. uneigenständig

Dieser für die Spätantike prägend gewordene Hypostasengedanke ist in der christlichen Theologie zur Erklärung des Verhältnisses zwischen Vater, Sohn und Heiliger Geist herangezogen worden. Die gesamte Sphäre der drei Hypostasen versteht Plotin als göttlich. Im höchsten Sinne Gott ist aber allein das Eine. Der Arianismus, gegen den die christliche Kirche in den ersten Jahrhunderten vehement gekämpft hatte, übertrug die hierarchische Abstufung der Hypostasen so auf die christliche Gottesvorstellung, dass allein die erste Hypostase, der Vater, als Gott angesehen wurde, die beiden anderen, Sohn und Heiliger Geist, aber im Sinne der jüdisch-christlichen Unterscheidung von Schöpfer und Geschöpf als geschöpflich. Bei Origenes, der ja wie Plotin Schüler von Ammonius Sakkas war, wurden zwar alle drei, Vater, Sohn und Heiliger Geist, als göttlich angesehen, aber auch hier eine Abstufung nach dem Schema von Plotin vorgenommen, indem der Sohn dem Vater und der Heilige Geist dem Vater und dem Sohn untergeordnet wurde. Erst im 5. Jahrhundert gelangte die christliche Theologie zur für sie gültigen Auffassung von drei gleichwertigen, gleichrangigen Hypostasen in Gott.

Plotins Hervorgänge aus dem Einen sind schließlich als ein Vorgang der Emanation zu denken. Emanation ist das griechische Wort für „Ausflüss“.

Die gesamte Wirklichkeit ist ein Ausfluss aus dem Einen über verschiedene Stufen bis hin zur sinnlichen Wirklichkeit. Dieser Ausfluss ist einerseits ein notwendiger Vorgang, er kann nicht nicht vor sich gehen, andererseits ist es ein Vorgang, bei dem das Unvollkommenere so aus dem Vollkommeneren hervorgeht, dass Letzteres nichts von seiner Vollkommenheit an das Unvollkommenere verliert. Das Eine ist, wie Plotin es bildlich zu vermitteln versucht, eine Fülle, die überströmt, ohne dabei zu verströmen, so wie die Sonne Licht spendet, ohne Einbuße zu erleiden – ein Bild, das aus heutiger, naturwissenschaftlicher Sicht natürlich nicht mehr stimmt (V, 2.1; V, 1.6). Plotin verwendet auch das Bild von der Quelle und dem daraus fließenden Strom (III, 8.10).

3. Das Eine

Die metaphysische Grundfrage der antiken Philosophie lautete: Was für eine Wirklichkeit liegt der uns unmittelbar gegebenen Wirklichkeit zugrunde? Während Aristoteles zunächst allgemein die Substanz und schließlich die Substanz des sich denkenden Denkens, des ersten unbewegten Bewegers als die allem zugrunde liegende, höchste Wirklichkeit ansah und Platon das Zugrundeliegende in eine transzendente Ideenwelt verlegt hatte bzw. auf die Vorstellung eines als Vernunft konzipierten Demiurgen zurückgriff, setzt Plotin etwas als Grund, was noch über allem Denken, über aller Vernunft hinaus liegt: das Eine. Nur etwas schlechthin Einfaches kann Grund sein. Alles, was nicht einfach ist, verweist so lange auf ein ihm Zugrundeliegendes, bis man bei dem Einen als dem völlig Einfachen angelangt ist (V, 4.1). Dieses Eine ist das „Überseiende" (III, 8.8). Damit ist nicht gesagt, dass es für Plotin schlechthin nichts ist. Sein ist für ihn vielmehr alles, was Gegenstand unseres Erkennens sein kann, d.h., das Eine erweist sich als das Unerkennbare und Unsagbare. Es ist „ineffabile". Wir können ihm letztlich keine Prädikate beilegen, wir können es durch nichts charakterisieren. Es ist

„... weder ein Etwas noch ein Qualitatives noch ein Quantitatives (vgl. Aristoteles' Kategorien!), weder Geist noch Seele; es ist kein Bewegtes und wiederum auch kein Ruhendes, nicht im Raum und nicht in der Zeit, sondern das Eingestaltige als solches, oder vielmehr ohne Gestalt, das vor jeder Gestalt ist, vor Bewegung und Stillstand, denn die haften am Seienden und machen es zu einem Vielen." (VI, 9.3)

Trotz dieser Unsagbarkeit thematisiert Plotin das Eine durchaus. Alle Aussagen aber sind lediglich ein Umkreisen des Einen von außen. Die

Wörter treffen die Realität des Einen nicht wirklich. Wir können im Grunde nur negativ sagen, was das Eine nicht ist (V, 3.14). Mit anderen Worten: Wir können vom Einen nur im Sinne negativer Theologie reden. Der Begriff der negativen Theologie als solcher stammt erst vom neuplatonisch beeinflussten Theologen Dionysios Pseudo-Areopagita aus dem 5./6. Jahrhundert n. Chr., der Sache nach aber gibt es sie bereits bei Plotin.

Plotin verbindet das Eine vor allem mit dem Begriff des Guten. Gut ist das Eine nicht in dem Sinne, dass „gut" vom Einen als eine Qualität ausgesagt wird, so wie diese Qualität auch von etwas anderem ausgesagt werden kann. Das Eine ist vielmehr das Gute selbst, das Gute schlechthin (VI, 7.38). Auf diese Weise rückt Platons Idee des Guten zum Kernpunkt von Plotins gesamter Philosophie auf. Auch für Platon ist die Idee des Guten das Überseiende, sie spielt bei ihm aber nicht die systematische Rolle, die ihr bei Plotin zukommt, wo sie der Punkt ist, auf den alles hingeordnet ist. Das Gute schlechthin ist das, was selbst nicht strebt, aber wonach alles strebt, das selbst unabhängig ist, aber wovon alles andere abhängt (I, 8.2).

Neben dem Begriff des Einen und des Guten ist noch die Bezeichnung des Ursprungs (archḗ) zu erwähnen. Das Eine ist der Ursprung von allem. Dieser Ursprung darf entgegen Aristoteles nicht rein final gedacht werden. Er ist nicht allein das, wonach alles strebt, sondern zugleich auch die wirkende Kraft, aus der alles hervorgeht (III, 8.10). Dabei teilt er sich den vielen Wesen, die er hervorbringt, zugleich selbst mit. Das Eine ist aufgrund dieser Selbstmitteilung ganz in allem gegenwärtig. Es durchströmt alles und verleiht dadurch allem Sein (VI, 9.1). Schließlich enthält dieser Ursprung alles, was er hervorbringt, bereits in sich (V, 2.1). Er enthält es jedoch nicht als etwas in sich Unterschiedenes, denn dann wäre er nicht mehr Eines. Im Einen ist vielmehr wie in einem Punkt alles vereinigt. Das Eine ist die völlig einfache, unterschiedslose Vollkommenheit.

Als vollkommen genügt dieses Eine völlig sich selbst, es braucht nichts (V, 3.16). Damit stellt sich allerdings die Frage, warum das Eine dann nicht in sich geblieben ist, warum aus ihm der Geist und aus dem Geist die Seele und schließlich die materielle Welt hervorgegangen sind, die doch eine je niedrigere Wirklichkeit als das vollkommene Eine sind (V, 4.1). Da das Eine sich völlig selbst genügt, muss es sich nicht erst zu etwas entfalten oder sich seiner selbst bewusst werden. Es muss nicht etwas anderes aus sich herauslassen, damit es durch dieses andere hindurch zu sich selbst gelangt, wie dies im Deutschen Idealismus gedacht wird. Warum also gibt es überhaupt etwas außerhalb des Einen? Plotin fällt die Antwort hierauf schwer, er ruft sogar die Götter um Beistand an (V, 1.6).

Das Wirken nach außen, das Hervorbringen kann in keinem Fall auf einen Entschluss des Einen zurückgeführt werden, denn es kann im Einen weder einen Denkakt noch ein Wollen im üblichen Sinne dieser Begriffe geben. Jedes Denken ist Denken von etwas, im Denkakt gibt es immer den, der denkt, und das, was er denkt. Es ist immer schon eine Zweiheit gesetzt. Dasselbe aber gilt auch für den Willen. Es gibt den Wollenden und das Gewollte als Vorstellung im Wollenden. Der Grund für den Hervorgang aus dem Einen ist für Plotin weder ein Denk- noch ein Willensakt, sondern die Naturnotwendigkeit. Das Eine bringt etwas hervor, indem es im Sinne eines unwiderstehlichen Dranges vor Fülle überfließt (V, 2.1). Das Eine wirkt wie eine Art Naturkraft, lässt die Dinge hervorgehen wie, so Plotin, die Sonne das Licht (V, 1.6).

Es wirkt allerdings auch nicht im Sinne einer blinden Notwendigkeit, die nicht über sich selbst verfügt. Das Eine ist nicht nur Ursache von allem, es ist für Plotin zugleich – was für Aristoteles undenkbar ist – Ursache seiner selbst (VI, 8.14). Dies ist natürlich zeitlos gemeint. Es verursacht sich ewig als das, was es immer schon ist. Diese Selbstverursachung aber ist nun doch ein Akt des Sich-selbst-Wollens, allerdings nicht im üblichen Sinne von Wollen, denn weder ist mit diesem Wollen eine Zweiheit gegeben, noch ist es ein Wollen von etwas, was das Eine noch nicht hat. Das Einc will vielmehr, was es immer schon ist (VI, 8.12). In diesem Sinne aber wird das Eine von Plotin als frei bezeichnet. Es ist nicht frei im Sinne der Wahlfreiheit, in dem Sinne, dass es auch anders sein könnte als es ist, wenn es wollte (VI, 8.21). Dennoch ist es dadurch, dass es sich selbst verursacht und will, Herr über seinen eigenen Naturdrang. Es will die Fülle sein, die nicht anders kann als überfließen. Freiheit und Notwendigkeit fallen im Einen zusammen.

4. Der Geist

Die erste Emanation aus dem Einen ist der „noũs“, der Geist. Er ist das Bild des Einen (V, 1.7) und damit die nächstniedrige Wirklichkeit nach dem Einen. Das Produkt eines Hervorgangs ist weniger als das, woraus es hervorgeht. Das weniger Vollkommene aber strebt nach dem ihm übergeordneten Vollkommeneren. Der Geist strebt somit zurück nach dem Einen, hat sein eigentliches Ziel im Einen (V, 3.10).

Der Geist ist selbst nicht mehr das Eine. Vielmehr greift Plotin auf der Ebene der zweiten Hypostase Aristoteles' Gottesverständnis auf, Gott als „noḗseōs nóēsis“. Der Geist ist das Denken, das rein sich selbst denkt. Durch das Sich-selbst-Denken aber entsteht eine Zweiheit zwischen Denkendem und Gedachtem (V, 4.2). Der Geist ist allerdings nicht nur eine Zweiheit, sondern zugleich eine Vielheit. Es gibt nichts, was nicht als Form, als Idee im Geist existiert. Nicht nur alle Allgemeinbestimmungen sind im Geist, sondern er enthält – entgegen Platons Ideen- und Aristoteles' Formverständnis – auch die Form oder Idee aller Individuen (V, 7). Es gibt eine Idee von Sokrates oder Diotima. Dabei wird der Geist zugleich mit Platons Demiurgen identifiziert. Das heißt, während die Ideen bei Platon neben dem Demiurgen existieren, sind sie hier der Inhalt des Geistes selbst (V, 9.9). Der Geist ist somit der Inbegriff von allem, was ist. Er ist mit anderen Worten identisch mit dem Sein. Auf diese Weise überträgt Plotin Parmenides' Vorstellung der Identität von Sein und Denken auf die Ebene des Geistes.

Zweiheit und Vielheit bleiben jedoch im Geist umfasst von dessen Einheit. Das Gedachte ist nicht außerhalb des Denkens, sondern der Geist ist selbst seine Gegenstände, ist mit ihnen identisch, er denkt seine eigenen Denkinhalte (V, 3.5). Der Geist hat damit etwas anderes in sich, das zugleich er selbst ist. Er denkt, also ist er Zwei, er denkt aber sich selbst, also ist er Eines (V, 6.1). Dasselbe gilt auch für die Vielheit der Inhalte, der Ideen oder Formen als Denkgegenstände des Geistes. Während in der sinnlichen Welt die Dinge voneinander getrennt existieren, sind sie im Geist zwar voneinander verschieden, aber nicht getrennt. Was der Geist denkt, sind nicht voneinander getrennte Ideen, sondern solche, die sich gegenseitig durchdringen und eine Einheit formen (I, 8.2). Dabei denkt der Geist noetisch, alle Inhalte ewig zugleich anschauend, nicht dianoetisch, d.h. nacheinander in der Zeit, wie dies beim menschlichen Denken zumeist oder zunächst der Fall ist (V, 3.6).

Der Geist wird schließlich wie das sich denkende Denken bei Aristoteles als Leben konzipiert, als ewiges, erfülltes, glückseliges Leben (V, 1.4), in dem es zwar keine Veränderung gibt, das aber dennoch bewegt ist, das dennoch in ständiger Dynamik begriffen ist (VI, 7.13). Ewig ist hier nicht als unendliche Fortdauer, sondern als zeitlose Gegenwart zu verstehen (V, 1.4). Der Geist vereint somit in untrennbarer Einheit die Bestimmungen des Denkens, des Seins und des Lebens.

5. Die Seele

Aus dem Geist geht weiter die Seele hervor. Sie ist zugleich das Zwischenglied zwischen der unkörperlichen und der körperlichen Welt, zwischen der rein geistigen Welt im Allgemeinen und der sinnlich wahrnehmbaren Welt (IV, 8.7). Sie ist das Bild des Geistes (V, 3.1), so wie der Geist das Bild des Einen war. Auch sie strebt zurück nach der nächsthöheren Wirklichkeit des Geistes, durch die Vermittlung des Geistes hindurch aber zugleich nach dem Einen (I, 7.2).

Mit der Seele ist in Anlehnung an Platons „Timaios" zunächst die allgemeine Weltseele gemeint. Der Kosmos wird auch von Plotin als ein riesiger Weltleib gedacht, der in allen Teilen durch und durch von der einen Weltseele durchdrungen ist. Alles, was ist, ist somit lebendig. Alles, was ist, ist beseelt, auch die Erde, die Steine, die unorganischen Dinge (IV, 4.27). Die Weltseele aber besteht aus einer oberen und einer unteren Seele (II, 3.9). Die obere Seele ist ein vom Geist selbst kaum zu unterscheidendes, reines Abbild des Geistes und seiner Inhalte. In diesem Teil ist die Seele reine Anschauung (theōría). Hier lebt sie, vom Körperlichen völlig unberührt, in ständiger Teilhabe am Geist. Die untere Seele, die an der oberen teilhat, nennt Plotin die Natur (phýsis) (III, 8.3). Sie ist mit dem Körperlichen verbunden und ist im Gegensatz zur reinen Anschauung der oberen Seele ein Tun (prãxis). Dieses Tun besteht in einem ständigen Erschaffen. Das heißt, die untere Seele ist ein Aus-sich-Herausproduzieren der Vielheit der körperlichen Dinge, die sie zugleich organisiert und in ihrer Existenz und ihrer Ordnung aufrechterhält (V, 1.2).

Die Weltseele setzt zwar die Vielheit der körperlichen Welt aus sich heraus, bleibt aber selbst ungeteilt. Sie durchdringt die gesamte körperliche Welt, dennoch ist es immer die eine, selbe, ungeteilte Seele, die in allen Körpern, die sie aus sich entlässt, anwesend ist. Das heißt, sie teilt sich aufgrund der Teilung der Körper, in denen sie jeweils ist, in sich selbst aber bleibt die Seele eins (IV, 2.1).

Die Seelen der Menschen sind als Momente der einen Weltseele zu verstehen. Auch sie haben einen oberen Seelenteil, der nicht mit dem Körper in Verbindung steht und immer in geistiger Anschauung bleibt, und einen unteren, der mit dem Körper vereint ist. Im Unterschied zur Weltseele, die mit dem gesamten Weltleib ständig verbunden ist, existiert die menschliche Einzelseele jedoch schon bevor sie mit einem Körper vereint war und strebt zugleich nach ihrer körperlosen Existenz zurück. Dabei versteht Plotin deren Vereinigung mit dem Körper merkwürdig zweideutig als einerseits einen der Natur der Seele entsprechenden, notwendigen Prozess (IV, 8.6), als das für die Seele Spezifische, was sie vom Geist als der zweiten Hypostase unterscheidet (IV, 8.7), andererseits aber ganz platonisch als ein Absinken, einen sündhaften Abfall der Seele (IV, 8.4). Plotin selbst sieht hierin keinen Widerspruch, sondern versucht beide Aspekte zusammenzudenken (IV, 8.5).

Obwohl Plotin die Einheit aller Seelen in der einen Weltseele behauptet, versteht er jede einzelne Seele zugleich als individuell, und zwar als individuell nach der Trennung vom Leib weiterlebend: „Sonst müsste es Sokrates nur geben, solange die Seele des Sokrates im Leibe ist, und er müsste dahin sein, gerade wenn er ins höchste Reich eintritt. Nun aber wird nichts von dem, was ist, verschwinden." So wie der Geist eine Vielheit enthält, und dennoch eine Einheit bleibt, so bilden gewissermaßen auch die vielen individuellen Seelen eine untrennbare Einheit in der einen Weltseele (IV, 3.5).

6. Die sinnlich wahrnehmbare Welt

Die von der Weltseele hervorgebrachte, sinnlich wahrnehmbare Welt ist ein Abbild des Geistes, der Ideen im Geist (III, 2.2). Die Weltseele betrachtet mit ihrer oberen Seele die Inhalte des Geistes und erzeugt mit ihrer unteren Seele die sinnliche Welt als Bild dieser geistigen Welt. Dieses Bild ist jedoch unvollkommener als die Ideen es sind, weil hier die Vielheit voneinander getrennter Dinge entsteht. Während der Geist, die zweite Hypostase, alle Inhalte so in sich hatte, dass es keine Trennung der Ideen gab, setzt die Seele eine Welt, in der alle Inhalte im Auseinander von Raum und Zeit existieren. Die Vielheit, die im Geist als ungetrennte, harmonische Einheit existiert, ist in der Weltseele in eine Vielheit von Dingen zersplittert, die untereinander im Streit liegen.

Die sinnlich wahrnehmbare Wirklichkeit besteht wie bei Aristoteles aus Form und Materie (II, 4). Die Materie versteht Plotin als etwas absolut Formloses, d.h. als etwas Eigenschaftsloses, als das Unbestimmte im Sinne der ersten Materie bei Aristoteles. Sie ist allein das, was Formen in sich aufnimmt, sie ist selbst nichts Körperliches. Das Körperliche entsteht erst aus der Einheit aus Form und Materie. Die Materie ist somit gar nichts Positives, sondern bloße Negation, reine Privation. Sie hat keine Wirklichkeit, kein Sein, sondern ist ungestilltes Streben nach dem Sein (III, 6.7).

Die Tatsache, dass die körperliche Welt keine von der Seele unabhängige Hypostase mehr bildet, hängt mit Plotins besonderem Verständnis des Verhältnisses von Form und Materie zusammen. Die Form nämlich vermag sich Plotins Auffassung nach nicht wesentlich mit der Materie zu verbinden. Die Einheit von Form und Materie ist vielmehr so zu denken, dass die Materie von der Form völlig unberührt bleibt, ihr völlig äußerlich bleibt (III, 6.12). Die Form ist nicht auf eine Materie angewiesen, in der allein sie, wie dies bei Aristoteles der Fall ist, zu existieren vermag. Die sinnlich wahrnehmbare Wirklichkeit hat vielmehr nur so lange Bestand, wie die Weltseele diesen Zusammenhalt unmittelbar bewirkt. Die Seele als der Inbegriff aller Formen, aller Ideen – sie ist ja das Bild des Geistes – ist frei, sich der Materie mitzuteilen bzw. sich wieder aus ihr zurückzuziehen.

Die Materie als solche aber stellt für Plotin das Böse dar (I, 8). Wenn das Eine das absolut Gute ist und alles, was aus dem Einen hervorgeht, Anteil am Guten hat, bleibt als Letztes noch das, was ohne Anteil am Guten, was reiner Mangel am Guten ist. Die Materie bildet einen solchen Gegenpol zum Guten am untersten Ende der Wirklichkeit. Sie ist damit kein dem Guten positiv entgegenwirkendes Prinzip, wie im von Plotin bekämpften Gnostizismus. Sie ist vielmehr selbst ein Ausfluss aus dem Einen (III, 4.1). Wenn man das aus dem Einen Hervorgehende, also die Emanationen, als Emanationen eines Lichts versteht, das immer mehr abnimmt, je größer die Entfernung vom Ursprung, vom Einen ist, so ist die Materie die völlige Dunkelheit, die rein negative Absenz von Licht ganz am Schluss. Auch wenn auf diese Weise kein Dualismus von gut und böse entsteht, bleibt doch die Schwierigkeit, dass Plotin das Böse nicht anders denken kann als aus dem Guten hervorgehend.

Obwohl die sinnlich wahrnehmbare Welt von der Materie als dem Bösen durchdrungen ist, ist Plotins Auffassung keinesfalls weltverneinend. Die sinnlich wahrnehmbare Welt darf nicht als ein Absinken, als ein Sündenfall der Weltseele verstanden werden. Als das Werk der Seele und eine Nachbildung der Ideen im Geist ist sie etwas grundsätzlich Positives. Die Ideen im Geist aber sind das zuhöchst Schöne und Vollkommene, und so ist auch die Welt schön und vollkommen (III, 2.3). Sie ist ein wohlgeordnetes Ganzes, und die Weltseele erhält sie in dieser Vollkommenheit. So hat auch der Kosmos als beseelter Organismus für Plotin etwas Göttliches an sich. Er ist nicht Gott selbst, sondern göttlich, wie auch die Seele und der Geist göttlich sind (II, 9.9).

Wie aber rechtfertigt Plotin die Existenz des Bösen in der Welt trotz ihrer Vollkommenheit? Wie konnte überhaupt aus dem Einen bzw. aus dem Guten das Böse hervorgehen, d.h., wie beantwortet Plotin die – wie wir es seit Leibniz nennen – Theodizeefrage, d.h. die Frage der Rechtfertigung Gottes angesichts des Bösen in der Welt? Plotins Lösungsvorschlag lautet in etwa wie folgt: Die Welt, als Abbild verstanden, kann nicht so vollkommen sein wie ihr Urbild, der Geist. Die sinnlich wahrnehmbare Welt ist zudem aus Form und Materie zusammengesetzt und enthält damit auch Böses. Dieses Böse jedoch mindert nicht die Schönheit und Vollkommenheit der Welt im Ganzen. Plotin übernimmt, um dies zu begründen, ein Argument, auf das bereits vor ihm die Stoiker zurückgegriffen hatten. Man kann sich nicht über die Welt beklagen, weil sie Böses enthält, wenn man sie aus der Perspektive des Ganzen betrachtet. In Bezug auf das Weltganze nämlich ist das Böse, so Plotins Beispiel, was die Schatten auf dem Gemälde eines Malers sind: Sie sind notwendig für die Harmonie des Ganzen. Das Böse trägt zur Harmonie des Ganzen bei, dient also letztlich dem Guten (III, 2–3).

7. Rückkehr zu Gott

Die Wirklichkeit, wie Plotin sie in den *Enneaden* konzipiert, erweist sich somit als eine stufenweise Emanation aus dem Einen. Dabei wird die Teilhabe am Einen und Guten immer geringer bis hin zur reinen Materie als der schlechthinnigen Absenz von Gutem. Die aus dem Einen ausgeflossene Wirklichkeit aber strebt zugleich zurück zu ihrem Ursprung. Das heißt, wie es zwei Jahrhunderte später der Neuplatoniker Proklus formuliert, dem Prozess des Hervorgehens aus dem Einen, dem „próodos" (lat. „egressus"), geht einher eine Rückkehr oder Umkehr zum Einen, eine „epistrophḗ" (lat. „regressus"). Dabei strebt jede Wirklichkeit nicht nur nach der nächsthöheren, sondern alles strebt letztlich nach dem Einen als dem vollkommenen Ursprung zurück (VI, 2.11).

Alles trachtet genauer gesagt nach der geistigen Schau des Einen, alle Wirklichkeit ist auf dieses Ziel gerichtet, nicht nur die vernünftigen Geschöpfe, sondern auch die Tiere und Pflanzen und sogar die Erde, d.h. alles Unorganische. Die nicht mit Vernunft ausgestatteten Dinge und Lebewesen erreichen diese „theōría" allerdings nur in dem Grade, in dem es ihnen von ihrer Beschaffenheit her möglich ist, d.h. nur als Nachahmung oder Abbild (III, 8.1). Die vernünftige Seele hingegen ist der „theōría" selbst fähig. Der Prozess der Rückkehr gipfelt in der Vereinigung der menschlichen Seele mit dem Einen selbst.

Betrachten wir näher die Ausgangslage der menschlichen Seele: Sie lebt in Verbindung mit einem Körper. In dieser Verbindung jedoch befindet sie sich in einem Zustand des Abfalls. Durch einen Akt der Verwegenheit, der Dreistigkeit hat sie, so Plotin, ihre göttliche Herkunft vergessen, d.h., sie hat sich den äußeren, körperlichen Dingen zugewandt und ist sich damit selbst fremd geworden (V, 1.1). Die körperlichen Dinge haben teil an der Materie, die aber ist das Böse. Die Seele ist also dem Bösen verfallen, insofern sie sich dem Körperlichen bzw. der Materie zugeneigt hat (I, 8, 4). Daher leidet sie im Körper alle möglichen Schmerzen, lebt in Trauer, Sehnsucht, Angst und ist allen Übeln ausgesetzt. Der Körper ist für sie nichts als ein Gefängnis, als ein Sarg, und die Welt eine Höhle, heißt es ausdrücklich auch bei Plotin (IV, 8.3). Es muss eine Umkehr stattfinden, indem man die Seele wieder von ihrer eigenen Würde, von ihrem eigentlichen Wert überzeugt, ihr die Verächtlichkeit alles Körperlichen deutlich macht, mit anderen Worten ihr zeigt, dass der Geist und das Eine bzw. Gott ihre eigentliche Bestimmung sind (V, 1.1).

Die Einzelseele befreit sich von ihrer Verhaftetheit an das Körperliche, indem sie den Aufstieg zum Geist und vom Geist zum Einen vollzieht. Dieser Aufstieg erfolgt bei Plotin in drei Etappen: Läuterung, Erleuchtung und Einigung. Auf der ersten Stufe geht es darum, die Verunreinigung durch den Körper auszuschalten. Die Seele besteht wie gesehen aus einem höheren Teil, der dem Geist nahe steht, und einem niederen Teil, der mit dem Körper vereint ist. Der niedere Teil allein ist es, der durch die Vereinigung mit dem Körper verunreinigt worden ist. Es gilt zunächst, eine Läuterung, eine „káthars is", zu vollziehen, um die niedere Seele zur Praxis der Tugend zu erheben, d.h. die Kontrolle der Seele über den Körper zu erlangen, dahin zu gelangen, dem Körper nicht mehr zugeneigt zu sein, sich von ihm nicht mehr bestimmen zu lassen, von ihm nicht mehr abhängig zu sein (I, 2.3).

Diese Kontrolle ist die Voraussetzung dafür, sich mit dem höheren Seelenteil dem theoretischen Denken widmen zu können. Die sich dem Denken widmende Seele aber denkt zunächst diskursiv, dianoetisch, mittels Begriffen, d.h., sie muss erst zur unmittelbaren, noetischen Schau des Geistes selbst aufsteigen. Plotin unterscheidet wie Platon und Aristoteles zwischen dianoetischem und noetischem Denken, indem er das menschliche Denkvermögen in ein niederes und ein höheres aufteilt (V, 3.3). Das niedere, das dianoetische Denken gehört noch ganz der Seele an. Im höheren hingegen findet die Schau der zweiten Hypostase, des Geistes selbst statt. Das heißt, die Seele wird unmittelbar und vollkommen mit dem Gcist vereinigt, wobei diese Vereinigung darin besteht, dass es der Geist selbst ist, der sich in der menschlichen Seele denkt (V, 3.4). Diese Vereinigung, diese noetische Schau des Geistes ist die Stufe der Erleuchtung. Das Licht des sich selbst denkenden Geistes leuchtet in der Seele, erleuchtet sie und hebt sie dadurch über sich selbst empor (V, 3.8). Diese Selbsttranszendenz löscht allerdings das menschliche Bewusstsein nicht aus, der Unterschied zwischen beiden bleibt der erleuchteten Seele erhalten (IV, 4.2).

Die höchste, letzte Stufe schließlich ist die in diesem Leben nur zeitweilig realisierbare Einung (hénosis) mit dem Einen selbst. Dass sie das Höchste ist, zeigt sich darin, dass man etwas erreicht, was einen völlig erfüllt, worüber hinaus es nichts mehr zu wünschen gibt (VI, 7.26). Auf dieser Stufe aber hört jeder Gegensatz von Subjekt und Objekt und damit jedes Selbstbewusstsein auf. Es ist eine Schau, in der der Sehende mit dem Gesehenen unmittelbar eins wird (VI, 9.10). Es findet die völlige Verschmelzung mit dem Einen statt. Die menschliche Seele ist ganz aus sich herausgetreten, vollzieht in einem Zustand der Ekstase (VI, 9.11) die eigentliche „unio mystica". Dass diese Einung für Plotin auf eigener Erfahrung gründet, macht folgende Stelle deutlich:

„Wer es aber geschaut hat, der weiß, was ich sage, dass nämlich die Seele alsdann, indem sie herannaht und endlich anlangt und an Ihm Teil erhält, ein neues Leben empfängt … und sie keines Dinges mehr bedarf, dass es vielmehr gilt, alles andere von sich abzutun und in ihm allein stille zu stehen, es zu werden in reinem Alleinsein, alles Übrigen uns entschlagend, was uns umkleidet. Daher trachten wir von hier wegzukommen und murren über die Fesseln, die uns an das Andere binden, um endlich mit unserem ganzen Selbst Jenes zu umfassen und keinen Teil mehr in uns zu haben, mit welchem wir nicht Gott berühren.“ (VI, 9.9)

Zu dieser Einung mit dem Einen aber ist die Seele überhaupt nur fähig, weil sie in ihrem Innersten etwas Göttliches besitzt, nicht Gott, nicht das Eine selbst, sondern ein Eines, das ein Abbild des göttlichen Urbilds ist (VI, 8.18). Dieses göttliche Zentrum wird in der christlichen Mystik, etwa bei Meister Eckhart, als Seelenfünklein (scintilla animae) bzw. als Seelenspitze (acies, apex mentis) weitergedacht.

Das existentielle Anliegen der Rückkehr der menschlichen Seele zu Gott liegt letztlich allen Ausführungen Plotins zugrunde. Seine Philosophie gipfelt und gründet damit in einer Mystik. Dabei handelt es sich um den Sonderfall einer rein philosophischen Mystik, einer Mystik also, die sich nicht im Rahmen einer positiven Religion entfaltet. Dieses mystische Moment aber verleiht der Philosophie Plotins einen Zug ins Orientalische. Es geht ihr 1) entgegen dem Ideal der klassischen Antike nicht primär um die Erlangung objektiven Wissens, durch das der Mensch sich in seinem Wesen verwirklicht, sondern um den Rückzug des Individuums in die eigene Innerlichkeit. 2) Die antike Philosophie übersteigt mit Plotin, auf ihrem letzten Höhepunkt angelangt, in dem Sinne sich selbst, dass Plotin mit der mystischen Vereinigung das klassisch-antike Selbstverständnis verlässt, wonach einerseits die Vernunft, andererseits die von der Vernunft erfasste Idee oder Form, d.h. das Gestalthafte das höchste Sein ist. Die Vernunfterkenntnis ist für ihn nur noch eine Zwischenstufe zwischen sinnlicher Wahrnehmung und einer übervernünftigen, mystischen Einung. Nicht mehr das Bestimmte (der Formen) ist das Höchste, sondern die alle Bestimmbarkeit übersteigende Einheit des unterschiedslos Einen. Bei Plotin stehen 3) nicht mehr der einzelne Mensch und die Entfaltung seines Wesens im Mittelpunkt des Denkens, sondern die Selbstaufgabe, die Auflösung der Individualität in Gott.

Plotins Einfluss auf das nachfolgende, christliche Denken war beträchtlich, vor allem was die Patristik betrifft. Er beeinflusst, wie bereits gesagt, das Trinitätsdenken von seinem Hypostasenverständnis her. Zu erwähnen ist aber auch sein Einfluss auf das Verständnis des mystischen Christus, also des Verhältnisses von Christus und Leib Christi, das in Analogie zu Plotins Auffassung des Verhältnisses von Weltseele und Einzelseele konzipiert wird. Weiter lehnt sich die christliche Mystik stark an das von Plotin vorgegebene Schema des mystischen Aufstiegs an: Läuterung, Erleuchtung, Einigung. Schließlich ist der Grundsatz christlicher Anthropologie, die Sehnsucht der Seele nach dem Absoluten, bei Plotin grundgelegt.

ZWEITER TEIL: DAS MITTELALTER

EINLEITUNG

Die antike Philosophie reicht von etwa dem 7. Jahrhundert v. Chr. bis zum 5./6. Jahrhundert n. Chr. Bezeichnend für das Ende der Antike überhaupt ist der Zusammenbruch des Weströmischen Reiches 476 n. Chr. Symbolische Bedeutung kommt aber auch zwei geistesgeschichtlichen Ereignissen zu: Kaiser Justinian lässt 529 n. Chr. nach fast tausendjährigem Bestehen die platonische Akademie in Athen schließen, und im selben Jahr gründet Benedikt von Nursia auf dem Monte Cassino seinen Orden. Dieser Zusammenfall ist wie der konzentrierte Ausdruck für die Ablösung zweier großer Epochen der abendländischen Geistesgeschichte. Allerdings beginnt die Ablösung der Antike durch ein vom Christentum geprägtes Zeitalter bereits einige Zeit davor mit dem Aufblühen der christlichen Kirche in der Spätantike und mit Konstantins öffentlicher Anerkennung und Bevorzugung der christlichen Religion bereits im 4. Jahrhundert.

Bezeichnend für das Ende des Mittelalters ist allgemeingeschichtlich gesehen der Fall Konstantinopels im Jahr 1453 und der Untergang des Oströmischen Reiches. Auf der Ebene der Geistesgeschichte setzen im 16. Jahrhundert einerseits die Rückbesinnung des Renaissance-Humanismus auf die Antike und andererseits die der Reformation auf die Bibel eine gewisse Zäsur. Philosophisch gesehen beginnt die das Mittelalter ablösende Neuzeit erst richtig im 17. Jahrhundert mit Descartes und Bacon, wobei allerdings die entscheidenden Ansätze zu diesem neuen Denken im Mittelalter selbst zu suchen sind.

Das Mittelalter reicht somit in etwa von 500 bis 1500 n. Chr. und umfasst damit einen Zeitraum von etwa 1000 Jahren, wobei das Wort „Mittelalter“ als solches eine polemische Bezeichnung der Humanisten war, um eine obskurantistische Zwischenzeit zwischen der verherrlichten Antike und der eigenen Zeit zu benennen. Sinnvoll ist diese Bezeichnung auch ohne diese Polemik. Die Geistesgeschichte des Abendlandes besteht aus drei großen Epochen: Altertum, Mittelalter und Neuzeit. Solange wir nicht über die Neuzeit hinaus sind, ist es sinnvoll, die Zwischenzeit zwischen Altertum und Neuzeit Mittelalter zu nennen.

Was zeichnet philosophiegeschichtlich gesehen die mittelalterliche Philosophie aus? Es sollen nur zwei Merkmale kurz angesprochen werden. Zunächst einmal übernimmt das Mittelalter im Wesentlichen die begrifflichen Systeme des Altertums. Es erweist sich damit philosophisch gesehen als sekundär. Statt völlig neue Ansätze hervorzubringen, denkt es in den Kategorien vor allem des Platonismus und Aristoteles'. Dabei unterteilt es sich in zwei Hauptepochen, die Patristik, das ist die Zeit der Philosophie der christlichen Kirchenväter, die vom 2.–8. Jahrhundert reicht und wesentlich vom Platonismus bzw. vom Neuplatonismus beeinflusst ist, sowie die Scholastik, die vor allem vom 12.–14. Jahrhundert bestimmend ist. Der für sie zentrale Denker ist Aristoteles.

Ein zweites, wesentliches Merkmal ist, dass die mittelalterliche Philosophie im Zeichen des Christentums bzw. etwas weiter gefasst im Zeichen einer der drei Offenbarungsreligionen steht. Das Christentum beginnt ab dem 2. Jahrhundert über sich selbst zu reflektieren, und zwar verständlicherweise unter Heranziehung der Kategorien und Begriffe der griechischen Philosophie. Es entsteht die christliche Theologie als ein Versuch, die Offenbarung mit Hilfe der griechischen Begrifflichkeit intellektuell aufzuarbeiten. Damit aber stellt sich die Frage, wie sich Philosophie und Theologie zueinander verhalten. In der Patristik wird die Theologie von der Philosophie gar nicht unterschieden. Die Philosophie ist nach antikem Verständnis ein Streben nach Weisheit. Der christliche Glaube aber ist christlich gesehen die wahre Weisheit und damit für die Patristik die höchste Philosophie. Es gibt für das damalige christliche Selbtverständnis nur *ein* christliches Denken, das als wahre Philosophie der falschen heidnischen Philosophie gegenübergestellt wird. Im Frühchristentum kommt es sogar vor, dass Jesus selbst als der vollkommene Philosoph bezeichnet wird. Im Gegensatz dazu werden in der Scholastik – zumindest seit Thomas von Aquin – Philosophie und Theologie genau auseinander gehalten. Auch die Scholastik jedoch strebt eine Synthese an, in der Philosophie und Theologie immer aufeinander hingeordnet bleiben. Ganz gleich also, wie das Verhältnis von Philosophie und Theologie sich gestaltet, ist das christliche Mittelalter im Ganzen das Bemühen um eine Synthese zwischen griechischer Philosophie und christlicher Offenbarung. Es kommt zu keinem ernsthaften Konflikt zwischen beiden wie später in der Neuzeit.

Dabei stellt sich die Frage des Verhältnisses von Philosophie und Theologie insbesondere auch für die Metaphysik, die aufgrund ihrer Thematisierung von Transzendenz die größte Nähe zur Theologie aufweist. Drei grundsätzliche Möglichkeiten sollen im Folgenden dargestellt werden: Mit Augustinus ist ein Modell gegeben, in dem Metaphysik und Theologie untrennbar ineinander greifen, Thomas von Aquin entwirft eine rein philosophische Metaphysik, der eine weit reichende Kompetenz auch bezüglich der Gottesfrage zugewiesen wird, Ockham schließlich vertritt auf demselben Hintergrund wie Thomas von Aquin eine eher skeptische Position, für die die Gottesfrage fast ausschließlich Sache der Theologie ist.

Viertes Kapitel: Augustinus

I. Metaphysik der inneren Erfahrung

1. Leben und Werk

Aurelius Augustinus ist 354 in Thagaste in Nordafrika geboren. Von 370 bis 373 studiert er in Karthago Rhetorik. In seiner Studienzeit stößt er auf die heute verlorene Schrift „Hortensius" von Cicero, die ihn zur Philosophie führt. Augustinus geht anschließend einen intellektuellen Weg, der ihn über viele Etappen hinweg zum christlichen Glauben gelangen lässt. Zunächst wird er zum Manichäer. Der Manichäismus ist eine Variante der Gnosis und war damals eine weit verbreitete Weltreligion, die auf einen persischen Gründer namens Mani (216–276) zurückgeht. Der Manichäismus lehrt wie alle Gnosis den Dualismus eines guten und eines bösen Prinzips, wobei das böse Prinzip mit dem Weltschöpfer, mit dem Gott des Alten Testaments identifiziert wird. Der Manichäismus ist zudem ein Materialismus: Gott und die Seele werden körperhaft gedacht. In den Jahren der Zugehörigkeit zum Manichäismus vollzieht Augustinus eine Karriere als Rhetoriklehrer, die ihn von Thagaste über Karthago nach Rom führt. In Rom scheint er sich dann vom Manichäismus abzuwenden und fühlt sich vom Skeptizismus der damaligen platonischen Akademie angezogen. Dem Skeptizismus nach ist wirkliches Wissen unerreichbar, wir kommen nie über Scheinwissen hinaus, alles Wissen ist bezweifelbar. Er gelangt daraufhin nach Mailand, wo er den mailändischen Bischof Ambrosius kennen lernt und zugleich mit dem Neuplatonismus Bekanntschaft macht. Der Neuplatonismus führt ihn zurück zu einer Vorstellung von Gott als geistigem, nichtmateriellen Wesen, und durch Ambrosius kommt er mit dem Christentum in Kontakt. 386 kommt es zur Konversion, der ein in den *Bekenntnissen* eindrücklich beschriebenes Umkehrerlebnis vorausgeht (Conf. VIII). 387 wird er getauft und kehrt dann zurück nach Nordafrika, wo er 391 zum Priester und 395 zum Bischof von Hippo geweiht wird. Sein Leben ist von da an geprägt von innerkirchlichen Auseinandersetzungen mit den Donatisten und den Pelagianern, auf die hier nicht eingegangen werden kann. Er stirbt 430 in Hippo im Alter von fast 76 Jahren. Sein Tod geht somit nur kurz dem Ende des Römischen Reichs vorauf. Ende der Antike und Beginn des Mittelalters fallen mit dem Leben Augustinus' in etwa zusammen.

Von der Zeit seiner Bekehrung an hat Augustinus eine große Anzahl von Schriften verfasst. Als wichtigste wären zu nennen die zwischen 397 und 401 entstandenen „Bekenntnisse“ (Confessiones), sein umfangreiches Buch über die Trinitätslehre „De trinitate“, an dem er zwischen 399 und 419 schrieb, und der „Gottesstaat“ (De civitate Dei), der von 413–427 verfasst wurde. Für Augustinus' Philosophie sind neben den genannten Werken auch eine Anzahl von Dialogen aus der Zeit kurz nach seiner Konversion von Bedeutung, sowie Schriften wie „De vera religione“ (389–391) und „De libero arbitrio“ (388–395). Jede dieser Schriften ist zugleich theologischen Gehalts. Der frühchristlichen Auffassung gemäß, dass das Christentum selbst die wahre Philosophie ist, kennt auch Augustinus keine eigentliche Trennung von Philosophie und Theologie. Dennoch lässt sich das, was bei Augustinus nach vollzogener Trennung als Philosophie anzusehen ist, eigens thematisieren.[1]

2. Der Aufstieg der Seele zu Gott

a) Augustinus' Platonismus

Wichtigster Einfluss auf Augustinus' Denken ist der Platonismus, wobei Augustinus, wenn er undifferenziert vom Platonismus oder von Platon redet, im Grunde genommen den Neuplatonismus meint, wie er ihn in Mailand kennen gelernt hatte. Platon und die Platoniker standen damals unter Christen hoch im Kurs. Doch auch aufgrund seiner eigenen Bekeh-

[1] Textverweise im Folgenden: Acad. = Gegen die Akademiker/Contra Academicos; De b. vita = Über das Glück/De beata vita; De civ. = Vom Gottesstaat/De civitate Dei; Conf. = Bekenntnisse/Confessiones; De div. quaest. = Dreiundachtzig verschiedene Fragen/De diversis quaestionibus; De doctr. chr. = De doctrina christiana; Ench. = Das Handbüchlein/Enchiridion ad Laurentium; In Joan. Evang. = Vorträge über das Evangelium des hl. Johannes/In Johannis evangelium tractatus; De lib. arb. = Der freie Wille/De libero arbitrio; De ord. = Über die Ordnung/De ordine; Serm. = Predigten/Sermones; Sol. = Selbstgespräche/Soliloquia; De trin. = Fünfzehn Bücher über die Dreieinigkeit/De trinitate; De util. cred. = Über den Nutzen des Glaubens/De utilitate credendi; De v. rel. = Über die wahre Religion/De vera religione. – Zitate im Prinzip nach den Ausgaben: *Bekenntnisse* (dt./lat.), eingel., übers. und erl. v. J. Bernhart, Vorw. v. E. L. Grasmück, Frankfurt a.M. 1987; *Vom Gottesstaat*, 2 Bde., übers. v. W. Thimme, eingel. u. komm. v. C. Andresen, München 1977; *De vera religione – Über die wahre Religion* (lat./dt.), Übers. u. Anm. v. W. Thimme, Nachwort v. K. Flasch, Stuttgart 1983; *Der freie Wille*, übers. v. C. Perl, Deutsche Augustinus-Ausgabe, Paderborn [4]1972; *Vorträge über das Evangelium des hl. Johannes*, 3 Bde., übers. u. eingel. v. Th. Specht, Bibliothek der Kirchenväter IV–VI, Kempten/München 1913f.

rungsgeschichte, in der Zuwendung zum Neuplatonismus und Christwerden zusammengehen, war es für ihn nahe liegend, eine enge Beziehung zwischen Platonismus und Christentum herzustellen. In „De vera religione" geht Augustinus sogar so weit zu sagen, die Platoniker bräuchten nur wenige Worte und Ansichten zu ändern, um selbst Christen zu werden, und viele Platoniker seien zu seiner Zeit auch Christen geworden (De v. rel. 7, 23).

Vom Platonismus übernimmt Augustinus vor allem das Grundschema, d.h. die Zweiweltenlehre sowie die Ausrichtung der menschlichen Seele auf die höhere geistige Welt. Er unterscheidet wie Platon zwischen einer sinnlichen Welt, aus welcher der Mensch herausstrebt, und einer geistigen, zu der er sich erheben soll. Das menschliche Streben soll dahin gehen, die Sinnenwelt zu verachten, sich von den zeitlichen und vergänglichen Gütern zu befreien und die Seele durch Tugend zu reinigen, damit sie die geistlichen und ewigen Güter zu erkennen vermag. Das wahre Gut aber ist die Erkenntnis der unveränderlichen, ewigen Wahrheit. Dem platonischen Eros gemäß ist das Streben nach der geistigen Wirklichkeit Liebe zur Wahrheit, Liebe zur Weisheit. Diese Wahrheit aber – gemeint ist der Inbegriff von Wahrheit überhaupt – setzt er mit Gott gleich.

Augustinus führt in „De vera religione" eine ganze Anzahl von Schriftstellen an, die für diese platonische Zweiweltenlehre auch vom Christlichen her sprechen. Etwa: „Ihr sollt euch nicht Schätze sammeln auf Erden" usw., wie es in der Bergpredigt (Mt 6,19) heißt, oder „Wer auf sein Fleisch säet, der wird vom Fleisch das Verderben ernten, wer aber auf den Geist säet, der wird von dem Geist das ewige Leben ernten" (Gal 6,8). Weiter: „Sehet nicht das Sichtbare, sondern das Unsichtbare. Denn was sichtbar ist, das ist zeitlich, was aber unsichtbar ist, das ist ewig" (2 Kor 4,18). Oder: „Habt nicht lieb die Welt noch was in der Welt ist, denn alles, was in der Welt ist, das ist des Fleisches Lust und der Augen Lust und hoffärtiges Leben" (1 Joh 2,15). Mit dem Christentum ist nach Augustinus' Auffassung das zu einer breiten Bewegung geworden – die Abkehr von der sinnlichen Welt –, was bei Platon noch auf einen kleinen Kreis begrenzt blieb (De v. rel. 4, 14ff.).

b) Das Streben nach dem Glück

Augustinus' Denken kreist wesentlich um zwei Pole: um Gott und den Menschen bzw. um Gott und die menschliche Seele. Auf die Frage, was er zu erkennen wünsche bzw. was der eigentliche Gegenstand seines Denkens sei, antwortet Augustinus in seinen frühen „Selbstgesprächen" mit dem bekannten Satz: Gott und die Seele und sonst nichts (Sol. I,7).

Der philosophische Ausgangspunkt dieses Denkens aber ist für Augustinus die Tatsache des menschlichen Strebens nach dem Glück. Das Glück ist das Ziel allen menschlichen Tuns. Sein eigentliches Ziel erreicht der Mensch jedoch erst, wenn dieses Glück kein momentanes, vergängliches ist, das einem wieder genommen werden kann, sondern ein ewig dauerndes, dessen Bestehen nicht irgendwelchen Zufällen unterworfen ist (De b. vita 11). Alles Streben ist, selbst wenn wir uns dessen nicht bewusst sind, ein Streben nach ewigem Glück. Was wir zutiefst wünschen, ist stets das vollkommene Glück. Wer jedoch fürchten muss, dass das Glück, das er gerade besitzt, ihm jederzeit wieder genommen werden kann, kann nicht in jeder Hinsicht glücklich sein. Von nichts Endlichem kann der Mensch daher, so Augustinus in den „Bekenntnissen", sagen: „Genug, das ist es!" (Conf. X, 20). Alles Endliche kann ihm wieder genommen werden, und er muss, er wird dies fürchten. Sein wirkliches Glück findet er allein in der unvergänglichen, ewigen Wahrheit. Dies aber ist Gott. Somit ist Gott das eigentliche Ziel menschlichen Strebens. Ein berühmter Satz zu Beginn der „Bekenntnisse" lautet: „Ruhelos ist unser Herz, bis dass es seine Ruhe hat in dir" (inquietum est cor nostrum, donec requiescat in te; Conf. I, 1).

Wenn Gott das eigentliche Ziel des Menschen ist, gilt es jedoch, alles andere dem Streben nach Gott unterzuordnen. Eine der grundlegendsten und bekanntesten Unterscheidungen bei Augustinus lautet demnach: Allein Gott dürfen wir um seiner selbst willen wollen, alles andere dürfen wir nur um Gottes willen wollen. Augustinus bringt diesen Sachverhalt mit dem Begriffspaar „uti–frui" zum Ausdruck: Allein Gott darf Gegenstand des Genießens (frui) sein, alle anderen Dinge dürfen nicht um ihrer selbst willen gewollt und genossen werden, sondern nur um des Genießens Gottes willen gebraucht werden (uti). Die weltlichen Dinge sind somit kein Letztes, bei dem man stehen bleiben kann, sondern man darf sich ihrer allein im Hinblick auf das Genießen Gottes bedienen (De doc. chr. I, 4).

c) Selbstgewissheit

Wo aber findet der Mensch die Weisheit, die Wahrheit bzw. Gott? Wo soll er Gott suchen? Zunächst einmal ist festzuhalten: nicht in der Sinnenwelt, nicht unter den materiellen, körperlichen Dingen, sondern im Bereich des rein Geistigen. Dieser Bereich aber ist das Innere des Menschen. Das Streben nach Weisheit ist eine Abkehr von der Außenwelt, eine Einkehr in das eigene Innere. „Kehre in dich selbst zurück! Im Inneren des Menschen wohnt die Wahrheit!", heißt es programmatisch in „De vera religione" (De v. rel. 72, 202). In diesem Sinne kann Augustinus' Metaphysik mit K. Jaspers eine Metaphysik der inneren Erfahrung genannt werden. Metaphysik der inneren Erfahrung in dem Sinne, dass der philosophische Zugang zur Transzendenz über die menschliche Innerlichkeit gewonnen wird. Es besteht bei Augustinus ein strenger, wiederum vom Neuplatonismus inspirierter Gegensatz von „foris“ und „intus“, Außen und Innen, der zugleich einer Wertordnung gleichkommt. Das Innen (intus) ist höher als das Außen (foris). Was „interior“ ist, ist zugleich „superior“ (Conf. III, 6,11). Allein in seiner eigenen Seele kann der Mensch Gott, d.h. die metaphysische, die höchste Wahrheit finden.

Augustinus musste sich jedoch zunächst gegen die Auffassung der Skeptiker wehren, denen er ja kurze Zeit nahe stand und die bezweifeln, dass der Mensch überhaupt zur Wahrheitserkenntnis fähig sei. Sein Argument im Dialog „Contra Academicos“, das sehr modern anmutet und von Descartes im 17. Jahrhundert in ähnlicher Weise formuliert wurde, lautet: Alles Wissen um sinnlich wahrnehmbare Dinge kann eine Täuschung sein, es besteht immer die Möglichkeit des Zweifels, ob mein subjektiver Eindruck mit der objektiven Beschaffenheit der Außenwelt übereinstimmt. Es ist von daher davon auszugehen, dass es in Bezug auf sinnlich wahrnehmbare Dinge kein gewisses Wissen, keinerlei Gewissheit gibt. Wahrheit aber kann – Platons Unterscheidung von „dóxa“ und „epistéme“ klingt hier an – nur ein Wissen sein, das unveränderlich, unumstößlich ist, bezüglich dessen jeder Zweifel, jede Möglichkeit der Täuschung ausgeschlossen ist. Dass es aber bezüglich sinnlicher Wahrnehmungen keine Gewissheit gibt, bedeutet nicht, dass es nicht gewiss ist, dass ich etwas wahrnehme, und zwar auch dann, wenn ich mich bezüglich dessen, was ich wahrnehme, täusche (Acad. III, 11). Die erste, unumstößliche Gewissheit, die ich habe, ist mit anderen Worten diejenige, dass ich selber bin. Worüber ich mich nicht täuschen kann, ist, dass ich bin, lebe, erkenne, liebe, selbst wenn ich mich gerade darin täusche, was ich lebe, erkenne oder liebe (Sol. II 1,1). Die wohl bekannteste Formulierung dieses Arguments findet sich im 11. Buch von Augustinus' „Gottesstaat“:

„Doch ohne das Gaukelspiel von Phantasien und Einbildungen fürchten zu müssen, bin ich dessen ganz gewiss, dass ich bin, erkenne und liebe. Bei diesen Wahrheiten machen mir die Argumente der Akademiker keinerlei Sorge. Mögen sie sagen: Wie, wenn du dich täuschst? Wenn ich mich täusche, bin ich ja. Denn wer nicht ist, kann sich auch nicht täuschen; also bin ich, wenn ich mich täusche. Da ich demnach bin, wenn ich mich täusche, kann es keine Täuschung sein, dass ich bin; denn es steht fest, dass ich bin, wenn ich mich täusche. Da ich also, auch wenn ich mich täuschte, sein müsste, um mich täuschen zu können, täusche ich mich gewiss darin nicht, dass ich weiß: Ich bin. Folglich täusche ich mich auch darin nicht, dass ich weiß: Ich weiß es. Denn wie ich weiß, dass ich bin, weiß ich auch um eben dies mein Wissen. Und indem ich beides liebe, füge ich den Dingen, die ich weiß, als Drittes von nicht geringerer Gewissheit die Liebe hinzu. Denn ich täusche mich nicht darin, dass ich liebe, wenn ich mich nicht in dem täusche, was ich liebe, obschon selbst, wenn dies auch falsch wäre, es doch wahr wäre, dass ich das Falsche liebte. Denn wie könnte man mich mit Recht tadeln und mit Recht von der Liebe zum Falschen zurückhalten, wenn es nicht wahr wäre, dass ich es liebte? Da aber in diesem Falle auch wahr und gewiss ist, was ich liebe, kann niemand bezweifeln, dass auch die Liebe zu dem, was ich liebe, wahr und gewiss ist.“ (De civ. XI, 27)

In „Contra Academicos“ wird das Beispiel angeführt, ich könne mich zwar darin täuschen, dass ich ein Ruder, das teilweise unter Wasser gehalten wird, für geknickt halte, unabhängig davon aber, ob das Ruder wirklich geknickt oder nicht geknickt ist, kann ich mit Gewissheit sagen: Es erscheint mir geknickt (Acad. III, 11, 26). Also selbst wenn ich irre, weiß ich, dass ich bin, während ich irre: „Si enim fallor, sum“, wie es im „Gottesstaat“ heißt. Eine gewisse Nähe zu Descartes' „cogito, ergo sum“ ist unverkennbar.

d) Der noologische Gottesbeweis

Unbezweifelbare Gewissheit und damit Wahrheit findet die Seele also nur in sich selbst, nicht in der Erkenntnis von sinnlich Wahrnehmbarem. Die Selbstgewissheit ist allerdings nur der erste Schritt in das Reich der inneren Wahrheit. Die Gewissheit der eigenen Existenz dient Augustinus weiter als Ausgangspunkt, um zur Erkenntnis der ewigen, unwandelbaren Wahrheit Gottes zu gelangen. Sie ist mit anderen Worten der Ausgangspunkt eines Gottesbeweises. Man nennt diesen Gottesbeweis den noologischen, weil es sich um einen Aufstieg zu Gott im Geist (noûs) handelt. Es gibt bei Augustinus noch andere Gottesbeweise, der noologische aber ist der für seinen Ansatz charakteristische.

Gottesbeweise werden von Augustinus an zum konstitutiven Bestandteil mittelalterlicher Metaphysik. Zwar gibt es auch in der Antike bereits so etwas wie Gottesbeweise, wie wir in Bezug auf Aristoteles gesehen haben. Als akutes Thema aber rückt der Gottesbeweis erst dadurch ins Zentrum metaphysischen Interesses, dass im christlichen Denken die Frage entsteht, wie ein zunächst lediglich im Glauben angenommener Gott auch der Vernunft gegenüber als wahr ausgewiesen bzw. in seiner Existenz bewiesen werden kann. Dabei gibt es zwei Möglichkeiten, das Verhältnis zwischen Glauben und Gottesbeweis zu konzipieren. Der Gottesbeweis kann einerseits als Hinführung zum Glauben verstanden werden, andererseits aber auch als ein Versuch dessen, der bereits glaubt, sich selbst vernünftig zu verstehen. Für Augustinus sind die Gottesbeweise in diesem zweiten Sinne zu verstehen (De lib. arb. II, 6). Der Glaube an Gott wird also als gegeben vorausgesetzt, und dann wird versucht, das Geglaubte durch die Vernunft gewissermaßen einzuholen. Nicht das Wissen oder die Erkenntnis bewirkt den Glauben, sondern der Glaube wird der vernünftigen Erkenntnis seiner selbst zugeführt. Mit anderen Worten: Der einfache Glaube soll auf die höhere Ebene der Glaubenseinsicht (intellectus fidei) gehoben werden. Anselm von Canterbury hat für diese Auffassung im 11. Jahrhundert die bekannte Formel „credo ut intelligam", „ich glaube, um zu verstehen", geprägt. Bereits in Augustinus' „De vera religione" heißt es sehr ähnlich: „Wir glauben, um zu erkennen, wir erkennen nicht, um zu glauben" (De v. rel. 5, 24).

Mit dem noologischen Gottesbeweis befasst Augustinus sich vor allem in der Schrift „Der freie Wille" (De libero arbitrio). Ausgangspunkt ist wie gesagt die Gewissheit der eigenen Existenz (De lib. arb. II, 7). Diese Gewissheit bezieht sich wie gesehen nicht nur auf das je eigene Sein, sondern auch auf das eigene Leben und Erkennen. Ich weiß, dass ich bin, dass ich lebe und dass ich erkenne – das vierte Moment, die Liebe, fällt in dieser Schrift weg. Diese drei Aspekte aber bilden eine hierarchische Ordnung. Das Erkennen bzw. die Vernunft ist höher als Leben und Sein, denn auch die Tiere oder Pflanzen leben, und Sein hat auch jeder tote Körper (De lib. arb. II, 7). Die Vernunft ist zudem fähig, sich Leben und Sein zu Bewusstsein zu bringen und über sie zu urteilen. Was aber anderes beurteilt, steht höher als das Beurteilte (De lib. arb. II, 13). Die Vernunft ist somit das Höchste dieser drei.

Die Frage ist nun: Ist mit der Vernunft schon das absolut Höchste erreicht, was in der Seele ist, was die Seele in sich zu erkennen vermag, oder lässt sich im Menschen etwas finden, was „über die Vernunft erhaben ist" (De lib. arb. II, 13)? Eine Erkenntnis, die sich auf etwas bezieht, was über die eigene Vernunft erhaben ist, was noch höher ist als sie, müsste eine Erkenntnis sein, die sich auf eine ewige und unwandelbare Wahrheit bezieht. Denn die Erkenntnis der eigenen Vernunft ist zwar gewiss und damit wahr. Die menschliche Vernunft selbst aber bleibt zugleich dem Wandel unterworfen. Mal strebt sie zur Wahrheit, mal nicht, mal gelangt sie zu ihr, mal nicht. Eine unwandelbare, ewige Wahrheit also wäre etwas Höheres als die Vernunft (De lib. arb. II, 14).

Tatsächlich gibt es eine Reihe ewiger und unwandelbarer Wahrheiten, die die Vernunft unabhängig von aller Sinneswahrnehmung, d. h. durch rein geistige Einsicht erkennt. Unter verschiedenen Möglichkeiten greift Augustinus als wichtigstes Beispiel die Wahrheit der Zahlen heraus: 7 + 3 = 10. Diese Wahrheit gilt nicht nur jetzt, sondern sie gilt immer, sie ist unwandelbar (De lib. arb. II, 21). Als unwandelbare, ewige Wahrheiten bezeichnet Augustinus zudem Sätze wie, dass jedem das ihm Zukommende gegeben werden soll, dass das Unwandelbare besser als das Vergängliche oder das Ewige besser als das Zeitliche ist (De lib. arb. II, 28). Augustinus nennt letztere Wahrheiten Weisheitsgesetze, erstere Zahlengesetze. Zu diesen zeitlos gültigen und unwandelbaren Wahrheiten kommen an anderer Stelle noch die Ideen im Allgemeinen hinzu.

Weisheitsgesetze und Zahlengesetze aber sind für Augustinus notwendig Bestandteil ein und derselben Wahrheit. Es gibt eine unwandelbare Wahrheit, die all das enthält, was unwandelbar ist (De lib. arb. II, 33), etwa so wie der Geist bei Plotin die Gesamtheit aller Ideen in sich enthält. Das heißt, nachdem die Vernunft vieles, verschiedenes, unwandelbar Wahres betrachtet hat, erkennt sie die eine, unwandelbare Wahrheit, die all diesen verschiedenen Teilwahrheiten zugrunde liegt (De lib. arb. II, 36, 33). Die vielen Einzelwahrheiten, „rationes aeternae" genannt, verweisen gewissermaßen auf die Wahrheit selbst (ipsa veritas) als den sie umfassenden Ursprung. Diesen Ursprung aber kann der Mensch nicht mehr eigentlich fassen, sondern ihn nur noch, wie es anderswo heißt, mit der Spitze des Denkens (acies mentis) berühren (De doctr. chr. I, 7). Hier kommt ein Moment intuitiver Erkenntnis in Augustinus' Gedankengang hinein, der von daher auch nicht im strengen Sinne des Wortes ein Gottesbeweis genannt werden kann, sondern mehr eine Art denkender Aufstieg zu Gott ist, der in einem noetischen Akt gipfelt. Diese eine unwandelbare Wahrheit, die alle anderen enthält, aber ist Gott selbst als der Inbegriff aller Wahrheit. Beziehungsweise, so endet Augustinus' Argumentation, angenommen, es gäbe noch etwas Höheres als diese unwandelbare, ewige Wahrheit selbst, so wäre dies umso mehr Gott. Gibt es aber nicht noch etwas Höheres, so ist bereits diese Wahrheit Gott. Wie dem auch sei, in jedem Falle ist nicht zu leugnen, dass Gott existiert (De lib. arb. II, 39).

Der Aufstieg der Seele zu Gott erweist sich somit als eine Einkehr in ein Inneres der Seele, das noch über das eigene Ich, über die eigene Vernunft hinausweist. In „De vera religione" heißt es:

„Und wenn du deine Natur (gemeint ist die Seele) in ihrer Wandelbarkeit durchschaut hast, dann überschreite auch dich selber. Aber bedenke, wenn du dich überschreitest, dass du die vernunfttätige Seele übersteigst. Dorthin also strebe, von woher das Licht der Vernunft selbst angezündet wird. Wohin nämlich gelangt jeder gute Denker, wenn nicht zur Wahrheit?" (De v. rel. 72, 202f.)

Es gibt demnach bei Augustinus drei Seinsbereiche: das Außen der sinnlich wahrnehmbaren Körperwelt, den inneren Menschen (homo interior), bzw. das Innen (intus), gemeint ist die vernünftige Seele, und die unwandelbare Wahrheit selbst, das Innerste, das noch über die Seele hinausreicht, sie transzendiert. Gott ist „interior intimo meo" (innerer als mein Innerstes). Der berühmte Satz in den „Bekenntnissen" lautet genau formuliert: Gott ist das, was „innerlicher ist als mein Innerstes und höher als mein Höchstes“ (Conf. III, 6, 11). Dabei ist dieses Innerste im Innern des Menschen mehr als der abstrakte Inbegriff aller Wahrheit. Vor allem in den „Bekenntnissen“ wird es ständig als personales Du angesprochen, wodurch unterstrichen wird, dass es sich um die Beziehung zu etwas anderem in mir handelt. Gott bleibt stets der „ganz, ganz Andere“ (Conf. VII, 10, 16).[2]

II. Metaphysik als theologische Philosophie

Wie im Denken der Patristik überhaupt bilden auch bei Augustinus Philosophie und Theologie eine untrennbare Einheit. Dabei geht Augustinus so weit zu sagen, die Autorität des Glaubens lehre nichts, was nicht auch ein Philosoph wissen könne (De util. cred. 14, 32). Diese Verquickung von Philosophie und Theologie ist charakteristisch vor allem für die nähere Entfaltung seines Gottes- und Wirklichkeitsverständnisses. Weder die Frage, wie das Sein Gottes näher zu verstehen ist, noch diejenige, wie dieses Sein sich zur geschaffenen Wirklichkeit verhält, kann getrennt von der unmittelbaren Verflechtung mit theologischen Bestimmungen thematisiert werden. Augustinus' Metaphysik lässt sich formal vielleicht am treffendsten durch den Begriff einer theologischen Philosophie kennzeichnen.

1. Das Gottesbild

a) Das Wesen Gottes

Der unendliche Gott ist – hierin schließt Augustinus an die negative Theologie Plotins an – für den endlichen Verstand letztlich immer unbegreiflich: Wenn du etwas begreifst, so ist es nicht Gott (si comprehendis, non est Deus, Serm. CXVII 3,5), lautet der bekannte Satz aus einer seiner Predigten. Keine Benennung, kein Begriff vermag Gott in seiner unendlichen Fülle zu erschließen. Man kann von Gott eigentlich nur wissen, was er nicht ist (De trin. VIII, 2). Genauer gesagt: Wir können von Gott zwar Aussagen machen, die Begriffe aber, mit denen wir ihn bezeichnen, erfassen sein Wesen nicht richtig, „berühren“ es höchstens, wie es bei Augustinus heißt (De doctr. chr. I, 6). Das heißt, wir wissen, dass unsere Aussagen über Gott anders genommen werden müssen, wie wenn wir dieselben

[2] Zur 'foris-intus'-Thematik siehe ausführlicher F. Körner, „Augustinus: Das Grund-Problem der Existenz. Die Frage nach der Ratio im Dasein und Denken des Menschen“, in: *Grundprobleme der großen Philosophen: Philosophie des Altertums und Mittelalters*, hrsg. J. Speck, Göttingen [4]1990, 131–151.

Worte in Bezug auf Geschöpfliches verwenden würden. Man kann die Begriffe in Bezug auf Gott gewissermaßen nur analog verwenden. Hiermit ist allerdings ein „terminus technicus" genannt, der erst im Hochmittelalter zur Geltung kommt.

Vorausgesetzt, dass alle Benennungen Gottes Wesen nur bedingt zu erschließen vermögen, stellt sich dennoch die Frage, wer Gott ist. Im vorigen Kapitel erschien Gott als das eigentliche Glück, d.h. als das höchste Gut des Menschen, das „summum bonum" (Sol. I, 6). Zur Bezeichnung Gottes verwendet Augustinus jedoch vor allem den Begriff des Seins. Und zwar ist Gott das Sein im hervorgehobenen Sinne des Wortes. Gott ist das Sein selbst (ipsum esse, De trin. V, 2). Er ist, wie es bei Platon heißt, das eigentlich Seiende, das „wahrhaft" oder „seiend" Seiende. Alles andere Seiende ist nur durch Teilhabe am göttlichen Sein. Von allem anderen kann nur gesagt werden, dass es Sein hat, ohne identisch mit ihm zu sein. Gott und das Sein hingegen sind völlig eins. Gott ist das, was er hat (De civ. XI, 10). Gott ist aber auch in dem Sinne mit dem Sein identisch, dass er ewig ist, während alle endlichen Dinge sind und nicht mehr sind bzw. nicht sind und werden: „Betrachte die Änderungen der Dinge, du wirst finden ein *War* und ein *Wird sein*; betrachte Gott, und du wirst finden ein *Ist*, worin War und Wird nicht sein kann" (In Joan. Evang. XXXVIII, 10).

Augustinus verbindet dieses griechische Seinsverständnis ausdrücklich mit der Sinaioffenbarung an Mose in Ex 3,14 (De trin. V, 2). Er übersetzt Ex 3,14 im Sinne von „Ich bin, der ist", während ursprünglich wohl eher „Ich bin der, der ich bin" oder „Ich werde sein, der ich sein werde" gemeint ist. Der Gott des Alten Testaments offenbart sich als das Sein selbst. Gott ist nichts anderes als Sein. Fast die gesamte christliche Metaphysik des Mittelalters wird an dieses Gottesverständnis anknüpfen. Man spricht diesbezüglich von einer *Exodusmetaphysik* des christlichen Mittelalters.

Das höchste Sein zeichnet sich nicht nur durch Ewigkeit, sondern auch durch Einfachheit aus. Es ist ein Eines, in dem es keine Vielheit, keine Teile gibt (De civ. XI, 10). Dennoch ist Gott der Inbegriff von allem. Gott ist, wie im vorigen Abschnitt gesehen, die eine Wahrheit, die alle Teilwahrheiten in sich enthält. In Gott sind die Ideen, die „rationes" aller Dinge enthalten, und zwar von Ewigkeit an und ewig gleich bleibend (De div. quaest. 46, 2). Aufgrund der Einfachheit Gottes aber handelt es sich nicht um Teile in Gott, sondern die Ideen bilden wie in Plotins Geist eine unteilbare Einheit. Sie sind zugleich die ewigen Urbilder, von denen alle geschaffenen Dinge das Abbild sind. Alles Sein außer Gott ist nur Abbild dieser Urbilder, dieser Exemplaria. Augustinus greift somit Platons Exemplarismus auf, modifiziert ihn aber dahingehend, dass die Ideen nicht mehr eine Wirklichkeit neben dem Demiurgen darstellen, der sich ihrer bedient, um den Kosmos zu schaffen, sondern die Ideen werden in das höchste Wesen, in den Schöpfer selbst verlegt.

b) Die Trinität

Während die Vielheit der Ideen Gottes Einfachheit nicht in Frage stellt, verhält es sich anders mit den göttlichen Personen, wie sie für das christliche Gottesverständnis charakteristisch sind. Diesem Verständnis nach ist Gott als eine Dreieinheit von Vater, Sohn und Heiliger Geist zu verstehen, mit der als einzige Ausnahme eine reale Unterschiedenheit in Gott gegeben ist (De civ. XI, 10). Dabei befinden sich Vater, Sohn und Heiliger Geist in einem realen Beziehungsverhältnis zueinander. Die Beziehungen aber bestehen darin, dass die göttlichen Personen auseinander hervorgehen: Der Sohn ist unzeitlich vom Vater gezeugt, und der Heilige Geist unzeitlich aus Vater und Sohn hervorgegangen (so jedenfalls nach westkirchlichem Trinitätsverständnis).

Eine der wichtigen Fragen, die sich bezüglich dieser Trinitätslehre stellt, ist nun, wie innerhalb von Gott so etwas wie reale Beziehungen gedacht werden können. Dabei ist eine Auseinandersetzung mit Augustinus' Trinitätslehre in diesem Rahmen aus zweierlei Gründen gerechtfertigt. Erstens liegt der Trinitätsgedanke der antiken Philosophie längst nicht so fern wie der heutigen. Es gibt zumindest einen Philosophen der Antike, Plotin, von dem her er sich unabhängig von aller christlichen Theologie nahezu aufdrängt, denn Plotins obere, rein geistige Welt besteht wie gesehen aus einer Einheit von drei Hypostasen, dem Einen, dem Geist und der Seele. Diese Hypostasen bilden zwar bei Plotin eine Abstufung, während das Konzil von Nizäa von 325 n. Chr. bestimmt hat, dass der Sohn als wesensgleich, d. h. als seinsmäßig von demselben Rang wie der Vater anzusehen ist, und das Konzil von Konstantinopel 381 n. Chr. auch noch den Heiligen Geist zur Gleichrangigkeit erhoben hat; trotz dieses gewichtigen Unterschiedes bildet das neuplatonische Hypostasenschema philosophisch gesehen den natürlichen Rahmen für die trinitarischen Überlegungen der damaligen Zeit. Der zweite Grund ist, dass Augustinus' Auffassung des Verhältnisses von Vater, Sohn und Heiliger Geist eine interessante Unterwanderung des aristotelischen Seinsverständnisses bildet, dessen Konsequenzen bis heute philosophisch nicht zu Ende gedacht worden sind.

Augustinus' Gotteslehre gründet auf der aristotelischen Substanzlehre, die trotz Dominanz der platonischen Philosophie auch in der Patristik allgemein bekannt und anerkannt war. Das höchste Sein ist die Substanz, d. h. das selbstständige Sein. Selbstständig sind die Substanzen, weil sie, so Aristoteles, für sich bestehen können, während alles andere Sein nur ist, weil es Substanzen gibt, an oder in denen es ist. Substanzen sind autark.

Wenn nun Gott das höchste Sein von allem ist, so liegt es nahe, dass er auch wesentlich Substanz im Sinne eines autarken Etwas zu sein hat. Dies ist nicht nur bei Aristoteles mit dem allein nur sich selbst denkenden ersten Beweger der Fall, sondern gilt auch für Augustinus: Gott ist Substanz (De trin. V, 2).

Dem christlichen Gottesverständnis nach muss diese Substanz allerdings zugleich trinitarisch gedacht werden, d.h. als ein Gefüge von Beziehungen der göttlichen Personen untereinander. Gott zugleich als Substanz und als Relationsgefüge denken ist jedoch von daher problematisch, weil nach aristotelischem Verständnis die Relation eine zweitrangige Wirklichkeit ist. Die Substanz als die erste aller Kategorien ist etwas, was einem Gegenstand notwendig zukommt. Alle anderen Bestimmungen jedoch sind nur akzidentelles Sein an oder in Substanzen. Auch Beziehung ist von Aristoteles her nur eine akzidentelle Bestimmung, d.h., es kann für eine Substanz nicht wesentlich sein, auf etwas anderes bezogen zu sein.

Streng aristotelisch gesehen, können die innergöttlichen Beziehungen somit nur als Akzidenzien der einen göttlichen Substanz angesehen werden. Dieser Auffassung aber muss Augustinus widersprechen, denn gäbe es in Gott Akzidenzien, so wäre Gott nicht unveränderlich, und wenn nicht unveränderlich, dann wäre er auch nicht höchstes Sein, „ipsum esse" (De trin. V, 2). Wären die Relationen in Gott akzidentelle Bestimmungen, so wären es Bestimmungen, die er nicht notwendig hat, die er haben kann und dann auch wieder nicht haben kann, etwa wie jemand schwarze Haare hat, diese schwarzen Haare aber auch weiß werden können bzw. er sie verlieren kann. Das heißt, Gott würde Bestimmungen annehmen und wieder verlieren. Damit aber gäbe es Veränderung in Gott. Das höchste Sein kann keinerlei Akzidenzien haben, es kann nur das sein, was vollkommen und in jeder Hinsicht ist (De trin. V, 4).

Wenn jedoch die trinitarischen Beziehungen in Gott nicht akzidentell sein können, weil es im unveränderlichen, höchsten Sein keine Akzidenzien geben kann, so müssen sie – entgegen Aristoteles – als *wesentlich* zur göttlichen Substanz hinzugehörig gedacht werden (De trin. V, 5). Die innergöttlichen Beziehungen sind, wie man von Augustinus her formulieren kann, wesenhafte oder substantielle Beziehungen. Damit ist nicht gesagt, dass Vater, Sohn und Heiliger Geist als drei Substanzen zu denken sind, die wesentliche Beziehungen zueinander haben. Dies wäre ein Tritheismus, d.h., es gäbe drei selbstständige Gottheiten in Gott, was dem christlichen Monotheismus widerspräche. Vater, Sohn und Heiliger Geist sind in Gott vielmehr nichts als ein gegenseitiges Aufeinanderbezogensein. Sie unterscheiden sich durch nichts voneinander als durch die verschiedenen substantiellen, d.h. ewigen und unveränderlichen Beziehungen, die sie zueinander haben. Ansonsten ist in Gott alles eins (De civ. XI, 10).

Dieser Ansatz kommt einer unserem heutigen Weltverständnis sehr entgegenkommenden Aufwertung der Kategorie der Relation gleich. Die Relation ist in Bezug auf Gott nicht etwas von sekundärem Seinsrang, weil akzidentell, sondern sie ist ein wesenhafter Bestandteil des höchsten Seins selbst. Das höchste Sein ist nicht nur autarkes Sein, sondern wesentlich auch ein Aufeinanderbezogensein der drei göttlichen Personen. Dabei beschränkt Augustinus diese Aussage nicht allein auf die Wirklichkeit Gottes. Die Trinität wird in „De trinitate" immer in Analogie zum menschlichen Geist konzipiert (De trin. VIII–XV). Das heißt, so wie für Gott die Dreierbeziehung wesentlich ist, so ist auch der menschliche Geist als Abbild Gottes durch die Beziehung von Dreiheiten bestimmt, etwa die relationale Dreiheit von Gedächtnis, Einsicht und Wille (De trin. X, 11). Augustinus durchbricht somit die aristotelische Vorstellung der Minderwertigkeit der Relation gegenüber der Substanz auf der Ebene geistiger Wirklichkeiten im Allgemeinen. Dieser Ansatz ist jedoch für die nachfolgende Philosophie ohne Konsequenzen geblieben. Augustinus' Trinitätsverständnis hat sich lediglich in der theologischen Gotteslehre durchgesetzt. Gerade für eine heute neu zu formulierende Metaphysik aber ist Augustinus' Aufwertung der Relation ein interessanter Ansatzpunkt, denn im 20. Jahrhundert wurde sowohl auf anthropologischer Ebene die Bedeutung der zwischenmenschlichen Beziehung als konstitutiv für das Menschsein erkannt als auch der Substanzbegriff von der modernen Physik in Frage gestellt. Die heutige Physik versteht die Wirklichkeit wesentlich als ein Bezugssystem, das auf der Ebene materiellen Seins völlig ohne die Annahme eines An-sich-Seins bzw. von so etwas wie Substanzen im aristotelischen Sinne auszukommen scheint.

2. Schöpfer und Geschöpf

Von der Bibel als dem Grundzeugnis der jüdisch-christlichen Offenbarung ausgehend, stellt sich philosophisch gesehen nicht nur die Frage nach der Existenz und dem Wesen Gottes, sondern aufgrund des in ihr enthaltenen Schöpfungsgedankens auch diejenige nach dem Verhältnis von Schöpfer und Geschöpf, ein Thema, in dem die philosophischen bzw. metaphysischen Bemühungen des Mittelalters wie in einem Brennpunkt zusammentreffen.

a) „Creatio ex nihilo"

Augustinus' Schöpfungsverständnis setzt sich wesentlich von zwei Modellen antiker Lehre der Weltwerdung ab. Einerseits ist die Welt entgegen Plotin nicht das Resultat eines Prozesses notwendiger Emanation aus Gott, sondern als ein freier Akt Gottes zu denken, als ein Vorgang, der

Gottes freiem Entschluss entspringt. Gott hätte genauso gut die Welt nicht schaffen können (De civ. XII, 18). Die Schöpfung darf andererseits nicht im Sinne von Platons Schöpfungsmythos im „Timaios" konzipiert werden, wo das Schaffen des Demiurgen in Analogie zum künstlerischen Schaffen des Menschen beschrieben wird. Gott erschafft nicht wie ein Künstler, der eine vorgegebene Materie formt, sondern er ist die Ursache von allem, was existiert, also auch noch von der Materie selbst. Für Augustinus gibt es zwar den Form-Materie-Gegensatz, Gott ist jedoch der Schöpfer von beidem, von Form und Materie. Die Schöpfung der Welt ist mit anderen Worten eine Schöpfung aus dem Nichts, eine „creatio ex nihilo" (Conf. XII, 7). Auch dieses Nichts ist nichts Dinghaftes, sondern mit der Aussage ist gemeint, dass es neben Gott nichts gibt, woraus er die Welt geschaffen hat. Gott hat die Schöpfung voll und ganz aus sich selbst heraus ins Dasein gerufen.

Ein weiterer, zentraler Aspekt ist, dass erst mit der Schöpfung die Zeit geschaffen wird. Der Anfang der Welt ist zugleich der Anfang der Zeit, sodass es ein zeitliches Vor diesem Anfang gar nicht geben kann. Die Welt ist nicht in der Zeit, sondern die Zeit zusammen mit der Welt geschaffen worden (Conf. XI, 13). Es gab also vor der Schöpfung keine Sukzession von Momenten. Mit dieser Auffassung kann ein Einwand gegen die biblische Schöpfungsvorstellung von Seiten derer, die für die Ewigkeit der Welt plädieren, entkräftet werden. Wenn man sich nämlich vorstellt, dass Gott eine Zeit lang allein für sich geblieben ist, um sich anschließend aus freiem Entschluss für die Schöpfung einer Welt außer ihm zu entscheiden, dann wäre in Gott zu einem Zeitpunkt ein Wille entstanden, der vorher nicht da war, und Gott wäre damit nicht mehr unveränderlich. Wenn es aber keine Zeit vor der Schöpfung gab, dann kann der Schöpfungsakt bzw. der Wille zur Schöpfung auch nicht als eine Veränderung in Gott angesehen werden. Die Ewigkeit Gottes ist keine unendliche Zeit, sondern ewiges Jetzt, ewiges Heute, ohne Abfolge. Mit anderen Worten: Die Schöpfung der Welt ist ein ewiger Ratschluss Gottes. Die Frage, was Gott tat, bevor er Himmel und Erde erschuf, erweist sich als unsinnig (Conf. XI, 10–13).

Die Idee, dass mit der Schöpfung auch erst die Zeit geschaffen wird, steht damit auch im Gegensatz zu Aristoteles' Argument für die Ewigkeit der Welt. Wenn es einen Anfang der Zeit gäbe, so lautete Aristoteles' Einwand, gäbe es ein Vorher der Zeit, was bereits wieder eine zeitliche Vorstellung wäre. Das heißt, man kann sich keinen Anfang der Zeit denken, weil das, was vor diesem Anfang kommt, wieder zeitlich gedacht werden muss. Augustinus versucht stattdessen, einen Anfang zu denken, der alles Vorher und Danach erst begründet, einen Anfang ohne Vorher. Dies ist eine paradoxe Vorstellung, allerdings nicht paradoxer als etwa die heutige kosmologische Vorstellung, wonach das Universum expandiert, es außerhalb des Universums aber nichts gibt, dem gegenüber es expandiert.

Gottes Verhältnis zur Welt ist schließlich ein Verhältnis der Vorsehung. Gott hat in einer Schau, in der ihm alles zugleich gegenwärtig ist, die Urbilder von allem, und zwar von allem sowohl Vergangenen als auch Gegenwärtigen und Zukünftigen ständig vor Augen (De trin. XV, 7). Von daher weiß Gott im Voraus alles, was geschehen wird, selbst die freien Handlungen der Menschen sieht er voraus. Seine Vorsehung ist lückenlos.

b) Der Ursprung des Bösen

Ursache der Schöpfung ist Gottes Weisheit und Güte (Conf. XIII, 2–4). Dabei hat Gott die Welt in seiner Weisheit und Güte einer bestimmten Ordnung gemäß geschaffen, indem er die Dinge ihrem je verschiedenen Seinsrang gemäß abgestuft hat. Die geschaffene Welt ist ein Ganzes, das vom Himmel zur Erde, bzw. von den höchsten, rein geistigen Wesen, den Engeln, die Gott am nächsten kommen, bis zur formlosen Materie als dem Gott Fernsten hinabreicht (Conf. XII, 7). Hiermit ist der mittelalterliche „ordo“-Gedanke bereits bei Augustinus gesetzt.

Diese Ordnung ist, weil sie von einem weisen, gütigen Schöpfer stammt, gerecht (De lib. arb. III, 24). In dieser gerechten Ordnung gibt es jedoch zugleich das Böse, das Übel. Das Böse ist auch für Augustinus keine dem Guten entgegengesetzte, eigenständige Wirklichkeit. Es hat kein eigenes Wesen, es ist wie bei Plotin allein Mangel an Gutem (De civ. XI, 22). Dabei betrachtet Augustinus entgegen Plotin auch die formlose Materie als in sich gut, denn auch sie ist von Gott geschaffen (Conf. XII, 8). Woher aber kommt das Böse, wie lässt sich die Existenz des Bösen rechtfertigen? Der lateinische Begriff für das Böse, „malum“, ist zweideutig. Gemeint sein kann das Übel, das der Schöpfung als solcher anhaftet, verschiedene Formen von Leid, oder Übel, die nicht auf freie Willenssubjekte zurückzuführen sind, wie Seuchen oder Erdbeben. Man nennt diese Form von Übel physisches Übel (malum physicum). Daneben gibt es das so genannte moralische Übel (malum morale). Es ist das Böse im eigentlichen Sinne, verursacht durch freie Willenssubjekte und mit Schuld verbunden. Eine Antwort auf die oben genannte Frage kann daher nur erfolgen, indem man jede dieser beiden Formen von Übel getrennt für sich betrachtet.

Beginnen wir mit dem physischen Übel. Es ist Augustinus' Auffassung nach der Schöpfung als solcher inhärent. Da aber die Schöpfung gerecht und gut ist, ist auch das physische Übel nichts eigentlich Schlechtes. Es stellt nicht die Vollkommenheit von Gottes Schöpfung in Frage (De civ. XI, 22). Das physische Übel ist sinnvoll, ja notwendig, weil eine Ordnung um so vollkommener ist, je mehr Gegensätze sie einschließt. Es ist eine notwendige Ergänzung zum Guten, so wie in einer Rede gegensätzliche Wendungen die Schönheit steigern (De ord. I, 7). Augustinus schließt mit dieser Auffassung somit unmittelbar an Plotin an, der ja ebenfalls den

Kosmos als ein harmonisches Ganzes denkt, zu dessen Harmonie das Böse beiträgt. Er argumentiert aber auch theologisch, sich auf den Schöpfungsbericht im Buch Genesis stützend: „Und Gott sah an alles, was er gemacht hatte, und siehe es war sehr gut" (Gen 1,31).

Wie jedoch steht es mit dem moralischen Übel? Urheber dieses Übels ist für Augustinus der vom Guten abfallende Wille, und zwar einerseits der Wille der Engel, andererseits der Wille der Menschen (Ench. 23). Ich beschränke mich auf den menschlichen Willen. Auch er wurde von Gott ursprünglich gut geschaffen. Der böse Wille kann demnach nur durch einen Abfall entstanden sein, der vom menschlichen Willen selbst als einem freien, von Gott unabhängigen Willen verursacht wurde. Auch das moralisch Böse ist jedoch lediglich eine Negation, eine Verkehrung des Guten. Der böse Wille kann daher nicht als eine positive Ursache des Bösen gesehen werden, sondern nur als ein negativer Abfall, als eine, wie es heißt, „versagende Ursache" (De civ. XII, 7), als eine Ursache also, die hinter ihrer eigentlichen Wirksamkeit zurückbleibt. Dieser Abfall entsteht dadurch, dass der ursprünglich auf das unwandelbare höchste Gut gerichtete Wille des Menschen sich den wandelbaren Dingen zugewandt hat (De lib. arb. I, 34) bzw. dass der Mensch sich von der Gottesliebe ab- und der Selbstliebe zugewandt hat (De lib. arb. II, 53).

Warum aber hat Gott es zugelassen, dass der Mensch sich für das Böse entscheiden kann? In „De libero arbitrio" wird dies u. a. damit erklärt, dass es in der Schöpfung ein Gut wie etwa die Gerechtigkeit nur geben kann, wenn es Geschöpfe gibt, die einen freien Willen haben. Frei aber ist der Mensch nur, wenn er unabhängig von Gott ist, sodass er sich gegen Gott und damit für das Böse entscheiden kann. Das heißt, es ist besser, dass es Menschen gibt, die aufgrund ihrer Freiheit dem Bösen verfallen, als dass es überhaupt keine Menschen und damit keinen freien Willen gibt. Dies ist, so Augustinus' eigenes Beispiel, immer noch besser, so wie ein durchgehendes Pferd immer noch besser ist als ein Stein (De lib. arb. III, 15)!

3. Geschichtsmetaphysik

Augustinus ist wohl der erste Philosoph des Abendlandes, der die Geschichte zum ausdrücklichen Thema eines systematischen Denkens erhebt. Sein für das gesamte Mittelalter einflussreiches Geschichtsdenken entwickelt er in seinem Spätwerk, dem „Gottesstaat". Metaphysischen Charakter aber hat es dadurch, dass es einerseits auf Paulus' Unterscheidung von Fleisch und Geist beruht, andererseits auf ein übergeschichtliches Ziel ausgerichtet ist, nämlich auf Gott selbst bzw. auf die Vereinigung mit Gott in einem eschatologischen Endzustand, in dem – biblisch gesprochen – Gott „alles in allem" sein wird (De civ. 22, 30). Damit spiegelt sich zusammen mit dem Schöpfungsgedanken das neuplatonische Schema von Ausgang aus und Rückkehr zu Gott in Augustinus' Denken wider. Dieser Prozess ist allerdings nicht wie bei Plotin als ein unendlicher, sondern als ein endlicher, d. h. zeitlich anfangender und endender Prozess zu verstehen.

a) Gottesstaat und Weltstaat

Die Weltgeschichte versteht Augustinus als Kampf zwischen einem Gottesstaat und einem Weltstaat bzw. einer Gottesbürgerschaft und einer Weltbürgerschaft – „civitas Dei" und „civitas terrena". Gemeint ist der Kampf zweier Prinzipien, die auf die paulinische Dichotomie von Fleisch und Geist zurückzuführen sind:

„Obwohl [...] auf dem Erdkreis so viele und große Völker mit mannigfachen Sitten und Bräuchen leben und sich durch eine Vielfalt von Sprachen, Waffen und Kleidern unterscheiden, gibt es doch nicht mehr als nur zwei Arten menschlicher Gemeinschaft, die wir mit unserer Heiligen Schrift sehr wohl zwei Staaten nennen können. Der eine besteht aus den Menschen, die nach dem Fleisch, der andere aus denen, die nach dem Geist leben wollen." (De civ. XIV, 1)

Das Wort „Fleisch", so Augustinus, verwendet Paulus im Neuen Testament nicht, um damit den menschlichen Leib zu bezeichnen, wie insbesondere aus folgender Stelle hervorgeht: „Offenbar aber sind die Werke des Fleisches, nämlich Hurerei, Unreinigkeit, Üppigkeit, Abgötterei, Zauberei, Feindschaft, Hader, Eifersucht, Zorn, Zwietracht, Ketzerei, Neid, Trunksucht, Völlerei und dergleichen ..." (Gal 5,19 f.). Diese Stelle zeigt, dass die Werke des Fleisches nicht lediglich Ausdruck von so genannten Fleisches- bzw. Leibeslüsten sind, sondern auch für Geistsünden stehen (De civ. XIV, 2). „Nach dem Fleisch leben" kann somit nicht bedeuten, den leiblichen Teil des Menschen zum bestimmenden Prinzip zu erheben. Es kann nur der ganze Mensch sein, der in die eine oder andere Richtung, nach dem Fleisch oder dem Geist lebt.

Diese Richtung aber wird für Augustinus durch den menschlichen Willen bestimmt. Das Leben nach dem Fleisch ist auf den vom menschlichen Willen verursachten Sündenfall zurückzuführen: Der ursprünglich auf das unwandelbare höchste Gut gerichtete Wille hat sich den wandelbaren Dingen zugewandt. Den wandelbaren Dingen zugewandt sein aber bedeutet, nach sich selbst leben, ein Mensch sein, der nach dem Menschen lebt, der nicht wie der geistige Mensch Gott zu gefallen sucht, sondern sich selbst (De civ. XIV, 3). Mit anderen Worten: Von den beiden Staaten wird der eine durch Gottesliebe, der andere durch Selbstliebe regiert (De civ. XIV, 28). Dabei ist die „civitas terrena“ durch Nützlichkeitserwägungen, Stolz und Ehrgeiz geleitet, die „civitas Dei“ durch Aufopferung, Gehorsam und Demut. Die eine ist „vanitas“, die andere „veritas“ (De civ., XII, 1).

Mit Augustinus' Unterscheidung zweier Staaten sind also primär keine räumlich abgrenzbaren Territorien gemeint, es wird damit aber auch keine äußerliche, institutionelle Unterscheidung bezeichnet, sondern eine innerliche und geistige. Es handelt sich primär um die Unterscheidung zweier, wie es bei Augustinus selbst heißt, „Willensrichtungen“ (De civ. XIV, 6). Der Gottesstaat wird zwar auch mit der konkreten Institution der katholischen Kirche in Verbindung gebracht – an einer Stelle tut Augustinus dies ausdrücklich (De civ. XIII, 16) –, und die verschiedenen heidnischen Staaten werden auf den Weltstaat bezogen. Dennoch ist mit dem Gottesstaat nicht so sehr die real bestehende Kirche als konkrete Institution gemeint, in der es immer auch Menschen gibt, die „nach dem Fleisch“ leben, als vielmehr die unsichtbare Gemeinschaft der von Gott zum Leben „nach dem Geist“ Auserwählten. Was im späteren Mittelalter daraus gemacht worden ist, nämlich eine Rechtfertigung des Machtprimats des „sacerdotium“ gegenüber dem „imperium“, hat mit Augustinus direkt nichts zu tun.[3]

b) Der Sinn der Geschichte

Der Lauf der beiden ständig miteinander kämpfenden Staaten durch die Weltzeit hindurch wird von Augustinus dem biblisch-christlichen Weltbild entsprechend als ein linearer Ablauf auf das übergeschichtliche, eschatologische Ziel der Gottesschau hin konzipiert. Schöpfung und Sündenfall sowie Jüngstes Gericht und Auferstehung zum ewigen Leben stehen an Anfang und Ende dieses Prozesses. Dabei führt der Lauf des Weltstaates zu ewiger Verdammnis, der des Gottesstaates zum ewigen Leben (De civ. XV, 1).

Nach dem Sündenfall, mit dem die Dualität zweier Staaten gesetzt wird, beginnt ihre eigentliche Entfaltung auf Erden mit Kain und Abel. Dem Brudermörder Kain wird in Gen 3,17 ausdrücklich die Gründung einer Stadt zugesprochen. Das heißt, er richtet sich im Irdischen ein und gründet eine Gemeinschaft, die ihr Leben auf irdische Ziele ausrichtet. Abel hingegen ist gegenüber Kain der „peregrinans“, also derjenige, der sich auf der ständigen Pilgerschaft nach einem überirdischen Ziel befindet. Diese Pilgerschaft ist das primäre Kennzeichen des Gottesstaates auf Erden (De

[3] Vgl. hierzu W. Kamlah, *Christentum und Geschichtlichkeit. Untersuchungen zur Entstehung des Christentums und zu Augustins „Bürgerschaft Gottes“*, Stuttgart [2]1951.

civ. XV, 1). Augustinus verfolgt nun diesen mit Kain und Abel beginnenden Kampf durch die gesamte alttestamentliche Heilsgeschichte hindurch bis hin zu Christus. Er unternimmt dabei verschiedene Periodisierungsversuche der Geschichte, deren wichtigste eine Einteilung in sechs Epochen ist. Die erste Epoche reicht von Adam bis zur Sintflut, die zweite von Noach bis Abraham, die dritte von Abraham bis David, die vierte von David bis zur babylonischen Gefangenschaft, die fünfte von dort bis zur Geburt Christi. Die sechste und letzte Epoche schließlich reicht von Christus bis zu seiner Wiederkunft am Ende der Welt.

Was aber ist der Sinn dieses Geschichtsablaufes? Sinn hat die Geschichte bei Augustinus nur als Heilsgeschichte. Das heißt, es geht ihm allein um den Fortschritt des Gottesstaates. Die immanente Geschichte der verschiedenen Weltstaaten hat für sich genommen keinerlei Sinn, es gibt in ihr keinen Fortschritt in irgendeine Richtung, auf irgendein Ziel hin. Sie ist ein dem Untergang geweihtes Vorläufiges. Selbst in Bezug auf die Heilsgeschichte jedoch ist für Augustinus der eigentliche Geschichtsablauf im Grunde genommen uninteressant. Im Zentrum steht allein das Ziel selbst bzw. das bloße Faktum, dass die Geschichte dynamisch auf das eschatologische Endziel ausgerichtet ist. Augustinus versucht etwa nicht, die verschiedenen Formen, die der Gottesstaat in der Menschheitsgeschichte angenommen hat, in seinen kausalen Zusammenhängen darzustellen. Er versucht nicht, die Gesetzmäßigkeit der geschichtlichen Dynamik des Gottesstaates zu ergründen. Abraham, Mose und Christus bilden keinen zu deutenden Geschichtszusammenhang, sondern die verschiedenen heilsgeschichtlichen Ereignisse werden lediglich aneinander gereiht. Augustinus tut dies deshalb nicht, weil die Wege Gottes seiner Ansicht nach unerforschlich sind, weil der Ablauf der Geschehnisse auf dieser Welt für den Menschen undurchdringlich ist (De civ. XX, 2). Gott lenkt die Geschichte, aber nicht nach unseren Maßstäben. Von daher steht im Mittelpunkt seines Geschichtsdenkens im Grunde genommen allein die sich zu jeder Geschichtszeit neu stellende Frage der gnadenhaften Annahme oder sündhaften Ablehnung einzelner Menschen.

Diese Akzentuierung aber kommt einer Weiterführung des platonischen Dualismus gleich. Der Sinn der Geschichte ist die Überwindung der Geschichte, so wie für Platon der Sinn der menschlichen Existenz die Überwindung des der Sinnenwelt verhafteten Daseins ist. Im Gegensatz zu Platon gibt es zwar eine Verkörperung der transzendenten, ewigen Welt in dieser dem Wechsel unterworfenen Welt in Form des Gottesstaates. Der Gegensatz von wandelbarer Sinnenwelt hier und ewigem Ideenreich dort ist nicht so krass wie bei Platon. Eine gewisse Vermischung und Verschmelzung beider Staaten findet statt, da auch der Gottesstaat nicht weltlos ist, sondern immer aus zugleich weltlichen, in der Welt stehenden Subjekten besteht. Doch wird damit nicht die weltliche Geschichte als solche in die Ausrichtung auf das Endziel integriert. In ihr bleibt der Gottesstaat stets der heimatlose Pilger nach dem Vorbild Abels. Es geht vielmehr allein darum, die Geschichte durch ein übergeschichtliches Ziel der Geschichte zu überwinden. Vollendung der Geschichte ist für Augustinus „Befreiung *von* der Geschichte“.[4] Obwohl Augustinus der erste Philosoph ist, der den Sinn der Menschheitsgeschichte als ganzer thematisiert, der sie als einen einmaligen, zweckvollen Prozess von Anfang bis Ende konzipiert, bleiben weltgeschichtliche Ereignisse und überweltliches Ziel prinzipiell voneinander getrennt. Augustinus' Geschichtsdenken ist eine Geschichtsmetaphysik, bei der das metaphysische Ziel der Geschichte mit der immanenten Weltgeschichte als solcher in keinerlei Verbindung steht.

c) Lineares Geschichtsverständnis

Mit dem Verständnis der Weltgeschichte als einem linearen, auf ein eschatologisches Endziel gerichteten Ablauf wendet Augustinus sich explizit gegen die klassisch-antike Vorstellung der Weltzeit. Für die Antike ist die Welt nicht nur ewig, sondern sie wird auch immer wieder als eine periodische Kreisbewegung, als ein sich unendlich wiederholender Zyklus konzipiert. Die Geschichte ist wie ein Lebensprozess: Mächte wachsen und vergehen, alles beginnt immer wieder von vorn, ohne dass es eine Entwicklung des Kosmos auf ein Ziel hin gäbe. Diese Auffassung durchzieht das antike Denken von Herodot bis Plotin.

Augustinus unternimmt es als Erster, die dieser Auffassung entgegengesetzte jüdisch-christliche Geschichtsvorstellung systematisch zu formulieren. Die Ablehnung des zyklischen Weltmodells aber begründet er neben spezifisch theologischen Argumenten auch mit einem philosophischen. Den Ausgangspunkt bildet wiederum das menschliche Streben nach dem absoluten Glück. Augustinus versucht aufzuweisen, dass ein zyklisches Zeitverständnis diesem Glücksstreben zuwiderläuft. Wäre nämlich der einzelne Mensch in einem ewigen Zyklus von Vergehen und Entstehen begriffen, so wäre seine Seele einem nie endenden Wechsel von Glück und Elend unterworfen. Führt aber die jeweils erreichte Glückseligkeit zwangsläufig zu einer Rückkehr in ein zukünftiges Elend, dann kann sie keine vollkommene Glückseligkeit sein, d.h., weiß der Mensch von dem bevorstehenden Elend, dann enthält die Glückseligkeit bereits die Furcht vor der zukünftigen Unglückseligkeit, weiß er aber nichts davon, dann gibt es diese Furcht zwar nicht, er erfährt jedoch eine Glückseligkeit, der die Freude an der Wahrheit fehlt, d.h., die Freude fehlt, zu wissen, dass dies nun die unwandelbare wahre Glückseligkeit ist. In keinem Fall erlangt er

[4] Vgl. E. Angehrn, *Geschichtsphilosophie*, Stuttgart 1991, 55.

die vollkommene Glückseligkeit, d.h., in keinem Fall gelangt sein Streben zur Ruhe (De civ. XI, 4).

Dies ist kein theoretischer Beweis für die Notwendigkeit eines linearen, zielgerichteten Geschichtsablaufes, sondern nur der Aufweis, dass ein zyklisches Zeitverständnis der anthropologischen Verfasstheit des Menschen widerspräche. Das Argument spricht somit nur insoweit für die Annahme eines metaphysischen Geschichtsziels, als grundsätzlich davon ausgegangen wird, dass die Geschichte einen Sinn hat, bzw. die Geschichte kann für den Menschen nur dann als sinnvoll erfahren werden, wenn sie mit der Konstitution des Menschen, seinem ihm angeborenen Streben nach Vollkommenheit übereinstimmt. Dies tut sie aber nur, wenn sie nicht zyklisch, sondern linear-eschatologisch gedacht wird.

Mit Augustinus' linearer Geschichtsauffassung wird der unwiederholbaren Einmaligkeit der individuellen Existenz ein bisher nie erreichtes Gewicht gegeben. Indem es im Geschichtsablauf immer nur darum geht, dass der einzelne Mensch sich zum Mitglied des Gottesstaates erhebt, kann es keinem weltimmanenten Geschichtsgesetz untergeordnet werden, dem es sich als Mittel zum Zweck aufopfern müsste, wie in den Geschichtsphilosophien eines Hegel oder Marx. Zugleich hängt, aufgrund der radikalen Nichtwiederholbarkeit der Geschichte, Gelingen oder Misslingen des Lebensentwurfes eines Menschen ganz von dem ab, was er aus der ihm gegebenen, einmaligen Existenz macht. Damit erhält die Existenz einen Ernst und das Leben des einzelnen Menschen einen Wert, den es in einer zyklischen Auffassung oder etwa im Rahmen der Vorstellung einer Seelenwanderung nicht haben könnte.[5]

[5] Vgl. L. Honnefelder, „Die Einmaligkeit des Geschichtlichen. Thesen zur philosophischen Bedeutung der Geschichtstheologie Augustins", in: *Tradition und Innovation*, hrsg. v.. W. Kluxen, Hamburg 1988, 70–81.

Fünftes Kapitel: Thomas von Aquin

I. Philosophie und Theologie

1. Leben, Kontext und Werk

Thomas von Aquin wurde 1225 in der Nähe von Neapel geboren. Er war der jüngste Sohn aus einer adeligen Familie. Im Alter von fünf Jahren brachten ihn seine Eltern zu den Benediktinern von Monte Cassino, und im Alter von 14 Jahren wurde er an die Universität von Neapel geschickt. Hier konnte man damals, ungehindert durch kirchliche Verbote, Aristoteles studieren. Gegen den zunächst erbitterten Widerstand seiner Familie trat er 1244 in Neapel in den noch nicht lange gegründeten Dominikanerorden ein. Er wurde von seinem Orden 1245 zum Studium nach Paris gesandt, die Stadt mit der damals angesehensten Universität, die „Stadt der Philosophen", wie der für Thomas entscheidende Lehrer Albertus Magnus sie nannte, bei dem er anschließend, von 1248–1252, in Köln studierte. Ab 1252 durfte er in Paris lehren, während er zunächst noch, wie dies üblich war, sein Studium zu Ende führte. 1256 wurde er zum Magister ernannt, den damals höchsten Universitätstitel, und lehrte in Paris weiter bis 1259. Von 1259 bis 1268 war er in Italien an der päpstlichen Kurie in der Lehre tätig, dann wieder in Paris. 1272 wurde er noch einmal nach Italien zurückgerufen, um in Neapel am Aufbau eines theologischen Studiums der Dominikaner mitzuwirken. Er starb 1274 auf dem Weg zum Konzil von Lyon in der Nähe von Rom.

Thomas' philosophisches und theologisches Denken steht im historischen Kontext einer wissenschaftlichen Bewegung, die bereits im Mittelalter „Scholastik" genannt wurde. Dem Wort „Scholastik" liegt das Wort „schola", Schule zugrunde. In der Tat spielt sich die Wissenschaft in der Zeit zwischen dem 13. und 15. Jahrhundert erstmals im Rahmen eines festen, institutionellen Schulbetriebes ab, der rechtlich gesichert und eigenständig ist. Es werden die ersten Universitäten gegründet, Bologna, Paris und Oxford, und die Wissenschaft wird, als „Zunft" organisiert, durch Lehrende und Lernende betrieben, die sich ihr ganz widmen bzw. sie als Lehrende beruflich betreiben. Dabei mussten alle Studenten zunächst den Lehrgang der „artes liberales" durchlaufen, d.h. verschiedene Wissenschaften studieren, die auf das Studium in den höheren Fakultäten von

Theologie, Recht oder Medizin vorbereiten. Es gab nach antikem Muster sieben „artes liberales“: Grammatik, Rhetorik, Dialektik = Trivium und Arithmetik, Geometrie, Astronomie, Musik = Quadrivium. Das Studium der „artes liberales“ dauerte sechs Jahre, bevor man dann noch eine Wissenschaft an einer der drei höheren Fakultäten studieren konnte, wobei das Studium der Theologie nochmals acht Jahre dauerte. Allerdings ist zu bedenken, dass man damals bereits mit etwa 15 Jahren mit dem Studium begann und der theologische Abschluss unmittelbar die Lehrbefähigung an den Universitäten miteinschloss.

Das entscheidende Ereignis für den mittelalterlichen Schulbetrieb ist eine im 12. und 13. Jahrhundert erfolgende wissenschaftliche Revolution. Im 12. Jahrhundert nämlich werden die im Abendland über Jahrhunderte unbekannt gebliebenen Schriften Aristoteles' zur Metaphysik, Ethik und den Naturwissenschaften wieder entdeckt, und zwar vor allem im Zusammenhang mit den Schriften arabischer Kommentatoren des Aristoteles. Zu nennen sind die Namen Avicenna (980–1037) und Averroes (1126–1198). Aristoteles wird aufgrund dieser Entdeckungen, die für das damalige, der arabischen Welt gegenüber rückständige Abendland eine gewaltige wissenschaftliche Horizonterweiterung bedeuten, innerhalb kürzester Zeit zur alles bestimmenden Grundlage mittelalterlichen Denkens, sodass die „artes liberales“ sich immer mehr auf das Studium von Aristoteles' Schriften konzentrieren. Während zur Zeit von Thomas' Jugend das Studium von Aristoteles oft noch ausdrücklich verboten war, wurde er über alle kirchlichen Verbote hinweg in wenigen Jahrzehnten zum Inbegriff von Philosophie überhaupt. In Thomas' Schriften und nicht nur dort ist von Aristoteles nur noch als von „dem“ Philosophen die Rede.

Scholastik bezeichnet jedoch vor allem den von Aristoteles geprägten, formal-methodischen Aspekt, unter dem damals gelehrt und gedacht wurde. Wirkliche Aneignung von Wissen kann nach scholastischer Auffassung nur in streng rationaler Argumentation vollzogen werden. Das Argumentieren tritt wie nie zuvor im abendländischen Denken in den Vordergrund. Dabei hat die scholastische Methode wesentlich Texte zur Grundlage, Texte, denen „auctoritas“, Autorität, zugesprochen wird, die man aber zugleich mit der Vernunft, der „ratio“, kritisch beurteilt. Dabei geht es nicht primär um die richtige Auslegung des Textes, sondern um den Beitrag, den dieser Text zur Begründung einer sachlichen Aussage zu leisten vermag. Die Texte werden entweder in einer „lectio“, einer Vorlesung, unmittelbar gelesen und kommentiert, woraus die vielen mittelalterlichen Kommentare entstanden sind, oder sie bilden die Grundlage der schulmäßigen „disputatio“, dem Streitgespräch. Die „disputatio“ besteht darin, mit Hilfe der aristotelischen Logik, der Syllogismuslehre, die Richtigkeit aufgestellter Thesen zu beweisen bzw. zu widerlegen, ein Verfahren, das wiederum den Aufbau der scholastischen Schriften weithin prägt. Die klassische Form einer solchen Disputation, wie sie insbesondere in den Schriften Thomas' zu finden ist, ist folgende: 1) Ein Problem wird gestellt. 2) Es werden die verschiedenen Einwände gegen die eigene Auffassung aufgezählt, wobei die Texte bzw. Aussagen von Philosophen, Kirchenvätern oder die Bibel als Autoritäten herangezogen werden; 3) wird die eigene Lösung ebenfalls zunächst auf eine Autorität gegründet und dann aber vor allem 4) rational bewiesen. Am Ende 5) werden die Einwände der Gegner einer nach dem anderen widerlegt. Auf diese Weise wird von Problem zu Problem fortgeschritten, wobei die herausragende Form solcher Schriften die „Summa" ist, in der durch eine zusammenhängende Anordnung wesentlicher Probleme eine umfassende Zusammenschau des Wissens angestrebt wird. Eine ähnlich verrationalisierte Philosophie hat es im Grunde genommen erst wieder im 20. Jahrhundert mit der sprachanalytischen Philosophie gegeben, die allerdings im Gegensatz zur Scholastik keine Systematik anstrebt.

Im Sinne dieser scholastischen Methode sind die meisten Schriften von Thomas von Aquin verfasst, angefangen bei seinem „Sentenzenkommentar" (1252–1256). Jeder Theologe musste damals zwei Jahre lang über die Sentenzen des Petrus Lombardus lesen, dem wichtigsten theologischen Schulbuch des Mittelalters. Es handelt sich um eine Sammlung von Sätzen aus der Schrift und den Kirchenvätern, zu denen der Theologiedozent einen selbstständigen Kommentar zu verfassen hatte. Thomas' Hauptwerk aber bilden vor allem die zwei Summen, die „Summa contra gentiles" (Summe gegen die Heiden, 1264 abgeschlossen) und sein berühmtestes Werk, die „Summa theologiae" oder „Summa theologica". An ihr hatte er bis 1273 intensiv gearbeitet und sie dann unvollendet beiseite gelegt. Zu erwähnen ist schließlich noch die sehr früh entstandene kleine Schrift „De ente et essentia" (Über Seiendes und Wesenheit, 1253–1255), in der Thomas die Grundlagen seiner Metaphysik entfaltet und die in der uns geläufigeren Form eines Traktates geschrieben ist.[1]

[1] Textverweise im Folgenden: CG = Summa contra gentiles; De ente = Über Seiendes und Wesenheit/De ente et essentia; In Trin. = Über die Trinität/In librum Boethii De trinitate expositio; De malo = Quaestiones disputatae de malo; In met. prol. = Duodecim libros Metaphysicorum Aristotelis expositio. Prologus; In peri herm. = Aristotelis libros Peri Hermeneias expositio; De pot. = Quaestiones disputatae de potentia; I Sent. = Scriptum super libros Sententiarum Magistri Petri Lombardi, Bd. 1; ST = Summa theologiae; De ver. = Quaestiones disputatae de veritate.

2. Vernunft und Offenbarung

Die Metaphysik des Mittelalters steht im Spannungsfeld von Philosophie und christlicher, jüdischer oder islamischer Theologie. Sie bildet die Grenze der Philosophie zur Theologie, denn als Wissenschaft vom höchsten Seienden führt sie zugleich am nächsten heran bzw. oft schon ein Stück weit hinein in diejenigen Problemkreise, um die auch die Theologie bemüht ist. Die Grenzen der Philosophie sind immer diejenigen der Vernunft. Ihr gegenüber steht die Offenbarung als das, was dem Menschen von Gott vermittelt ist. Die Frage jedoch, wie weit hier Abgrenzung und gemeinsame Überschneidung reichen, ist eine Grundsatzfrage, auf die im Mittelalter sehr verschieden geantwortet wurde.

Insbesondere Augustinus und Thomas von Aquin vertreten diesbezüglich zwei grundsätzlich unterschiedliche Modelle. Im Gegensatz zu Augustinus und den Kirchenvätern nimmt Thomas von Aquin eine klare Unterscheidung zwischen Philosophie und Theologie vor. Die Philosophie nämlich behandelt all das, was der Mensch aufgrund des natürlichen Lichtes der Vernunft zu erkennen vermag, d. h., ihre Erkenntnisse gründen in Prinzipien, die von der menschlichen Vernunft als solcher, unabhängig von aller Offenbarung, eingesehen werden (ST I a, 1,1). Wesentliche Aufgabe der Philosophie ist es, die ganze Ordnung des Universums, alle seine Gründe und Ursachen so weit zu beschreiben, wie dies rein mit Hilfe des natürlichen Lichtes der Vernunft möglich ist. Die Theologie hingegen, obwohl auch sie sich der menschlichen Vernunft bedient, gründet in Prinzipien, die die Vernunft nicht von sich aus einzusehen vermag, sondern die der Mensch aufgrund eines höheren, von Gott kommenden Lichts glaubt (ST I a, 1,2). Gemeint sind die Aussagen der Bibel, das Glaubensbekenntnis oder lehramtliche Festlegungen. Hier sind die Erkenntnisgrundlagen geoffenbart und werden als geoffenbart geglaubt und nicht, weil sie einem aufgrund vernünftiger Erwägungen einleuchten. Was die menschliche Vernunft in der Theologie tut, ist allein das rationale Argumentieren, das logische Aufeinanderbeziehen von Inhalten, die nicht aus der Vernunft selbst stammen (ST I a, 1,6).

Philosophie und Theologie unterscheiden sich damit nicht im Hinblick auf den Gegenstand ihrer Betrachtung, sondern in Bezug auf die Prinzipien, von denen her sie argumentieren. Auch bei Thomas gibt es eine Überschneidung beider Gebiete, die darin besteht, dass der Gegenstand der Untersuchung durchaus derselbe sein kann. Es gibt Wahrheiten, die geoffenbart sind, die aber zugleich auch der menschlichen Vernunft allein aus sich selbst heraus zugänglich sind (ST I a, 1,1). So kann der Mensch Thomas' Auffassung nach aufgrund rein vernünftigen Argumentierens zur Erkenntnis Gottes als Schöpfer der Welt gelangen, obwohl die Schöpfung zugleich eine geoffenbarte Wahrheit ist, oder der Mensch kann von der Vernunft her die Existenz des einen Gottes erkennen, obwohl der Monotheismus zugleich eine Offenbarung ist. Beide Herangehensweisen, die philosophische und die theologische, bleiben jedoch immer getrennt. Es gibt in Bezug auf Gott einerseits eine philosophische, rein vernünftige Gotteserkenntnis, andererseits eine theologische, die auf Offenbarungsinhalten beruht und der Philosophie letztlich unzugänglich ist, wie etwa die Trinitätslehre (In Trin. II, 3). Die philosophische Gotteserkenntnis hat man späterhin – bei Thomas selbst findet sich dieser Begriff nicht – natürliche Theologie, „theologia naturalis", genannt, die theologische Gotteserkenntnis hingegen nennt Thomas „sacra doctrina". In Bezug auf Gott wird somit gewissermaßen zwischen einer philosophischen und einer dogmatischen Theologie unterschieden.

Mit dieser – trotz gegenständlicher Überschneidungen – methodisch strengen Trennung zwischen Philosophie und Theologie wird der Zuständigkeitsbereich der Philosophie bei Thomas erstmals eindeutig auf den Bereich dessen festgelegt, was der rein menschlichen Vernunft ohne Einschränkungen zugänglich ist. Thomas von Aquin ist hiermit der eigentliche Begründer des Verständnisses von Philosophie als reiner Profanwissenschaft. Dies ist allerdings nicht – wie oft in der Neuzeit – im Sinne einer Kritik gegen die Offenbarungstheologie zu verstehen. Bei aller Trennung bilden Philosophie und Theologie eine harmonische Einheit, und zwar in dem Sinne, dass die Philosophie der Theologie in letzter Instanz dennoch untergeordnet bleibt.

Direkt kommt diese Unterordnung dadurch zum Ausdruck, dass die Theologie sich der Mittel der Philosophie bedient, um ihre eigenen Inhalte zu systematisieren. Die Theologie stützt sich zwar auf die Offenbarungsinhalte als ihre Prinzipien, diese Offenbarungsinhalte aber können nur mit Hilfe der menschlichen Vernunft durchdacht werden. In diesem Sinne nimmt die Theologie die Philosophie als ihre Magd (ancilla) in den Dienst (ST I a, 1,5). Die Philosophie ist der mittelalterlichen Formulierung gemäß „ancilla theologiae", die Magd der Theologie.

Die Philosophie erfüllt jedoch der Theologie gegenüber nicht nur diese Dienstfunktion, sondern sie ist zugleich etwas Eigenständiges und in ihrer Eigenständigkeit Berechtigtes. Die Aufgabe der Philosophie besteht wie gesagt vor allem darin, die Wirklichkeit, d.h. die Ordnung des Universums, dessen Gründe und Ursachen rein von der menschlichen Vernunft her zu betrachten (ST I a, 1,6). Allerdings bleibt für Thomas auch die so verstandene profane Philosophie auf die Theologie hingeordnet. Erstens gibt es im Menschen ein „desiderium naturale", ein natürliches Verlangen, das über alle Vernunft hinaus nach der vollkommenen, übernatürlichen, der Vernunft nicht mehr zugänglichen Wahrheit Gottes drängt. Da der Mensch dieses Ziel aus sich selbst heraus niemals zu erreichen vermag, findet sein Erkenntnisstreben im Bereich rein natürlicher Erkenntnis niemals seine Erfüllung, sondern erst in der übernatürlichen Schau Gottes (CG III, 50). Damit ist die philosophische Erkenntnis bei aller Eigenständigkeit immer schon auf die Offenbarungsinhalte, auf die Theologie als ihr höheres, sie selbst übersteigendes Erkenntnisziel ausgerichtet.

Die Wahrheit der Philosophie bleibt zweitens immer der Wahrheit der Theologie untergeordnet, denn die philosophische Wahrheit kann Thomas nach der theologischen prinzipiell nicht widersprechen (CG I, 7). Wenn dennoch ein solcher Widerspruch auftritt, ist dies ein sicheres Zeichen dafür, dass die philosophische Erkenntnis falsch war. Der Theologie kommt die Aufgabe zu, über alle anderen Wissenschaften zu urteilen (ST I a, 1,6). Diese Auffassung kann in dieser Einseitigkeit natürlich nur aufrechterhalten werden, wenn man davon absieht, dass auch die göttlichen Wahrheiten durch Menschen hindurch vermittelt sind. Das Bewusstsein der menschlichen Vermitteltheit auch des von Gott her Offenbarten aber war im Mittelalter noch nicht sehr ausgeprägt.

Diese Unterordnung unter die Theologie hebt allerdings die grundsätzliche Autonomie der Philosophie nicht auf. Denn falls die Philosophie in einen Widerspruch zur Offenbarungswahrheit gerät, kann sie, so Thomas, allein aufgrund natürlicher Vernunfteinsicht ihren Fehler korrigieren. Es ist die natürliche Vernunfteinsicht selbst, die fehlerhaft sein muss, wenn ein Widerspruch zur Offenbarungswahrheit entsteht. Philosophische Argumente, die dieser Wahrheit widersprechen, sind nicht richtig aus den ersten Prinzipien der natürlichen Vernunft hergeleitet und können daher – philosophisch – widerlegt werden (CG I, 7). Damit bleibt die philosophische Erkenntnis in ihrem methodischen Vorgehen eine von Autoritätsgründen unabhängige Wissenschaft. In der Philosophie kann der Verweis auf eine göttliche Autorität die Vernunfteinsicht nicht ersetzen. Ein Widerspruch zur Theologie kann nur eine Autokorrektur der Vernunft durch sich selbst veranlassen.

Noch in einem letzten Sinne übernimmt die Theologie der Philosophie gegenüber eine gewisse Leitfunktion, indem sie es ist, die die vielen, verschiedenen Gegenstandsbereiche, mit denen die Philosophie sich befasst, unter dem für ein christliches Denken höchsten, allgemeinen Gesichtspunkt zu betrachten vermag (ST I a, 1,3). Man kann dies so verstehen, dass letztlich allein die Theologie die Philosophie auf diejenigen Probleme hinzulenken vermag, die für sie eigentlich relevant sind. In der Grenzenlosigkeit möglicher philosophischer Themen gibt sie die thematische Richtung an, die Richtung auf die göttliche Offenbarung hin. Damit wird die Offenbarung jedoch inhaltlich nicht in die philosophische Argumentation miteinbezogen, d.h., die methodische Autonomie der Philosophie wird auch hiermit nicht angetastet.

II. Metaphysik geschöpflichen Seins

Thomas von Aquin übernimmt im Wesentlichen das Metaphysikverständnis von Aristoteles. Die Metaphysik ist die Wissenschaft von den ersten Prinzipien des Seienden als Seienden. Sie ist zudem die höchste aller philosophischen Wissenschaften. Ein Unterschied zu Aristoteles besteht insbesondere darin, dass ihr bei Thomas noch die „sacra doctrina" übergeordnet ist. Dabei unterscheidet auch Thomas innerhalb der Metaphysik, die er insgesamt „prima philosophia" nennt, einen höchsten Gegenstand, nämlich das höchste Seiende, Gott, den die philosophische „theologia" bzw. „scientia divina" im Sinne der im vorigen Kapitel angesprochenen natürlichen Theologie behandelt. Auf sie ist die Metaphysik bzw. erste Philosophie wie auf ihr letztes Ziel hingeordnet (In met. prol.). Thema des vorliegenden Abschnitts ist die allgemeine Ontologie, die natürliche Theologie wird in den drei folgenden Abschnitten behandelt.

1. Das Verhältnis zu Aristoteles

Thomas' gesamte Metaphysik lehnt sich eng an diejenige von Aristoteles an. Während Augustinus' Metaphysik ein letztlich eher vager Platonismus zugrunde liegt, besteht zwischen Thomas und Aristoteles bis ins Detail der philosophischen Begrifflichkeit hinein weitgehende Übereinstimmung. Thomas übernimmt Aristoteles' gesamtes Begriffsinstrumentarium: die Unterscheidung des Seienden in die zehn Kategorien, den doppelten Substanzbegriff, die Unterscheidung von Materie und Form, von Potenz und Akt sowie den Grundsatz, dass alles Seiende teleologisch verfasst ist, dass alles auf die Verwirklichung seiner selbst und letztlich auf Gott als Ziel, als „télos", ausgerichtet ist. Die gesamte „metaphysica generalis", wie sie in Bezug auf Aristoteles dargestellt wurde, findet sich bei Thomas von Aquin mit etwa der gleichen Gewichtung wieder.

Zugleich aber wird Aristoteles' Seinsverständnis dem christlichen konsequent angepasst, sodass bei gleichem Begriffsinstrumentarium die inhaltlichen Aussagen dennoch in entscheidenden Punkten stark differieren können. Statt an dieser Stelle die gesamte Ontologie Aristoteles' im Hinblick auf die wenigen Modifikationen bei Thomas noch einmal ganz aufzurollen, ziehe ich es vor, ein paar zentrale Aspekte darzustellen, die einen bedeutenden Unterschied zum antiken und aristotelischen Weltbild zum Ausdruck bringen.

Einen der wichtigsten Unterschiede zum antiken Weltbild bildet aufgrund des biblischen Schöpfungsgedankens Thomas' Verständnis von Welt als geschöpfliches Sein. Das Universum als geschaffenes existiert nicht ewig und ist damit entgegen Aristoteles nicht notwendig, sondern wird von Gott ins Sein gerufen und im Sein erhalten. Das geschöpfliche Sein ist mit anderen Worten radikal kontingent. Kontingenz bedeutet, dass etwas die Möglichkeit des Nichtseins hat. Das heißt 1), die Welt hätte, weil Gottes Schöpferakt ein freier Entschluss ist, auch nicht sein können, und 2), die Welt existiert, auch wenn sie einmal geschaffen ist, nur solange Gott sie im Sein erhält. Zwei zentrale Aspekte dieses geschöpflichen Seins sollen im Folgenden ausführlicher dargelegt werden: die Ordnung, von der es durchherrscht ist, und das besondere Seinsverständnis, das ihm zugrunde liegt.

2. Der „Ordo"-Gedanke

a) Gradualismus

„Ordo" ist das lateinische Wort für Ordnung. Im Mittelalter wird die Welt durchgehend als ein harmonisch von Gott geordnetes Ganzes gedacht, innerhalb dessen jedem Ding, einer gewissen Rangordnung gemäß, der ihm entsprechende Platz zukommt. Verwiesen wird dabei immer wieder auf ein Zitat aus dem Buch der Weisheit. In Weish 11,21 heißt es: „Du hast alles geordnet nach Maß, Zahl und Gewicht." Offensichtlich ist aber auch der neuplatonische Einfluss. Bereits bei Plotin ist ein solcher Ordnungsgedanke durch die Abstufung der verschiedenen Hypostasen vorgebildet. Die Wirklichkeit ist eine hierarchisch geordnete Stufenfolge vom Einen über den Nous und die Seele bis zu den materiellen Dingen. Der Ordnungsgedanke findet sich wie gesehen auch bei Augustinus. Er wird aber erst von Thomas zu einem alles bestimmenden Wirklichkeitsprinzip erhoben, wobei Augustinus und Thomas die verschiedenen Seinsstufen im Unterschied zu Plotin nicht die eine aus der anderen hervorgehen lassen, sondern Gott als Schöpfer bringt die gesamte Weltordung mit allen Seinsstufen zugleich hervor.

Die Gesamtheit des Seienden ist also bei Thomas verschiedenen Seinsstufen gemäß geordnet. In diesem Sinne spricht man von einem Gradualismus. Das Prinzip dieser Abstufung jedoch sind die Gegensätze von Materie und Form sowie Potenz und Akt. Dabei reicht die Stufenleiter von der „materia prima" als reiner Potenz bis zu Gott selbst als „actus purus", als reine Form und reiner Akt. Dazwischen liegen die materiellen Dinge, die beseelten Körperdinge, von der Pflanze über das Tier zum Menschen, und – wichtig – die Engel. Es gibt also gewissermaßen das Mineral-, das Pflanzen-, das Tier-, das Menschen- und das Engelreich. In diese Stufenordnung reihen sich alle geschaffenen Dinge ein (CG IV, 11).

Genauer besehen sind die verschiedenen Seinsstufen verschiedene Gattungen, die durch eine „differentia specifica“ untereinander hierarchisch abgestuft sind. Die Pflanze unterscheidet sich vom materiellen Körper durch ihre Beseeltheit, das Tier von der Pflanze durch seine Fähigkeit zur Wahrnehmung, der Mensch vom Tier durch die Vernunft. Dabei ist jedes Seiende auf jeder dieser Seinsstufen zunächst teleologisch auf die Verwirklichung seiner eigenen Vollkommenheit ausgerichtet. Zugleich aber sind die Dinge einer tieferen Seinsstufe um der höheren Vollkommenheit der höheren Seinsstufen willen, alle einzelnen Dinge überhaupt um der Vollkommenheit des ganzen Universums willen, und schließlich ist alles auf Gott als dem letzten, nicht weiter relativierbaren Ziel ausgerichtet (ST I a, 65,2).

Die Begründung für dieses „Ordo“-Verständnis liegt im Schöpfungsgedanken. Schöpfung bedeutet, dass Gott die Ursache für die Existenz der Welt ist. Jede Wirkung aber hat notwendig eine Ähnlichkeit mit der Ursache, die sie bewirkt. Gott als das absolut vollkommene Wesen schafft daher die Welt seiner eigenen Vollkommenheit gemäß (CG II, 45). Es ist aber zugleich unmöglich, dass das Geschaffene Gott völlig gleich ist bzw. Gott sich selbst erschafft, denn die Ursache geht immer über die Wirkung hinaus bzw. das Bewirkte ist immer abhängig vom Bewirkenden, und was von etwas anderem abhängt, ist geringer als das, wovon es abhängt (CG II, 25). Schöpfung bedeutet somit notwendig, dass aus Unendlichem, absolut Vollkommenem, Endliches, relativ Vollkommenes hervorgeht. Unmöglich ist es jedoch auch, dass Gott nur ein einziges, endliches Wesen schafft, denn ein einziges endliches Wesen ist zu begrenzt, um die Vollkommenheit Gottes zum Ausdruck zu bringen. Weil also die Schöpfung notwendig die Erschaffung von Endlichem ist, Gott aber etwas seiner Vollkommenheit Entsprechendes schaffen will, hat er eine Vielheit von Dingen erschaffen, sodass die relativen Vollkommenheiten der verschiedenen Dinge zusammengenommen eine Art Spiegelbild der Vollkommenheit Gottes bilden (CG II, 45).

Auf diese Weise wird jedoch zunächst nur begründet, warum eine Vielheit von endlichen Dingen aus dem einen, unendlichen Gott hervorgegangen ist. Es wird deutlich, dass die Vielheit der Schöpfung kein Abfall von der Vollkommenheit Gottes ist, sondern eine positive Notwendigkeit des Schöpfungsaktes. Thomas begründet jedoch nicht nur die Notwendigkeit der Schöpfung von vielem, sondern auch die Notwendigkeit, dass die Geschöpfe nicht alle von gleicher Vollkommenheit sind. Diese Begründung geht in etwa wie folgt: Was die Dinge wesentlich voneinander unterscheidet, ist deren Form. Verschiedene Formen gibt es in der Welt nicht ohne Ungleichheit unter den Formen. Die Unterschiedenheit der Formen aber resultiert aus dem Hinzufügen und Hinwegnehmen von Artunterschieden: Das Tier unterscheidet sich von der Pflanze dadurch, dass es ein wahrnehmendes Lebewesen ist, der Mensch vom Tier dadurch, dass er ein vernünftiges Tier ist usw. Die Verschiedenheit der Formen kann also nur als eine hierarchische Abstufung der Formen gedacht werden. Die Rechtfertigung der Vollkommenheitsunterschiede in der Schöpfung gründet demnach im aristotelischen Definitionsverständnis. In diesem Sinne ist die hierarchische Ordnung der Seinsstufen für Thomas ein notwendiger Bestandteil der Schöpfung (ST I a, 47, 2).

b) Engel

Gehen wir etwas näher auf die Engel ein, die die höchste Stufe geschaffenen Seins bilden. Sie nehmen eine wichtige Zwischenstellung zwischen Mensch und Gott ein. Dies stimmt mit dem biblischen Verständnis von Engeln überein, die als die Boten Gottes, d.h. als Vermittler zwischen Gott und Mensch, auftreten. Ihnen kommt aber in der Weltordnung zudem die Aufgabe zu, die Aristoteles den Himmelskörpern zuspricht. Die Himmelskörper waren für Aristoteles dem Menschen gegenüber höhere, mit Vernunft ausgestattete Wesen, die die kontinuierliche Bewegung des Universums gewährleisten. Auch Thomas, der Aristoteles' Kosmologie weitgehend übernimmt – Kepler und Galilei liegen noch in weiter Ferne –, versteht die Engel analog zu Aristoteles' Himmelskörpern als den bewegenden Kräften des Kosmos. Allerdings werden die Engel nicht mit den Himmelskörpern selbst identifiziert, sondern sind als rein geistige Wesen der Ursprung der Bewegung auch noch der Himmelskörper (ST I a, 110, 1).

Weiter sind die Engel im Gegensatz zu Bonaventura, dem wichtigsten franziskanischen Denker im Hochmittelalter, nicht aus Form und Materie zusammengesetzt (CG II, 91). Für Bonaventura ist grundsätzlich alles geschaffene Sein aus Form und Materie zusammengesetzt, d.h. auch die Engel, obwohl die Materie der Engel für ihn keine körperliche ist, sondern eine ätherische Materie. Thomas hingegen versteht die Engel als reine Formwesen, als Wesen, die allein die Form der Vernunft haben. Während anders gesagt der Hylemorphismus bei Bonaventura ein Prinzip geschaffenen Seins überhaupt ist, sind für Thomas außer Gott auch noch die Engel ohne Materie. Seit Dionysius Pseudo-Areopagita, dem Mystiker aus dem 5./6. Jahrhundert, denkt das Mittelalter die Engel als reine Geistwesen. Ob sie aus Form und einer Art nichtkörperlichen Materie zusammengesetzt sind oder wie bei Thomas reine Formwesen sind, war jedoch in der Scholastik ein wichtiger Streitpunkt.

Die Angelogie ist überhaupt ein zentrales Thema scholastischen Denkens. Es mag merkwürdig erscheinen, dass in einem philosophischen Lehrbuch von Engeln die Rede ist. Die Berechtigung hierfür jedoch liegt u. a. darin, dass Thomas für die Annahme der Existenz von Engeln nicht nur theologische bzw. biblische, sondern auch philosophische Gründe beansprucht. Gott ist wie gesehen das Eine, vollkommen einfache Wesen, ohne Vielheit, das um der Vollkommenheit seiner Schöpfung willen eine Vielheit von Geschöpfen geschaffen hat. Diese Geschöpfe bilden eine notwendige Rangordnung ihrer Vollkommenheit nach. Innerhalb dieser Rangordnung aber muss es, so Thomas, deshalb auch rein geistige und d.h. für ihn in jeder Hinsicht immaterielle Wesen geben, weil es um der Vollkommenheit der Welt im Ganzen gesehen auch Geschöpfe geben muss, die wie Gott reiner Geist sind, d.h. unabhängig von jeglicher Materialität tätig sind. Die Begründung ist folgende: Die Schöpfungsordnung ähnelt notwendig der Vollkommenheit des Schöpfers, denn jede Wirkung ähnelt der Ursache, aus der sie hervorgeht. Es gibt jedoch zwei Formen der Ähnlichkeit zwischen Ursache und Wirkung. Die eine ist, wenn in der Wirkung dasselbe Sein ist wie in der Ursache, die andere, wenn das Sein der Wirkung anders ist als das Sein der Ursache. Das Erste ist etwa der Fall, wenn Feuer Feuer erzeugt, das Zweite, wenn ein gedachtes Haus zu einem wirklichen wird. Die erste Form der Ähnlichkeit aber ist die größere gegenüber der zweiten. Höchste Vollkommenheit hat das Universum damit erst dann, wenn es nicht nur den Ideen in Gott ähnlich ist wie das Haus der Idee des Hauses, sondern wenn es auch Wesen gibt, die wie Gott selbst als reiner Geist tätig sind (CG, II. 46). Auf diese Weise lässt sich philosophisch beweisen, dass es notwendig Engel geben muss.

3. Das Sein

a) Das Substanzverständnis

Für Aristoteles war es wesentlich, dass die Dinge Substanzen sind, und damit für sich stehende, unabhängige Einheiten, deren Sein nicht von etwas anderem als sie selbst abhängt. Substanzen sind das allem anderen Sein zugrunde liegende Sein. Alles andere Sein ist an oder in Substanzen. Substanz ist etwas selbstständig Seiendes. Auch Thomas von Aquin übernimmt zunächst dieses Substanzverständnis ganz so, wie es bei Aristoteles formuliert wird. Die Substanz ist die hervorgehobene Seinsart allen anderen Seinsarten gegenüber. Substanzen zeichnen sich dem akzidentellen Sein gegenüber durch Selbstständigkeit aus, und es wird zudem wie bei Aristoteles zwischen erster und zweiter Substanz unterschieden.

Thomas' Substanzverständnis unterscheidet sich allerdings von demjenigen von Aristoteles im Hinblick auf die zweite Substanz.[2] Körperliche Dinge sind aus Form und Materie zusammengesetzt. Während jedoch das Wesen, die Washeit eines konkreten Einzeldinges für Aristoteles allein die Form war, etwa das Menschsein des Menschen, ist dies für Thomas im Unterschied zu Aristoteles eine Einheit von Form und Materie, also das Menschsein mit einer Materie zusammen gedacht. Aristoteles bezieht nie ausdrücklich die Materie mit in die Washeit ein. Thomas hingegen unterscheidet zwischen dem bloßen Allgemeinbegriff, etwa dem Menschsein, und dem Wesen, der „quiditas" oder „essentia", die eine Einheit von Form und Materie ist. Das Wesen des Menschen umfasst demnach auch Materielles. Der Mensch ist nicht nur abstraktes Menschsein, sondern Fleisch und Knochen gehören zu seinem Menschsein dazu. Er kann nicht Mensch sein ohne Körper, sonst wäre er ein Engel.

Die Materie der „essentia" ist allerdings nur die „allgemeine" Materie, von der die „anzeigbare" Materie zu unterscheiden ist. Während die anzeigbare Materie *diese* Knochen und *dieses* Fleisch eines konkreten Einzeldinges sind, ist die allgemeine Materie „Knochen und Fleisch in absolutem Sinne", also gewissermaßen abgesehen von ihrer Zuordnung zu einem bestimmten Individuum (De ente, I). Das heißt, die allgemeine Materie zusammen mit der Form, also die „essentia", macht noch nicht das konkrete Einzelding aus. Das Einzelding ist erst die Einheit der „essentia" mit der anzeigbaren, gewissermaßen konkreten Materie sowie den akzidentellen Eigenschaften des Gegenstandes. Der Unterschied zwischen allgemeiner und anzeigbarer Materie darf hierbei wohl nicht im Sinne zweier verschiedener Materien verstanden werden, sondern es handelt sich um zwei Aspekte ein und derselben Materie, und zwar der zweiten Materie, neben der es bei Thomas auch noch die erste, völlig unbestimmte Materie gibt.

b) „Essentia" und „esse"

Ein weiterer, wichtiger und zugleich recht schwieriger Aspekt geschöpflichen Seins bei Thomas ist die Unterscheidung von Wesen und Sein bzw. „essentia" und „esse".[3] Für Aristoteles ist die Form „actus", d.h. die Wirklichkeit des Gegenstandes, die Materie hingegen die Möglichkeit, „potentia". Nach aristotelischem Verständnis also hat eine konkrete Substanz, ein

[2] Zur ausführlichen Begründung von Thomas' Verständnis zweiter Substanzen vgl. W. Kluxen, „Das Seiende und seine Prinzipien", in: *Grundprobleme der großen Philosophen. Philosophie des Altertums und des Mittelalters*, hrsg. v. J. Speck, Göttingen 1990, 189–195.

[3] Ich folge in diesem Punkt einer Thomas-Interpretation, wie sie u.a. von E. Gilson, vgl. *L'être et l'essence*, Paris 1981, 81 ff. vertreten wurde.

Gegenstand, seine Realität aufgrund seiner Form. Die konkrete Substanz ist, weil sie eine Form hat. Die Form ist die Ursache ihres Seins, ihres Existierens als dieser bestimmte Gegenstand. Das Sein ist in keiner Weise von der Form trennbar.

Auch Thomas von Aquin redet oft nicht anders als Aristoteles. Es gibt jedoch wichtige Stellen, in denen er über Aristoteles hinausgeht, indem er deutlich unterscheidet zwischen der Form bzw. dem Wesen einer konkreten Substanz und ihrem Sein. Dieses Sein nennt Thomas „esse", „actus essendi" oder „ipsum esse", d.h. das Sein selbst eines Gegenstandes, was ja bei Augustinus eine Bezeichnung für Gott war. Es ist an diesen Stellen nicht identisch mit der Form oder dem Wesen. Es ist auch keine höhere Form, sondern etwas ganz anderes, zum Wesen eines Gegenstandes noch Hinzukommendes. In „De ente et essentia" heißt es, man könne die Form, bzw. die Einheit von Form und Materie, die „essentia" von etwas einsehen, ohne zu wissen, ob es Sein hat oder nicht, was zunächst einmal heißt, ohne zu wissen, ob es existiert oder nicht. Man kann einsehen, was „Mensch" oder „Phönix" ist, ohne zu wissen, ob es so etwas wie „Mensch" oder „Phönix" wirklich gibt. Das Sein der Dinge erscheint von daher als etwas von deren Form oder deren „essentia" Verschiedenes (De ente, IV).

Es gibt also ein von der Form, vom Wesen getrenntes Sein, das dem Ganzen erst seine Wirklichkeit verleiht, ohne das die Form oder das Wesen nicht wäre. Es gibt einen Seinsakt, „actus essendi", der einer konkreten Substanz sein Sein sozusagen einflößt. Dieses Sein ist jedoch für Thomas nicht nur bloße Existenz, reines Dass-sein, sondern wird als das bezeichnet, was das Vollkommenste überhaupt in der geschöpflichen Ordnung ist, d.h., es ist der Inbegriff aller anderen geschöpflichen Vollkommenheiten. Es ist das, zu dem man nichts mehr hinzudenken kann, was außerhalb seiner wäre, denn nichts ist außerhalb seiner als das Nichtsein (De pot. 7,2). Dieses Sein, das selbst geschaffen ist, durchdringt die gesamte geschaffene Wirklichkeit, liegt allem Seienden zugrunde.

Sein und Wesen, „esse" und „essentia", verhalten sich zudem zueinander wie Akt und Potenz (ST I a, 3,4). Die Form ist zwar Akt gegenüber der Materie. Das Sein aber ist seinerseits Akt gegenüber der Form bzw. gegenüber der ganzen essentia. Nicht die Form oder die essentia als Einheit von Form und Materie ist somit der höchste ontologische Akt, sondern das Sein. So wie die Form gegenüber der Materie Akt ist, so ist auch das Sein Akt im Verhältnis zum Wesen.

Die logische Notwendigkeit für diese Unterscheidung zwischen Sein und Wesen ergibt sich aus der Auffassung der Engel als rein geistige Wesen (De ente, IV). Es gibt für Thomas wie gesehen zwingende Gründe, die Engel als reine Formwesen anzusehen, als Substanzen, die nicht aus Form und Materie zusammengesetzt sind, sondern reine Geistform sind.

Damit stellt sich aber die Frage, wie sich die Engel, die ja geschaffene Wesen sind, von Gott unterscheiden, wenn sie wie er reine Geisttätigkeit sind. Was macht die Geschöpflichkeit der Engel aus? Geschöpflichkeit zeichnet sich wie gesagt durch Kontingenz aus. Jedes geschöpfliche Wesen hat die Möglichkeit zu sein und nicht zu sein. Diese Möglichkeit aber ist nur dann gegeben, wenn etwas aus Akt und Potenz zusammengesetzt ist. Nur was Potenz hat, kann vom Nichtsein ins Sein übergehen und umgekehrt. Für alle aus Form und Materie zusammengesetzten Substanzen gibt es bezüglich ihrer Kontingenz kein Problem, denn die Materie ist immer Potenz gegenüber der Form. Die Engel aber sind nicht aus Form und Materie zusammengesetzt. Das heißt, nur aufgrund der Differenz von Wesen und Sein bzw. von Form und Sein – denn das Wesen der rein geistigen Engel ist identisch mit ihrer Form – können sie sich von Gott unterscheiden. Gott ist „actus purus", d. h., er ist reine Verwirklichung, ohne jede Möglichkeit, er ist immer schon ganz, was er ist. Aufgrund der Differenz von Form und Sein aber kann auch bei den Engeln eine Unterscheidung von Akt und Potenz gedacht werden: Die Form der Engel ist Potenz gegenüber ihrem Sein. Das heißt, der Engel existiert nicht notwendig, sondern nur solange der Seinsakt, das Sein in ihm, seiner Form Wirklichkeit verleiht.

Die Unterscheidung von Wesen und Sein wird nun nicht nur von den Engeln ausgesagt, sondern von allen geschaffenen Dingen. Alle konkreten Substanzen haben einen von der Essenz getrennten Seinsakt, durch den sie erst sind. Das heißt, während bei Aristoteles alles auf die Unterscheidung von Form und Materie zurückzuführen ist, wird der Form-Materie-Gegensatz bei Thomas von der Unterscheidung von Sein und Wesen noch einmal überlagert (CG II, 54). Beide Unterscheidungen aber werden umfasst von derjenigen von Akt und Potenz, die damit die Grunddistinktion von Thomas' gesamter Ontologie bildet.

Der Unterschied zwischen dem Seinsverständnis von Thomas und Aristoteles lässt sich in etwa wie folgt darstellen, wobei die dynamische Differenz von Akt und Potenz in die beiden Schemen nicht integriert werden kann:

Aristoteles *erste Substanz* = Einzelding

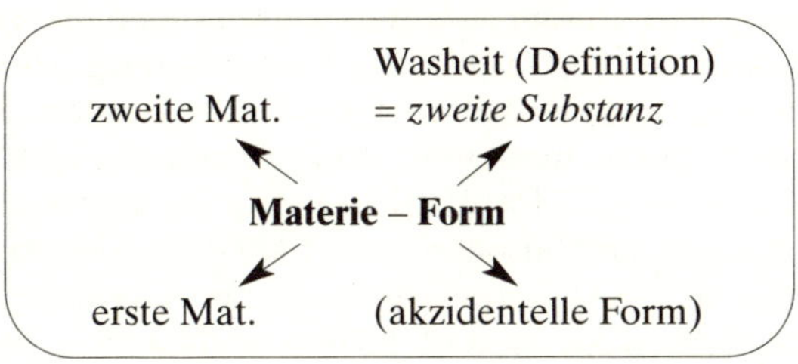

Thomas von Aquin *erste Substanz* = Einzelding

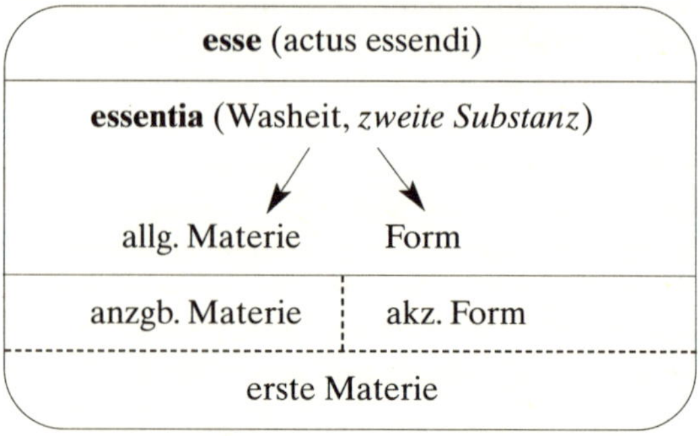

c) Die Realdistinktion

Der Unterschied von Wesen und Sein wird im Thomismus als eine Realdistinktion, „distinctio realis", verstanden. Der Realdistinktion entgegengesetzt ist eine nur gedankliche Unterscheidung, eine „distinctio rationis". Rein gedanklich etwa wäre der Unterschied zwischen Morgenstern und Abendstern, denn real handelt es sich beide Male um den Planeten Venus. Nun bestehen die Engel zwar nicht aus Sein und Wesen als aus zwei Teilen, die auch getrennt für sich existieren könnten. Sein gibt es nur im Zusammenhang mit konkreten Dingen, die existieren (CG I, 26). Der Unterschied ist aber dennoch real, nicht nur ein gedanklicher, d.h., es gibt neben dem Wesen wirklich die davon unterschiedene Realität des Seinsaktes.

Die Frage, ob zwischen Sein und Wesen eine Realdistinktion oder nur eine gedankliche besteht oder ob das Verhältnis zwischen beiden noch anders zu denken ist, wird nach Thomas von Aquin zu einem zentralen Streitpunkt in der Scholastik. Dass diese Debatte nicht müßig war, zeigt der Sinn, den diese Realdistinktion von Sein und Wesen für Thomas letztlich hat. Ihr Sinn nämlich ist, dass in einem Einzelding Sein und Wesen so zusammenkommen, dass dieses Einzelding über seinen Seinsakt nicht verfügt. Der Seinsakt ist etwas vom Wesen real Verschiedenes, weil das Sein etwas ist, was jedem Einzelding von außerhalb seiner selbst zukommt, d.h. ihm von Gott als der ersten Ursache von allem verliehen ist (CG I, 22). Jedes Geschöpf verhält sich auf diese Weise potentiell zu Gott. Es empfängt sein Sein von Gott (De ente, IV). Und es vermag sich in seinem Sein nur so lange zu halten, wie Gott ihm seinen Seinsakt tatsächlich gewährt. Nichts würde existieren, wenn Gott es nicht beständig durch diesen Seinsakt im Sein erhielte (ST I a, 104,1). Die Realdistinktion von Sein und Wesen bringt damit auf philosophischer Ebene die Abhängigkeit allen geschöpflichen Seins von Gott zum Ausdruck. Die Substanzen sind nicht wie in der aristotelischen Metaphysik allein selbstständige, in sich stehende

Einheiten, sondern zugleich Einheiten, die aufgrund ihres Seins, ihres vom Wesen unterschiedenen Seinsaktes in einem unmittelbaren Abhängigkeitsverhältnis zu Gott stehen.

III. Gottes Existenz

Am eigenständigsten ist Thomas von Aquin gegenüber Aristoteles im Hinblick auf den Bereich der „metaphysica specialis". Gegenstand der natürlichen Theologie – ein Begriff, der wie gesagt nicht von Thomas selbst stammt – ist Gott als das allem anderen Sein zugrunde liegende höchste Sein. Dabei betrachtet die natürliche Theologie Gott in rein philosophischer Hinsicht, also unter Absehung dessen, was das Christentum oder je nach Religionsangehörigkeit das Judentum oder der Islam von der Offenbarung her über Gott aussagen können. Die natürliche Theologie ist die Darlegung dessen, was allein aufgrund des natürlichen Lichtes der menschlichen Vernunft von Gott erkannt werden kann. Unterteilen lässt sich dieser Bereich in die Frage nach Gottes Existenz, nach seinem Wesen und seinem Wirken.

Die Frage nach Gottes Existenz bzw. der Beweisbarkeit seiner Existenz behandelt Thomas in seinen bekannten „fünf Wegen" zu Gott (quinque viae). Es handelt sich um fünf Gottesbeweise, die er ausführlich in der „Summe gegen die Heiden" (CG I, 10–13) und etwas knapper in der „Summa theologiae" (ST I a, 2, 1–3) thematisiert. Zuvor soll jedoch kurz ein anderer berühmter Gottesbeweis angesprochen werden, den in der Zeit zwischen Augustinus und Thomas von Aquin Anselm von Canterbury konzipiert hat. Thomas formuliert seinen eigenen Standpunkt nicht zuletzt in Abhebung von diesem Gottesbeweis.

1. Anselm von Canterbury

Anselm (1033–1109) war von 1093 an Erzbischof von Canterbury. Bekannt geworden ist er vor allem durch die christologische Untersuchung „Cur Deus homo", warum Gott Mensch wurde, und seine Schrift „Proslogion". In letzterer Schrift entfaltet er seinen berühmten Gottesbeweis, den so genannten „ontologischen Gottesbeweis", der bis heute Gegenstand intensiver philosophischer Diskussion ist. Das zweite Kapitel dieser Schrift lautet wie folgt:

„Also, Herr, der du die Glaubenseinsicht gibst, verleihe mir, dass ich soweit du es für nützlich hältst, einsehe, dass du bist, wie wir glauben, und das bist, was wir glauben. Und zwar glauben wir, dass du etwas bist, über dem nichts Größeres gedacht werden kann.

Gibt es also ein solches Wesen nicht, weil 'der Tor in seinem Herzen gesprochen hat: es ist kein Gott'? Aber sicherlich, wenn dieser Tor eben das hört, was ich sage: 'etwas, über dem nichts Größeres gedacht werden kann', versteht er, was er hört; und was er versteht, ist in seinem Verstande, auch wenn er nicht einsieht, dass dies existiert.

Denn ein anderes ist es, dass ein Ding im Verstande ist, ein anderes, einzusehen, dass das Ding existiert. Denn wenn ein Maler vorausdenkt, was er schaffen wird, hat er zwar im Verstande, erkennt aber noch nicht, dass das Nochnichtgeschaffene existiert. Wenn er aber schon geschaffen hat, hat er sowohl im Verstande, als er auch einsieht, dass existiert, was er bereits geschaffen hat.

So wird also auch der Tor überführt, dass wenigstens im Verstande etwas ist, über dem Größeres nicht gedacht werden kann, weil er das versteht, wenn er es hört, und was immer verstanden wird, ist im Verstande.

Und sicherlich kann 'das, über dem Größeres nicht gedacht werden kann' nicht im Verstande allein sein. Denn wenn es allein im Verstande ist, kann gedacht werden, dass es auch in Wirklichkeit existiere – was größer ist. Wenn also 'das, über dem Größeres nicht gedacht werden kann' im Verstande allein ist, so ist eben 'das, über dem Größeres nicht gedacht werden kann' etwas, worüber Größeres gedacht werden kann. Das aber kann gewiss nicht sein. Ohne Zweifel existiert also 'etwas, über dem Größeres nicht gedacht werden kann', sowohl im Verstande als auch in der Wirklichkeit."[4]

Man kann diesen Beweis in etwa auf einen einfachen Syllogismus reduzieren. *Obersatz:* Gott ist etwas, über das Größeres nicht gedacht werden kann (aliquid quo maius cogitari non potest). *Untersatz:* Das, über das Größeres nicht gedacht werden kann, kann nicht allein im Verstande sein (denn was als im Verstande und als existierend gedacht werden kann, ist größer als das, was nur als im Verstande gedacht werden kann). *Schlussfolgerung:* Also existiert Gott notwendig. Mit anderen Worten: Gott ist das schlechthin Vollkommene. Ohne die Existenz aber würde dem Vollkommenen etwas fehlen. Gott existiert also notwendig.

[4] Anselm von Canterbury, Proslogion (lat./dt.), hrsg. u. übers. v. F. S. Schmitt, München [2]1984, Kap. 2, 85–87.

2. Die Beweisbarkeit Gottes

Auf diesen Gottesbeweis bezieht sich auch Thomas von Aquin. Bevor er seine eigenen Gottesbeweise darlegt, behandelt er in beiden Summen zunächst die Frage, ob es nicht vielleicht überflüssig sei, Gott zu beweisen, weil uns dies schon an sich bekannt, „per se notum“ ist (ST I a, 2,1). Dieses An-sich-Bekanntsein kann vor allem auf zweierlei Weise verstanden werden. Die erste ist: Etwas ist uns in dem Sinne an sich bekannt, dass dessen Erkenntnis natürlicherweise in uns ist, so etwa wie die Erkenntnis der ersten Prinzipien, z. B. des Widerspruchsprinzips natürlicherweise in uns ist. In Bezug auf Gott ist dies nun aber nicht der Fall, denn es kann sehr wohl gedacht werden, dass Gott nicht existiert. Es ist nicht so evident, dass Gott existiert, wie es evident ist, dass etwas nicht in derselben Hinsicht A und Nicht-A sein kann.

In einem zweiten Sinne aber, und dies führt uns zu Anselms Gottesbeweis, kann man sagen, dass eine Aussage dann an sich bekannt ist, wenn das Prädikat im Begriff des Subjekts mit eingeschlossen ist, wie etwa in der Aussage „der Mensch ist ein Lebewesen“ „Lebewesen“ zum Begriff Mensch dazugehört, sodass, wer „Mensch“ denkt, notwendig auch „Lebewesen“ denkt. Etwas ist hier evident, weil es im Begriff der Sache notwendig mitenthalten ist. Genau in diesem Sinne ist für Thomas der ontologische Gottesbeweis zu verstehen: Wer verstanden hat, was der Name Gottes bedeutet, hat notwendig auch verstanden, dass Gott existiert. Denn mit „Gott“ wird das bezeichnet, womit verglichen nicht Größeres bezeichnet werden kann. Was in der Realität und in der Vernunft ist, ist aber größer als das, was nur in der Vernunft ist, also ist Gott als das Größt-Denkbare notwendig auch in der Wirklichkeit. Anselms Beweis will zeigen, dass es an sich bekannt ist, dass Gott existiert, weil das Prädikat der Existenz im Begriff Gott schon notwendig enthalten ist.

Dieses Argument kritisiert Thomas wie folgt: Selbst wenn Gott das ist, womit verglichen nichts Größeres gedacht werden kann, kann hieraus nicht geschlossen werden, dass es Gott auch wirklich in der Realität gibt, sondern nur, dass er nicht anders als wirklich existierend *gedacht* werden kann. Es stimmt zwar, dass Gott als das Größte, was gedacht werden kann, notwendig auch das Prädikat der Existenz enthält, weil etwas ohne Existenz weniger groß ist als mit Existenz, daraus folgt aber noch nicht, dass Gott auch wirklich notwendig in der Realität existiert, sondern nur, dass man ihn notwendig als existierend denken muss, unabhängig davon, ob er denn nun wirklich existiert oder nicht.

Nachdem die These widerlegt ist, es sei an sich bekannt, dass Gott existiert, schlägt Thomas in seinen eigenen Gottesbeweisen einen anderen Weg ein. Für Thomas nämlich können wir nicht anders denn über die sinnliche Erfahrung zur Erkenntnis der Existenz Gottes gelangen. Weder eine reine Analyse des Gottesbegriffs noch der Weg der inneren Erfahrung eines Augustinus kann dahin führen. So wie für Thomas im Anschluss an Aristoteles alle Erkenntnis ihren Ursprung in der sinnlichen Erfahrung nimmt, so auch in Bezug auf die Erkenntnis der Existenz Gottes. Gott beweisen heißt, von uns nahe stehenden Wirkungen in der sinnlich wahrnehmbaren Welt auf eine erste, höchste Ursache zurückschließen (ST I a, 2,2), wobei es wie gesagt fünf verschiedene Wege gibt, die zur Annahme der Existenz Gottes führen (ST I a, 2,3). Die Argumentation dieser fünf Wege, die in sich so komplex ist, dass ein genaueres Eingehen eine eigene Abhandlung erfordern würde, kann im Folgenden nur in knapper Form, mit wenigen Anmerkungen versehen, dargelegt werden.

3. Die fünf Gottesbeweise

I. Der erste Beweis ist für Thomas der offensichtlichste: 1) Unsere Sinneswahrnehmung zeigt uns mit Gewissheit, dass einige Dinge in dieser Welt bewegt werden. 2) Alles aber, was bewegt wird, wird, wie wir schon in Bezug auf Aristoteles gesehen haben, von einem anderen bewegt. Es gibt keine Selbstbewegung. Diese Reihe von Bewegtem und Beweger aber kann 3) nicht ins Unendliche gehen, denn wenn es nichts Erstes gäbe, was bewegt, so könnte es auch nichts weiteres geben, was bewegt ist, keine Zwischenglieder, die bewegt werden. Wo kein erster Beweger ist, kann es auch keine weiteren geben. Also ist es 4) notwendig, dass es einen ersten Beweger gibt, und dies verstehen, so Thomas, alle als Gott.

Der Beweis erscheint auf den ersten Blick recht einfach, enthält aber eine Vielzahl von Schwierigkeiten. Folgende Aspekte seien hier kurz erwähnt:

1) Die Bewegung darf nicht als eine zeitlich auseinander liegende Abfolge von Beweger und Bewegtem verstanden werden. Die Reihe ist nicht zu vergleichen etwa mit einem Queue, das eine Billardkugel in Bewegung setzt, wobei diese erste Kugel auf eine andere zurollt und etwas später diese in Bewegung setzt usw. Dies ist nicht das primär aristotelische und damit auch nicht das primär thomanische Bewegungsverständnis. Das Paradigma für Bewegung ist bei Thomas wie bei Aristoteles der Stab, der etwas bewegt, wobei der Stab zugleich von einer Hand bewegt, die zugleich von der menschlichen Seele bewegt wird, die zugleich von Gott bewegt wird. Wichtig ist vor allem die Gleichzeitigkeit all dieser Bewegungen: „Simul movet, movetur" (CG I, 13). Unser heutiges naturwissenschaftliches Bewegungsverständnis kann also an diesen Gottesbeweis gar nicht herangetragen werden. Im Gegenteil ist Thomas mit Aristoteles der

Meinung, dass zeitlich auseinander liegende Abfolgen von Beweger und Bewegung, die es ja auch gibt, durchaus unendlich sein können. (ST I a, 46, 2). Was nicht unendlich sein kann, ist ein für uns heute nicht mehr unmittelbar nachvollziehbares, gewissermaßen vertikales Bewegtsein und Bewegen, das letztlich auf Gott zurückführt.

2) Es gibt zugleich einen guten Grund, warum Thomas den Beweis nicht auf der Ebene einer zeitlichen Abfolge von Beweger und Bewegtem geführt hat. Für seine Zeit nämlich drängt sich auf der Ebene philosophischer Argumentation immer noch das antike Weltbild, für das die Welt ewig ist, als Gegner des christlichen Schöpfungsverständnisses auf. Thomas selbst ist der Auffassung, es könne rein philosophisch gesehen nicht bewiesen werden, dass die Welt einen Anfang in der Zeit hat (ST I a, 46,2). Die Aussage vom Anfang der Zeit ist für ihn ein reiner Glaubenssatz. Das heißt, philosophisch kann weder bewiesen werden, dass die Welt einen Anfang hatte, noch, dass es sie immer schon gegeben hat. Das Faktum der Schöpfung als solches kann zwar philosophisch bewiesen werden, nicht aber die Tatsache einer Schöpfung zu einem Zeitpunkt. Rein philosophisch gesehen könnte man die Schöpfung auch als ewig im Sinne einer ewigen Hervorbringung von Geschaffenem denken.

Wenn jedoch der Versuch unternommen wird, dem Nichtchristen die Existenz Gottes zu beweisen, muss man Thomas' Auffassung nach von der philosophisch stärksten Position des Gegners ausgehen. Angenommen, der weltanschauliche Gegner hält an der Ewigkeit der Welt fest, was rein philosophisch gesehen nicht unberechtigt ist: Wie soll man ihm dann, für ihn durch rein natürliche Vernunft einsehbar, die Existenz Gottes beweisen? Sicherlich nicht, indem man in den zeitlichen Ursachen auf eine erste Ursache in der Zeit zurückgeht, denn dann würde die Argumentation in einem Glaubenssatz enden. Also muss der Beweis auf der Ebene gleichzeitiger Ursachen geführt werden, die mit der Frage nach einem Anfang der Welt nichts zu tun haben. Nur so kann auf philosophischer Ebene auch derjenige überzeugt werden, der die Welt für ewig hält.

Der erste Gottesbeweis zeigt besonders gut, wie unerlässlich die Kenntnis des philosophiegeschichtlichen Umfeldes ist, um diesen für Thomas, aber wohl auch zunächst für uns so offensichtlichen Gottesbeweis, der richtig besehen so offensichtlich heute gar nicht mehr ist, angemessen einschätzen zu können.

II. Der zweite Gottesbeweis lautet sehr ähnlich wie der erste: Wir finden 1), dass es in den sinnlich wahrnehmbaren Dingen eine Abfolge von Ursache und Wirkung gibt. Es ist jedoch 2) nicht möglich, dass etwas Ursache seiner selbst ist (aus denselben Gründen wie in Bezug auf die Bewegung im ersten Gottesbeweis). Die Reihe der Ursachen kann 3) nicht ins Unendliche gehen (aus wiederum denselben Gründen wie im ersten Gottesbeweis). Also ist es notwendig, eine erste Wirkursache (causa efficiens) anzunehmen, die selbst nicht wieder bewirkt wird. Diese, so wiederum Thomas, nennen alle Gott.

Eine schwierige Interpretationsfrage ist die Frage, was denn eigentlich den Unterschied zwischen dem ersten und dem zweiten Gottesbeweis ausmacht. Es kann hier nur so viel gesagt werden, dass dies einerseits letztlich wirklich unklar bleibt, dass andererseits aber 1) das Ursache-Wirkungs-Schema allgemeiner ist als das von Beweger–Bewegtem. Nicht alle Wirkung ist ein Bewegtsein von etwas. Was der erste Gottesbeweis nicht enthält, sind Dinge wie das Generationsverhältnis von Eltern und Kind. Hier besteht ein Verhältnis von Ursache und Wirkung, ohne dass ein Verhältnis von Beweger und Bewegtem gegeben ist. 2) Gott ist für Thomas entgegen Aristoteles erste Wirkursache (causa efficiens), was der erste Gottesbeweis nicht notwendig behauptet. Dort kann man den ersten Beweger durchaus als das verstehen, was final bewegt, d.h. das, was als geliebt das Geliebte in Bewegung versetzt.

III. Die komplizierte Argumentation des dritten Weges lautet: 1) Es gibt unter den sinnlich wahrnehmbaren Dingen solche, welche die Möglichkeit haben zu sein und nicht zu sein. 2) Wenn nun alles, was ist, die Möglichkeit hätte, nicht zu sein, gäbe es notwendig auch einmal nichts. 3) Aus nichts aber kann nichts entstehen, und so könnte es auch jetzt nichts mehr geben. 4) Also muss es auch etwas Notwendiges unter den Dingen geben. 5) Alles Notwendige aber hat die Ursache seiner Notwendigkeit entweder anderswoher oder nicht. Es ist jedoch nicht möglich, dass es ins Unendliche bei den notwendigen Dingen geht, so wie dies auch bei den Wirkursachen nicht möglich ist. 6) Also ist es notwendig, etwas anzunehmen, das an sich notwendig ist, das die Notwendigkeit nicht von etwas anderem hat, sondern umgekehrt selbst die Ursache für die Notwendigkeit der anderen Dinge ist. Dies aber, so nochmals Thomas, nennen alle Gott.

Bei diesem Gottesbeweis stellen sich, was die Argumentation betrifft, einige Fragen. Zunächst zu Punkt 2): Warum muss, wenn alles die Möglichkeit hat, nicht zu sein, notwendig einmal nichts gewesen sein? Hierzu ist zunächst zu bemerken, dass Thomas wohl wiederum von der philosophischen Annahme einer unendlich existierenden Welt ausgeht. In einer bereits unendlich existierenden Welt ist alles Mögliche notwendig irgendwann einmal eingetroffen. Wenn aber alles Geschaffene aufgrund seiner Kontingenz nicht sein kann, so besteht eine der Möglichkeiten darin, dass es einmal geschieht, dass alles zugleich nicht ist. Ist dies aber möglich, so muss es in einer Welt, die bereits unendlich existiert hat, auch schon einmal eingetroffen sein. Dann könnte aber danach, wie Punkt 3) aussagt, nie wieder etwas entstehen, denn aus nichts kann nie wieder etwas werden.

Zu Punkt 4): Die Schlussfolgerung aus dem Vorhergehenden ist, dass es etwas Notwendiges unter den Dingen geben muss, etwas, was nicht die Möglichkeit hat, nicht zu sein. Mit „unter den Dingen“ scheint Thomas zu meinen, dass es Notwendiges unter den geschaffenen Dingen gibt. Wie verträgt sich diese Annahme jedoch mit dem Satz von der Kontingenz alles Geschaffenen? Wenn alles außer Gott die Möglichkeit hat, nicht zu sein, wie kann es dann im Rahmen geschöpflichen Seins Notwendiges geben? Um diese Schwierigkeit zu lösen, muss man davon ausgehen, dass es für Thomas so etwas wie eine relative Notwendigkeit gibt. Es gibt zwei ernst zu nehmende Möglichkeiten, eine solche relative Notwendigkeit zu denken. Zuerst die kompliziertere: Die geschaffenen Dinge besitzen eine relative Notwendigkeit im Sinne einer Notwendigkeit, die immer von einer Voraussetzung abhängt, die somit bedingt ist: *Wenn* etwa Wasser auf eine Temperatur von 100° C gebracht wird, *dann* und nur dann fängt es notwendig an zu kochen, dann kann es nicht nicht kochen. Die Reihe der bedingten Notwendigkeiten kann aber nicht ins Unendliche gehen. Man könnte sich eine solche Reihe wie folgt vorstellen: Das Wasser kocht notwendig, wenn es auf 100° C gebracht wird, es wird notwendig auf 100° C gebracht, wenn der Mensch dies oder jenes anstellt, der Mensch aber stellt notwendig dies oder jenes an, wenn Gott ihn dazu bewegt. Oder, um das klassische Beispiel noch einmal aufzugreifen: Eine Kugel wird notwendig in die und die Richtung gestoßen, wenn sie so und so von einem Stab berührt wird. Der Stab bewegt sich notwendig so und so, wenn er so und so von einer Hand bewegt wird. Die Hand bewegt sich notwendig, wenn der Mensch sie in Bewegung setzt, der Mensch aber bewegt sich notwendig, wenn Gott ihn bewegt. Gottes Handeln selber aber ist nicht mehr notwendig, insofern es von etwas anderem abhängig ist. Gott ist vielmehr die erste unbedingte Notwendigkeit, das absolute nicht Nichtseinkönnen, weil man in der Reihe der relativen Notwendigkeiten nicht ins Unendliche gehen kann. Die andere, von Thomas selbst her wohl plausiblere Möglichkeit ist, dass mit dem relativ Notwendigen die Engel und Seelen gemeint sind, die, einmal geschaffen, notwendig existieren, die aber nicht absolut notwendig sind, weil Gott ihnen ihre Existenz wieder entziehen könnte (es aber nicht tut). Es muss in der Welt Wesen geben, die immer existiert haben, um die Kontinuität der Existenz der Welt zu gewährleisten, weil in einer Welt, die unendlich ist und nur aus vergänglichen Dingen besteht, die Möglichkeit, dass einmal nichts existiert, notwendig schon eingetroffen wäre.

IV. Der vierte Gottesbeweis lautet wie folgt: 1) Es gibt Dinge, die mehr oder weniger gut, wahr oder edel sind. 2) Ein Mehr oder Weniger an Vollkommenheit kann von etwas aber nur in Bezug auf ein Prinzip höchster Vollkommenheit ausgesagt werden. Man kann von so einem Mehr oder Weniger nur in Bezug auf ein Maximum sprechen, dem sie sich mehr oder weniger annähern. Wenn es unterschiedlich Gutes, Wahres und Edles gibt, so muss es also notwendig auch etwas zuhöchst Gutes, Wahres und Edles geben. 3) Was aber so beschaffen ist, dass ihm eine Eigenschaft am meisten zukommt, ist die Ursache von allen Dingen dieser Eigenschaft. Das Feuer etwa, so das Beispiel von Thomas, ist das am meisten Warme und ist von daher die Ursache aller warmen Dinge. 4) Die höchste Vollkommenheit von allem wird damit aber auch die Ursache aller relativen Vollkommenheit sein. Und diese Ursache nennen wir Gott.

Der platonische Hintergrund dieses Arguments ist offensichtlich. Es setzt die Idee der Teilhabe des relativ Vollkommenen an einem absolut Vollkommenen voraus. Ähnlich wie zwei gleiche Hölzer in Platons „Phaidon" in ihrer relativen Gleichheit nur in Bezug auf den Maßstab einer absoluten Idee der Gleichheit als gleich erkannt werden können, kann es auch hier mehr oder weniger Gutes, Wahres und Edles nur in Bezug auf ein zuhöchst Gutes, Wahres und Edles geben. Bei diesem mehr oder weniger Guten, Wahren und Edlen aber ist bei Thomas wohl primär an die gradualistische Vorstellung des Seienden zu denken, an die im vorigen Abschnitt dargestellte Abstufung geschöpflichen Seins von den Engeln bis zum Anorganischen. Auf jeder dieser Stufen hat jedes Einzelne in verschiedenen Graden am zuhöchst Seienden als dem zuhöchst Vollkommenen teil, wobei dieses zuhöchst Seiende dann – wiederum sehr platonisch – zugleich als die Ursache des relativ Vollkommenen gedacht wird.

V. Der fünfte Weg schließlich geht 1) aus von der Beobachtung, dass einige Dinge, die des Denkens entbehren, also einige natürliche Körperdinge, wegen eines Zieles tätig sind. Sie streben immer oder meistens danach, das Beste zu erreichen. Die Dinge aber können 2) nicht zufällig, sondern nur aus Absicht zu ihrem Ziel gelangen. Zielgerichtetheit gibt es nicht ohne Absicht. 3) Dinge, die kein Denken haben, können daher nur zu ihrem Ziel streben, wenn sie von außen von einem Denkenden und vernünftig Erkennenden geleitet werden. 4) Also gibt es notwendig etwas vernünftig Erkennendes, von dem alle Naturdinge auf ein Ziel hin geordnet werden, und auch dies nennen wir Gott.

Bei Aristoteles stellte sich die Frage, wie die Zielgerichtetheit der Naturdinge zu verstehen sei. Er verstand sie so, dass ihr keine in den einzelnen Dingen vorhandene Absicht zugrunde liegt. Wie aber ist die Ausrichtung der Dinge auf einen Zweck dann zu erklären? Bei Aristoteles war nur sehr allgemein von der Natur als der klugen Bildnerin der natürlichen Welt die Rede. Eine befriedigende Antwort auf die anstehende Frage aber ist dies wie gesagt nicht. Ist eine absichtslose Zielgerichtetheit überhaupt denkbar? Thomas springt an dieser Stelle mit dem Gottesbegriff ein: Die Teleologie der Naturdinge lässt sich dadurch und allein dadurch erklären, dass Gott als ein mit Vernunft und Willen ausgestattetes Wesen die Naturdinge auf ein Ziel hin geordnet hat. Beziehungsweise andersherum: Die in der Natur beobachtete Teleologie verlangt notwendig nach einem Wesen, welche diese beabsichtigt hat.

Jeder dieser fünf Gottesbeweise schließt somit von den kontingenten, verursachten Weltdingen auf eine notwendige erste Ursache von allem. Von einem jeweils verschiedenen Aspekt weltlichen Seins ausgehend, wird auf die Notwendigkeit der Existenz Gottes geschlossen. Insgesamt gesehen stehen Thomas' Gottesbeweise vor allem deshalb in einem Spannungsverhältnis zu unserem heutigen Denken, weil sie nur dann schlüssig sind, wenn man gewisse Prinzipien als unmittelbar einleuchtend, gewisse Axiome als unmittelbar wahr annimmt, etwa dass die Reihe der Ursachen nicht ins Unendliche gehen kann, oder dass jede Zielgerichtetheit notwendig eine vernünftige Absicht voraussetzt. Die heutige Naturwissenschaft aber arbeitet im Prinzip völlig ohne derartige Grundprinzipien. Sie entschließt sich einfach für dasjenige theoretische Modell, das die meisten Fakten zu erklären vermag. Weder das Widerspruchsprinzip, noch sonst ein axiomatisches Prinzip wird von vornherein, wird a priori einem solchen Modell zugrunde gelegt. Vielmehr gibt es Phänomene, die dem Widerspruchsprinzip möglicherweise ausdrücklich widersprechen, wie etwa dass Licht zugleich als Teilchen und als Welle gedacht werden muss. Auch Sätze wie „die Reihe von Ursache und Wirkung kann nicht ins Unendliche gehen“ können von daher nicht von vornherein als falsch oder unmöglich angesehen werden. Die Tatsache, dass die gegenwärtige Naturwissenschaft nicht mehr mit unmittelbar einsichtigen Axiomen als der notwendigen Grundlage aller Erkenntnis arbeitet und trotzdem sehr erfolgreich ist, bereitet vielleicht die größte Schwierigkeit in Bezug auf eine positive Rezeption von Thomas' Gottesbeweisen heute.

IV. Gottes Wesen

Auf die Frage nach Gottes Existenz folgt diejenige nach seinem Wesen bzw. die Frage, was von Gottes Wesen der Mensch auf der Ebene der natürlichen Vernunft zu erkennen vermag. Thomas von Aquin nimmt diesbezüglich eine Mittelposition ein zwischen einerseits Augustinus, dem zufolge die Autorität des Glaubens nichts lehrt, was nicht auch ein Philosoph wissen kann, sodass prinzipiell sogar die Trinität einer philosophischen Betrachtung zugänglich ist, und andererseits Wilhelm von Ockham, der einer rein philosophischen Gotteslehre weitgehend skeptisch gegenübersteht. Für Thomas ist eine natürliche Erkenntnis Gottes möglich, allerdings, was das Wesen Gottes betrifft, nur mit Einschränkungen.

1. Gotteserkenntnis

Thomas übernimmt grundsätzlich den erkenntnistheoretischen Ansatz von Aristoteles: Ausgangspunkt aller Erkenntnis ist das in der sinnlichen Wahrnehmung Gegebene (ST I a, 84,6). Der Mensch kann nicht erkennen, ohne dass er sich den sinnlich wahrnehmbaren Dingen zuwendet, er kann nicht, wie es bei Thomas heißt, ohne „conversio ad phantasmata" erkennen (ST I a, 84,7). Die Vernunft findet somit ihre Inhalte nicht in sich selbst, sondern nur, indem sie vom individuell Wahrgenommenen ausgehend dessen Allgemeinstruktur zu erfassen sucht, d. h. vom Individuellen und Materiellen des beobachteten Gegenstandes abstrahierend zu dessen allgemeinen, geistigen Bestimmungen vordringt.

Dieser Erkenntnisvorgang geht – hier nur in groben Umrissen gezeichnet – wie folgt vor sich: Durch unsere Sinnesvermögen nehmen wir zunächst Vorstellungsbilder (phantasmata) von den Dingen in uns auf. Diese Vorstellungsbilder sind jedoch konfuse, individuelle Gebilde, die erst von der Vernunft bearbeitet werden müssen. Dabei besteht die menschliche Vernunft wie bei Aristoteles aus einem aktiven und einem passiven Geist (ST I a, 79, 2 u. 3). Das heißt, zunächst sondert der aktive Geist, der „intellectus agens", von der individuellen Vorstellung das Allgemeine aus, er abstrahiert dieses Allgemeine vom Individuellen (ST I a, 85,1). Dann nimmt der passive Geist, der „intellectus possibilis" als Rezeptakel aller Formen, dieses abstrahierte Allgemeine in sich auf. Dabei abstrahiert der aktive Geist aus den sinnlichen Vorstellungsbildern in erster Linie die wesentliche Form, die Washeit des Gegenstandes.

Die menschliche Vernunft enthält demnach nichts, was nicht vorher in der sinnlichen Vorstellung gegeben war: „nihil in intellectu quod prius non fuerit in sensu", wie der bekannte, von Aristoteles stammende Satz lautet. Damit aber ist der Geist ursprünglich leer, er ist ursprünglich – ein Ausdruck, der ebenfalls auf Aristoteles zurückgeht – eine „tabula rasa" (ST I a, 79,2). Alle Formen, alle Begriffe müssen über die sinnliche Wahrnehmung gewonnen werden. Es gibt keine eingeborenen Ideen wie bei Platon.

Damit stellt sich jedoch die Frage: Wie soll der Mensch, wenn alle Erkenntnis in der sinnlichen Wahrnehmung gründet, übersinnliche, also immaterielle Gegenstände, insbesondere Gott erkennen? Gibt es überhaupt eine positive Erkenntnis Gottes angesichts der Tatsache, dass Gott in keinerlei Weise sinnlich wahrnehmbar ist? Thomas beantwortet diese Frage wie folgt: Die menschliche Vernunft kann strikt nur über die Geschöpfe bzw. über das in der sinnlichen Wahrnehmung Gegebene zu vernünftiger Einsicht gelangen. Es ist ihr von daher keine direkte Erkenntnis Gottes möglich. Es gibt keine unmittelbare geistige Schau unkörperlicher Gegenstände und damit Gottes (ST I a, 2.11). Das Höchste und Letzte menschlicher Gotteserkenntnis besteht daher wie bei Augustinus zunächst darin, die Unbegreiflichkeit Gottes zu begreifen (De pot. 7.5). Dennoch ist es möglich, indirekt zu einer gewissen Einsicht in das Wesen Gottes zu gelangen. So können wir 1) wie bereits gesehen, von den Gottesbeweisen ausgehend, auf Gott als die Ursache alles sinnlich Wahrnehmbaren bzw. alles Geschöpflichen schließen. Gott kann indirekt als Ursache, „ut causa" erkannt werden. Wir erkennen nicht unmittelbar an Gott selbst, dass er erste Ursache ist, wir erkennen es aber aufgrund eines Rückschlusses von dem für uns beobachtbaren, geschöpflichen Sein auf Gott. Wir können aber über Gott darüber hinaus auch Aussagen machen, indem wir 2) bestimmen, was er *nicht* ist, mit anderen Worten, wir können Gott „per remotionem", in Abhebung von … erkennen. Dies ist die so genannte „via negativa". Schließlich können wir 3) Aussagen über Gott „per excessum" bzw. „modo eminentiori", d. h. im ausgezeichneten Sinne machen, indem wir eine Eigenschaft, die von geschöpflichem Sein ausgesagt wird, Gott in einem höchsten Sinne zuschreiben. Dies ist die „via eminentiae". Also entweder wir erkennen Gott als Ursache der sinnlich wahrnehmbaren Dinge, oder indem wir ihn negativ bestimmen, als sich von dem abhebend, was das geschaffene Sein ist, oder indem wir ihm eine Eigenschaft zuschreiben, die er im höchsten Sinne besitzt (ST I a, 12,12). In Bezug auf alle drei Bestimmungsformen aber gilt das Prinzip, dass wir nur indirekt, von dem her, was uns durch die Sinne gegeben ist, Aussagen über Gott machen können.

2. „Via negativa"

Nachdem Gott aufgrund der Gottesbeweise als erste Ursache bestimmt ist, lassen sich über ihn verschiedene weitere Aussagen machen, die aus seiner Beschaffenheit als erste Ursache notwendig abgeleitet werden können. Dabei handelt es sich um Aussagen, die nicht positiv von Gott gemacht werden. Es sind Aussagen, durch die etwas, was dem geschaffenen Sein zukommt, Gott abgesprochen wird. Diese „via negativa" ist nichts anderes als die im Neuplatonismus gründende negative Theologie, die vor allem über Dionysios Pseudo-Areopagita Eingang ins Mittelalter fand. Je mehr solcher negativen Prädikate wir aber auf Gott anwenden, desto mehr nähern wir uns auch seinem Wesen an, denn wir erkennen etwas umso vollkommener, je weitgehender wir es von anderem unterscheiden können. Durch die Festlegung dessen, was Gott nicht ist, lässt sich somit sein Wesen in gewisser Hinsicht dennoch bestimmen (CG I, 14).

Ausgangspunkt für die negativen Aussagen über Gott ist die Unveränderlichkeit Gottes (ebd.). In der Aussage, dass Gott erste Ursache ist, ist gewissermaßen notwendig enthalten, dass Gott unveränderlich ist, denn alles, was veränderlich ist, wird durch etwas anderes verändert. Gott wäre nicht erste Ursache, wenn er noch einmal von etwas anderem verändert und damit verursacht werden könnte. Die Bestimmung der Unveränderlichkeit führt weiter zur Bestimmung Gottes als „actus purus", denn wo es keine Veränderbarkeit gibt, kann es auch keine Zusammensetzung von Akt und Potenz geben. Alles, was aus Akt und Potenz zusammengesetzt ist, wird der aristotelischen Bewegungs- und Veränderungslehre gemäß von etwas anderem, das selber Akt ist, von der Potenz in den Akt überführt. Ein Stück Bronze wird nicht durch sich selbst zu einer Bronzestatue, sondern dadurch, dass der Bildhauer, der die Bronzestatue actualiter im Kopf hat, die Bronze zur Statue formt. Die allererste Ursache aber kann nicht selber wieder Möglichkeit, Potenz haben, sonst wäre sie nicht die erste, sondern die selbst wieder von etwas anderem verursachte Ursache. Die erste Ursache ist somit notwendig „actus purus" (CG I, 16). „Actus purus" aber ist eine rein negative Bestimmung, denn es gibt nichts Geschaffenes, nichts sinnlich Wahrnehmbares, was die Beschaffenheit hätte, „actus purus" zu sein. Alle sinnlich wahrnehmbaren Gegenstände sind eine Zusammensetzung aus Akt und Potenz. Wir haben keine Vorstellung davon, was eine reine Aktwirklichkeit sein soll, dennoch müssen wir von Gott aussagen, dass er als erste Ursache „actus purus" ist.

Als „actus purus" aber ist Gott weiter ein Wesen, in dem es keine Zusammensetzung geben kann. Gott kann weder aus Körper und Geist noch aus Form und Materie, Substanz und Akzidenz oder sonst wie zusammengesetzt sein, denn jede Zusammensetzung steht in einem Verhältnis von Akt und Potenz zueinander. Das heißt, weil Gott „actus purus" ist, ist er ein absolut einfaches Wesen (CG I, 18). Auch diese Einfachheit ist eine negative Bestimmung. Nichts Geschöpfliches ist ganz einfach, nichts ganz Einfaches kann sinnlich wahrgenommen werden. Gott aber muss, weil er „actus purus" ist, notwendig als völlig einfach aufgefasst werden.

Dadurch, dass Gott einfach ist, gibt es auch keine Unterscheidung von erster und zweiter Substanz in ihm (CG I, 21). Im Bereich des Geschöpflichen ist keine erste Substanz mit ihrem Wesen identisch, denn neben dem Wesen gibt es viele akzidentelle Eigenschaften, die der ersten Substanz ebenfalls zukommen. In Gott aber kann es diesen Unterschied nicht geben. Es kann nicht zwischen „Deus" und seiner „deitas" unterschieden werden (ST I a, 3, 3). Dies betrifft auch die Unterscheidung von Wesen und Sein (CG I, 22). Die Engel unterscheiden sich ja gerade dadurch von Gott, dass sie aus Sein und Wesen zusammengesetzt sind, die sich wie Akt und Potenz zueinander verhalten. In Gott fällt dieser Gegensatz zusammen. Er ist die Einheit von Wesen und Sein. Gottes Wesen ist genauer gesagt das Sein selbst: „Deus est suum esse". Das heißt, aufgrund der notwendigen Einfachheit Gottes ist sein Wesen nichts anderes als sein Seinsakt bzw. das Sein selbst (ipsum esse). Auch diese Bestimmung ist negativ, denn es gibt nichts Geschöpfliches, das reines Sein wäre, da der geschöpfliche „actus essendi“ niemals getrennt vom Wesen eines konkreten Einzeldinges vorkommt. Mit dieser Gottesbestimmung erhält die Gottesdefinition von Ex 3,14 „Ich bin der, der ist“ eine gegenüber Augustinus nochmals gesteigerte Auslegung.

Auf ähnliche Weise kann noch eine ganze Anzahl weiterer Aussagen über Gott gemacht werden: Gott ist als erste Ursache ewig, vollkommen, unendlich usw. Gehen wir jedoch über zur letzten Form indirekter Gotteserkenntnis, der „via eminentiae“

3. „Via eminentiae“

a) Positive Gottesaussagen

Die „Via-negativa“-Aussagen über Gott beziehen sich im Wesentlichen auf Eigenschaften der Welt, die an sich defizient sind, einen Mangel zum Ausdruck bringen und von daher von Gott in keinerlei Weise ausgesagt werden können, weil es in ihm keinen Mangel gibt, weil Gott als absolut vollkommen gedacht werden muss (CG I, 28). Gott ist das genaue Gegenteil von Zusammengesetztsein, Veränderbarkeit, Endlichkeit ...: Er ist einfach, unbewegt, unendlich usw.

Es gibt jedoch eine Reihe von Eigenschaften geschaffenen Seins, die nicht in sich schon einen Mangel zum Ausdruck bringen: Etwas ist gut, ein Mensch ist weise, er ist vernünftig usw. Obwohl ein geschaffenes Wesen derartige Eigenschaften nur unvollkommen besitzen kann, bedeuten die Prädikate als solche keine Defizienz, keinen Mangel, und können von daher auch von Gott positiv ausgesagt werden. Gott nämlich ist in dem Sinne das in jeder Hinsicht vollkommene Wesen, dass ihm keine Vollkommenheit geschöpflichen Seins fehlt, dass ihm die Vollkommenheit keiner geschöpflichen Gattung oder Art fehlt (CG I, 28). Hiermit aber ist das Prinzip angegeben, nach dem positive Aussagen von Gott gemacht werden können: Es besteht eine Ähnlichkeit zwischen geschöpflicher Vollkommenheit und der Vollkommenheit Gottes (CG I, 29). Dabei kommen Gott die Vollkommenheiten, welche die Geschöpfe nur teilweise besitzen, im eminenten Sinne zu. Wenn wir also von Gott sagen, er sei gut und weise, so bedeutet dies, dass er die Vollkommenheit von Güte und Weisheit ist, dass er Güte und Weisheit auf eine Weise besitzt, die erhaben ist über alle Mangelhaftigkeit und Begrenztheit, wie sie uns in Geschöpfen begegnet. Mit anderen Worten: Wir können erfahren, was geschöpfliche Güte und Weisheit sind, Gott aber ist nicht gut und weise im Sinne unserer Erfahrungen von Güte und Weisheit, sondern in einem Sinne, der alle Erfahrung transzendiert (CG I, 30).

Die Vielzahl der Namen oder Prädikate, die auf diese Weise Gottes Wesen zugesprochen werden können – neben Güte und Weisheit etwa Erkenntnis, Willen und Liebe –, widerspricht dabei nicht Gottes Einfachheit. In Gott bilden all diese Vollkommenheiten ein einfaches, unzusammengesetztes Sein; der Mensch allerdings, da er Gott in seiner einfachen Vollkommenheit nicht zu erkennen vermag, kann nichts anderes tun als zu versuchen, die einfache Vollkommenheit Gottes von den vielfachen Vollkommenheiten geschöpflichen Seins her zu verstehen (CG I, 31).

b) Analogie

Ein von geschöpflichem Sein ausgesagtes Prädikat kann also von Gott immer nur nach Weise einer Ähnlichkeit positiv ausgesagt werden (CG I, 30). Diese Ähnlichkeit zwischen Schöpfer und Geschöpf aber wird bei Thomas durch den Begriff der Analogie näher bestimmt.[5]

Eine Analogie ist ein logisches Verhältnis zwischen zwei oder mehreren Elementen, etwa Wörtern, das sich einerseits von der Mehrdeutigkeit (Äquivokation), andererseits von der Eindeutigkeit (Univozität) abhebt. Mehrdeutig, äquivok etwa ist die Verwendung eines Wortes, wenn es in Bezug auf zwei verschiedene Gegenstände in völlig anderer Bedeutung verwendet wird. Man kann von einer Bank sowohl im Sinne einer Sitzgelegenheit als auch im Sinne einer Geldinstitution reden. Beide Bedeutungen, die durch dasselbe Wort bezeichnet werden, sind so verschieden, dass es keinerlei gemeinsamen Nenner zwischen ihnen gibt. Wenn ein Wort in Bezug auf zwei Gegenstände etwas völlig Unterschiedliches bedeutet, ist eine Äquivokation gegeben. Eindeutigkeit, Univozität hingegen besteht dann, wenn ein Wort in Bezug auf zwei verschiedene Gegenstände genau dieselbe Bedeutung hat. Eine Rose ist in genau demselben Sinn eine Blume, wie eine Tulpe es ist. In Bezug auf beide wird das Wort „Blume" mit genau derselben Bedeutung verwendet, es wird in einem univoken Sinne verwendet.

Die Analogie nun ist etwas zwischen beidem, ist eine weder äquivoke noch univoke Verwendung desselben Wortes in Bezug auf zwei verschiedene Gegenstände (ST I a, 13,5). Diese Zwischenbestimmung ist jedoch in einem ganz spezifischen Sinne zu verstehen, wie aus folgendem, klassischem Beispiel zu ersehen ist, das Thomas von Aristoteles übernommen hat. Allen Verwendungen des Wortes „gesund" oder „Gesundheit" liegt

[5] Ausführlicher hierzu siehe immer noch G. M. Manser, *Das Wesen des Thomismus*, Freiburg i.Ue. ³1949, 393–490, dessen Interpretation ich mich im Folgenden vom Prinzip her anschließe.

zwar etwas Gemeinsames zugrunde, es gibt aber zugleich beträchtliche Unterschiede. Man kann die Gesundheit haben, d.h., ein Mensch oder sonst ein Lebewesen ist in diesem Sinne gesund, man kann etwas aber auch „gesund“ nennen, weil es erstere Gesundheit bewahrt oder sie bewirkt oder ein Zeichen dieser Gesundheit ist. Also z.B. Müsli bewahrt meine Gesundheit, ein Luftkurort wie Davos bewirkt sie, rote Backen sind ein Zeichen von Gesundheit. Die Gesundheit des Menschen aber, also die Gesundheit im Sinne eines Habens von Gesundheit, ist die hervorgehobene Bedeutung von Gesundheit. Ich allein *bin* gesund, während Müsli, Davos oder rote Backen nicht selbst gesund sind, sondern der Gesundheit dienen oder ein Zeichen der Gesundheit sind. Das heißt, „gesund“ kann von diesen Dingen nur in Bezug auf die Gesundheit an einem Menschen ausgesagt werden, die Gesundheit besteht hier gewissermaßen nur in einem abgeleiteten Sinne gegenüber einer primären Bedeutung von „gesund“. Der Begriff „Gesundheit“ besitzt also, obwohl er sehr verschieden ausgesagt wird, eine auf eine hervorgehobene Bedeutung von „gesund“ zentrierte Einheitlichkeit. In Bezug auf diese hervorgehobene Bedeutung, diesen „terminus principalis“, wie es auch heißt, sind alle anderen Verwendungen von „gesund“ analog (ST I a, 13,5f.).

Ein Verhältnis der Analogie besteht für Thomas einerseits auf allgemein ontologischer Ebene zwischen Seiendem überhaupt, ein Aspekt, auf den ich hier nicht eingehe, andererseits aber zwischen dem geschöpflichen Sein und Gott. Wäre allerdings das Verhältnis zwischen Schöpfer und Geschöpf nichts weiter als die Hingeordnetheit alles Geschaffenen auf Gott so wie die abgeleiteten Verwendungen von „gesund“ auf die Gesundheit im hervorgehobenen Sinne bezogen sind, so hätten wir es mit einem lediglich logischen Verhältnis zu tun. Von einer wahren Ähnlichkeit zwischen Schöpfer und Geschöpf könnte nicht die Rede sein. Gott ist aber die Ursache der Schöpfung, und als etwas Bewirktes hat die Schöpfung notwendig eine Ähnlichkeit mit ihrer Ursache (CG I, 29). Diese Ähnlichkeit bezeichnet Thomas als ein Teilhabeverhältnis zwischen Ursache und Wirkung. Was von Gott als Beschaffenheit seines Wesens ausgesagt wird, wird von den Geschöpfen als etwas ausgesagt, was Teilhabe an dem in Gott Gegebenen hat (De pot. 7, 7). Aufgrund dieses Teilhabeverständnisses jedoch ist die Beziehung zwischen Schöpfer und Geschöpf notwendig mehr als das, was eine logische Analogie im Sinne des Beispiels der Gesundheit zum Ausdruck bringt. Die Weisheit des Menschen hat etwas mit der Weisheit Gottes zu tun, das Gesundsein des Müslis hingegen nichts mit der Gesundheit des Menschen. Genauer gesagt: Was in Gott ist, die Weisheit, ist in analoger Weise auch *im* Menschen vorhanden, die Gesundheit im Menschen ist aber in keiner Weise auch *im* gesunden Müsli. Das Müsli ist nicht in dem Sinne gesund, dass es selbst die Gesundheit irgendwie besäße (vgl.

I Sent. 19, V,2). Im Falle der Weisheit Gottes und der des Menschen besteht mit anderen Worten bei aller qualitativen Differenz eine gewisse innere Gemeinsamkeit. Im Sentenzenkommentar unterscheidet Thomas ausdrücklich zwischen der rein logischen Analogie als einer Analogie „secundum intentionem" und einer metaphysischen Analogie „secundum intentionem et secundum esse" (I Sent. 19, V,3). Man spricht auch vom Gegensatz zwischen einer Analogie der Attribution und einer Analogie der Proportionalität, wobei auf die komplexe Frage nach dem Begriff der Proportionalität hier nicht eingegangen werden kann.

Im Sinne dieser Analogie der Proportionalität sind Aussagen über Gott, die auf dem Wege der „via eminentiae" gewonnen werden, analoge Aussagen. Das metaphysische Analogieverständnis aber gilt insbesondere für den spezifisch thomanischen Seinsbegriff: Der geschöpfliche Seinsakt, der vom Wesen des Geschöpfes real unterschiedene „actus essendi", ist dem Sein Gottes analog. Und zwar ist dieser geschaffene Seinsakt, der alles Geschöpfliche durchdringt und ihm Wirklichkeit verleiht, dem göttlichen Sein in dem Sinne ähnlich, dass er – mehr als nur leere Existenz – selbst einfach und unendlich ist und die Vollkommenheit alles Geschöpflichen enthält. Er ist das höchste Gleichnis des Seins Gottes, des göttlichen Gutseins (De ver. 22.2). Er ist „ipsum esse" analog zum „ipsum esse" Gottes. Im Unterschied zu Gottes Sein allerdings ist er verursacht, und er besteht, subsistiert nicht für sich selbst, sondern existiert nur in Verbindung mit konkreten Einzelwesen (De pot. 7,2). Dennoch haben die Kreaturen durch diesen Seinsakt eine hervorgehobene Teilhabe am göttlichen Sein, denn das Sein bzw. der Seinsakt ist die vollkommenste unter allen Wirkungen Gottes (CG III, 66).

4. Gottes Beziehung zur Welt

Kommen wir als Letztes noch auf die Frage des Verhältnisses Gottes zur Welt zu sprechen. Wir können von Gott in analogem Sinne aussagen, dass er Erkenntnis und Willen besitzt (CG I, 44 u. I, 72). Da Gott alle Vollkommenheiten der Kreaturen in sich enthält, muss er notwendig auch Erkenntnis und Willen im eminenten Sinne besitzen, da sowohl der Mensch als auch die Engel der Erkenntnis und des Wollens fähig sind. Was aber erkennt und will Gott? Ganz besonders in diesem Punkt macht sich der Einfluss von Aristoteles' Gottesverständnis bemerkbar. Wie bei Aristoteles Gott das sich selbst denkende Denken ist, weil nur Gott selbst ein dem Denken Gottes würdiger Gegenstand ist, so erkennt auch bei Thomas Gott allein sich selbst (CG I, 48). Ebenso verhält es sich mit Gottes Wollen. Gott will in seinem vollkommenen Wollen einzig das vollkommene, das höchste Gut, und das ist wiederum er selbst (CG I, 74). Dasselbe gilt schließlich auch für die Liebe. Gott ist die Liebe. Der Gegenstand von Gottes Liebe aber kann nur Gott selbst sein (CG I, 91). Sowohl Gottes Erkennen als auch sein Wollen und Lieben haben somit zum alleinigen Gegenstand Gott selbst.

Hieraus folgt die für einen christlichen Denker erstaunliche Konsequenz, dass es keine wirkliche Beziehung, keine reale Zuwendung Gottes zur Welt gibt. Gott ist weder erkennend, noch wollend, noch liebend unmittelbar auf die Welt bezogen! Er ist zwar als erste Ursache der Schöpfer der Welt, und er erhält die Welt ständig in ihrem Sein im Sinne der „creatio continua“, doch auch dies ist nur so zu verstehen, dass er die Welt als auf sich bezogen schafft. Die Geschöpfe sind aufgrund der Schöpfung zwar alle bezogen auf Gott, nicht aber ist Gott auf die Welt bezogen (ST I a, 13,7). Auch der Schöpfungsakt selbst ist keine Beziehung. Er ist für Thomas eine Wirkung, die nicht in sich schon eine Beziehung auf etwas ist, sondern die so etwas wie eine Beziehung erst setzt. Reale Beziehung gibt es nur zwischen bereits actualiter vorhandenen Größen (De pot. 7, 11).

Dass Gott nicht auf die Welt bezogen sein kann, geht notwendig aus den Prämissen des aristotelischen Denkens hervor. Wäre Gott auf die Welt bezogen, so gäbe es zwei Möglichkeiten, dies zu denken: Die Beziehung würde entweder Gottes Wesen zugehören, oder aber sie wäre eine akzidentelle Beschaffenheit Gottes. Beides kann nicht sein (CG II, 12). Eine akzidentelle Beschaffenheit kann es in Gott nicht geben, weil es in ihm keinerlei Zusammensetzung, insbesondere keine Zusammensetzung von Substanz und Akzidenz gibt. Wäre hingegen die Beziehung zur Welt Bestandteil des Wesens Gottes, so würde sie notwendig zu Gott gehören, d.h., Gott wäre notwendig auf die Welt bezogen. Das aber hieße, dass Gott nicht ohne die Welt sein könnte. Er wäre auf sie angewiesen, um der zu sein, der er ist. Bezogensein bedeutet für Thomas zudem immer zugleich Abhängigsein (ebd.). Gott wäre also notwendig abhängig von der Welt. Diese Auffassung jedoch widerspricht der sich selbst genügenden Vollkommenheit Gottes, wie sie vom Begriff der ersten Ursache hergeleitet wird. Gott als erste Ursache ist das Sein, das von nichts anderem abhängig ist, auf das vielmehr alles andere bezogen ist, sodass umgekehrt alles von Gott abhängt.

Beließe man es bei der Aussage einer strikten Beziehungslosigkeit Gottes zur Welt, würde man dem Ansatz von Thomas allerdings nicht ganz gerecht. Es gibt für ihn sehr wohl eine Beziehung Gottes zur Welt, allerdings handelt es sich um eine indirekte Beziehung über die Beziehung Gottes zu sich selbst. Dies ist wie folgt zu verstehen: Gott erkennt sich selbst, in Gott enthalten aber liegen die Ideen aller Dinge, die er erschaffen hat, bis hin zu den Ideen der einzelnen Individuen. Auch Thomas übernimmt den platonisch-augustinischen Exemplarismus, wonach in Gott die Ideen aller Dinge als Urgedanken Gottes enthalten sind. Gott ist zwar einfach, dies widerspricht aber nicht der Tatsache, dass alles Geschaffene in Gott als Idee präexistiert, und zwar nicht nur alles Geschaffene in seiner Vielheit, sondern auch alles weltliche Geschehen, das durch Gottes Vorsehung von Ewigkeit her beschlossen ist. Wenn aber Gott sich selbst erkennt, erkennt er somit indirekt auch alles von ihm Verschiedene, die ganze Schöpfung, und wenn er sich selbst will und liebt, liebt er indirekt die ganze Schöpfung. Im Sinne einer solchen indirekten Beziehung Gottes zur Welt wird Gott von Thomas als auf die Welt bezogen gedacht. Gott erkennt, will und liebt die Welt durch die Idee hindurch, die er von ihr in sich hat (vgl. CG I, 49 u. I, 75).

Auch bezüglich Thomas' von Aquin zeigt sich hiermit wieder, dass der Relation im antik-scholastischen Denken eine sehr untergeordnete Rolle zugesprochen wurde. Zwar übernimmt Thomas in seiner theologischen Trinitätslehre Augustinus' Verständnis der innergöttlichen Relationen als Relationen, die nicht akzidentell sind und keinen Mangel zum Ausdruck bringen. Eine Metaphysik aber, die auch das reale Verhältnis Gottes zur Welt als eine positive Beschaffenheit Gottes zu denken vermag, nimmt er nicht in Angriff.

V. Gottes Wirken

Den letzten Teil der Metaphysik als „scientia divina“ bildet die Frage nach dem Wirken Gottes. Sie wurde in den vorigen Abschnitten bereits teilweise gestreift. Unter Gottes Wirken fällt sowohl seine Schöpfungstat als „creatio ex nihilo“ als auch die Erhaltung der Schöpfung im Sinne der „creatio continua“. In diesem Abschnitt geht es um die Frage der Vorsehung Gottes, wobei einerseits das Verhältnis von göttlicher Vorsehung und menschlicher Freiheit angesprochen wird, andererseits die Theodizeefrage, die Frage nach der Rechtfertigung des Übels, des Bösen in einer von Gott geschaffenen und gelenkten Welt.

1. Vorsehung und Freiheit

a) Erst- und Zweitursache

Das Verhältnis von göttlicher Vorsehung und menschlicher Freiheit beantwortet Thomas mit Hilfe einer im Mittelalter gängigen Unterscheidung zwischen Erstursache, „causa prima“, und Zweitursachen, „causae secundae“. Befassen wir uns zunächst allein mit der Ebene der Erstursache. Die gesamte Schöpfung untersteht nach Thomas' Verständnis der Vorsehung Gottes, wobei er unter Vorsehung wesentlich die göttliche Lenkung der Dinge bzw. Geschehnisse versteht. Die Vorsehung erklärt sich daraus, dass alles Geschaffene in Gott als Idee präexistiert, und zwar nicht nur alles Geschaffene in seiner statischen Vielheit, sondern auch alles weltliche Geschehen. Alles, was geschieht, ist von Ewigkeit her in Gott beschlossen. Alles geschieht somit in Übereinstimmung mit der Absicht Gottes. Er bewirkt alles Einzelne, nichts entgeht ihm. Es gibt keinen Zufall in dem Sinne, dass es Ereignisse gäbe, die sich Gottes Lenkung entziehen würden. Auch was uns zufällig erscheint, wird von Gott gelenkt (ST I a, 22, 1 f.).

Gott ist somit als die Universalursache allen Seins zu verstehen, d.h. als eine Ursache, die allem Geschehen lückenlos zugrunde liegt. Dabei bewirkt die erste Ursache unmittelbar jeden Akt, den ein Geschöpf vollzieht. Gott hat nicht eine Welt in Gang gesetzt, die sich von da an selbst bewegt, er hat den Dingen nicht nur zum Zeitpunkt ihrer Erschaffung tätige Kräfte verliehen, sondern verursacht diese immer in den Dingen. Jede einzelne Bewegung, jede Veränderung in der Welt wird im Zeitpunkt ihres Geschehens von Gott bewegt. So wie Gott im Sinne der „creatio continua" kontinuierlich Sein in den Dingen verursacht, so beeinflusst er auch die Geschehnisse im Moment ihres Geschehens selbst. Würde die göttliche Vorsehung aufhören, so würde alles Geschehen aufhören (CG III, 67).

Thomas' Vorsehungslehre erscheint allein auf der Ebene der Erstursache als eine Art Fatalismus, so als wäre die gesamte Schöpfung nichts als eine Marionette, deren Fäden Gott zieht. Es sieht so aus, als wäre Gott die alleinige Ursache aller Veränderung in der Welt. Dieser Art von Fatalismus jedoch, wie sie etwa im Islam begegnen kann, entzieht sich Thomas dadurch, dass er die Ebene der Erstursache durch die der Zweitursachen, „causae secundae", ergänzt. Gott ist zwar die Ursache von allem, es gibt nichts, was Gott nicht unmittelbar bewegt. Er hat aber zugleich alle Geschöpfe so geschaffen, dass sie selber Ursache sind. Aufgrund der Ähnlichkeit mit sich selbst, die Gott den Geschöpfen mitgeteilt hat, hat er ihnen auch eine Ähnlichkeit hinsichtlich seiner Ursächlichkeit mitgeteilt. In Analogie zum Ursachesein Gottes ist auch alles geschöpfliche Sein grundsätzlich verursachend. Es gibt somit eine Ursächlichkeit Gottes und eine Ursächlichkeit der Geschöpfe. Gott ist die erste Ursache von allem, die Geschöpfe aber sind Ursache im Sinne von Zweitursachen (CG III, 69).

Die Frage lautet damit aber: Wie verhalten sich Erstursache und Zweitursachen zueinander? Ist es überhaupt möglich, dass ein Geschöpf selber Ursache einer Wirkung ist und diese Wirkung zugleich von Gott verursacht wird? Die Zweitursachen sind, so versteht dies Thomas, wirkliche Ursachen, sie wirken aber zugleich niemals unabhängig von der Erstursache. Die Zweitursachen wirken nur, wenn sie gewissermaßen von Gott zum Wirken angestoßen werden, wenn Gott mit ihnen mitwirkt, dennoch wirken sie auch aus sich selbst heraus. Das Verhältnis beider wird hierbei mit einem Handwerker, der Erstursache, und seinem Werkzeug, der Zweitursache, verglichen. Die Erstursache verleiht die Kraft, durch welche die Zweitursache tätig ist. Dieser Vergleich legt allerdings das Gewicht zu sehr auf die Erstursache, denn das Werkzeug kann nicht aus sich selbst heraus tätig sein, das geschaffene Ding aber bringt Thomas' Auffassung nach sehr wohl etwas aus sich selbst hervor, hat eine eigene Wirkung, wenn auch mit Hilfe göttlicher Kraft. Im Grunde kommt Thomas von Aquin mit seinen Erklärungen nicht weiter, als die paradoxe Gleichzeitigkeit beider Ursächlichkeiten zu behaupten: Dieselbe Wirkung wird „als ganze dem Werkzeug zugeschrieben und ebenfalls als ganze der ursprünglichen Ursache" (CG III, 70).

Diese Theorie erscheint wie eine unnötige Verkomplizierung der Dinge. Es gibt jedoch gute Gründe, die Thomas dazu bewegen, die Existenz von Zweitursachen anzunehmen. Er führt das Beispiel der Wärme an, die durch das Feuer verursacht wird (CG III, 69). Man kann, so Thomas, nicht behaupten, Gott verursache Wärme, wo Feuer ist, sondern es ist das Feuer selbst, das Wärme verursacht. Hiermit aber soll gesagt sein, dass, wenn es keine Zweitursachen gäbe, Gott in dem Sinne alles unmittelbar verursachen würde, dass es gar keine Ursache-Wirkung-Verknüpfungen *zwischen* den Dingen gäbe. Nicht das Feuer würde die Wärme verursachen, sondern Gott würde bewirken, dass es Wärme gibt, wo Feuer ist. Die geschöpflichen Dinge stünden völlig isoliert voneinander da, und alles wäre nur auf Gott bezogen. Man nennt diese von Thomas bekämpfte Auffassung Okkasionalismus. Zweitursachen bedarf es somit, damit das Feuer selbst die Wärme bewirken kann. Allerdings kann das Feuer nicht ohne Gott als Erstursache wirken. Man kann diese unterschiedlichen Modelle in etwa so darstellen:

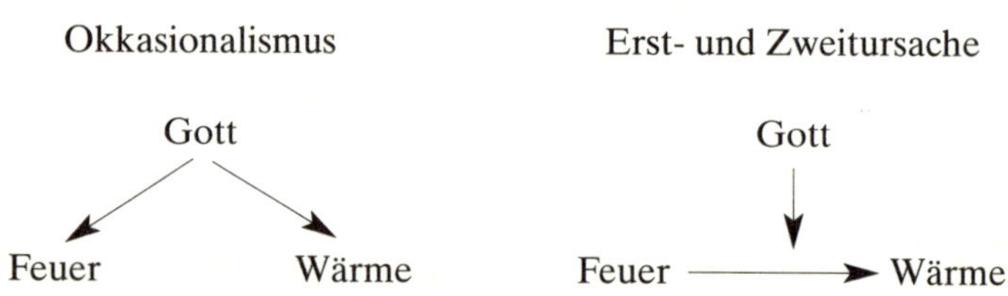

b) Geschöpfliche Freiheit

Dieses Verhältnis von Erstursache und Zweitursachen wird auch als Erklärungsmuster für das Verhältnis von radikaler Allwirksamkeit Gottes und menschlicher Freiheit herangezogen. Frei ist der Mensch nach Thomas aufgrund seines „liberum arbitrium", d.h. seiner Fähigkeit zu wählen, was für ihn nichts anderes ist als eine Umschreibung für den menschlichen Willen. Menschliches Wollen ist wesentlich freies Wählenkönnen. Frei wählen aber kann der Mensch dann, wenn er über sein eigenes Handeln verfügt, wenn er also die Ursache seiner Wahl bzw. seines Wollens ist (ST I a, 83, 1 u. 4).

Dieses Selbst-Ursache-Sein aber kann auch hier nicht so verstanden werden, als wäre der Mensch die alleinige, ausschließliche Ursache seiner Handlungen. Alle Wirkungen, die er hervorbringt, auch die auf seinen freien Willens zurückzuführenden, werden zugleich unmittelbar von Gott als der Erstursache von allem bewirkt. Die menschliche Freiheit reißt keine Lücke in die alles umfassende göttliche Vorsehung. Geschöpfliche Freiheit ist vielmehr so zu verstehen, dass der Mensch frei von aller Verursachung seines Wollens durch andere Geschöpfe ist. Frei ist er, insofern nichts den menschlichen Willen von außerhalb beeinflussen kann. Zwar ist die freie Handlung immer zugleich von Gott mitverursacht. Gott beeinflusst den Willen aber nicht von außerhalb des Willens selbst, sondern er bewirkt das Wollen im Innersten des Willens (CG III, 88).

Damit stellt sich allerdings die viel debattierte Frage, wie die innere Einwirkung Gottes auf den menschlichen Willen ausgelegt werden kann, ohne dass die menschliche Freiheit letztlich doch aufgehoben wird. Ein wichtiger Interpretationsansatz ist, dass Gott das menschliche Wollen zwar in Gang setzt, er dem Menschen den Impuls zum Wollen gibt, dieser Impuls aber unbestimmt bleibt. In der Tat unterscheidet Thomas im Hinblick auf die Freiheitsthematik zwischen notwendigen und kontingenten Ursachen. Notwendige Ursachen haben notwendige Wirkungen, kontingente Ursachen hingegen kontingente Wirkungen, d. h. Wirkungen, die auch nicht zustande kommen können (In peri herm. I, 14). Dieses Ursachenverständnis aber bedeutet, dass die menschlichen Handlungen so von Gott bewirkt sein können, dass sie zugleich als Zweitursachen kontingent sind. Nicht dass Gott dem Menschen nur die Kraft zum Wollen verleihen würde, der Willensakt selbst aber auf eine rein menschliche Ursache zurückzuführen wäre. Thomas betont ausdrücklich, Gott sei nicht nur die Ursache des Willens, sondern auch des Wollens, also der Willenstätigkeit selbst (CG III, 89). Man kann das Verhältnis von Erstursache und Wirkung vielmehr so auslegen, dass die konkrete Wahl von diesem oder jenem nicht von Gott bestimmt ist. Gott bewegt uns zum Wählen, er bewegt unsere Wahl sogar in eine gewisse Richtung, nämlich immer in Richtung des Guten, wofür wir uns aber im Augenblick des Wählens konkret entscheiden, dies ist allein auf unsere uneingeschränkte Freiheit zurückzuführen (ST I a – II ae, 10,2). Die Probleme, die das Verhältnis von Allwirksamkeit Gottes und menschlicher Freiheit aufwirft, sind mit dieser Lösung gewiss nicht alle aus dem Weg geräumt.

2. Das Übel der Welt

Angesichts der Allwirksamkeit Gottes stellt sich weiter die Frage, wie diese mit dem „malum", mit dem Übel oder dem Bösen in der Welt in Übereinstimmung zu bringen ist. Dass es Übel oder Böses in der Welt gibt, ist nicht zu leugnen. Wie aber kann die Schöpfung eines vollkommenen und damit absolut guten Gottes „malum" enthalten? Muss Gott nicht, wenn er alles bewirkt, notwendig auch das Übel der Welt unmittelbar bewirken?

Thomas' Lösung des Theodizeeproblems bewegt sich ganz im Rahmen der Auffassung, wie sie uns bereits bei Plotin und Augustinus begegnet ist. So ist das „malum" auch für Thomas nichts in sich Positives, sondern eine „privatio boni", eine Abwesenheit des Guten (CG III, 7). Auch bezüglich der Frage, warum es überhaupt „malum" in der Welt gibt, verbleibt Thomas in einem klassischen Rahmen, indem alle Argumente letztlich auf die Aussage hinauslaufen, dass das Übel notwendiger Bestandteil der Schöpfung ist.

Ein besonders oft wiederkehrendes Argument ist, dass es Übel geben muss um der Güte der Gesamtschöpfung willen. Es ist wie gesehen unmöglich, dass Gott etwas schafft, was gleich vollkommen wie er selbst ist. Dennoch ist seine Schöpfung ein Spiegel seiner Vollkommenheit. Dabei hat Gott eine Vielfältigkeit von Dingen geschaffen, die seine Vollkommenheit widerspiegeln. Die Dinge können jedoch nicht einzeln für sich die ganze Güte Gottes widerspiegeln, sondern nur in ihrer Gesamtheit. In dieser Gesamtheit aber gäbe es, so Thomas, vieles Gute gar nicht ohne die Existenz des Übels in der Welt. Die Geduld des Gerechten gäbe es nicht ohne die Bosheit der Verfolger, ein Raubtier könnte es nicht geben, ohne dass es sich von anderen Tieren ernährt. In diesem Sinne muss es Übel um der Güte der gesamten Schöpfung willen geben (CG III, 71).

Ein weiteres Argument gründet auf dem Prinzip, dass das Gute des Ganzen dem Guten des Teils gegenüber vorgeht. Wenn bestimmten Teilen des Universums das Übel entzogen würde, so ginge vieles von der Vollkommenheit des Universums im Ganzen verloren, weil – so ganz im Sinne des plotinisch-augustinischen Kosmosverständnisses – dessen Schönheit aus der geordneten Vereinigung von Schlechtem und Gutem entsteht. Das Ganze ist ein vollkommeneres Abbild der Güte Gottes als das Einzelne. Also ist es angemessen, dass das Einzelne um des Ganzen willen da ist. Gott muss somit nicht das Gute, die Vollkommenheit jedes einzelnen Geschöpfs bewirken, sondern er lässt um der Vollkommenheit des Ganzen willen Unvollkommenheiten, Mängel, Übel zu, die Einzelnes treffen (CG III, 71).

Was aber ist die Ursache des Übels? Gott ist unendlich gut. Er ist die reine Vollkommenheit. In Gott gibt es somit keinen Mangel. Ein Mangel in Gott kann daher nicht die Ursache eines Mangels in der Welt sein. Wenn ein Mensch humpelt, so liegt das Thomas' Auffassung nach nicht an einer Defizienz in Gott, der an der Bewegung dieses Menschen als Erstursache mitwirkt, sondern an der Mangelhaftigkeit des menschlichen Beins, etwa an der Verkrümmung des Schienbeins. Das heißt, die Defizienz liegt in den Zweitursachen, nicht in der Erstursache. Gott gibt die Kraft zur zweitursächlichen Bewegung unabhängig von der Güte des zweitursächlichen Bewegers (CG III, 71).

Wie jedoch kommt das Übel in die Welt? Wie kann eine vollkommene, keinen Mangel in sich enthaltende erste Ursache eine Welt erschaffen, in der es Mangel gibt? Entstammt der Mangel nicht notwendig einer Ursache, die selber mangelhaft ist? Zunächst ist festzuhalten, dass jede Tätigkeit um eines Guten willen tätig ist. Man kann nicht das Übel als solches wollen. Dies gilt umso mehr für den unendlich guten Gott. Er will notwendig das Gute. Gott kann aber wie gesehen nichts schaffen, ohne dass diese Schöpfung um der Vollkommenheit des Ganzen willen Übel enthält. Das Übel muss daher zwar irgendwie von Gott kommen, dies ist aber nur in dem Sinne denkbar, dass es von Gott nicht direkt gewollt, sondern gewissermaßen akzidentell (quasi per accidens) verursacht ist. Das Übel ist eine Art Nebeneffekt eines prinzipiell auf das Gute gerichteten göttlichen Willens (ST I a, 49,2).

Wir haben uns bisher nur mit dem physischen Übel befasst. Neben dem physischen Übel gibt es auch das moralische Übel. Im Gegensatz zu ersterem ist Gott in keiner Weise die Ursache des moralischen Übels, des eigentlich Bösen (ST I a, 49,2). Das moralische Übel ist durch die menschliche Sünde verursacht. Dabei ist die Sünde wie bei Augustinus auf einen Willensakt zurückzuführen (De malo, 2, 2f.). Gott aber hat das moralische Übel, statt es – sei es nur akzidentell – selbst zu verursachen, lediglich zugelassen (ST I a, II ae, 39,2). Er hat es um der Existenz geschöpflicher Freiheit willen zugelassen. Die Schöpfung hätte auch ohne menschliche Schuld bleiben können, und sie wäre ebenso vollkommen gewesen, wenn die freien Wesen ihre Freiheit niemals dazu benutzt hätten, sich für das moralisch Böse zu entscheiden. Dies im Gegensatz zum physischen Übel, das es um der Vollkommenheit des Geschaffenen willen gibt.

Doch auch wenn Gott das moralische Übel als solches nicht bewirkt hat, hat er notwendig vorhergesehen, dass es mit der Erschaffung der Welt entstehen würde, und man kann sich fragen, ob Gott dem Menschen mit der Freiheit notwendig auch die Möglichkeit des Bösen mitgeben musste, d. h., warum er ihn nicht einfach (moralisch) gut schaffen konnte. Angesichts des physischen und moralischen Übels zusammengenommen aber stellt sich als Letztes vor allem noch die Frage: Warum hat Gott überhaupt eine Welt geschaffen und nicht lieber keine? Hierauf lässt sich von Thomas her antworten, dass Gott die Welt aus Überfluss an Güte geschaffen hat (ST I a, 44,4). Gott wünscht sich, dass es Geschöpfe außer ihm gebe, die an seiner Güte teilhaben können. Er zieht es gewissermaßen vor, dass es eine unvollkommene Welt gibt, die an Gottes Güte teilhaben kann, als dass es keine Welt gibt und allein nur Gott. Dabei geht Thomas nicht davon aus, wie dies später bei Leibniz der Fall ist, dass diese geschaffene Welt die beste aller möglichen Welten ist. Dies hängt mit Gottes Freiheit zusammen: Gottes Wille ist frei. Die Welt ist kein notwendiger Ausfluss aus Gott, wie bei Plotin, sondern ein freier Willensakt. Freiheit aber bedeutet in Bezug auf Gott, dass Gottes Macht unendlich ist. Gottes Macht ist aber nur dann unendlich, wenn er jederzeit über das hinaus, was er geschaffen hat, noch etwas Besseres schaffen kann. Er kann also immer eine bessere Welt schaffen, als die, die er tatsächlich geschaffen hat. Warum aber Gott gerade diese Welt geschaffen hat, bleibt, so Thomas, Gottes Geheimnis.

Sechstes Kapitel: Wilhelm von Ockham

I. Nominalistische Metaphysik

Als wichtigster Wendepunkt zur Neuzeit werden meist Descartes oder die Renaissance genannt. Das hergebrachte, vor allem von der Aufklärung verbreitete Schema ist: Philosophie hat rein natürliches Wissen, Wissenschaft vom Wesen der natürlichen Dinge zu sein, im obskurantistischen Mittelalter jedoch war sie die Magd der Theologie. Autorität entschied, nicht die Vernunft. Die Renaissance befreite die Philosophie von den Zwängen der Kirche und der Theologie. Mit ihr lebte die Philosophie der Antike wieder auf, die platonische Akademie entstand neu in Florenz, und von Italien zog die Renaissance siegreich durch alle Länder bis hin zum eigentlichen Begründer der neueren Philosophie, zu Descartes.

Ungeachtet des Vorurteils, das hiermit über das Mittelalter als solches ausgesprochen ist, gibt es gute Gründe für die Annahme, dass die eigentlich entscheidende Wende in der abendländischen Geistesgeschichte noch im Mittelalter selbst zu suchen ist. Am Beispiel von Augustinus und Thomas wurde deutlich, dass sich das Mittelalter im Wesentlichen auf die Begrifflichkeit und die Denkansätze der Antike stützt und sie so in die eigene, christliche Weltsicht hineinarbeitet, dass im Grunde genommen mit nur wenigen Änderungen das jeweils Ganze des antiken Ansatzes übernommen wird. Das Mittelalter ist jedoch nicht nur eine Zeit der Synthesen von antiker Philosophie und Christentum, die Übernahme der antiken Philosophie hat zugleich ständig zu – teils unbewussten – Spannungen und Konflikten geführt, weil die fertige Begriffswelt der Antike in manchen Punkten doch nur mit Mühe in das neue, christliche Selbstverständnis integriert werden konnte. Einerseits aber war die antike Begrifflichkeit zu eindrücklich, waren andererseits die christlichen Denker zu sehr auf die Offenbarung als solche ausgerichtet, als dass sich ein begrifflich eigenständiges und umfassendes Weltverständnis schneller den Weg hätte bahnen können. Ein Wendepunkt aber scheint gerade in der Zeit des späten Hochmittelalters zu liegen: Während Augustinus und Thomas von Aquin eine Art harmonische Synthese bieten, in die das antike Denken mit seinen wichtigsten Prämissen mehr oder weniger „en bloc" hineingenommen wird, nimmt sich die mittelalterliche Philosophie des 14./15. Jahrhunderts gegenüber der antiken Philosophie immer mehr Freiheiten. Die Bindung an die Antike lässt nach, die Suche nach neuen Horizonten macht sich bemerkbar. In diese Zeit nun fällt der Denker, der uns zum Schluss dieses zweiten Teils noch beschäftigen soll: Ockham.

1. Leben und Werk

Wilhelm von Ockham wurde um 1280 in England geboren. Er trat wahrscheinlich früh dem Franziskanerorden bei und studierte in Oxford Theologie. Dort hielt er von 1317–1319 die Vorlesungen zum Sentenzenbuch des Petrus Lombardus. Den Magister der Theologie hat er nicht erlangt, obwohl anscheinend alle Bedingungen dafür erfüllt waren, womöglich weil er 1324 vom Papst nach Avignon zitiert wurde. Er war vom Kanzler der Universität Oxford der Häresie angeklagt worden. In einem Gutachten wurden 51 Anklagepunkte gegen ihn festgehalten. Aus unbekannten Gründen wurde Ockham jedoch nie verurteilt. 1328 floh er nach München zum Hof von Ludwig von Bayern, der ebenfalls mit dem Papst im Streit lag. Er starb zwischen 1346 und 1349, vermutlich an der Pest.

Als Ockhams philosophische Hauptwerke gelten sein Sentenzenkommentar und eine „Summa logicae“. Daneben hat er mehrere Kommentare und Quaestionensammlungen verfasst. Seine Münchener Zeit hingegen ist ganz von einer Vielzahl politischer Kampfschriften gegen das Papsttum von Avignon geprägt.[1]

[1] Textverweise im Folgenden: Exp. aurea = Expositio aurea et admodum utilis super artem veterem; In lib. phys. = Expositio in libros Physicorum Aristotelis/ Opera philosophica IV; Quodlib. = Quodlibeta septem; I–IV Sent. = Super quattuor libros sententiarum subtilissimae quaestiones/Opera theologica I–IV; SL = Summa logicae/Opera philosophica I. – Ferner: De cogn. = Johannes Duns Scotus, Tractatus de Cognitione Dei/Opera Omnia, Bd. III, Hildesheim 1968; In Isagogen = Boethius, In Isagogen Porphyrii Commenta; Itin. mentis = Bonaventura, Itinerarium mentis in Deum; Peri herm. = Aristoteles, Peri hermeneias/Lehre vom Satz; Quodl. = Johannes Duns Scotus, Questiones Quodlibetales/Opera omnia, Bd. XII, Hildesheim 1968; Op. Ox. = Johannes Duns Scotus, Opus Oxoniense/Opera omnia, Bde. V–X, Hildesheim 1968; Rep. = Johannes Duns Scotus, Reportata Parisiensia/ Opera omnia, Bd. XI, Hildesheim 1968; ST = Thomas von Aquin, Summa theologiae; De ver. = Thomas von Aquin, De veritate.

2. Universalien

a) Der Universalienstreit

In der philosophiegeschichtlichen Forschung hat sich immer mehr die Auffassung durchgesetzt, dass insbesondere Ockham als ein wichtiger Vordenker der Neuzeit anzusehen ist. Bereits seit Mitte des 14. Jahrhunderts war in Bezug auf Ockham und die sich an ihm orientierende Philosophie von einer „via moderna" im Gegensatz zur „via antiqua" der Hochscholastik die Rede. Der Unterschied zwischen „via moderna" und „via antiqua" aber hat wesentlich mit einem philosophischen Streit zu tun, der erst in der Scholastik richtig entfacht wurde und eine ihrer wichtigsten philosophischen Auseinandersetzungen bildet: der so genannte Universalienstreit.

Universalien sind Allgemeinbegriffe, d.h., sie sind etwas, so Aristoteles, was „seiner Natur nach in mehrerem zu sein vermag" (Peri herm. 7). Im Universalienstreit aber geht es um die Frage des Verhältnisses der Universalien zu den individuellen Einzeldingen und damit letztlich um die Frage des Verhältnisses von Denken und Wirklichkeit. Zwar dreht sich auch die antike Philosophie bereits um dieses Verhältnis, explizit wurde die Frage als solche jedoch erstmals im 5./6. Jahrhundert von Boethius, dem Verfasser der berühmten Schrift „Trost der Philosophie" gestellt. Boethius fragt sich in einem seiner Kommentare, ob die Gattungen (genera) und Arten (species) nur Begriffe sind oder auch etwas substantiell für sich Existierendes, ob sie körperlich oder unkörperlich sind, und ob sie von den wahrnehmbaren Einzeldingen getrennt oder nur mit ihnen verbunden existieren (In Isagogen II,1). Dabei diskutiert Boethius bereits die drei Alternativen, die auch im späten Mittelalter im Brennpunkt stehen. Die Universalien können demnach 1. als etwas von den individuellen Dingen unabhängig Existierendes verstanden werden, d.h., sie gehen wie die platonischen Ideen den individuellen Dingen voraus, sie sind „ante res". Sie können 2. wie Aristoteles' Formen als nur in Verbindung mit individuellen Wesen, also in den Dingen, „in rebus" existierend gedacht werden. Sie können 3. aber auch nur Namen oder Verstandesinhalte sein, die zwar den Dingen zugeschrieben werden, aber nur nachträglich, da sie nicht in den Dingen selbst sind, da sie „post res" sind. Die erste Auffassung bezeichnet man als Ultrarealismus oder extremen Begriffsrealismus, die zweite als gemäßigten Realismus, die dritte Position aber wird Nominalismus genannt. Dieser Begriff ist nicht unproblematisch, weil er für sehr Verschiedenes verwendet worden und von daher vieldeutig ist. In unserem Zusammenhang soll damit allein eine Position im Universalienstreit bezeichnet sein, die unter diesem Titel in die Philosophiegeschichte eingegangen ist.

In der Frühscholastik wurde aufgrund des Einflusses des augustinischen Platonismus, der bis ins 13. Jahrhundert hinein bestimmend war, zunächst vor allem der Ultrarealismus vertreten. Der Begriff „Mensch“ etwa steht für eine Realität, für ein reales, allgemeines Menschsein, das außerhalb des menschlichen Verstandes auf genau dieselbe Weise wie im menschlichen Verstand existiert, d.h. als eine einzige, real existierende Entität, an der alle einzelnen Menschen teilhaben. Für den gemäßigten Realismus stehen vor allem die Aristoteliker des Hochmittelalters von Albertus Magnus über Thomas von Aquin bis Johannes Duns Scotus. Universalien sind bei Thomas von Aquin zwar nicht für sich existierende Dinge, aber auch nicht nur Konstruktionen des menschlichen Verstandes, denen außermental nichts entspricht. Die Universalien sind immer zugleich etwas real *in* den Einzeldingen Existierendes. Ein allgemeines Menschsein gibt es nur *in* diesem oder jenem konkreten Menschen. Zwar existiert das Menschsein im konkreten Menschen nicht wie ein abstrakter Begriff, sondern in einem individualisierten Zustand, mit einer individualisierenden Materie verbunden. Dennoch entspricht dem im Verstand gebildeten Begriff etwas real Allgemeines in den Dingen. In der Spätscholastik schließlich wird der Nominalismus, insbesondere in Verbindung mit dem Namen Ockhams, zur dominierenden philosophischen Position. Im katholischen Raum war er noch zur Zeit des Konzils von Trient im 16. Jahrhundert bestimmend und hat nicht zuletzt auch Luther wesentlich beeinflusst.

b) Ockhams Nominalismus

Ockhams Nominalismus liegt die Auffassung zugrunde, dass Allgemeinbegriffe, Universalien, keinerlei außermentale Existenz haben. Dem Allgemeinen kommt keine verstandesunabhängige Realität zu. Das Allgemeine ist nicht einmal, wie im gemäßigten Realismus, in den Einzeldingen, sondern bleibt etwas dem konkreten Ding gegenüber radikal Äußerliches. Der Realismus unterliegt Ockham nach einer grundsätzlichen Konfusion von Zeichen und Bezeichnetem. Universalien sind Zeichen, aus der Tatsache, dass die Wirklichkeit mittels solcher Zeichen beschrieben wird, lässt sich aber in keinerlei Weise ableiten, dass ihre Allgemeinheit auch Bestandteil der Wirklichkeit selbst sein muss. Universalien sind „nur in der Seele und darum nicht in der Sache“ (I Sent. 2, 7). Sie sind nichts als eine „intentio animae“, eine Intention der Seele, d.h. etwas in der Seele, das etwas anderes bezeichnet (SL I, 12).

Die außermentale Wirklichkeit aber besteht allein aus völlig singulären Einzeldingen (I Sent. 2, 6). Alles denkunabhängig Reale ist damit etwas radikal Individuelles. Wir sehen um uns herum nicht so etwas wie ein Baumsein, sondern allein diesen oder jenen Baum. In der Wirklichkeit gibt es kein Menschsein, sondern nur diesen oder jenen Einzelmenschen. Reale Existenz und Allgemeinheit schließen sich aus (SL 1, 14). Dabei sind die Einzeldinge unter sich real voneinander verschieden, die begrifflichen Unterschiede hingegen sind nicht real, sondern nur gedanklicher Art. Sokrates und Platon sind voneinander real verschiedene Menschen, das Menschsein und das Grauhaarigsein von Sokrates hingegen sind nicht verschiedene Teile in Sokrates, sondern lediglich auf einen gedanklichen Unterschied zurückzuführen.

Da nun auch für Ockham alle Wissenschaft nur mit Hilfe von Begriffen etwas über Dinge auszusagen vermag, wir also ohne Begriffe und damit Allgemeinbestimmungen gar nicht denken können, stellt sich die Frage, was für einen Wert das durch Allgemeinbegriffe hindurch Erkannte dann überhaupt hat, da doch die Dinge selbst sich durch radikale Individualität auszeichnen, keinerlei Allgemeinheit besitzen. Denken und Wirklichkeit scheinen völlig voneinander dissoziiert zu sein. Es ist, als wäre alles Erkennen etwas rein Fiktives, ohne jeden Realitätsbezug. Ockham äußert sich erstaunlicherweise kaum zu dieser für seine Position im Grunde genommen doch zentralen Frage. Deutlich aber wird, dass er nicht der Auffassung ist, mit Hilfe von Sätzen, die Allgemeinbegriffe enthalten, würden wir gar nichts Wirkliches erkennen. Wenn wir ein Einzelding unter Allgemeinbegriffe subsumieren, also von ihm mit Hilfe von Allgemeinbegriffen Aussagen machen, erkennen wir dieses Allgemeine zwar nicht als an den Dingen selbst existierend. Ockham bleibt hier strikt: Wir verwenden Begriffe als Zeichen für die Einzeldinge, ohne dass diese Zeichen etwas in den Einzeldingen Vorhandenes und ihnen Gemeinsames bezeichnen würden. Dennoch verhält es sich nicht so, dass die allgemeinen Begriffe keinerlei Beziehung zu den Einzeldingen selbst hätten. Eine Aussage verweist in dem Sinne auf ein Einzelding, dass es das Wesen dieses Einzeldings „erklärt" (explicat), ohne die Begriffe als Teilbestimmungen des Gegenstandes selbst anzusehen (SL I, 17). Allein schon die Tatsache, dass wir Allgemeinbegriffe als Zeichen für real existierendes Einzelnes verwenden können, zeigt, dass das Erkennen die Wirklichkeit nicht einfach verfehlt.

Wie jedoch kommt es überhaupt zur Bildung von Allgemeinbegriffen in unserem Verstand, wenn doch die Wirklichkeit nur aus individuellen Dingen besteht? Ockhams Erkenntnistheorie gründet wie bei Thomas im aristotelischen Grundsatz, der Verstand erkenne nichts, es sei denn, dass es ihm durch die sinnliche Erfahrung vermittelt ist (I Sent. prol. 1,1). Die Allgemeinbegriffe aber entstehen – wiederum wie bei Thomas – durch einen Prozess der Abstraktion, der auf der Ähnlichkeit zwischen den Dingen gründet. Sokrates und Platon etwa sind sich ähnlicher, so Ockhams klassisches Beispiel, wie jeder von ihnen Ähnlichkeit mit einem Esel besitzt. Diese Ähnlichkeit besteht jedoch für ihn nicht deshalb, weil es in Sokrates und in Platon eine beiden gemeinsame Beschaffenheit gäbe, wodurch sie ähnlich sind, was gemäßigter Realismus wäre, sondern, so Ockham, Sokrates und Platon als solche sind sich ähnlich. Das heißt, die Ähnlichkeit gründet nicht auf einer Gemeinsamkeit in ihnen, sondern der ganze Sokrates, dessen ganzes Wesen ist ähnlich mit demjenigen des ganzen Platon (I Sent. 2,6). Ockham weigert sich auch hier strikt, dem Allgemeinen im Bereich der Wirklichkeit irgendeinen Ort zuzugestehen.

Eine unmittelbare Konsequenz der nominalistischen Universalienlehre ist die Ablehnung der klassischen Wahrheitstheorie. Thomas von Aquin definiert die Wahrheit als „adaequatio rei et intellectus" (De ver. I,2), als Übereinstimmung der Sache mit der Vernunft bzw. der Wirklichkeit mit der Aussage. Diese Definition ist in etwa so zu verstehen: Ich bilde mir ein Urteil über einen Sachverhalt, etwa: „Das Dach dieses Hauses ist rot." Wahr ist dieses Urteil dann, wenn die Elemente meiner Aussage Bestandteile der Wirklichkeit selbst zum Ausdruck bringen. Dem Ausdruck „Dach" entspricht die wirkliche Form „Dach", und dem Wort „rot" entspricht die wirkliche, rote Farbe. Es besteht also eine Korrespondenz zwischen den Bestandteilen der Aussage und denen der Wirklichkeit. Diese Korrespondenz aber – man nennt dies ein korrespondenztheoretisches Wahrheitsverständnis – setzt voraus, dass die Wirklichkeit aus real existierenden Allgemeinheiten zusammengesetzt ist, wie sie in dem Urteil über den Sachverhalt zum Ausdruck kommen. Für Ockham hingegen, für den es in der Wirklichkeit keine der Aussage entsprechenden Allgemeinheiten gibt, kann die Wahrheit nicht in einer solchen Übereinstimmung bestehen. Damit ist nicht gesagt, dass er jegliches Wahrheitsverständnis ablehnt, sondern er formuliert die Wahrheitsdefinition dem nominalistischen Ansatz gemäß um: „Eine Aussage ist wahr, weil sie einen Gegenstand bezeichnet, wie er ist" (Exp. aurea 53, c). Mit dieser Definition, die sich auf den ersten Blick kaum von derjenigen von Thomas zu unterscheiden scheint, bezeichnet die Aussage zwar wirklich den Gegenstand, wie er ist – ohne dieses Moment könnte von Wahrheit letztlich gar nicht die Rede sein –, die Vorstellung einer Übereinstimmung zwischen Teilen der Aussage und Teilen des Gegenstandes aber wird vermieden. Eine Aussage ist genauer besehen dann wahr, wenn das Subjekt und das Prädikat sich auf denselben Gegenstand beziehen (SL II, 2).

3. Metaphysik

Nicht unumstritten ist es, ob es bei Ockham überhaupt so etwas wie Metaphysik gibt bzw. ob er bereit gewesen wäre, gewisse Themen, die er behandelt, unter dem Begriff „Metaphysik" einzureihen. Einen von ihm angekündigten Kommentar zu Aristoteles' Metaphysik etwa hat er nie geschrieben, und Aussagen über die Metaphysik als Wissenschaftsbereich enthält sein Werk nur äußerst wenige. Dies ist jedoch kein Beweis für eine

Ablehnung der Metaphysik, denn zugleich verwendet Ockham den Begriff nie polemisch, und er deutet ein bestimmtes Metaphysikverständnis verschiedentlich auch an, etwa im Prolog seines Sentenzenkommentars oder im Prolog seines Kommentars zu Aristoteles' „Physik". Es ist durchaus berechtigt, anhand dieser wenigen Aussagen Ockhams Auffassung von Metaphysik zu skizzieren.[2]

a) Das Sein als Begriff

Die Metaphysik erfährt bei Ockham in jedem Fall eine grundlegende, auf seinen Nominalismus zurückzuführende Verschiebung gegenüber dem aristotelisch-thomasischen Metaphysikverständnis. Die begrifflichen Unterscheidungen, mit denen sich die Wissenschaften befassen, entsprechen bei ihm wie gesehen keinerlei Unterscheidungen in der außermentalen Wirklichkeit. Gegenstand der Wissenschaften kann von daher nicht das Seiende selbst sein, sondern nur die Begriffe, die wir in Bezug auf das Seiende verwenden. Die Wissenschaften, soweit sie sich nicht wie die Logik überhaupt nur mit Verstandesinhalten befassen, sondern als Realwissenschaft auf die Wirklichkeit Bezug nehmen, handeln „nicht von den Dingen, sondern von Begriffen, welche für die Dinge stehen" (In lib. phys. prol.). Dabei nehmen wir nie allein mittels einzelner Begriffe Bezug auf die Wirklichkeit, sondern immer nur im Zusammenhang von Sätzen – ein Prinzip, das auch die heutige sprachanalytische Philosophie zu einem ihrer wichtigsten Axiome erhoben hat. Allein im Rahmen von Aussagen, von Sätzen, wird durch das Satzsubjekt eine Beziehung zur außermentalen Wirklichkeit hergestellt, zum konkreten Einzelgegenstand, über den etwas gesagt wird (SL I, 63). Gegenstand der Realwissenschaften sind somit genauer besehen nicht Begriffe, sondern Sätze.

Worin aber unterscheidet sich die Metaphysik von anderen Wissenschaften? Welche besondere Art von Sätzen ist ihr Gegenstand? Diese Frage hat Ockham nie beantwortet. Es wird allerdings ausgesagt, von allen Gegenständen der Metaphysik sei das Sein (ens) das Erste (Sent. prol. 9). Man kann von daher zumindest untersuchen, inwiefern Ockham das Sein

[2] Ich folge hierin den Interpretationen von L. Honnefelder, „Der zweite Anfang der Metaphysik. Voraussetzungen, Ansätze und Folgen der Wiederbegründung der Metaphysik im 13./14. Jahrhundert", in: *Philosophie im Mittelalter. Entwicklungslinien und Paradigmen* (Festschrift für W. Kluxen), hrsg. v. J. P. Beckmann, L. Honnefelder u. a., Hamburg 1987, 165–186; von G. Leibold, „Zum Problem der Metaphysik als Wissenschaft bei Wilhelm von Ockham", in: *Die Gegenwart Ockhams*, hrsg. v. W. Vossenkuhl u. R. Schönenberger, Weinheim 1990, 123–127; sowie von J. P. Beckmann, „Nihil notum nisi complexum. Von der Sach- zur Satzwissenschaft am Beispiel der Metaphysik", in: *„Scientia" und „Ars" im Hoch- und Spätmittelalter*, hrsg. v. I. Craemer-Ruegenberg, A. Speer, Berlin 1994, 266–-280.

zum Gegenstand der Metaphysik macht. Dabei kann auch das Sein nicht Gegenstand der Metaphysik im Sinne des Dinges sein, worauf die metaphysischen Sätze verweisen. Gegenstand der Metaphysik ist vielmehr der Begriff des Seins, bzw. es sind diejenigen Sätze, in denen dieser Begriff verwendet wird (III Sent. 10).

Einen Vorrang hat der Begriff des Seins für Ockham gegenüber anderen metaphysischen Begriffen, weil „sein" oder „seiend" das allgemeinste aller Prädikate ist. Warum diese Allgemeinheit einen Vorrang bedeutet, wird ebenfalls nicht erklärt. Interessant ist jedoch, wie Ockham diese Allgemeinheit versteht. Der Begriff des Seins nämlich ist für ihn dasjenige Prädikat, das ausnahmslos von allem Seienden in gleicher Weise ausgesagt wird (I Sent. 3,1). Ein Prinzip der Scholastik im Allgemeinen ist, dass das Sein, so wie auch Bestimmungen wie die des Einen, des Wahren und des Guten, etwas alle Kategorien Übersteigendes, Transzendierendes sind. Von allem, was ist, von allem, was in eine bestimmte Kategorie eingereiht werden kann, in die Kategorie der Substanz oder der Qualität oder der Quantität usw. kann ausgesagt werden, dass es ist. Das Sein ist, wie es heißt, eine Transzendentalie, eine transzendentale, weil überkategoriale Bestimmung. Auch Ockham versteht das Sein als eine solche transzendentale Bestimmung (SL I, 38). Der Seinsbegriff ist jedoch für ihn anders als für Thomas kein analoger Begriff, sondern ein univoker, d. h., er wird in Bezug auf alles, wovon er ausgesagt wird, in genau derselben Bedeutung verwendet (I Sent. 2,9). In diesem Sinne ist das Sein für Ockham die allgemeinste aller Bestimmungen. Als solche ist sie aber zugleich auch die leerste, d. h., Sein besagt im Gegensatz zu Thomas von Aquin nicht mehr Fülle, Inbegriff aller Bestimmungen, sondern einfach nur Existenz, pures Dasein.

Die Univozität des Seinsbegriffs gilt insbesondere auch in Bezug auf die Differenz von Schöpfer und Geschöpf, d. h., im Gegensatz zu Thomas wird dieser Begriff sowohl von allem Geschöpflichen wie auch von Gott univok verwendet (I Sent. 2,9). Von einer realistischen Position her gesehen setzt dies Ockham dem Verdacht eines der christlichen Gottesvorstellung widersprechenden Pantheismus aus. Wenn nämlich das Sein als realer Bestandteil der Kreaturen das gleiche Sein wäre wie das Sein Gottes, dann wäre Gottes Sein selbst in allen Dingen. Thomas' Analogieverständnis verhindert gerade dies, indem das geschöpfliche „ipsum esse" dem „ipsum esse" Gottes nicht gleichgesetzt wird, sondern – bei Beibehaltung der Differenz von Schöpfer und Geschöpf – nur als ihm ähnlich verstanden wird. Ockham jedoch kann auf die Analogielehre verzichten, weil es das Sein weder in Gott noch im Geschöpf als Realität gibt. Sein ist lediglich ein Begriff, der allgemeinste und leerste aller Begriffe, der in Bezug auf die Geschöpfe wie auf Gott ausgesagt werden kann, ohne dass damit eine Beschaffenheit des Ausgesagten selbst bezeichnet wäre (III Sent. 10).

b) Natürliche Theologie?

Ockham nennt nicht nur ausdrücklich das Sein als Gegenstand der Metaphysik, sondern auch Gott (In lib. phys. prol.). Gott erweist sich damit für Ockham als ein möglicher Gegenstand rein philosophischer Betrachtung. Es stellt sich allerdings die Frage, was die Metaphysik als philosophische Gotteslehre in seinen Augen zu leisten vermag.

Beginnen wir mit der Frage nach der Existenz Gottes. Ist es möglich, die Existenz Gottes philosophisch zu beweisen? Die Ausgangsbasis, von der aus Ockham diese Frage angeht, ist zunächst dieselbe wie bei Thomas von Aquin. Auch für Ockham gibt es keine unmittelbare Einsicht in das göttliche Wesen, und die Existenz Gottes ist uns auch nicht an sich bekannt. Was der Mensch als Erstes erkennt, ist die sinnlich wahrnehmbare Wirklichkeit, ist alles mit der Materie Verbundene, d. h., alle Gotteserkenntnis muss von der Erkenntnis der Kreaturen ausgehen (I Sent. 3,1 u. 4). Trotz dieser gemeinsamen Ausgangsbasis ist Ockhams Einstellung zu den Gottesbeweisen jedoch sehr viel skeptischer als diejenige von Thomas. Einerseits kritisiert er alle traditionellen Gottesbeweise, worauf hier nicht eingegangen werden soll, andererseits versieht er denjenigen Beweis, den er selbst aufstellt, mit wichtigen Einschränkungen.

Ockhams eigener Ansatz besteht darin, die Notwendigkeit einer ersten Ursache zu beweisen. Allerdings gibt es zwei Formen von Ursache, die Erschaffungsursache und die Erhaltungsursache. Gott ist nach christlichem Verständnis nicht nur die erste erschaffende Ursache in der zeitlichen Sukzession der Ursachen, er ist zugleich auch das, was das Erschaffene ständig im Sein erhält. Was die Erschaffungsursache betrifft, ist es Ockhams Ansicht nach schwer zu beweisen, dass die Kette der Ursachen, etwa die Kette der Verursachung eines Menschen durch einen anderen, nicht ins Unendliche gehen kann, dass es notwendig einen ersten Anfang gibt, von dem alles abhängt. Anders verhält es sich jedoch im Falle der Erhaltung. Hier gibt es kein Nacheinander, sondern Erhaltendes (Ursache) und Erhaltenes (Wirkung) sind notwendig gleichzeitig. Eine unendliche Kette gleichzeitiger Ursachen, die voneinander abhängen, kann es aber nicht geben, denn dann gäbe es so etwas wie eine aktuale Unendlichkeit, was – Ockham beruft sich hier auf den Konsens unter den Philosophen – undenkbar ist. Denkbar ist es zwar, dass es eine unendliche Kette von Verursachern gibt, die sich in ihrem Verursachen zeitlich abfolgen, sodass, wenn eine Ursache etwas bewirkt, andere nichts bewirken, unmöglich jedoch ist eine unendliche Kette von Verursachungen, in der alles zugleich actualiter verursachend wäre. Von der Kette der Erhaltungsursachen ausgehend, muss daher notwendig angenommen werden, dass es eine erste, nicht noch einmal von etwas anderem erhaltene Ursache der Erhaltung gibt (I Sent. 2,10).

Ockham nimmt jedoch bezüglich dieses Beweises zwei wichtige Einschränkungen vor. 1) Es ist damit nicht bewiesen, dass es nicht mehrere erste Ursachen geben kann. Was nämlich die Himmelskörper betrifft, die dem aristotelischen Weltbild gemäß ewig sind, ist es nicht möglich zu beweisen, dass sie ebenfalls verursacht sein müssen, von etwas anderem im Sein erhalten werden müssen. Die Vielheit der Himmelskörper könnte durchaus die ausreichende Ursache für viele Wirkungen in der Welt sein (Quodlib. II, 1). Die Gewissheit dafür, dass es nur eine einzige erste Ursache im Sinne eines monotheistischen Gottesverständnisses gibt, kann der Mensch Ockhams Auffassung nach nur im Glauben erlangen. 2) Mit dem Beweis einer ersten Ursache ist auch nicht bewiesen, dass diese erste Ursache der Gott etwa der christlichen Offenbarung ist, denn es lässt sich nach Ockham rein philosophisch gesehen keinerlei Aussage über das Wesen Gottes machen. Das heißt, Eigenschaften Gottes wie dessen Allmacht, Unendlichkeit, Ewigkeit, Liebe oder Gerechtigkeit können nicht bewiesen werden, sondern sind ebenfalls Glaubenssache. Begründet wird dies wie folgt: Das Fundament aller begrifflichen Erkenntnis ist für Ockham die Anschauung. Wir haben aber keinerlei Anschauung von Gottes Wesen und können von daher auch keinerlei Aussagen über ihn machen. Man kann, wie es an einer Stelle heißt, keine begriffliche Erkenntnis über den Himmel erlangen, wenn man nicht vorher einmal den Himmel gesehen hat. Dies aber ist – auf Gott übertragen – nicht möglich (Sent. prol. 1).

Kann angesichts dieser Einschränkungen bei Ockham noch von einer natürlichen Theologie die Rede sein? Das Feld für eine philosophische Auseinandersetzung mit dem Gottesbegriff ist in jedem Fall wesentlich begrenzter als bei Thomas von Aquin. Es kann zwar die notwendige Existenz einer ersten Ursache der Erhaltung bewiesen werden, nicht aber, dass diese erste Ursache ein einziges, höchstes Wesen ist. Da auch die Einsicht in das Wesen Gottes die Zuständigkeit der Philosophie übersteigt, bleibt Ockham in gewisser Weise im Vorfeld einer natürlichen Theologie stehen. Es werden mehr kritisch die Grenzen einer philosophischen Gotteslehre aufgewiesen, als dass Gott zum Gegenstand einer positiven, philosophischen Betrachtung erhoben wird.

II. Die Freiheit Gottes

Sowohl Ockhams Philosophie als auch seiner Theologie liegt eine Art erstes Prinzip zugrunde: sein radikales Verständnis der Freiheit Gottes. Damit betreten wir allerdings bereits das Gebiet der ockhamschen Theologie, denn die Freiheit als eine Wesenseigenschaft Gottes kann, wie der vorige Abschnitt gezeigt hat, seiner Auffassung nach nicht mehr in den Zuständigkeitsbereich der Philosophie fallen. Wenn dieses Thema hier dennoch behandelt wird, so einerseits, weil es traditionell, d.h. bis zurück in die Antike in den Bereich einer philosophischen Gotteslehre fällt, andererseits, weil Ockhams Verständnis der Freiheit Gottes einen nachhaltigen Einfluss auf die Philosophie der Neuzeit ausgeübt hat. Vor allem aus letzterem Grund gehört es ungeachtet seiner eigenen Grenzziehung zwischen Philosophie und Theologie in den Rahmen einer Metaphysikgeschichte.

1. Vernunft und Wille

Dem Thema liegt eine der wichtigsten Fragen der abendländischen Metaphysik zugrunde: die Frage nach der Rangordnung zwischen Vernunft und Wille. Es hat weit reichende philosophische Konsequenzen, je nachdem, ob man die Vernunft oder den Willen als das dem anderen gegenüber höhere Vermögen ansieht. Ich beginne zunächst damit, auf anthropologischer Ebene, von der Antike ausgehend, in einem kurzen, historisch-systematischen Aufriss die grundlegende Entwicklung, die in dieser Frage bis hin zu Ockham stattgefunden hat, nachzuzeichnen.[3]

Ein charakteristisches Merkmal antik-griechischer Lebensauffassung ist der Vorrang der Vernunft vor dem Willen. Besonders markant ist dieser Vorrang bei Sokrates. Für Sokrates sind gute und schlechte Handlungen ausschließlich auf wahre und falsche Vernunfteinsicht zurückzuführen, d.h., der Mensch will das Böse immer nur aus Unkenntnis, weil er nicht weiß, was das wahre Gut ist. Tugend ist Einsicht, und Untugend allein Mangel an Wissen. Wüsste der Mensch, was das wahre Gute für ihn ist, so würde er automatisch auch das Gute wollen. Das heißt, niemand handelt freiwillig schlecht bzw. gegen bessere Einsicht. Gut und Böse liegen demnach nicht im Willen, sondern der Mensch strebt nach nichts anderem, als was die Vernunfteinsicht für richtig befindet, bzw. es gibt kein von der Vernunft unabhängiges Wollen, der Wille ist gegenüber der Vernunft zu keinerlei Eigenständigkeit fähig.

Der Vorrang der Vernunft äußert sich in der Antike auch darin, dass die ideale Lebensform des Menschen von Platon über Aristoteles bis Plotin durchgängig als reine Erkenntnistätigkeit gedacht wird. Der Wille ist immer etwas mit Mangel Behaftetes, ist ein Streben nach etwas, was man noch nicht hat, ist etwas Vorläufiges, zu Überwindendes. Das reine Erkennen hingegen ist ein Ruhen in vollendetem Besitz. Während die Götter bei

[3] Die folgende Darstellung verdankt viel dem Kapitel „Verstand und Wille“ von H. Heimsoeth, *Die sechs großen Themen der abendländischen Metaphysik*, Stuttgart 1965, 204–251.

Platon bereits im Besitz der Erkenntnis leben, ist der Philosoph ihnen gegenüber etwas Geringeres, weil er noch nach der seligen Schau der Ideen strebt, die allem Bedürfen ein Ende setzt. Auch für Aristoteles ist das reine Denken die höchste menschliche Tätigkeit, in ihr erreicht er seine größte Glückseligkeit. Noch mehr bei Plotin, bei dem alles so sehr nach der Erkenntnis, nach der Schau des Geistes und des Einen als seinem letzten Ziel strebt, dass die menschliche Praxis, die willentliche Tätigkeit des unteren Seelenteils, nur Vorbereitung auf die reine „theoría“ sein kann.

In der „theoría“ allein also ist im griechischen Denken Vollkommenheit und Glückseligkeit gegeben. Mit Aufkommen des christlichen Denkens zeichnet sich eine erste Umkehrung dieses Vorranges der Vernunft ab. Das jüdisch-christliche Sündenverständnis setzt notwendig voraus, dass die Menschen freiwillig, wider besseres Wissen das Schlechte tun. Quelle des Bösen ist nicht etwa die Sinnlichkeit, die die reine Erkenntnis trübt, sondern, wie insbesondere Augustinus herausstellt, die willentliche Abwendung von Gott und seinen Geboten. Der Wille selbst ist gut oder böse, und Sünde von daher Ungehorsam den göttlichen Geboten gegenüber, nicht Unwissenheit. Der Wille muss sich das Wissen des Guten erst aneignen, er folgt also der Vernunfteinsicht nicht notwendig, sondern ist ihr gegenüber frei.

Was das Strebensziel des Menschen betrifft, bleibt es jedoch zumindest in der Patristik beim Vorrang der Erkenntnis. Höchstes Ziel des Menschen ist auch hier die Erkenntnis, die Schau Gottes. Die Seligkeit ist eine Seligkeit des Wissens, nicht des Wollens. Auch bei Augustinus ist bei aller Betonung des Willens das menschliche Streben auf die das Wollen überwindende „visio beatissima“ gerichtet. Vor allem Thomas von Aquin vertritt jedoch noch einmal konsequent den Vorrang der Vernunft gegenüber dem Willen. Die mit der Scholastik ausdrücklich ins Zentrum philosophischen Interesses rückende Frage der Rangordnung beider entscheidet er eindeutig zugunsten der Vernunft: „Intellectus altior et prior voluntate“ (ST I a, 82,3). Vor allem zwei Überlegungen liegen dieser Auffassung zugrunde: 1) Das Bestimmende in allem Wollen ist die Vernunft, denn es ist die Vernunft, die den Willen bewegt. Es ist das von der Vernunft vorgegebene Ziel, das von ihm erkannte Gut, welches den Willen zur Aktivität drängt (ST I a, 82,3). Ohne die Vernunft wäre das menschliche Streben reiner Naturdrang, kein freies Wählen. Im bloßen Streben ist der Mensch nicht Herr seiner selbst, erst durch die Vernunft, mit der er urteilt, was gut oder nicht gut ist, was erstrebenswert ist oder nicht, ist er frei. Das heißt, die Willensfreiheit gründet für Thomas wesentlich in der Vernunft, im Vermögen zu urteilen (ST I a, 83,1). Und das, was von der Vernunft als gut beurteilt wurde, bewegt dann den Willen wesentlich zur Aktivität, ist Ursache des Wollens. 2) Nicht im Akt des Wollens selbst findet der Mensch das Glück, sondern die höchste Tätigkeit ist das Erkennen. Der Mensch ruht erst in der Erkenntnis Gottes, in der „visio divinae". Zwar fällt der Wille bei Thomas auch aus dieser „visio divinae" nicht völlig heraus, dennoch ist das Ziel, die Schau Gottes, im Wesentlichen ein „actus intellectus", während der Wille vor allem das ist, was nach dem Ziel strebt, dieses Ziel noch nicht erreicht hat (ST I a – II ae, 3,4).

Gegen diesen Intellektualismus hat es im Hoch- und Spätmittelalter vor allem von Seiten franziskanischer Denker starken Widerspruch gegeben. Bereits Bonaventura (1217/18–1274) gewichtet das Verhältnis anders: Je höher der Mensch auf der Stufenleiter geistigen Lebens hinaufsteigt, desto geringer wird die Vorherrschaft der Vernunft. Die Kraft aber, die in der höchsten Einigung mit Gott tätig ist, ist der Wille bzw. der Wille in seiner höchsten Form, die Liebe (Itin. mentis 7). Auf noch bestimmtere Weise vertritt Johannes Duns Scotus (1265/66–1308) diesen Vorrang des Willens. Mit ihm beginnt die eigentliche Ablösung des Mittelalters von der Antike, von Platon und Aristoteles, wie sie zu Anfang des vorigen Abschnitts skizziert wurde. Duns Scotus widerspricht der Auffassung Thomas', der Willensakt sei von der vorgegebenen Erkenntnis als Ursache bestimmt und erst durch sie frei. Etwas kann zwar auch für Duns Scotus nur gewollt werden, wenn ein Ziel da ist, das die Vernunft dem Willen vorstellt, die Freiheit des Willens aber ist nicht von dieser Vernunfttätigkeit abhängig. Ein Entschluss ist ein Willensakt, der nicht von einer Erkenntnis zu seiner Aktivität gedrängt wird, sondern sich selbst zum Handeln bestimmt, der allein durch sich selbst verursacht ist. Der Wille ist nicht aufgrund der Vernunft frei, sondern in sich selbst. Er ist somit das, womit der Mensch sich über die Natur erhebt, während der Verstand alles, was der erkannte Gegenstand von sich zu erkennen gibt, als wahr anerkennen muss und damit dem gegebenen Sachverhalt gegenüber einer Notwendigkeit unterliegt. Das heißt, der Verstand als solcher ist nur eine „potentia naturalis", ein natürliches Vermögen, der Wille hingegen „potentia libera", freies Vermögen (Quodl. 16,3). Von daher versteht auch Duns Scotus die Vereinigung mit Gott wesentlich als einen Willensakt: Die allerhöchste Tätigkeit des Menschen ist die Liebe zu Gott (Rep. IV, 49, 3, n. 7).

Die Wertung der Antike wird auf diese Weise umgekehrt. Der Wille ist kein Naturstreben, das erst durch die Mitwirkung der Vernunft zum freien Willen erhoben wird, sondern er selbst ist Ort der Freiheit, er selbst ist das Fundament menschlicher Subjektivität. Von daher kann nicht die Erkenntnis der Zweck des Lebens sein. Höher als die Erkenntnis ist für das franziskanische Denken der Glaube. Der Glaube aber und die den Glauben vollendende Schau Gottes sind ein Akt willentlicher Zuwendung zu Gott.

Diesen Voluntarismus vertritt im Anschluss an Duns Scotus auch Ockham. Der Wille kann auch für ihn nicht aktiv werden, ohne dass die Vernunft ihm einen Erkenntnisgegenstand darbietet (Quodlib. I, 15), die Vernunft vermag jedoch den Willensakt als solchen nicht zu beeinflussen. Der Wille entscheidet sich frei aus sich heraus dafür, ob er diesen Gegenstand wählen will oder nicht. Auch für Ockham ist nur der Wille ein freies, aktives Vermögen im Menschen, alle anderen Vermögen sind natürliche (Quodlib. I, 16).

2. Theologie der Freiheit

Die metaphysische Tragweite dieser Thematik kommt jedoch erst ans Licht, wenn sie auf die Ebene der Gotteslehre übertragen wird. Hier findet genau die gleiche Entwicklung von einem Vorrang der Vernunft zu einem Vorrang des Willens statt. Obwohl in der christlich-mittelalterlichen Gottesvorstellung dem Willensaspekt grundsätzlich mehr Raum gegeben wird als in der antiken, da Gott schon als Schöpfer notwendig mit einem göttlichen Willen versehen gedacht werden muss, ist auch sie bis ins Hochmittelalter wesentlich vom antiken Vorrang der Vernunft geprägt. Zwar ist Gott bei Thomas von Aquin nicht lediglich reines Denken seiner selbst. Es gibt wie gesehen auch ein Wollen und ein Lieben in Gott, dennoch bleibt die Vernunft das bestimmende Moment. Dies zeigt sich insbesondere in Bezug auf Gottes Schöpfertätigkeit. Die Schöpfung ist zwar auf einen göttlichen Willensakt zurückzuführen. Frei ist Gott in dem Sinne, dass er der durch nichts genötigte Schöpfer aller Dinge ist. Er hätte die Welt durchaus auch nicht erschaffen können (CG II, 23). Bezüglich dessen, was er schafft, ist Gottes Wille jedoch wesentlich von seinem Verstand bzw. von den in seinem Verstand enthaltenen göttlichen Ideen bestimmt, d. h., Gott wird in seinem Schaffen von dem bewegt, was der göttliche Verstand als gut erkennt (CG II, 24).

Duns Scotus hingegen ordnet den göttlichen Verstand letztlich dem göttlichen Willen unter. Zwar erschafft auch bei Duns Scotus Gott die Welt notwendig seinem Verstand gemäß. Der göttliche Wille kann nichts anderes verwirklichen, als was der göttliche Verstand ihm präsentiert (Op. Ox. I, 2, 2, 22). Der Wille wird jedoch vom Verstand nicht dazu bewegt, das von ihm als gut Präsentierte zu wollen, der göttliche Wille entscheidet sich vielmehr noch einmal frei, unabhängig vom göttlichen Verstand, für das, was dieser ihm vorstellt. Dabei versteht Duns Scotus den göttlichen Verstand als den Inbegriff alles Möglichen. Gott schaut in sich selbst alles Mögliche, nicht nur, was als Schöpfung verwirklicht wurde, sondern auch, was nicht verwirklicht wurde (De cogn. 2,9). Der göttliche Wille aber wählt frei, d. h. sich selbst bestimmend, unabhängig von jedem Bestimmtsein von der Vernunft, eine dieser Möglichkeiten und verwirklicht sie. Erst aufgrund dieser freien Wahl ist die von Gott gewählte Möglichkeit das, was Gott als Gut will, was Gottes Wille für seine Schöpfung als gut erachtet. Gut ist die Ordnung der geschaffenen Welt nicht schon, weil der Verstand sie als ein Gut präsentiert hat oder den Willen zu diesem Gut hin bestimmt hat, sondern erst, wenn der Wille sich für ein vom Verstand präsentiertes Gut entschieden hat. Der göttliche Wille ist der letzte Grund der Güte dieser Weltordnung. Weil Gott gewollt hat, dass etwas ist, ist es gut, dass es ist, wie der bekannte und kontroverse Satz von Duns Scotus lautet (Op. Ox. II, 1, 2, 65).

Konkret wird dieses Verständnis der göttlichen Willensfreiheit am Beispiel der Frage des von Gott erlassenen moralischen Gesetzes. Duns Scotus unterscheidet zwischen Gottes absoluter Macht (potentia absoluta) und seiner gebundenen Macht (potentia ordinata) (Op. Ox. I, 44). Sobald Gott das moralische Gesetz erlassen hat, hält er sich auch daran, d.h., er verhält sich aufgrund seiner gebundenen Macht so, dass er dieses Gesetz nicht in Frage stellt, es allgemein gelten lässt. Gott hat aber aufgrund seiner absoluten Macht die Fähigkeit, es jederzeit zu ändern, d.h. es durch ein anderes von seinem Verstand als möglich erachtetes Gesetz zu ersetzen. Er kann ein neues Gesetz erlassen, er ist frei, er hat die Macht, dies zu tun. Sobald er aber das neue erlassen hat, ist dieses als gültig anzusehen. Was moralisch gut ist, hängt von Gottes Willen ab, der Wille ist in Gott die letztentscheidende Instanz in Bezug auf die Beschaffenheit der geschöpflichen Wirklichkeit.

Dieses scotistische Verständnis der Freiheit Gottes radikalisiert nun Ockham auf ganz extreme Weise, indem er Gottes Wollen von jeglicher Vorgabe, die das Wollen bestimmen könnte oder nach der es sich richten müsste, loslöst. Das heißt, die Welt wird überhaupt nicht nach dem Muster eines göttlichen Verstandes und der ihm vorgegebenen göttlichen Ideen entworfen, weil es in Gott keine solchen Ideen gibt. Ideen aber gibt es in Gott deshalb nicht, weil es in ihm – dem nominalistischen Prinzip gemäß – keinerlei reale Unterschiedenheit gibt, weder eine Unterschiedenheit von Vernunft und Wille noch eine solche verschiedener Ideen. Lediglich der menschliche Verstand liest solche Unterschiedenheiten in Gott hinein, ohne dass ihnen etwas in der göttlichen Realität selbst entsprechen würde. Gott erkennt und erschafft daher die Welt ohne die Vermittlung von Ideen, er erschafft jedes Seiende unmittelbar in seiner Besonderheit (I Sent. 35, 5).

Ockham ist der Auffassung, dass man den Schöpfungsakt völlig ohne vorgegebene Ideen konzipieren kann. Die Annahme göttlicher Ideen käme einer unnötigen Verdoppelung der Dinge in Gott gleich, denn – dies ist ein berühmtes Erkenntnisprinzip Ockhams – man sollte zur Erklärung von etwas nicht mehr Annahmen machen, als unbedingt nötig ist (Sent. prol. 1 u. a.). Dieses ockhamsche Prinzip läuft unter dem Namen Sparsamkeitsprinzip, Ökonomieprinzip oder etwas anschaulicher unter dem Ausdruck „Ockhams Rasiermesser". Die Annahme der Existenz außermentaler Universalien widerspricht diesem Prinzip. Sowenig es aber nötig ist, Universalien „in rebus" anzunehmen, um das Verhältnis zwischen Universalie und Einzelding zu erklären, so wenig ist es auch nötig, den realen Dingen göttliche Ideen zuzuordnen.

Damit ist Gott absolut frei, sein Handeln ist an nichts gebunden. Gott hätte jedes einzelne Geschöpf, jedes Gesetz auch ganz anders schaffen können, als er es faktisch getan hat, und er besitzt die Freiheit, alles jederzeit zu ändern. Zwar unterscheidet auch Ockham zwischen absoluter und geordneter Macht in Gott (Quodlib. VI, 1), sodass Gott als „potentia absoluta" die Welt aus völlig freier Entscheidung heraus geschaffen hat, er sich aber dennoch als „potentia ordinata" an die einmal beschlossene Ordnung hält, solange er sie nicht widerruft. Im Unterschied zu Duns Scotus jedoch ist Gottes Wille in seiner „potentia absoluta" an keine Vernunft gebunden, die ihm irgendwelche Inhalte vorgibt. Gottes Freiheit wird so zu einer radikalen Unabhängigkeit des Willens von jeglicher Vorgabe, d. h., Freiheit ist in keinerlei Weise mehr die Übereinstimmung des Handelns mit einem vorgegebenen Wesen des Handelnden, sondern schrankenloses Können, schrankenlose Fähigkeit, alles dem Handelnden Mögliche zu verwirklichen. Gottes Freiheit ist radikale Allmacht.

Diese Allmacht ist zwar nicht in dem Sinne schrankenlos, dass der Wille Gottes ein völlig willkürlicher Wille wäre. Er ist an das Widerspruchsgesetz gebunden, d. h., Gott kann nichts tun, was innerlich sinnlos wäre, was einen Widerspruch in sich enthielte. Das Widerspruchsgesetz schränkt jedoch Gottes Allmacht nicht wirklich ein, denn es ist in keiner Weise sinnvoll, vom Tun von etwas zu sprechen, was in sich unmöglich ist. Was widersprüchlich ist, ist in sich unmöglich. Alles aber, was möglich ist, kann Gott auch tun (Quodlib. VI, 6).

Mit diesem Verständnis absoluter Freiheit tritt Ockham in eine äußerste Gegenposition zur Antike. Der platonische Exemplarismus, der das Mittelalter bis dahin gewissermaßen autoritativ geprägt hatte, reißt ein. Der Gedanke fällt weg, die Welt sei der Ausdruck oder das Abbild einer ewigen, unabänderlichen Ordnung, wie sie in Gott existiert. Die Welt ist nicht mehr das Abbild einer solchen Ordnung, sondern eine verwirklichte Welt unter vielen möglichen Welten, die Gott noch hätte schaffen können. Alles, was außerhalb Gottes ist, erweist sich damit als in jeder Hinsicht kontingent. Kontingenz bedeutet wie gesagt, dass etwas auch nicht sein kann. Kontingent aber ist die Welt für Ockham nicht nur im Hinblick auf das Dasein der Welt, auf ihre Existenz, wie bei Thomas, sondern sie ist auch im Hinblick auf ihre konkrete Beschaffenheit, im Hinblick auf das Sosein der Welt radikal kontingent. Auch dieses hätte ganz anders ausfallen können und kann jederzeit von Gott geändert werden.

Diese Kontingenz wirkt sich auch bei Ockham auf das Verständnis der von Gott erlassenen moralischen Gesetze aus. Gott hätte auch ganz andere Gesetze erlassen können, wobei Ockham so weit geht, dass Gott seiner Ansicht nach auch das, was in der jetzigen Welt den Menschen verboten ist, zum Gebot machen könnte. Die moralischen Gesetze sind in keinerlei Weise mehr deshalb gut, weil sie das Abbild eines göttlichen Gesetzes sind, sondern einfach nur, weil Gott sie so gewollt hat. Was Gott getan hat, hat er getan, weil er es wollte, und es ist gut und gerecht, weil er es gewollt hat, lautet es bei Ockham sehr ähnlich wie bei Duns Scotus (I Sent. 17, 3). Gut ist, was Gott als gut deklariert, und zwar mit der Verschärfung gegenüber Duns Scotus, dass Gott bei seiner Wahl nichts gegenüber verpflichtet ist. Er ist nicht einmal gezwungen, moralische Gesetze zu erlassen, die irgendeiner Ordnung des Guten in ihm entsprechen (IV Sent. 11).

Mit diesem Freiheitsverständnis aber verändert sich das Antlitz der Welt, die Neuzeit wird eingeleitet. Der Gedanke einer in ihrem Sosein von Gott vorbehaltlos getragenen, einer in ihrer Ordnung die ewige, unabänderliche Ordnung Gottes widerspiegelnden Welt verliert sich. Die Vorstellung setzt sich durch, dass die Welt, so, wie sie ist, nur ein kontingentes Faktum ist. Das heißt, mit dem spätmittelalterlichen Denken beginnt eine, wie Max Weber es nennt, tief greifende „Entzauberung" der Welt, die dann im 17. Jahrhundert, etwa durch Descartes' Rationalismus, konsequent fortgeführt wird.

Ockhams Freiheitsverständnis ist in der Neuzeit vor allem auch auf den Menschen übertragen worden und hat zur Bildung des neuzeitlichen Autonomiegedankens beigetragen. Der Mensch ist fortan nicht mehr dann als frei anzusehen, wenn er in Übereinstimmung mit einer vorgegebenen Ordnung handelt. Seine Freiheit steht vielmehr wie die Freiheit Gottes letztlich über aller Ordnung, d. h., der Mensch vermag es, sich selbst eine Ordnung zu geben, sich selbst zu bestimmen und der Welt seine eigenen Gesetze aufzuzwingen. Diese Haltung zieht einerseits den Verlust einer gewissen Achtung vor der gegebenen Welt- oder Schöpfungsordnung nach sich, sie hat andererseits aber auch bewirkt, dass der Mensch sich als ein innovativ weltgestaltendes Wesen erkennt, als ein Wesen, das in einem Maße Neues schöpferisch hervorzubringen vermag, wie dies nie vorher in der Menschheitsgeschichte der Fall war.

DRITTER TEIL: DIE NEUZEIT

Einleitung

Ganz gleich, ob man die Neuzeit mit der Renaissance, dem Humanismus und der Reformation oder erst später beginnen lässt, philosophisch gesehen ist es vor allem das 17. Jahrhundert, das von einem großen Aufbruch geprägt ist, mit einer Anzahl bedeutender Denker, wie Descartes, Spinoza, Leibniz, Hobbes und Locke, die ihre Philosophie meist als einen Bruch mit der bisherigen philosophischen Tradition, vor allem mit der mittelalterlichen Scholastik ansehen.

Dieser Bruch entsteht schon allein dadurch, dass die Philosophie sich zunehmend als eine Disziplin versteht, die unabhängig von der Theologie ihre Ziele verfolgt. Was das Verhältnis von Philosophie und Theologie betrifft, bedeutet dies nicht, dass die Neuzeit pauschal eine Art Befreiungsschlag der Wissenschaft und der Philosophie von dunklen religiösen, sie bevormundenden Mächten darstellt. Diesem von der Aufklärung verbreiteten Verständnis abendländischer Geistesgeschichte widerspricht, dass auch die Philosophie der frühen Neuzeit stark an religiösen Vorstellungen orientiert bleibt. Descartes, Leibniz und Locke, um nur drei der wichtigsten Denker dieser Zeit zu nennen, verstehen sich ausdrücklich als Christen und sind auf ihre Art, wie schon die Scholastik, um eine Versöhnung von Glaube und wissenschaftlich-philosophischem Wissen bemüht. Der entscheidende Unterschied zwischen Mittelalter und Neuzeit ist vielmehr der Umstand, dass in der Neuzeit die Philosophen in der Regel nicht mehr zugleich Theologen sind, sodass sich die Philosophie trotz bleibender Bindung an das Christentum dennoch verselbstständigt. Zugleich verpasst die Theologie den Anschluss an die Entwicklungen neuzeitlichen Denkens und verschanzt sich, insbesondere im Bereich des Katholischen, in die überkommene Scholastik. Während im Mittelalter die Entdeckung Aristoteles' dazu geführt hatte, eine Synthesis zwischen Aristotelismus und Christentum anzustreben, sodass einerseits der Aristotelismus zum Werkzeug für das theologische Denken wurde, das Christentum aber zugleich philosophische Korrekturen gegenüber Aristoteles herbeigezwungen hatte, gelingt die gegenseitige Durchdringung dieser Disziplinen in der Neuzeit nicht mehr, bleiben Philosophie und Theologie sich im Grunde genommen fremd.

Bereits im Spätmittelalter beginnt mit dem Nominalismus diese Trennung, und zwar bis hin zur krassen Lehre von der doppelten Wahrheit, wonach in der Theologie wahr sein kann, was in der Philosophie falsch ist, und umgekehrt. Es hängt aber nicht zuletzt mit der Haltung von Descartes zusammen, dass sich in der Neuzeit eine Trennung von Philosophie und Theologie durchgesetzt hat: Sein Ansatz ist für die weitere Neuzeit richtungweisend geworden, er gilt als ihr Begründer. Nun bezeichnet Descartes sich zwar unmissverständlich als Christ, er weigert sich jedoch zugleich beharrlich, sich in theologische Fragen einzumischen. Wohl auch, um der Kirche gegenüber Freiraum zu gewinnen, will er sich als Denker allein mit dem abgeben, was aufgrund rein natürlicher Vernunft erkannt werden kann. So geht Descartes grundsätzlich davon aus, dass die Glaubensinhalte den Bereich des für die Vernunft Einsehbaren übersteigen. Er übernimmt diese Inhalte als autoritativ geoffenbart und als für die Vernunft indiskutabel. Mit dieser Einstellung aber, stark unterstützt auch durch die seit der Reformation krass ablehnende Haltung der protestantischen Theologie der Philosophie gegenüber, wird die lebendige Auseinandersetzung zwischen Philosophie und Theologie, wie sie im Mittelalter stattfand, unterbrochen. Descartes versteht sich nicht als Theologe, die Theologen setzen sich ihrerseits nicht genügend mit dem neuen Wissenschaftsverständnis der Naturwissenschaften und der Philosophie auseinander: Philosophie und Theologie driften auseinander.

Überhaupt verschiebt sich von der Renaissance an, vor allem durch naturwissenschaftlich orientierte Denker wie Galilei, Kepler und Newton, das wissenschaftliche Interesse des Menschen langsam von einem Verständnis der Welt in seiner Beziehung zu Gott auf Fragen des Verständnisses der Welt als solcher, ohne expliziten Verweis auf Gott. Es setzt sich die Einsicht durch, dass man die immanente Struktur der Dinge rein für sich untersuchen kann. Gottes Existenz wird dabei im Prinzip nicht bezweifelt oder in Frage gestellt, aber es entsteht ein ganz neues Verständnis dessen, was Wissenschaft sein kann.

Der Bruch der Neuzeit mit dem Mittelalter findet jedoch vor allem auf methodologischer Ebene statt, indem die Philosophie sich am Ideal mathematischer und naturwissenschaftlicher Erkenntnis auszurichten beginnt, womit sich ein ganz anderes Denken als das der Scholastik den Weg bahnt. Die Natur wird etwa von Galilei (1564–1642) als ein dynamisches System von sich bewegenden Körpern aufgefasst, die in Kausalgesetzen zueinander stehen, die mathematisch formulierbar sind. Sie wird der so genannten mechanistischen Naturauffassung gemäß als eine Art Maschine, als ein vollständig bestimmter, streng nach mathematisch formulierbaren Gesetzen funktionierender Mechanismus aufgefasst. Dieser Naturauffassung gemäß versucht ab dem 17. Jahrhundert auch die Philosophie, die Wirklichkeit auszulegen. Sie verschreibt sich der rationalistischen Auffassung, das Gesamt der Wirklichkeit lasse sich als ein System notwendiger Zusammenhänge deuten. Die Welt spiegelt einen idealen, mathematischen Ordnungszusammenhang wider. Alles, was ist und geschieht, hat seine Gründe und steht in einem eindeutigen Zusammenhang mit allem anderen Seienden. Die Gründe aber gehen notwendig auf ein oder auf wenige höchste Prinzipien zurück, aus denen alles ableitbar ist. Vorbildhaft für die damalige Zeit war das Lehrbuch der Geometrie von Euklid, die „Elemente", das in einer Anzahl von Lehrsätzen besteht, die aus wenigen, ihnen zugrunde liegenden Axiomen zwingend hervorgehen. Der höhere Anspruch gegenüber Aristoteles, der ja auch ein axiomatisches Wissenschaftsverständnis vertritt, ist der, dass sich alle Erkenntnis von diesen höchsten Axiomen herunter ableiten lässt, ist also der Anspruch einer lückenlosen Systematik.

Die neue Naturauffassung führt aber auch dazu, die Welt nicht mehr im Sinne des mittelalterlichen „Ordo"-Gedankens zu konzipieren. Die Welt ist nicht mehr als eine hierarchische Stufenordnung von Formen anzusehen, sondern sie wird zu einem Zusammenhang völlig gleichrangiger Dinge, deren gesetzmäßige Verflochtenheit es zu erforschen gilt. Es gibt kein Höher und Geringer mehr. Es gibt grundsätzlich keine qualitative, sondern nur noch eine quantitative Betrachtung der Dinge. Alle Qualitäten werden auf Quantitäten zurückgeführt, Farben und Töne auf quantifizierbare Schwingungen, Wärme auf quantifizierbare Molekülbewegungen usw. Die Welt ist zudem ein homogenes Ganzes von Gesetzmäßigkeiten, eine Auffassung, die vor allem zum für die damalige Zeit unerhörten Zusammenbruch der antiken Unterscheidung zwischen dem Supralunaren und dem Sublunaren geführt hatte. Zwischen sich bewegenden Planeten und fallenden Äpfeln besteht von nun an kein wesentlicher Unterschied mehr. Beide gehorchen denselben physikalischen Gesetzen!

Weiter stößt die Erklärung der Phänomene mit Hilfe von Finalursachen zunehmend auf Ablehnung. Während bis hin zu Ockham alle Tätigkeit grundsätzlich als „um ... willen" eines Zieles angesehen wurde, setzt sich immer mehr die Erklärung der Natur durch die „causa efficiens" als dem alleinigen Kausalitätsverständnis durch. Es gibt keine zielgerichteten Neigungen in der Natur, sondern nur noch einen großen Mechanismus von kausalen Verknüpfungen im Sinne von Wirkursachen. Die Teleologie wird als Anthropomorphismus kritisiert und abgelehnt. Schließlich werden die Dinge nicht mehr rein deskriptiv erfasst, die Phänomene werden nicht mehr einfach beschrieben, wie sie sich unmittelbar zeigen, sondern analytisch erforscht, indem man sie in ihre nicht weiter teilbaren Elemente zerlegt und auf diese Weise ihre Gesetzmäßigkeit, den kausalen Zusammenhang zwischen den verschiedenen Elementen zu erschließen versucht.

Der Metaphysik ist aufgrund all dieser Faktoren vor allem der Weg von der Betrachtung der Welt zu einem allerhöchsten Wesen erheblich erschwert. Es erstaunt daher nicht, dass sie ihren neuen Ansatzpunkt über einen Rückgang in das Subjekt findet. Die wichtigsten metaphysischen Modelle der Neuzeit gründen in einer Analyse des Subjekts. Drei dieser Modelle sollen im Folgenden betrachtet werden: das Modell Descartes', das die menschliche Selbstgewissheit zum Prinzip der Metaphysik erhebt, dasjenige Kants, das in einer Metaphysik des moralischen Subjekts gipfelt, und Hegels Metaphysik des absoluten Subjekts.

Siebtes Kapitel: Descartes

I. Prima philosophia

1. Leben und Werk

René Descartes ist 1596 in Frankreich geboren. Von 1607–1615 wird er am Collège Royal der Jesuiten in La Flèche ausgebildet, wo er die scholastische Philosophie und die Naturwissenschaft kennen lernt. 1618, im Jahre des Beginns des 30-jährigen Krieges, tritt er in die Armee des Prinzen von Nassau ein und wird in den Niederlanden ausgebildet. 1619 wechselt er in die Dienste von Maximilian von Bayern und hat im Winterlager in Neuburg an der Donau im November 1619 drei aufeinander folgende Träume, die ihn davon überzeugen, sein Leben der Suche nach der Wahrheit durch die Vernunft zu widmen. 1620 beendet er sein Soldatenleben, verbringt einige Jahre in Paris, zieht sich aber 1628 nach Holland zurück, weil das Leben in Paris zu viel Zerstreuung mit sich führt. Dort bleibt er, abgesehen von ein paar Reisen nach Frankreich, bis 1649. 1649 wird er von der Königin Christina von Schweden an ihren Hof eingeladen, um sie in Philosophie zu unterrichten. Er erkrankt aber sehr schnell und stirbt dort am 11. Februar 1650.

Descartes' wichtigste Werke sind der 1637 anonym veröffentlichte „Discours de la méthode“ (Abhandlung über die Methode), die „Meditationes de prima philosophia“ von 1641 (Meditationen über die Grundlagen der Philosophie), die, wie der Originaltitel zeigt, ursprünglich auf Latein geschrieben wurden und erst 1647 in einer von Descartes anerkannten französischen Übersetzung als „Méditations sur la philosophie première“ erschienen. Zu erwähnen sind noch die postum veröffentlichten, aber etwa 1628 geschriebenen „Regulae ad directionem ingenii“ (Regeln zur Leitung des Geistes), die „Principia philosophiae“ (Prinzipien der Philosophie) von 1644 und die „Passions de l'âme“ (Über die Leidenschaften der Seele) von 1649.[1]

[1] Textverweise im Folgenden: Disc. = Discours de la méthode/Abhandlung über die Methode; Med. = Méditations sur la philosophie première/Meditationen über die Grundlagen der Philosophie; Pass. = Les Passions de l'âme/Über die Leidenschaften der Seele; Princ. = Principes de la philosophie/Prinzipien der Philosophie;

2. Methodischer Zweifel

Descartes vergleicht das gesamte Wissen mit einem Baum. Die Wurzel bildet die Metaphysik, die Physik ist der Stamm, alle anderen Wissenschaften, die er auf drei grundlegende reduziert, Mechanik, Medizin und Ethik, stellen die Äste dar (Princ., Vorw.). Die Metaphysik befasst sich diesem Bild nach ähnlich wie bei Aristoteles mit den alles Wissen begründenden Prinzipien. Auch Descartes nennt sie erste Philosophie. Dieses Begründungsverhältnis zu den anderen Wissenschaften ist näher so zu verstehen, dass ohne Zurückführung der wissenschaftlichen Erkenntnisse auf erste, alles begründende Prinzipien keine der anderen Wissenschaften eine gültige Grundlage hat. Die Metaphysik legitimiert also bei Descartes den Gültigkeitsanspruch der Erkenntnis aller anderen Disziplinen.

Wahre Erkenntnis aber kann, dem Vorbild mathematischer Erkenntnis gemäß, allein evidente und unbezweifelbare Erkenntnis sein. Descartes' Auffassung nach ist es besser, auf Erkenntnisse, die diese Kriterien nicht erfüllen, ganz zu verzichten, als sich mit bezweifelbaren Wahrheiten zu befassen: „Man sollte sich nur den Gegenständen zuwenden, zu deren klarer und unbezweifelbarer Erkenntnis unser Geist zuzureichen scheint" (Reg. II). In der „Abhandlung über die Methode" berichtet Descartes, wie er bereits in seiner Jugend mit dem ihm vermittelten Wissen unzufrieden war und vor allem an der Mathematik gefallen fand, wegen der Gewissheit und Evidenz ihrer Aussagen. Er störte sich daran, überliefertes Wissen ungeprüft zu übernehmen, d.h., ohne es auf seine Evidenz und Unbezweifelbarkeit hin geprüft zu haben. Es störte ihn im Grunde die natürliche Einstellung des Menschen zur Welt, aufgrund deren er eine Vielzahl von Überzeugungen übernimmt, ohne sie auf ihre letzte Gewissheit hin überprüft zu haben. Der Beweggrund für diese Ablehnung der natürlichen Einstellung ist durchaus auch existentiell: „Ich hatte immer ein extremes Bedürfnis, zwischen wahr und falsch unterscheiden zu lernen, um mir da-

Reg. = Regulae ad directionem ingenii/Regeln zur Leitung des Geistes. Briefe werden mit Namen und Datum angegeben, eventuell mit Verweis auf *Œuvres de Descartes*, hrsg. v. Ch. Adam u. P. Tannery, 11 Bde., Paris 1982–89 (= AT). – Es wird zitiert nach *Discours de la méthode/Von der Methode des richtigen Vernunftgebrauchs und der wissenschaftlichen Forschung* (frz./dt.), übers. u. hrsg. v. L. Gäbe, Hamburg 1960 (= Abhandlung über die Methode); *Meditationes de prima philosophia/Meditationen über die Grundlagen der Philosophie* (lat./dt.), neu hrsg. u. durchgesehen v. L. Gäbe u. H. G. Zekl, Hamburg 1960; *Regulae ad directionem ingenii/Regeln zur Ausrichtung der Erkenntniskraft* (lat./dt.), revid., übers. u. hrsg. v. H. Springmeyer, L. Gäbe u. H. G. Zekl, Hamburg 1973; *Über die Leidenschaften der Seele/Les Passions de l'Ame* (frz./dt.), übers. u. hrsg. v. K. Hammacher, Hamburg 1984.

rüber klar zu sein, was ich tue, und um in meinem Leben einen sicheren Weg zu gehen“ (Disc. I).

Descartes beschließt daher, sich von allen Meinungen, die er bisher in seinem Leben übernommen hat, zunächst einmal loszumachen, um einen absolut gesicherten Grund der Erkenntnis zu gewinnen, von dem aus die Unbezweifelbarkeit und Gewissheit aller weiteren Erkenntnis wiedergewonnen werden kann (Disc. II). Mit anderen Worten: Er geht den Weg eines radikalen Zweifels, indem er alles in Frage stellt, was nicht als absolut gewiss anzusehen ist, was irgendwie in Frage gestellt werden kann. Es handelt sich jedoch lediglich um einen *methodischen* Zweifel, d.h., im Gegensatz zum Skeptizismus macht Descartes nicht beim Zweifel halt, sondern er bedient sich seiner als der notwendigen Voraussetzung für das Erreichen unbedingter Gewissheit. Er zweifelt, um „die lose Erde und den Sand zu beseitigen“, auf den das natürliche Wissen des Menschen baut, „um Fels oder Ton zu finden“ (Disc. III). Der methodische Zweifel ist somit ein methodisches Als-ob, um den Boden für echtes Wissen vorzubereiten. Ausgenommen von diesem Zweifel ist allerdings die christliche Offenbarung. Vernunft und Offenbarung werden von Descartes wie gesagt streng voneinander getrennt.

3. „Cogito, ergo sum“

Den methodischen Abbau der „naiven“ Weltsicht unternimmt Descartes in ausgereiftester Form in den „Meditationen über die erste Philosophie“. In der ersten Meditation arbeitet er sich, zwischen verschiedenen Stufen des Zweifels unterscheidend, systematisch zu der von ihm gesuchten, unbedingten Gewissheit vor. Dabei geht Descartes von der strengen Annahme aus, dass eine minimale Möglichkeit des Irrtums in einem Wissensbereich genügt, um den Wissensbereich insgesamt in Zweifel zu ziehen. Wenn in einer Form von Erkenntnis manchmal Irrtümer vorkommen, ist grundsätzlich zu vermuten, dass die Möglichkeit des Irrtums immer vorhanden ist.

Als Erstes zieht Descartes den gesamten Bereich sinnlicher Erfahrung in Zweifel. Es steht eindeutig fest, dass uns unsere Sinneswahrnehmungen gelegentlich täuschen. Man sollte aber dem nicht mehr voll trauen, was uns einmal getäuscht hat. Man könnte gegen diese Folgerung einwenden, dass es, auch wenn unsere Sinne uns in Bezug auf einige Dinge täuschen können, doch viele andere Wahrnehmungen gibt, an denen man nicht zweifeln kann, wie etwa „dass ich jetzt hier bin, mit meinem Winterrock angetan, am Kamin sitze, dass ich dieses Papier mit den Händen betaste und Ähnliches, vollends dass diese Hände selbst, dass überhaupt mein ganzer Körper da ist, wie könnte man mir das abstreiten?" (Med. I, 5). Obwohl ich in Bezug auf derartige Wahrnehmungen gewiss bin, dass ich die Dinge, die sich mir zeigen, tatsächlich wahrnehme, kann ich aber nicht mit Gewissheit sagen, ob mir diese Dinge nur im Traum begegnen oder im Zustand des Wachseins. Wie oft kommt es einem vor, dass man einen Traum während des Träumens für Wirklichkeit hält. Wachsein und Träumen können niemals durch sichere Kennzeichen unterschieden werden. Es ist gewissermaßen nicht absolut auszuschließen, dass wir nicht alles, was wir wahrnehmen, nur träumen, d.h., dass die wahrgenommenen Dinge nicht lediglich Hervorbringungen des Subjekts sind. Was also die Sinneswahrnehmungen im Allgemeinen fragwürdig macht, ist die Frage der denkunabhängigen Existenz wahrgenommener Dinge. Wir gehen in unserer natürlichen Wahrnehmung davon aus, dass die Dinge, die wir wahrnehmen, auch objektiv existieren. Für diese Annahme aber gibt es keine zweifelsfreie Gewissheit.

Damit erweisen sich auch alle Wissenschaften, die von der Betrachtung von Dingen ausgehen, etwa die Physik, die Astronomie oder die Medizin, als zweifelhaft. Es gibt jedoch Wissenschaften wie die Arithmetik und die Geometrie, die nur von solchen Gegenständen handeln, bei denen es gleichgültig ist, ob sie in der Wirklichkeit vorhanden sind oder nicht. Ich mag schlafen oder wachen, so sind doch stets $2 + 3 = 5$, so hat das Quadrat doch nie mehr als vier Seiten usw. Es scheint unmöglich, dass derartige Wahrheiten in den Verdacht der Falschheit geraten können. Von den Sinneseinsichten schreitet Descartes somit fort zur Frage der Unbezweifelbarkeit der Verstandeseinsichten. Doch sind Verstandeseinsichten wie arithmetische Sätze wirklich von allem Zweifel frei? In der „Abhandlung über die Methode" zieht Descartes die Verstandeseinsichten in Zweifel, indem er darauf aufmerksam macht, dass der Mensch sich selbst bei einfachsten gedanklichen Folgerungen täuschen kann, selbst beim Zusammenrechnen einfacher Zahlen (Disc. IV). Tiefgründiger ist das Argument in den „Meditationen". Dort erweitert er den Zweifel auf alle arithmetischen und geometrischen Wahrheiten, d.h. auch etwa auf Additionen und Multiplikationen, deren man sich völlig gewiss ist, bei denen also eine solche Täuschung ausgeschlossen ist. Dieser Zweifel stellt sich wie folgt ein: Es ist in meinem Denken eine alte Überzeugung, dass es einen Gott gibt, der mich geschaffen hat. Es wäre aber möglich, dass dieser Gott nicht gut, sondern böse, d.h. von dem Willen erfüllt ist, uns immer dann zu täuschen, wenn wir meinen, einen Sachverhalt ganz sicher zu erkennen. Wenn wir aber wirklich von einem solchen, wie es bei Descartes heißt, „dieu trompeur" oder „malin génie" abhängig wären, würden auch die scheinbar unbezweifelbaren Überzeugungen der Arithmetik und der Geometrie zusammenbrechen (Med. I, 9). Dann könnte der Mensch sich nicht einmal mehr auf die Evidenz seiner Einsichten verlassen, wenn diese unbezweifelbar zu sein scheinen, dann müsste er die Wahrheit auch aller arithmetischen und geometrischen Sätze in Zweifel ziehen.

Auf diese Weise wird alles, was dem Menschen begegnen kann, sowohl die Wahrheiten der Sinneswahrnehmungen als auch die reiner Verstandeseinsichten, bezweifelbar. Es gibt jedoch etwas, was sich allem Zweifel entzieht, und das ist die Tatsache meiner eigenen Existenz, soweit ich denke. Das heißt, selbst wenn ich denken kann, dass alles nur Täuschung ist, kann ich doch nicht denken, dass ich nicht existiere, wenn ich denke. Ich kann nicht denken, nicht erkennen, ohne zu existieren. Selbst wenn ein „malin génie" mich in allem, *was* ich erkenne, täuschen würde, so könnte er mich doch nicht täuschen, wenn ich nicht existierte. Mein Denken, selbst mein mich täuschendes Denken setzt notwendig voraus, *dass* ich existiere. Auf diese Weise gelangen wir zu Descartes' berühmtem Satz: Ich denke, also bin ich (cogito, ergo sum). Ich zitiere aus der zweiten Meditation: „Und so komme ich, nachdem ich nun alles mehr als genug hin und her erwogen habe, schließlich zu der Feststellung, dass dieser Satz: 'Ich bin, ich existiere', sooft ich ihn ausspreche oder in Gedanken fasse, notwendig wahr ist" (Med. II, 3). Sooft ich ihn ausspreche oder in Gedanken fasse. Also, ich bin mir meiner Existenz gewiss, soweit, solange ich denke.

Zum richtigen Verständnis von Descartes' „cogito" ist es sinnvoll, ein paar Beobachtungen hinzufügen:

1) Es heißt zwar: Ich denke, *also* (ergo) bin ich. Dies ist aber, wie Descartes selbst bemüht ist, deutlich zu machen, nicht im Sinne einer Schlussfolgerung zu verstehen (Med. II, Resp.). Ich deduziere nicht aus der Tatsache, dass ich denke, die Tatsache, dass ich existiere, sondern ich erkenne unmittelbar mit Gewissheit, dass ich, indem ich denke, notwendig existiere. Eine angemessenere Formulierung wäre im Grunde genommen: „cogito, sum", „Ich denke, ich bin". Descartes hält jedoch an der Formulierung „cogito, ergo sum" fast durchgehend fest.

2) Mit dem „cogito" meint Descartes nicht nur reine Denkakte, sondern er versteht darunter alles, was in uns geschieht und dessen wir uns unmittelbar bewusst sind, alle unsere inneren Bewusstseinsakte gewissermaßen (Princ. I, 9; Med. II, Resp.). Kogitationen sind somit neben dem Denken auch Akte des Wollens, der Wahrnehmung, des Vorstellens und Fühlens (Med. II, 9, III, Resp.). Nehmen wir das Beispiel des Spazierengehens. Egal, ob ich denke, will, mir vorstelle oder fühle spazieren zu gehen, denkend, wollend, mir vorstellend oder fühlend, dass ich dies tue, weiß ich, dass ich bin. Ich denke, will, stelle mir vor, fühle, dass ich spazieren gehe, und weiß deshalb, dass ich bin. Ob ich wirklich spazieren gehe oder dies nur träume, weiß ich nicht mit Gewissheit, wohl aber, dass ich denke, fühle usw., dass ich spazieren gehe.

3) Was ist das für ein Ich, das sich im Denken als existierend erkennt? Nicht mit Gewissheit wissend, ob ich wirklich spazieren gehe, weiß ich auch nicht mit Gewissheit, ob der Körper, dessen ich bedarf, um spazieren zu gehen, existiert. Das heißt, die Selbstgewissheit, die im „cogito" erschlossen wird, schließt nicht die Gewissheit der Existenz des eigenen Körpers ein, sondern das Ich, als das man sich denkend erfasst, erweist sich als etwas von allem Körperlichen, d.h. von aller räumlichen Ausdehnung radikal Unterschiedenes. Es ist nichts Körperliches, sondern, wie es bei Descartes heißt, ein denkend Ding, „une chose qui pense", d.h. reine Geistwirklichkeit. Mit letzter Gewissheit zu erkennen vermag ich, dass ich Geist bin, allerdings nur solange ich denke bzw. innere Akte vollziehe, bin ich mir dessen gewiss, dass ich bin, dass ich existiere (Med. II, 7).

Dieses „cogito, ergo sum" nun macht Descartes aufgrund seiner Unbezweifelbarkeit zum ersten Prinzip der von ihm gesuchten Philosophie (Disc. IV). Das erste metaphysische Prinzip ist die Evidenz der Existenz des sich denkenden Subjekts. Hiermit aber verlagert sich der Gegenstand der Metaphysik vom Seienden im Allgemeinen, dem Gegenstand der aristotelischen Metaphysik, zum Subjekt. Das erste, grundlegende Wissen ist nicht mehr das Wissen um die Prinzipien des Seienden im Allgemeinen, sondern das Prinzip der Selbstgewissheit des Subjekts. Das Zentrum der Metaphysik wird in das „Ich denke" verlegt. Dieser Verlagerung liegt die Einsicht zugrunde, dass das Sein der äußeren Welt nicht erschlossen werden kann, wenn nicht zuvor geklärt ist, wie wir als Subjekte dieses Sein richtig erkennen können. In neuzeitlicher Terminologie ausgedrückt: Der Frage nach dem Objekt muss die Frage nach dem Subjekt vorgeordnet werden, die Erkenntnisfrage erhält den Vorrang vor der Seinsfrage, d.h., mit Descartes geschieht der Übergang von einer Seinsmetaphysik zu einer Metaphysik des Subjekts oder einer Erkenntnismetaphysik.

4. Die Existenz Gottes

Bevor Descartes von der Gewissheit des „cogito, ergo sum" aus die Gewissheit anderer Erkenntnis zurückzugewinnen versucht, nimmt er sowohl in den „Meditationen" als auch in der „Abhandlung über die Methode" einen Beweis der Existenz Gottes vor. Fragen wir uns zunächst, wozu dieser Gottesbeweis dient, welche Rolle er in Descartes' philosophischem Entwurf spielt. Mit dem „cogito, ergo sum" sind wir bei einer ersten, unbezweifelbaren Gewissheit angelangt, die nun zum Ausgangspunkt weiteren, evidenten Wissens gemacht werden soll. Descartes' Zweifel ist wie gesagt nur ein methodischer. Er dient dazu, das menschliche Wissen auf sichere Füße zu stellen. Wie jedoch soll von der Gewissheit des „cogito, ergo sum" ein Weg zurück zu gewisser Erkenntnis anderer Dinge gewonnen werden, wenn doch aufgrund der Möglichkeit eines „malin génie" selbst die vermeintlich sichere Evidenz mathematischer Wahrheiten in Frage gestellt wurde? Es gibt nur eine Möglichkeit, das „cogito" zum Ausgangspunkt auch für weitere Gewissheiten zu machen, und das ist zu beweisen, dass es ein „malin génie" nicht gibt, dass der allem zugrunde liegende Gott ein Wesen von höchster Güte ist, der es nicht zugelassen haben kann, dass wir uns in dem täuschen, was uns am evidentesten erscheint. Dazu aber muss erst einmal bewiesen werden, dass es überhaupt einen Gott gibt.

Descartes kann nicht die Beschaffenheit der äußeren Welt als Ausgangspunkt für einen Gottesbeweis wählen, haben sich doch die Sinneswahrnehmungen als ungewiss erwiesen. Von den drei Gottesbeweisen, die er selbst anführt, ist vielmehr einer der ontologische, in dem rein vom Begriff Gottes auf dessen Existenz geschlossen wird, während die zwei anderen – ähnlich wie der noologische Gottesbeweis bei Augustinus – den menschlichen Geist bzw. die innere Erfahrung des „cogito, ergo sum" zum Ausgangspunkt nehmen. Ich beschränke mich auf die Darstellung des ersten der auf dem „cogito, ergo sum" gründenden Gottesbeweise.

Ich weiß, dass ich denke und dass ich bin, weil ich denke. Als ein denkendes Wesen habe ich in mir Vorstellungen, d.h. Gedanken oder emotionale Vorstellungen. Von meinen Gedanken nun gibt es einige, die Bilder von Dingen sind. Descartes nennt sie Ideen. Jede Idee aber hat eine Ursache. Dabei kann ich die Ideen entweder von mir selbst haben im Sinne von angeborenen Ideen oder Erzeugnissen meiner Phantasie, oder ich habe sie von etwas anderem, etwa weil sie Abbilder von äußeren Gegenständen sind (Med. III, 10). Ich weiß allerdings bis jetzt noch nicht, ob es überhaupt etwas außerhalb meiner gibt. Das Ich ist sich allein seiner eigenen Existenz gewiss, und es ist durchaus denkbar, dass alle Ideen lediglich von ihm selbst verursacht sind. Um zu untersuchen, ob dies durchgehend der Fall ist, zieht Descartes ein für seinen Gottesbeweis grundlegendes Prinzip heran, das neuplatonischen Ursprungs ist und auch für die Scholastik galt: Die Ursache einer Idee in mir muss mindestens ebenso viel Wirklichkeit haben, wie die Wirkung, d.h. die Idee selbst, die in mir ist. Mit anderen Worten: Die Ursache kann nicht etwas von geringerer Vollkommenheit sein als die Wirkung, die sie hervorbringt. Aus einer Wirklichkeit kann nicht etwas entstehen, was eine höhere Wirklichkeit als erstere hat. So kann etwa Wärme nicht von etwas auf einen Gegenstand übertragen werden, was nicht denselben Vollkommenheitsgrad besitzt wie die Wärme selbst. Descartes drückt sich auch so aus: So viel Sachgehalt, wie in der Wirkung ist, muss zumindest auch in der Ursache sein (Med. III, 16 u. 17).

Ob alle Ideen in mir von mir selbst verursacht sind oder nicht, kann nun dadurch geprüft werden, dass festgestellt wird, ob es in mir eine Idee gibt, deren Ursache ich nicht selbst sein kann, weil sie meine eigene Vollkommenheit übersteigt. Was die Ideen von den Dingen außer mir betrifft, so gibt es Descartes' Auffassung nach nichts in ihnen, was so groß wäre, also von einer so hohen Wirklichkeit wäre, dass es nicht aus mir selbst hätte hervorgehen können. Descartes versteht dies formal: Unter den Dingen außer mir gibt es etwa Substanzen, ich selbst aber bin eine Substanz, sodass Substanzen keine Wirklichkeiten sind, die nicht aus mir selbst hervorgehen könnten (Med. III, 20). Es gibt jedoch eine Idee, nämlich die Idee Gottes, bei der dies nicht der Fall ist. Descartes definiert Gott klassisch als „eine Substanz, die unendlich, unabhängig, allwissend und allmächtig ist und von der ich selbst geschaffen bin ebenso wie alles Existierende, falls es solches gibt" (Med. III, 22). Zwar habe ich in mir die Vorstellung von einer Substanz, weil ich selber eine Substanz bin, eine Substanz, die denkt, „une chose qui pense". Ich erfahre mich selbst jedoch als eine endliche, unvollkommene Substanz, was sich darin zeigt, dass ich zweifle, dass ich mir Dinge wünsche, die ich nicht habe usw. (Med. III, 23) Wie soll ich dann aber von mir aus, von dem aus, was ich bin, zu der Idee einer unendlichen, vollkommenen Substanz gelangen, d. h., wie könnte ich selbst die Ursache einer solchen Idee sein? Es ist mehr Wirklichkeit, mehr Sachgehalt in der Idee einer unendlichen als in derjenigen einer endlichen Substanz. Eine endliche Substanz kann nicht die Ursache der Idee einer unendlichen Substanz sein.

Man kann auch nicht sagen, dass die Idee der Unendlichkeit durch eine Verneinung des Endlichen gewonnen wird. Die Idee der Unendlichkeit ist für Descartes eine positive Idee, von der ich positiv erkennen kann, dass sie mehr Wirklichkeit enthält als das Endliche. Nicht von der Idee der Endlichkeit gelange ich zu der der Unendlichkeit, sondern ich kann die Unvollkommenheit von etwas nur erkennen, weil ich die Vollkommenheit zum Maßstab habe (Med. III, 23). Ich gelange beispielsweise nicht von der Wahrnehmung vieler unvollkommener Geraden zur Vorstellung einer vollkommenen, geometrischen Geraden, wie es sie in der Realität nicht gibt, sondern ich könnte keine unvollkommene Gerade in der Realität erkennen, hätte ich nicht die Idee einer vollkommenen in mir. Die Ursache der Idee einer unendlichen Substanz in mir kann somit nur ein Wesen sein, das selber eine unendliche Substanz ist. Es kann nur Gott sein. Weil die Ursache nicht weniger Vollkommenheit haben kann als die Wirkung, kann nur Gott selbst die Idee Gottes in mir bewirkt haben. Also existiert Gott (Med. III, 22).

Ich übergehe die vielartigen Schwierigkeiten, die dieser Gottesbeweis mit sich führt, bis auf eine, die hier kurz angesprochen sei. Das „cogito, ergo sum" bildet zwar die Grundlage dieses Gottesbeweises, er gründet aber zugleich in dem Prinzip der mindestens ebenso großen Vollkommenheit der Ursache gegenüber der Wirkung. Das heißt, es wird über das „cogito“ hinaus ein weiteres Prinzip gesetzt, das aber an diesem Punkt der Argumentation zwangsläufig dem Verdacht ausgesetzt ist, dass es Descartes durch einen „malin génie“ in den Kopf gesetzt worden sein könnte! Das Argument setzt die Wahrheit von etwas anderem voraus als die Wahrheit des „cogito, ergo sum“, um zu beweisen, dass es andere Wahrheit wie die des „cogito, ergo sum“ gibt. Es scheint somit ein gewisser Zirkelschluss vorzuliegen.

Ziehen wir jedoch, Descartes' eigenen Gedankengang weiterverfolgend, den Schluss aus diesem Gottesbeweis: Der eben bewiesene Gott, von dem nicht nur die Idee Gottes in mich eingepflanzt wurde, sondern von dem auch meine Existenz sowie die Existenz von allem anderen abhängig ist, kann kein Betrüger, kein „malin génie“ sein, der den Menschen täuscht. Aller Trug und alle Täuschung nämlich sind ein Zeichen von Schwäche. Ein vollkommener Gott aber kann keine Schwäche haben, denn Schwäche ist ein Zeichen von Mangel (Med. III, 40). Indem die Existenz eines unendlichen, vollkommenen Gottes bewiesen ist, kann also zugleich die Hypothese des „malin génie“ zurückgenommen werden. Damit jedoch ist der Weg frei für gewisses Wissen auch in Bezug auf Dinge außerhalb des „cogito“.

5. Das Wesen Gottes

Zum Abschluss dieses Abschnitts soll noch kurz Descartes' Verständnis des Wesens Gottes angesprochen werden, ein Thema, zu dem er sich in seinem Werk zwar nur beiläufig äußert, das jedoch deutlich macht, wie sehr Descartes' Metaphysik an das Spätmittelalter anknüpft.

Auch Descartes nämlich versteht Gott als eine absolut uneingeschränkte Macht, die in ihrem Handeln und Schaffen an nichts gebunden ist. Gott ist ein Wesen von uneingeschränkter Freiheit, ganz im Sinne der uneingeschränkten Freiheit, wie sie uns in Bezug auf Ockham begegnet ist. Das heißt, als uneingeschränkte Freiheit hat Gott die Welt ohne jegliche Vorgabe ewiger Gesetze geschaffen. Es gibt keine solchen Gesetze, egal ob diese Gesetze außerhalb seiner zu finden sein sollen oder Gottes eigenes Wesen ausmachen. Es gibt zwar ewige Gesetze, die die Welt strukturieren, aber diese sind Gott nicht vorgegeben, sondern von ihm selbst geschaffen (Med. VI, Resp.). Gottes Tun an ewige Gesetze, Ideen oder Wahrheiten zu binden, nach deren Vorgabe er handelt, erscheint Descartes geradezu als Blasphemie. Es hieße, Gott einer unvermeidlichen Notwendigkeit unterzuordnen, so wie die griechischen Götter dem Schicksal untergeordnet werden. Gott ist vielmehr mit einem freien König zu vergleichen, der nach eigenem Gutdünken Gesetze erlässt (Med. VI, Resp.). Dabei ist der Gott Descartes' noch nicht einmal an den Satz vom Widerspruch gebunden (Meslard, 2. 5. 1644). Allerdings macht Gott die einmal von ihm geschaffene Ordnung im Gegensatz zu Ockham nicht wieder rückgängig. Gott hätte auch jede andere Welt erschaffen können, für Gott sind die Gesetze dieser Welt völlig kontingent, an der einmal gewählten aber hält er fest (Med. VI, Resp.).

Dieses Verständnis der Freiheit Gottes führt auch bei Descartes dazu, dass die Weltordnung in keinerlei Weise Gottes Wesen widerspiegelt. Von daher besteht keine Möglichkeit, von unseren weltlichen Bestimmungen aus etwas Gültiges über Gottes Wesen auszusagen. Gott ist zwar die Ursache dieser Weltordnung, da er aber auch jede andere Weltordnung hätte schaffen können, können wir von der uns gegebenen Weltordnung aus nicht auf Gottes Wesen schließen. Gottes Wesen ist inkommensurabel für die menschliche Erkenntnisfähigkeit. Die einzige Ausnahme bildet die absolute Ursächlichkeit Gottes. So wie die Gottesbeweise bei Thomas von Aquin führt auch der Gottesbeweis Descartes' zur Vorstellung Gottes als der ersten Ursache von allem. Er gründet in der Vorstellung, dass Gott die Ursache der Idee Gottes in mir ist und dass er in seiner Unendlichkeit zugleich als Ursache allen Seins angesehen werden muss. Während dies jedoch für Thomas lediglich der Ausgangspunkt ist, um eine komplexe, philosophische Gotteslehre zu entfalten, bleibt Descartes bei dieser einen Aussage über Gott stehen. Dabei ist Gott diejenige Ursache, die in dem Sinne nicht noch einmal von etwas anderem verursacht ist, dass sie sich selbst verursacht. Gott ist „causa sui" (Med. III, 31). Die Selbstursächlichkeit Gottes aber steht in einem Verhältnis der Analogie zur weltlichen Kausalität, da in Gott die Ursache der Wirkung nicht zeitlich vorausgehen kann. Das thomanische Analogieverständnis reduziert sich bei Descartes auf die Selbstursächlichkeit Gottes als eine „Analogie der Wirkursache" (analogia causae efficientis, (Med. IV, Resp.).[2]

II: Dualistische Ontologie

Descartes' Ontologie ist streng dualistisch, d. h., ihr liegt die Auffassung zugrunde, die Wirklichkeit reduziere sich letztlich auf zwei völlig voneinander getrennte Seinsweisen, immaterielles, bewusstes Sein und materielles, ausgedehntes Sein, „res cogitans" und „res extensa". Hieraus geht dann auf anthropologischer Ebene Descartes' radikaler Leib-Seele-Dua-

[2] Vgl. ausführlich zu diesem Thema J.-L. Marion, *Sur la théologie blanche de Descartes*, Paris 1981.

lismus hervor. Seine Philosophie rückt damit in eine gewisse Nähe zur ebenfalls streng dualistischen Zweiweltenlehre bzw. Trennung von Leib und Seele bei Platon. Wie jedoch gelangt er zu dieser Auffassung? Der Gottesbeweis eröffnet dem cartesianischen Subjekt den Zugang zu weiterem Wissen, denn es weiß damit, dass es keinen trügerischen Gott gibt, der es täuscht, wenn es Gewissheit über etwas erlangen will. Wie jedoch und nach welchem Prinzip entfaltet Descartes, ausgehend vom Wissen um die eigene Existenz und um die Existenz Gottes, sein allgemeines Wirklichkeitsverständnis?

1. Wahrheitsfindung

Fragen wir zunächst nach dem Kriterium für gewisse Erkenntnis, mittels dessen Descartes von seinem vorläufig radikalen Zweifel zu einer Ontologie zurückzugelangen versucht. Dieses Kriterium geht unmittelbar aus der ersten, absoluten Gewissheit des „cogito, ergo sum" hervor. Descartes bemerkt in der „Abhandlung über die Methode", „dass in diesem ganzen Satze: *ich denke, also bin ich* gar nichts anderes mich dessen versichert, dass ich die Wahrheit sage, als dass ich recht klar sehe, dass man, um zu denken, sein muss, so war ich der Ansicht, das als allgemeine Regel aufstellen zu können, dass die Dinge, die wir recht klar und deutlich erfassen können, durchaus wahr sind" (Disc. IV). Die Evidenz des „cogito, ergo sum" zeichnet sich also durch Klarheit und Deutlichkeit aus. Diese Bestimmungen werden daraufhin zum Kriterium aller Wahrheitsfindung erhoben. Als unbedingt wahr gilt für Descartes alles, was klar und deutlich erkannt wird (Med. V, 15).

Er erläutert diese zwei Kriterien wie folgt: Klarheit besteht darin, dass etwas dem aufmerksamen Geist gegenwärtig und offenkundig ist, Deutlichkeit, dass es von anderen Dingen so unterschieden ist, dass es nur klare Merkmale enthält. Ein starker Schmerz z. B. kann durchaus offenkundig sein, klar empfunden werden, es kann aber dennoch sein, dass man nicht genau zu erkennen vermag, was es mit diesem Schmerz auf sich hat, dass man etwa nicht deutlich zu unterscheiden vermag, um was für eine Art von Schmerz es sich handelt. Erst wo Klarheit und Deutlichkeit zusammentreffen, kann von einer gewissen Erkenntnis die Rede sein (Princ. I, 45).

Da es keinen betrügerischen Gott gibt, kann zunächst einmal alle reine Verstandeserkenntnis, insbesondere alle mathematische Erkenntnis als gewisse Erkenntnis wiedergewonnen werden (Med. V, 2–5). Die Klarheit und Deutlichkeit mathematischer Erkenntnis war ja überhaupt erst der Grund für Descartes, den methodischen Zweifel vorzunehmen. Dieser

Zweifel hatte ihn zunächst gezwungen, noch hinter die mathematischen Wahrheiten zurückzufragen. Die Klarheit und Deutlichkeit mathematischer Erkenntnisse aber ist, abgesehen von der Hypothese des „malin génie“, die nur einen leichten, „gewissermaßen metaphysischen“ Zweifel bezüglich dieser Erkenntnisse bedeutet (Med. III, 5), keine andere als auch die des „cogito, ergo sum“. Nach Ausräumung dieses metaphysischen Zweifels gilt es daher, nicht nur die mathematische Erkenntnis als solche wieder in ihr Recht einzusetzen, sondern über sie hinaus auch alles weitere Wissen, also insbesondere das Wissen, das sich auf Sinneswahrnehmungen bezieht, nach dem Modell der Klarheit und Deutlichkeit der mathematischen Erkenntnis zu entfalten.

Hierbei geht Descartes gemäß dem Vorbild der Mathematik nicht empiristisch, sondern rationalistisch vor. Während für den Empirismus, der zur selben Zeit in England bestimmend war und für den insbesondere der Name John Locke steht (1632–1714), die erste Quelle allen Wissens die Sinneswahrnehmung ist, aus der induktiv, d.h. vom Einzelfall ausgehend, auf allgemeine Gesetze geschlossen wird, geht der Rationalismus wesentlich deduktiv vor, vom Allgemeinen zum Besonderen fortschreitend, indem er die Gesetze der Wirklichkeit über eine Kette von logischen Schlüssen aus der Einsicht der Vernunft in ihre eigenen Grundgesetze hervorgehen lässt. Descartes beansprucht in diesem Sinne, alle Erkenntnis aus ersten, von aller Sinneswahrnehmung unabhängigen Vernunftprinzipien abzuleiten (Princ. I, 24). Sichere Erkenntnis besteht mit anderen Worten nur da, wo sie in reiner Verstandeserkenntnis gründet. Diese reine Verstandeserkenntnis ist, wie es bei ihm heißt, das Saatgut für alle weitere Wahrheit (Princ. II, 3). Es handelt sich neben dem „cogito, ergo sum“ und mathematischen Erkenntnissen um logische Grundprinzipien sowie Begriffe wie Substanz, Ursache, Zahl, Bewegung und Ausdehnung. Sie sind der Vernunft unmitttelbar evident.

2. „Res cogitans“ und „res extensa“

Wie nun gelangt Descartes vom „cogito, ergo sum“ zu seiner dualistischen Ontologie? Auf die Frage, was denn jenes Ich ist, dessen Existenz über alle Zweifel erhaben ist, antwortet Descartes auch, wie im vorigen Abschnitt gesehen, dass das Ich ein Ding ist, das denkt, „une chose qui pense“. Das „cogito, ergo sum“ ist gleichbedeutend mit der Gewissheit „sum res cogitans“, ich bin ein Ding, das denkt. Dies aber ist so zu verstehen, dass zum Wesen meines Ich im „cogito, ergo sum“ nichts weiter gehört als allein nur das Denken, d.h. alle meine Bewusstseinsakte. Ich kann jedoch ebenfalls deutlich erkennen, dass es neben diesen Bewusstseinsakten auch Fähigkeiten von mir gibt, die völlig unabhängig von meinem denkenden Ich sind, etwa die Fähigkeit der Ortsveränderung. Derartige Fähigkeiten setzen kein denkendes Ich voraus, sondern einen Körper. Bewegen kann ich mich ohne denkendes Ich, aber nicht ohne Körper. Ich kann also deutlich Fähigkeiten in mir unterscheiden, die einem körperlichen, d.h. einem Ding mit Ausdehnung angehören müssen. Von allem aber, was ich klar und deutlich voneinander unterscheiden kann, weiß ich, dass es auch wirklich unterschieden ist, denn einen betrügerischen Gott gibt es nicht (Med. VI, 17–20).

Das cartesianische Subjekt gelangt also über eine Analyse seiner Fähigkeiten zu der Gewissheit, dass es eine reale Unterscheidung von denkenden und körperlichen bzw. ausgedehnten Dingen gibt, von „res cogitans“ und „res extensa“, dass die Welt aus zwei verschiedenen Realitäten, einer denkenden und einer ausgedehnten, zusammengesetzt ist. Mit Bezug auf die „res cogitans“ und die „res extensa“ aber verwendet Descartes ausdrücklich den Begriff der Substanz. Substanz wird von ihm wie folgt definiert: Substanz ist ein existierendes Ding, das nichts als seiner selbst bedarf, um zu existieren (Princ. I, 51). Strikt und absolut genommen trifft diese Definition, wie Descartes bemerkt, nur auf Gott zu, denn es gibt keine geschaffene Substanz, die nicht im Sinne der „creatio continua“ ständig durch Gott in ihrem Sein erhalten werden muss, und damit etwas anderem als ihrer selbst bedarf, um zu existieren. Im Unterschied aber zu Spinoza (1632–1677), für den es wirklich nur eine Substanz gibt, Gott, von der alles andere nur eine Modifikation, also in sich selbst Unselbstständiges ist, kann man Descartes' nach auch bezüglich geschaffener Dinge von Substanzen reden, allerdings in einem analogen Sinne zum Substanzbegriff, wie er in Bezug auf Gott verwendet wird. Das heißt, geschaffene Substanzen sind solche Substanzen, die von nichts anderem als von Gott abhängen, um zu existieren. Es sind Realitäten, die unabhängig von anderen geschaffenen Dingen existieren. Jedes Ich und jedes einzelne, ausgedehnte Ding ist also eine Substanz in dem Sinne, dass es zwar nicht unabhängig von Gott existiert, wohl aber selbstständig in Bezug zu anderen geschaffenen Substanzen ist.

Descartes definiert die Substanzen jeweils durch eine einzige Beschaffenheit. Das heißt, das Wesen einer Substanz ist das, was wir als die eine unverzichtbare Eigenschaft des Dinges erkennen, von der alle anderen Eigenschaften des Gegenstandes abhängen (Princ. I, 53). Diejenige Eigenschaft aber, welche die geistige Substanz zu dem macht, was sie wesentlich ist, ist das Denken, diejenige hingegen, die eine körperliche Substanz zu dem macht, was sie wesentlich ist, ist die Ausdehnung, d.h. Länge, Breite und Tiefe. Neben diesen zwei Arten von Substanzen gibt es keine weiteren.

Wie kommt Descartes dazu, körperliche Substanzen, d.h. das Materielle

– unserem Gemeinverständnis von Materie entgegen – als etwas rein Ausgedehntes und damit als rein geometrisches Gebilde zu verstehen? Selbst die Kraft oder etwa die Masse gehören für Descartes nicht zu den wesentlichen Eigenschaften der Materie. Diese „Geometrisierung der Physik", die von Leibniz (1646–1716), aber auch von anderen Denkern nach Descartes kritisiert wird, ist wiederum darauf zurückzuführen, dass auch die Betrachtungsweise materieller Gegenstände eingeschränkt werden soll auf das, was klar und deutlich an ihnen erkannt werden kann. Erkenntnisse, die diese radikale Einsichtigkeit nicht erfüllen, können nicht als wahrhafte Erkenntnis angenommen werden. Ausdehnung aber und Denken sind die einzigen klaren und deutlichen Eigenschaften, zu denen wir bezüglich körperlicher bzw. denkender Substanzen gelangen können (Princ. I, 54).

Dabei geht Descartes in seiner Unterscheidung zwischen Ausdehnung und anderen Eigenschaften so weit, dass für ihn allein die Ausdehnung sowie die Eigenschaften, die mit der Ausdehnung selbst in Verbindung stehen, als objektive Beschaffenheit rein körperlicher Gegenstände angesehen werden können. Ausdehnungseigenschaften etwa sind die bestimmte Gestalt, ein Dreieck, ein Würfel usw., die bestimmte Größe oder die bestimmte Bewegung eines Körpers. All dies sind Modifikationen von Ausdehnung. Alles andere aber, was wir durch unsere Sinne an einem Ding wahrnehmen, etwa die Farbe, die Härte, Schwere, die Wärme oder der Geruch eines Körpers, d.h. alles, was von Locke sekundäre Eigenschaften genannt wird, kann Descartes' Auffassung nach nicht als den Dingen selbst zugehörig angesehen werden. Wir können nicht klar und deutlich erkennen, dass es sich um Eigenschaften der Dinge selbst handelt (Princ. II, 4). Für Descartes sind es nicht Eigenschaften der Dinge selbst, sondern die Dinge besitzen sie nur relativ zu unserem Wahrnehmungsvermögen. Die Wahrnehmungen sekundärer Qualitäten sind subjektive Wahrnehmungen, die allein aufgrund der Bewegung der ausgedehnten Körper und der Einwirkung dieser Bewegung auf unsere Sinne, auf unsere Nerven in uns entstehen (Princ. IV, 198). Alle Ausdehnungseigenschaften aber sind quantitative, d.h. mathematisch festlegbare Bestimmungen. Materielle Dinge werden also auf rein quantitative Gebilde reduziert.

Descartes' Ontologie führt zu einem Bruch mit dem aristotelischen Substanzverständnis. Bei Aristoteles ist ein Ding, also eine erste Substanz, zusammengesetzt aus Wesen und aus Akzidenzien. Das Wesen, die zweite Substanz, ist die durch die Definition näher bestimmte, unsichtbare Form des Dinges. Hinzu kommen eine Vielzahl akzidenteller Eigenschaften. Sokrates' Wesen also ist das Menschsein, die Definition von Mensch ist „animal rationale", zu dieser Wesensbestimmung gesellen sich die vielen akzidentellen Eigenschaften, die Haarfarbe, die Form seiner Nase usw., die im Gegensatz zum Wesen nicht notwendig sind, die auch hätten nicht oder anders sein können. Bei Descartes fällt die Vorstellung eines verborgenen Wesens hinter den sichtbaren Eigenschaften weg. Es gibt kein Steinsein, Tiersein oder Menschsein im Sinne von etwas, was den eigentlichen, aber unsichtbaren Kern des Dinges ausmacht. Dies hieße, Obskures durch etwas noch Obskureres erklären (AT III, 507). Das Wesen eines körperlichen Gegenstandes ist lediglich die Ausdehnung als solche, die ihre Ausdehnungseigenschaften, Länge, Breite, Tiefe, schon in sich enthält, d.h., die Eigenschaften sind nicht etwas von der Substanz Unterschiedenes, sondern Arten des Beschaffenseins der Substanz selbst (AT III, 648ff.). Die Ausdehnungssubstanz ist damit nicht hinter den Ausdehnungseigenschaften, und es gibt auch nichts hinter der Ausdehnung, das den materiellen Dingen noch hinzugefügt werden müsste.

3. Der Leib-Seele-Dualismus

Unter die rein materiellen Dinge fallen bei Descartes auch die Pflanzen und die Tiere. Das Lebendige bildet keinen eigenen Seinsbereich mit eigenen Gesetzen, sondern es gehört ganz dem Bereich der „res extensa“ an. So wie in der materiellen Welt alles mechanisch abläuft, so sind auch Pflanzen und Tiere nichts als komplexe Maschinen, als Automaten (Disc. V). Sie besitzen keine Seele im aristotelischen Sinne des Wortes und sind damit auch keiner Eigentätigkeit fähig. Es handelt sich um völlig unselbstständige Teile einer Weltmaschine, die nach streng kausalen Gesetzen abläuft. Tiere etwa besitzen keine wahre Selbstbewegung. Alles, was sie tun, ist rein mechanische Reizreaktion. Da sie nur „res extensa“ sind, haben sie Descartes nach auch keine Empfindungen!

Die Frage des Verhältnisses von Körper und Seele stellt sich somit für Descartes erst auf der Ebene des Menschen. Zwar ist auch der menschliche Leib für ihn nichts als eine Maschine, die ein Teil der Weltmaschine ist. Der lebendige Körper ist ein völlig determinierter Mechanismus, die einzelnen Bewegungen im Leib „erfolgen im Gehirn, in den Nerven und Muskeln ebenso natürlich wie die Bewegungen einer Uhr durch die bloße Kraft einer Feder und die Gestalt ihrer Räder“ (Pass. I, 16). Der Mensch ist jedoch im Gegensatz zu Pflanze und Tier klar und deutlich sowohl als ausgedehnte als auch als denkende Substanz zu verstehen, sowohl als „res exstensa“ als auch als „res cogitans“. Aufgrund der Tatsache, dass es sich beide Male um Substanzen handelt, stellt sich allerdings die Frage, wie Descartes dann noch die Einheit des Menschen konzipieren will. Denn „res cogitans“ und „res extensa“ als Substanzen verstanden sind sich selbst genügende Wirklichkeiten. Der Körper ist ein Mechanismus, der der

Seele nicht bedarf, und die Seele ist eine geistige Einheit, für deren Akte es keines Körpers bedarf. Wie soll bei derart heterogenen Seinsarten eine kausale Einwirkung der Seele auf den Körper und umgekehrt stattfinden? Die Seele ist etwas rein Innerliches, Geistiges, Unteilbares, der Körper reine Ausdehnung, d.h. für Descartes unendlich teilbar. Wie soll eine Substanz auf die andere wirken, wenn sie nichts gemeinsam haben, wenn es sich um zwei völlig inkompatible Realitäten handelt? Descartes geht bei anderen kausalen Vorgängen immer von dem – scholastischen – Prinzip einer gewissen Ähnlichkeit zwischen Ursache und Wirkung aus. Wie sollen zwei völlig unähnliche Wirklichkeiten kausal miteinander zusammenhängen?

Hinzu kommt, dass Descartes auf einer realen Wechselwirkung zwischen Seele und Leib besteht. Die Seele des Menschen, also der Mensch als „res cogitans", kann mittels des Willens auf den Körper einwirken. Der Mechanismus des Körpers kann von der Seele durchbrochen werden, indem der Wille auf die Nerven einwirkt und auf diese Weise etwa Bewegung auslöst (Arnauld, 29. 7. 1648). Aber auch umgekehrt gehen Wahrnehmungen, Schmerzen, Hunger, Durst usw. über die Nerven in die Seele ein (Med. VI, 34). Seele und Körper stehen in Wechselwirkung zueinander (Pass. I, 34). Wie soll diese Wechselwirkung auf der Grundlage von Descartes' Ontologie gedacht werden? Bei Aristoteles besteht eine tiefe Einheit von Leib und Seele dadurch, dass die Seele als die alles durchdringende Form des Körpers angesehen wird. Der Körper ist gewissermaßen Ausdruck der Seele selbst. Es gibt keine vom Körper getrennte Seele, die von außen auf ihn einwirkt. Descartes hingegen wird durch seinen Dualismus zu einer recht merkwürdigen Lösung gedrängt, nämlich im Körper einen Verbindungsort zwischen beiden zu suchen, eine Art Sitz der Seele im Körper auszumachen. Descartes gelangt – auch aufgrund anatomischer Untersuchungen – zu der Auffassung, die Verbindung von Seele und Körper als zweier unabhängiger Substanzen geschehe durch einen Teil des Gehirns, nämlich durch die Zirbeldrüse (Pass. I, 31).

Doch mehr noch: Die Seele steht für Descartes zugleich mit dem ganzen Körper in Verbindung (Pass. I, 30). Seele und Leib bilden im Menschen nicht zwei getrennte Wirklichkeiten, sondern trotz der Getrenntheit der Substanzen eine richtige Einheit: „Die Natur lehrt mich [...], dass ich nicht nur in der Weise meinem Körper gegenwärtig bin, wie der Schiffer seinem Fahrzeug, sondern dass ich aufs Engste mit ihm verbunden und gleichsam vermischt bin, sodass ich mit ihm eine gewisse Einheit bilde" (Med. VI, 24). Er spricht sogar von einer „substantiellen Einheit" von Seele und Leib. Leib und Seele sind in gewissem Sinne für sich genommen unvollständige Substanzen (Med. IV, Resp.). Wie dies mit dem Dualismus und der Theorie der Zirbeldrüse zusammenzudenken ist, erklärt Descartes nicht. Selbst die Zirbeldrüse für sich genommen aber löst das Hauptproblem nicht, denn auch dann stellt sich die Frage, inwiefern die Seele durch sie hindurch auf den Körper wirken soll, wie durch sie als etwas Körperliches die zwei völlig inkompatiblen Wirklichkeiten von Seele und Körper aufeinander wirken sollen.

In der frühen Neuzeit, unmittelbar nach Descartes, wurden verschiedene andere Lösungen vorgeschlagen. Das eine Extrem ist der Okkasionalismus etwa Malebranches (1638–1715), d.h. die Auffassung, dass Seele und Körper gar nicht aufeinander einwirken, sondern dass bei Gelegenheit (occasione) eines Willensaktes der Seele Gott auf den Körper einwirkt, dass Gott das im Körper bewirkt, was die Seele bewirken will. Gott hat Seele und Leib, so ein Vergleich, wie zwei Uhren aufeinander abgestellt. Das andere Extrem ist die Position Spinozas, bei dem Seele und Körper letztlich zusammenfallen, zu ein und derselben Sache aus zwei verschiedenen Perspektiven werden.

Doch was immer als Lösung vorgeschlagen wurde, die radikale Entgegensetzung von Geist und Materie wird mit Descartes zu einem Grundproblem für die neuzeitliche Metaphysik. Wie soll auf der Grundlage dieser Entgegensetzung die Einheit des Menschen oder der Welt konzipiert werden? Die Tendenz wird darin bestehen, dem Gegensatz zu entfliehen, indem man entweder die Wirklichkeit rein materialistisch deutet, d.h. alles Geistige auf materielle Vorgänge reduziert, oder sie als etwas letztlich rein Geistiges ausgibt, wie im Idealismus. Auch die Erkenntnisfrage stellt sich von Descartes an mit großer Dringlichkeit: Wie viel von dem, was wir erkennen, ist wirklich Beschaffenheit der Gegenstände selbst? Zwischen Bewusstsein und Wirklichkeit tut sich eine Kluft auf, deren Rechtfertigung oder Überbrückung zur philosophischen Hauptaufgabe wird.

Achtes Kapitel: Kant

37 S.

I. Die kopernikanische Revolution

1. Leben und Werk

Immanuel Kant wurde 1724 in Königsberg in Ostpreußen geboren. 1740–1746 studierte er an der Universität Königsberg Philosophie, Mathematik und Physik, daneben auch Theologie. Beeinflusst wurde er in dieser Zeit vor allem von der rationalistischen Aufklärungsphilosophie von Christian Wolff sowie von der Physik Newtons. 1746–1755 war er an verschiedenen Orten in Ostpreußen als Hauslehrer tätig. 1755 wurde er zum Doktor der Philosophie promoviert. 1755–1770 las Kant als Privatdozent in Königsberg neben Philosophie auch viele andere Fächer und verdiente dabei nur mühsam seinen Lebensunterhalt. Wichtig in dieser Zeit ist der Einfluss Rousseaus und Humes. 1770, im Alter von 45 Jahren, wurde er zum Professor für Philosophie in Königsberg ernannt. Kant hatte schon in dieser ganzen Zeit, die man seine vorkritische Periode nennt, verschiedene Schriften veröffentlicht, durch die er sich jedoch wohl keinen Platz in der Philosophiegeschichte geschaffen hätte, wäre es dabei geblieben. Sein eigentlich bedeutsames Werk begann – ein Trost und eine Hoffnung für alle Philosophen, die bis dahin noch nicht zu Berühmtheit gelangt sind – erst im Alter von 57 Jahren, mit der „Kritik der reinen Vernunft" von 1781.

Innerhalb von zwanzig Jahren folgen dann alle weiteren wichtigen Schriften, die Kant zusammen mit der „Kritik der reinen Vernunft" zum wohl grundlegendsten Denker der abendländischen Philosophie neben Platon und Aristoteles gemacht haben: die „Prolegomena zu einer jeden künftigen Metaphysik" von 1783, als allgemein verständliche Kurzfassung seiner „Kritik der reinen Vernunft" gedacht, die „Grundlegung zur Metaphysik der Sitten" von 1785, die zusammen mit der „Kritik der praktischen Vernunft" von 1788 sein moralphilosophisches Hauptwerk bildet, seine dritte Kritik, die „Kritik der Urteilskraft" von 1790, sowie 1793 „Die Religion innerhalb der Grenzen der bloßen Vernunft", die ihn in Konflikt mit der preußischen Zensurbehörde brachte. Kant starb 1804 im Alter von 80 Jahren in Königsberg.[1]

[1] Textverweise im Folgenden: GMS = Grundlegung zur Metaphysik der Sitten

2. Das Metaphysikverständnis

5 S.

Die erste Vorrede zur „Kritik der reinen Vernunft“ beginnt mit der Aussage, die menschliche Vernunft habe das Schicksal, durch Fragen belästigt zu werden, die sie nicht abweisen kann, da sie ihr durch die Natur der Vernunft selbst aufgegeben sind, die sie aber auch nicht beantworten kann, weil sie zugleich das Vermögen der menschlichen Vernunft übersteigen (KrV A VII). Gemeint sind die Fragen, mit denen sich in der Philosophiegeschichte die Metaphysik beschäftigt hat. Die Metaphysik wird somit für Kant zum Problem. Er stellt sich ernsthaft die Frage, ob Metaphysik überhaupt möglich ist. Zu Anfang seiner „Prolegomena“ schreibt er: „Meine Absicht ist, alle diejenigen, so es wert finden, sich mit Metaphysik zu beschäftigen, zu überzeugen: dass es unumgänglich notwendig ist, ihre Arbeit vorderhand auszusetzen, alles bisher Geschehene als ungeschehen anzusehen und vor allen Dingen zuerst die Frage aufzuwerfen: ‘ob auch so etwas als Metaphysik überall nur möglich sei’“ (Prol. 255).

Aufgrund der von Kant radikal und systematisch durchgeführten Infragestellung von Metaphysik erweist sich seine Philosophie aus heutiger Sicht als ein unumgehbarer Einschnitt, wenn nicht gar als ein Wendepunkt in der Metaphysikgeschichte. Ob nach ihm Metaphysik noch möglich ist, ist eine bis heute umstrittene Frage. In jedem Fall ist die Metaphysik seit Kant dem Druck der Selbstlegitimation ausgesetzt. Sie hat gewissermaßen ihre ursprüngliche Naivität verloren. Entgegen dem Neukantianismus des 19. und beginnenden 20. Jahrhunderts, der die Metaphysik durch reine Erkenntnistheorie ersetzt wissen möchte und bei der Interpretation Kants das Thema der Metaphysik vernachlässigt, gehe ich allerdings davon aus, dass Kant die Metaphysik in ihrer herkömmlichen Form zwar radikal in Frage stellt, sie aber zugleich auf neue, seinem kritischen Ansatz entsprechende Grundlagen zu stellen versucht und ihr damit auch in positiver Hinsicht immer noch eine entscheidende Rolle zukommen lässt.

Unter Metaphysik versteht Kant diejenige philosophische Disziplin, die es mit nicht in der Erfahrung gegebenen Gegenständen zu tun hat, bzw. mit Begriffen, denen keine sinnliche Erfahrung entspricht (KrV B XIX). Diese Begriffe sind, so Kants Sprachgebrauch, „a priori“. Er unterscheidet – dies ist gewissermaßen die erste, die grundlegendste Unterscheidung seiner ganzen Philosophie – zwischen Begriffen bzw. Erkenntnissen „a

(Akademie-Ausgabe); KpV = Kritik der praktischen Vernunft (Akademie-Ausgabe); KrV = Kritik der reinen Vernunft (Original-Ausgabe); Prol. = Prolegomena zu einer jeden künftigen Metaphysik (Akademie-Ausgabe); Rel. = Die Religion innerhalb der Grenzen der bloßen Vernunft (Original-Ausgabe, 2. Aufl.). Siehe I. Kant, Werke in sechs Bänden, hrsg. v. W. Weischedel, Darmstadt 1963–1964.

posteriori", d.h. Begriffen und Erkenntnissen, die ihren Ursprung in der Erfahrung haben, in der sinnlichen Anschauung, und Begriffen, Erkenntnissen, die von allen Eindrücken der Sinne, von der Erfahrung unabhängig sind, die „a priori" sind (KrV B 2f.). Die Metaphysik aber ist Vernunfterkenntnis „durch bloße Begriffe" (KrV B XIV), sie soll „reine Erkenntnis a priori" darstellen (KrV B 873). Kants Metaphysikverständnis weicht damit von demjenigen von Aristoteles und Thomas von Aquin deutlich ab. Für letztere ist von der Unterscheidung von a priori und a posteriori her gesehen alle Erkenntnis, auch die metaphysische, a posteriori. Alle Erkenntnisse haben ihren Ursprung in Sinneseindrücken, auch die Erkenntnisse der Metaphysik als philosophische Gotteslehre, da man nur vom Sinnlichen zum Übersinnlichen aufsteigen kann. Trotz dieses Unterschiedes jedoch trifft die Metaphysikkritik Kants, wie sich zeigen wird, auch die klassische, aristotelische Metaphysik, insbesondere was die philosophische Gotteslehre betrifft. Gerade um den Aufweis der Unmöglichkeit jenes Aufstiegs vom Sinnlichen zum Übersinnlichen geht es Kant.

Zum Problem wird die Metaphysik für Kant deshalb, weil sie seiner Auffassung nach bisher ein „bloßes Herumtappen" gewesen ist, ohne zu wirklichen Erkenntnissen zu gelangen (KrV B XV). Er stellt sich daher die Frage, was man tun könne, um die Metaphysik den „sicheren Gang einer Wissenschaft" gehen zu lassen (KrV B XIX). Die Grundfrage der „Kritik der reinen Vernunft" lautet: „Wie ist Metaphysik als Wissenschaft möglich?" (KrV B 22). Das Wissenschaftsideal, das diesem Anliegen zugrunde liegt, ist das mit Descartes zum Prinzip neuzeitlicher Philosophie erhobene Ideal gewisser Erkenntnis, d.h., wissenschaftliches Erkennen ist für Kant nur da gegeben, wo eine Wissenschaft entweder aus lauter notwendiger Erkenntnis besteht oder aber in notwendigen Prinzipien gründet. Allein aufgrund solcher Erkenntnis ist es möglich, von einmal gesicherter immer weiter zu neuer sicherer Erkenntnis fortzuschreiten. Wissenschaft kann es gewissermaßen nur da geben, wo wissenschaftlicher Fortschritt möglich ist.

Vorbild für dieses Ideal von Wissenschaftlichkeit sind für Kant die Logik, die Mathematik und die Naturwissenschaft. Während Logik und Mathematik bereits seit der Antike den sicheren Weg einer Wissenschaft gehen, ist dies bei der Naturwissenschaft erst seit Anfang der Neuzeit der Fall, d.h. erst seit dem Naturwissenschaftsverständnis, wie es sich im Anschluss an Galilei entfaltet hat (KrV B XII). Diesen Weg muss auch die Metaphysik einschlagen, wenn sie den Status einer Wissenschaft erreichen will bzw. zu den Disziplinen gehören will, die wahre Erkenntnis vermitteln.

Inwiefern jedoch gelangen Logik, Mathematik und Naturwissenschaft zu wissenschaftlicher Erkenntnis? Nehmen wir das Beispiel der Naturwissenschaft. Was hat sich am Anfang der Neuzeit in der Herangehensweise an die Natur geändert? Kant erwähnt das Beispiel Galileis, der Kugeln eine schiefe Fläche mit einer von ihm selbst gewählten Schwere hinabrollen lässt (KrV B XII ff.). Ich will versuchen, das von Kant Gemeinte mit Bezug auf dieses Beispiel deutlich zu machen. Zunächst folgende Überlegung: Man stelle sich vor, man sieht eine Kugel einen natürlichen Hang hinunterrollen. Weil dieser natürliche Hang sehr uneben ist, wird es äußerst schwierig, wenn nicht unmöglich sein, aufgrund der bloßen Beobachtung des Rollens dieser Kugel den Hang hinunter etwas über das Gesetz auszusagen, nach dem die Kugel sich bewegt. Das heißt, wenn die Erkenntnis unmittelbar von der Naturbeobachtung ausgeht, gelangt sie nicht zur Einsicht in die der Natur zugrunde liegenden Gesetzmäßigkeiten. Man kann zwar das unregelmäßige Herunterrollen in seinem komplizierten Ablauf beschreiben, daraus lässt sich aber kaum ein allgemeines, notwendiges Gesetz ableiten. Dies gelingt erst, wenn der Mensch ein Experiment konstruiert, wenn er sich die Natur gewissermaßen nach seinen Vorstellungen zurechtlegt, d. h., wenn man sich wie Galilei eine ganz bestimmte Kugel schleift, die man eine ganz bestimmte, völlig glatt polierte, ebene Fläche hinunterrollen lässt. Dann wird die Natur berechenbar, dann gelangt man zur Einsicht in das Gesetz, nach dem diese Kugel sich auch den natürlichen Hang hinunterbewegt.

Kant jedoch versteht diese Vorgehensweise im Wesentlichen so, dass es im Verstand apriorische Begriffe und Prinzipien gibt, nach denen sich unsere Erkenntnis richten muss, wenn sie zu Naturgesetzen bzw. naturwissenschaftlichen Erkenntnissen gelangen will. Das Experiment muss gemäß einer in uns vorgegebenen Verstandesstruktur konstruiert werden. Er formuliert dies wie folgt: Naturforscher wie Galilei haben begriffen, dass „die Vernunft nur das einsieht, was sie selbst nach ihrem Entwurf hervorbringt“ (KrV B XIII). Wir müssen mit anderen Worten die Natur zwingen, auf die Fragen zu antworten, welche die Vernunft an sie richtet. Die Vernunft sieht nur das als notwendig ein, „was die Vernunft selbst in die Natur hineinlegt“ (KrV B XIV).

Diese erkenntnistheoretische Wende vergleicht Kant mit Kopernikus' Revolution in der Erklärung der Himmelsbewegungen. Während man vorher annahm, das ganze Sternenheer drehe sich um den Zuschauer, sich damit aber die Himmelsbewegungen nicht richtig erklären ließen, habe Kopernikus einfach versucht, ob es mit dieser Erklärung nicht besser gehe, wenn man „den Zuschauer sich drehen, und die Sterne in Ruhe ließe“ (KrV B XVI). So wie mit den Himmelsbewegungen verhält es sich auch mit der Erkenntnis im Allgemeinen. Die so genannte kopernikanische Revolution besteht darin, dass nicht unsere Erkenntnis sich nach den Gegenständen richten soll, sondern umgekehrt die Gegenstände nach unseren

Erkenntnismöglichkeiten. Wir stellen den Gegenständen gewissermaßen Bedingungen, wir entwerfen unseren apriorischen Denkgesetzen gemäß Naturgesetze. Mit anderen Worten: Nicht das Objekt bestimmt bei Kant das Subjekt, sondern das Subjekt bestimmt das Objekt.

Was bedeutet dies nun für die Metaphysik? Als eine Disziplin, die sich mit dem befasst, was a priori ist, was jenseits der sinnlichen Erfahrung liegt, kommt ihr gemäß dem eben Dargestellten als Erstes die Aufgabe zu, sich dem erkennenden Subjekt selbst zuzuwenden, um die apriorischen Strukturen, die dem Erkennen zugrunde liegen und selbst nichts Sinnliches sind, zu untersuchen. Diese Aufgabe ist für Kant der erste Teil der Metaphysik (KrV B XIX). Indem hiermit nicht das Sein, sondern die auf das Sein bezogene Vernunft zum Gegenstand der Metaphysik erhoben wird, vollzieht auf seine Weise auch Kant die Wende von einer Seinsmetaphysik zu einer Erkenntnismetaphysik. Weil die Erkenntnis des Objekts durch das Subjekt bestimmt ist, befasst sich die Metaphysik zunächst mit der apriorischen Struktur der menschlichen Vernunft, mit den „Bedingungen der Möglichkeit" aller Erkenntnis und nicht mit Objekten.

Kants gesamte „Kritik der reinen Vernunft" kann in diesem Sinne als ein metaphysisches Unternehmen angesehen werden. Seiner eigenen Aussage nach enthält diese Schrift zwar nicht die wissenschaftliche Metaphysik als solche, sondern erst die Methodenanleitung zu dieser Wissenschaft, doch, wie er hinzufügt, zeichnet auch die „Kritik der reinen Vernunft" schon „den ganzen Umriss" der Metaphysik (KrV B XXII), d.h., sie kann gar nicht die Methode festlegen, ohne zugleich inhaltlich die apriorischen Strukturen unseres Verstandes zu bestimmen. Die Kritik selbst ist somit schon Metaphysik (KrV B 869). Das Wort „Kritik" hat für Kant nicht primär den negativen Sinn einer kritischen Widerlegung, sondern vor allem den neutralen des Unterscheidens und Beurteilens (gr. „krinein" = scheiden). In der „Kritik der reinen Vernunft" geht es um die Bestimmung, die Unterscheidung bzw. Beurteilung dessen, was die Vernunft ist. Kritik der reinen Vernunft heißt diese Schrift, weil die Vernunft untersucht wird, insofern sie frei von allen empirischen, erfahrungsbedingten Inhalten ist.

Die Untersuchungen dieses ersten Teils der Metaphysik führen allerdings zu der Frage, ob nicht Metaphysik darüber hinaus auch in einem zweiten Sinne möglich ist, nämlich als Wissenschaft von *Gegenständen*, die über alle Erfahrung hinaus sind, als Wissenschaft von transzendenten Gegenständen. Kant meint hiermit neben Gott auch die Seele und die Welt. Er schließt sich damit an das Metaphysikverständnis des deutschen Aufklärungsphilosophen Christian Wolff an (1679–1754). Seit Wolff die „metaphysica generalis" Ontologie genannt hatte, wurde der Begriff „Metaphysik" zunehmend als Bezeichnung allein für die „metaphysica specialis" verwendet. Diese besondere Metaphysik aber bestand für Wolff nicht nur aus einer sich mit Gott befassenden philosophischen Theologie, sondern auch aus einer Kosmologie, die sich mit der Welt als ganzer, und einer Psychologie, die sich mit der Seele befasst. Alle drei sind transzendente Gegenstände, Gegenstände, die nicht in der Erfahrung gegeben sein können.

Dieser „zweite Teil“ der Metaphysik aber – der auch für Kant die Metaphysik im eigentlichen Sinne bildet – erweist sich als ein unmögliches Unternehmen (KrV B XIX). Die Untersuchung der apriorischen Struktur der Vernunft, also die Metaphysik im ersten Sinne, ist immer zugleich eine Untersuchung über die Grenzen möglicher Erkenntnis (KrV A XVI). Und in diesem Sinne ist Kants Unternehmen eine Kritik auch in negativer Hinsicht: Sie berichtigt die Metaphysik überall da, wo sie die ihr zulässigen Grenzen überschreitet. Die Grenzen der Vernunft aber sind die, dass wir nur zur Erkenntnis solcher Gegenstände fähig sind, die uns in der sinnlichen Erfahrung gegeben sind. Wir können nie etwas über die Grenzen der sinnlichen Erfahrung hinaus erkennen. Metaphysik als eine Wissenschaft, die sich mit Gott, der Seele und der Welt befasst, ist nicht möglich, weil diese Gegenstände niemals in der Erfahrung gegeben sein können.

Das Einzige, was der Mensch über alle Erfahrung hinaus bestimmen kann, ist somit das Apriori der Vernunft, sind die Bedingungen der Möglichkeit unserer Erkenntnis. Die Erforschung dieser Bedingungen aber nennt Kant Transzendentalphilosophie. Den Begriff „transzendental“ definiert er selbst wie folgt: „Ich nenne alle Erkenntnis transzendental, die sich nicht sowohl mit Gegenständen, sondern mit unserer Erkenntnis von Gegenständen, insofern diese a priori möglich sein soll, überhaupt beschäftigt“ (KrV B 25). Diese etwas unklare Definition läuft darauf hinaus, dass die Transzendentalphilosophie Aprioriwissenschaft im oben genannten Sinne ist. „Transzendental“ bedeutet damit etwas anderes als „transzendent“. Kant unterscheidet diese beiden Begriffe zwar nicht konsequent, aber doch ausdrücklich (KrV B 352). Transzendent sind die Gegenstände der Metaphysik im zweiten Sinne: Gott, die Seele und die Welt. Transzendental sind die Strukturen a priori, die unser Erkennen bestimmen. Transzendentalphilosophie aber ist damit geradezu eine Absage an die Metaphysik als Transzendenzphilosophie, und damit historisch gesehen eine Absage an die klassische abendländische Metaphysik überhaupt. Kants Transzendentalphilosophie führt zu dem Schluss, dass es Metaphysik im Sinne einer Transzendenzphilosophie nicht geben kann.

Allerdings trifft dies – eine äußerst wichtige Einschränkung – nur auf theoretischer Ebene zu. Kant übernimmt zugleich die klassische, aus der antiken Philosophie stammende Unterscheidung von „theōría“ und „praxis“ und teilt die Vernunft in eine theoretische und eine praktische auf. Der theoretischen Vernunft geht es um das betrachtende Wissen, der praktischen Vernunft hingegen um das Handeln. Auf der Ebene der theoretischen Vernunft kommt Kant zwar zu dem Resultat, der Mensch dürfe sich in seinem Erkennen niemals über die Erfahrungsgrenze hinauswagen, was den praktischen, den moralischen Gebrauch der Vernunft betrifft, zeigt sich aber, dass hier die Gegenstände der Metaphysik im Sinne der „metaphysica specialis", d.h. Gott und die Seele, eine legitime, positive Rolle spielen. Während wir also theoretisch gesehen zur Transzendenz keinerlei Zugang haben, müssen, wie der vierte Abschnitt zeigen wird, auf der Ebene der praktischen, der moralischen Vernunft die Freiheit, die Unsterblichkeit der Seele und das Dasein Gottes notwendig postuliert werden. Was die „metaphysica specialis" betrifft, geht Kant somit den Weg von einer theoretischen zu einer praktischen Metaphysik.

II. Die Erkenntnislehre

1. Synthetische Urteile a priori

Das Schicksal der Metaphysik hängt bei Kant an einer Frage, deren Beantwortung er als die eigentliche Aufgabe der „Kritik der reinen Vernunft" ansieht. Sie lautet: Wie sind synthetische Urteile a priori möglich? (KrV B 19). Die Frage nach dem Wie bedeutet, unter welchen Bedingungen solche Urteile möglich sind und für welche Wissensbereiche es sie gibt, insbesondere ob in Bezug auf die Metaphysik synthetische Urteile a priori möglich sind. Stellen wir uns jedoch zunächst die Frage, was synthetische Urteile a priori sind und warum Kant sie für so zentral hält.

Urteile bzw. Aussagen können für Kant entweder a priori oder a posteriori sein, sie können zudem analytisch oder synthetisch sein. Konzentrieren wir uns zunächst auf die Unterscheidung von a priori und a posteriori. Urteile a posteriori sind Urteile, die ihren Ursprung in den Sinneseindrücken, in der Erfahrung haben, Urteile a priori hingegen solche, die von allen Eindrücken der Sinne unabhängig sind, d.h., die vor aller Erfahrung sind. Ein Beispiel für ein Urteil a posteriori wäre „Das Wasser gefriert bei 0° C", ein Beispiel für ein Urteil a priori ist für Kant die Aussage „7 + 5 = 12". Nun ist Wissenschaft Kants Auffassung nach nur möglich, wo es entweder Urteile a priori gibt oder die Urteile in Prinzipien gründen, die a priori sind. Dies hängt mit dem bereits erwähnten Wissenschaftsideal zusammen, wonach sich wahres Wissen durch Notwendigkeit auszeichnet, bzw. wie Kant es genauer bestimmt, durch Allgemeinheit und Notwendigkeit. Allgemein ist ein Urteil, wenn es keinerlei Ausnahme zulässt, notwendig ist es, wenn es nicht anders sein kann, als es ist. Beide Kriterien zusammengenommen begründen, so Kants Terminologie, die Objektivität eines

Urteils. Objektivität und damit Wissenschaft ist Kants Auffassung nach nur da möglich, wo es allgemeine und notwendige Urteile gibt. Allgemeine und notwendige Urteile aber sind entweder selbst a priori oder gründen in Urteilen a priori.

Der Grund hierfür wird ersichtlich, wenn wir uns kurz den für Kant wichtigen erkenntnistheoretischen Ansatz des englischen Philosophen David Hume (1711–1776) vergegenwärtigen. Hume ist Empirist, d. h., seiner Auffassung nach gewinnt das erkennende Subjekt Erkenntnisse allein durch die Erfahrung hindurch. Erkenntnisse a priori gibt es nicht. Die bloße Erfahrung führt allerdings weder zu allgemeinen noch zu notwendigen Erkenntnissen oder Urteilen. Wenn ich etwa aussage „Das Wasser gefriert bei 0° C", so beruht diese Erkenntnis auf sinnlicher Wahrnehmung. Ich habe das Wasser bei 0° C gefrieren sehen. Von dieser Aussage aus aber kann ich, wenn ich mich strikt an das in der Erfahrung Gegebene halte, nie zu der allgemeinen und notwendigen Aussage gelangen: „Das Wasser gefriert immer bei 0° C". Denn strikt von der Erfahrung her gesehen weiß ich nur von Mal zu Mal, dass das Wasser bei 0° C immer wieder gefriert. Die Erfahrung als solche berechtigt mich nicht dazu, mit absoluter, mit apodiktischer Gewissheit anzunehmen, dass das Wasser immer bei 0° C gefrieren wird. Selbst wenn ich weiß, dass das Wasser sich seit Menschheitsgedenken so verhält, kann ich nicht mit Gewissheit sagen, dass es auch in Zukunft immer der Fall sein wird. Es ist nur wahrscheinlich, dass das Wasser immer bei 0° C gefrieren wird. Rein von der Erfahrung aus gelange ich somit nicht zu allgemeinen und notwendigen Sätzen.

Den Gedanken, dass kein Weg von der bloßen Erfahrung zu objektiven Urteilen führt, übernimmt Kant von Hume (KrV B 3). Dennoch ist er der festen Überzeugung, dass es allgemeine und notwendige Aussagen gibt und damit Wissenschaft in dem von ihm verstandenen Sinne. Die unerschütterliche Grundlage für diese Überzeugung sind für Kant Newtons physikalische Gesetze. Sie geben gewissermaßen das Leitbild für das Anliegen der „Kritik der reinen Vernunft" ab. Da Hume jedoch zugleich darin Recht hat, dass die Objektivität wissenschaftlicher Aussagen nicht aus der Erfahrung hergeleitet werden kann, müssen es die Begriffe und Prinzipien a priori des menschlichen Verstandes sein, die diese Objektivität gewährleisten. Empirische Aussagen sind für sich genommen kontingente Partikularaussagen, allgemein-notwendige Aussagen aber wie die newtonschen Gesetze sind nur möglich, wenn das in der Erfahrung Gegebene den allgemeinen und notwendigen Prinzipien gemäß formuliert wird, die mein Erkennen a priori bestimmen. Nehmen wir etwa das Prinzip der Verknüpfung von Ursache und Wirkung als ein Prinzip, das aller Erfahrung vorausliegt. Eine Aussage über etwas sinnlich Wahrnehmbares ist dann eine allgemeine und notwendige Aussage, wenn man das in der sinnlichen Wahrnehmung Gegebene dem Ursache-Wirkung-Prinzip gemäß erklärt, wenn man etwa die Temperatur von 0° C und das Gefrieren des Wassers als ein Verhältnis von Ursache und Wirkung darstellt.

Urteile sind weiter entweder analytisch oder synthetisch. Als analytisch bezeichnet Kant alle Urteile, deren Prädikat versteckterweise schon im Subjekt enthalten ist (KrV B 11). Ein typisches Beispiel für ein analytisches Urteil ist der Satz „Der Schimmel ist weiß". Dass alle Körper ausgedehnt sind, ist für Kant ebenfalls ein analytisches Urteil, denn im Begriff „Körper" ist seiner Ansicht nach Ausgedehntheit schon mitbedacht. Durch die Analyse des Begriffs „Körper" gelangt man zum Begriff der Ausgedehntheit. Bei synthetischen Urteilen hingegen ist das Prädikat nicht schon im Satzsubjekt enthalten, sondern es fügt ihm eine Bestimmung hinzu, die allein aufgrund des Begriffsinhaltes des Satzsubjekts nicht zu erkennen wäre (ebd.). Der Satz „Dieses Wasser enthält Bakterien" oder auch die Aussage „Das Wasser gefriert bei 0° C" wären synthetische Urteile in diesem Sinne. Analytische Urteile aber unterscheiden sich vor allem dadurch von synthetischen Urteilen, dass sie zu keiner Erweiterung unserer Erkenntnisse führen, zu keinem Fortschritt im Wissen, während synthetische Urteile das Wissen über das Satzsubjekt erweitern. Da nun der Wissenschaft mit Ausnahme der Logik prinzipiell am Fortschritt, an der Erweiterung unserer Erkenntnisse gelegen ist, sind synthetische Urteile für sie wesentlich (KrV B 13).

Wenn man aber die Aussagen zur Unterscheidung von Urteilen a priori und a posteriori sowie zur Unterscheidung von analytisch und synthetisch zusammennimmt, ergibt sich, dass Wissenschaftlichkeit notwendig mit der Existenz von Urteilen zusammenhängt, die sowohl a priori als auch synthetisch sind, d.h. mit der Existenz von Urteilen, in denen eine synthetische Verbindung zwischen Begriffen hergestellt wird, die vor jeder Erfahrung geschieht. Es muss synthetische Urteile a priori geben, wenn es objektive, d.h. allgemeine und notwendige Erkenntnis geben soll, die zugleich unser Wissen erweitert.

2. Formen a priori der Erkenntnis

In der „Kritik der reinen Vernunft" weist Kant nun auf, unter welchen Bedingungen es in der Mathematik und der Naturwissenschaft synthetische Urteile a priori tatsächlich gibt, während der Metaphysik als Transzendenzwissenschaft, als Wissenschaft von Seele, Welt und Gott wegen der Nichtvorhandenheit solcher Urteile jegliche Möglichkeit von theoretischer Erkenntnis abgesprochen werden muss. Der Aufweis der Bedingungen, unter denen es so etwas wie synthetische Urteile a priori gibt, setzt aber voraus, dass die apriorischen Strukturen menschlichen Erkennens untersucht werden. An diesen Strukturen muss gezeigt werden, dass synthetische Urteile a priori das Fundament der Mathematik und der Naturwissenschaften bilden.

Kant unterscheidet zunächst grundsätzlich zwei Quellen der Erkenntnis, zwei verschiedene Vermögen, die beim Erkennen zusammenfinden: die Sinnlichkeit und den Verstand bzw. die Vernunft. Wir erkennen sowohl aufgrund der sinnlichen Wahrnehmung als auch unseres Verstandes. Kant nennt dies auch die „zwei Stämme der menschlichen Erkenntnis" (KrV B 29). Dabei liegen genau besehen nicht nur dem Verstand, sondern auch der Sinnlichkeit Strukturen a priori zugrunde. Die Strukturen a priori der Sinnlichkeit, d.h. Raum und Zeit, untersucht Kant in der „Transzendentalen Ästhetik", die Strukturen a priori des Verstandes hingegen, die Kategorien, in der „Transzendentalen Analytik". Die „Transzendentale Dialektik", die Gegenstand des nächsten Abschnitts sein wird, weist anschließend die Ansprüche der Metaphysik als Transzendenzwissenschaft zurück.

a) Raum und Zeit

Das Wort „Ästhetik" im Titel „Transzendentale Ästhetik" bezieht sich auf die Strukturen a priori der sinnlichen Wahrnehmung. Ästhetik hat hier somit nichts mit dem Schönen zu tun, sondern ist von der griechischen Grundbedeutung von „aísthēsis", d.h. Wahrnehmung, Anschauung her zu verstehen. Anschauungen erhalten wir durch unsere Sinne, durch die Sinnlichkeit. Dabei verhält der Mensch sich in der sinnlichen Anschauung wesentlich rezeptiv. Er bringt sie nicht von sich aus, nicht spontan hervor, sondern er wird, so Kant, von den Gegenständen affiziert. Das heißt, die Gegenstände wirken auf ihn, sie rufen genauer gesagt Empfindungen hervor, wie Farbe, Härte, Wärme usw. Aufgrund solcher Empfindungen ist dem Menschen ein Gegenstand in der Anschauung als ein empirischer Gegenstand gegeben (KrV B 33f.).

Die Empfindungen bilden jedoch nur das Material einer sinnlichen Anschauung. Hinzu kommt die Form, und das sind für Kant Raum und Zeit. Das heißt, alle sinnlichen Anschauungen haben Raum und Zeit als ihren formalen Rahmen. Raum und Zeit bezeichnen die Art und Weise, wie alle Dinge für uns da sind. Was uns in der empirischen Anschauung erscheint, kann aufgrund von Raum und Zeit in Verhältnissen geordnet werden, d.h., die sinnlich wahrnehmbaren Dinge sind uns räumlich in einem Neben-, Über- und Untereinander und zeitlich in einem gewissen Nacheinander gegeben.

Während die Empfindungen a posteriori sind, sind aber diese Formen für Kant a priori. Sie bestimmen unser sinnliches Anschauen vor aller Erfahrung, sie bleiben übrig, wenn man in der Anschauung all das beiseite lässt, was zur Empfindung gehört, also Farbe, Härte, Wärme usw. Kant nennt sie reine Anschauungen (KrV B 35 ff.). Raum und Zeit bezeichnen damit keine Beschaffenheit der Gegenstände selbst, sondern sie sind die spezifischen Bedingungen, unter denen der Mensch die Dinge wahrnimmt. Sie bilden die Voraussetzungen unserer Erfahrung und sind nicht selbst Erfahrungsgegenstände. Sie sind wie die Brille, durch die hindurch wir die Erfahrungsgegenstände anschauen.

Hieraus jedoch folgt, dass wir die Dinge nie so erkennen, wie sie an sich sind, sondern nur so, wie sie uns – durch Raum und Zeit hindurch – erscheinen. Das heißt, es besteht ein Unterschied zwischen dem Ding an sich und der Erscheinung als dem Ding für uns (KrV B 59). Kant will hiermit nicht zum Ausdruck bringen, dass es keine Dinge unabhängig von uns gibt, sondern nur, dass wir nicht erkennen können, wie sie an sich sind. Wenn also am Ende feststehen wird, dass es allgemeine und notwendige Erkenntnis gibt, so steht dieses Resultat aufgrund der transzendentalen Ästhetik immer unter dem Vorbehalt, dass diese Erkenntnis keinen Bezug zur Beschaffenheit der Dinge an sich hat. Kant vermag zwar die Existenz von allgemeiner und notwendiger Erkenntnis zu rechtfertigen, solche Erkenntnis bezieht sich aber immer nur auf Phänomene, auf Erscheinungen.

Unter allen möglichen Anschauungen gibt es solche, die sich ganz auf Räumlichkeit und Zeitlichkeit beschränken, denen also keine Art von Empfindung beigemischt ist (Farbe, Härte, Wärme usw.). Man stelle sich etwa die Anschauung eines geometrischen Gebildes als solches vor, eines Dreiecks oder Kreises unabhängig von der Wahrnehmung von dessen Materialisierung als Zeichnung auf einem Stück Papier oder als Beschaffenheit eines bestimmten, körperlichen Gegenstandes. Wo es keinerlei Empfindung gibt, gibt es auch keine Erfahrung, d. h., derartige Anschauungen sind a priori. Die Tatsache, dass es solche Anschauungen gibt, ermöglicht aber überhaupt erst die Existenz synthetischer Urteile a priori (KrV B 56). Rein nur mit Begriffen lassen sich keine synthetischen Urteile bilden. Wenn man in einer Aussage einen Begriff mit einem anderen verbinden will, der nicht im ersten schon enthalten ist, bedarf es etwas Dritten als Grund dafür, diese Verbindung vorzunehmen (KrV B 194). Dieses Dritte kann nur die Anschauung sein, denn es gibt weiter keine Quellen der Erkenntnis als begriffliches Denken oder Anschauungen. Wären aber Raum und Zeit nicht a priori, so gäbe es keine Anschauung a priori und damit nur synthetische Urteile a posteriori.

Aus lauter Erkenntnissen a priori besteht für Kant nicht nur die Geometrie, sondern die Mathematik insgesamt. So liegt seiner Auffassung nach im Begriff der Summe von 7 + 5 noch nicht der Begriff 12 enthalten (KrV B 15). Deutlich wird dies bei großen Summen. Aus der bloßen Vorstellung der Summe zweier großer Zahlen ergibt sich nicht das Ergebnis dieser Summe, es ist nicht analytisch in der Summe enthalten, sondern man muss rechnen, zählen, um zu dem Resultat zu gelangen. Rechnen und Zählen aber sind Tätigkeiten, die über den Begriffsinhalt hinausgehen. Sie sind mit Anschauung verbunden, denn sie setzen ein zeitliches Nacheinander voraus. Auch die Sätze der Arithmetik sind also synthetisch. Solche synthetischen Urteile a priori gibt es für Kant jedoch nicht nur in der Mathematik, sondern auch in der Naturwissenschaft, z. B. das Kausalitätsprinzip, demnach alle Veränderungen in der Zeit nach dem Gesetz der Verknüpfung von Ursache und Wirkung geschehen.

b) Die Kategorien

Gehen wir jetzt zu den Strukturen a priori des menschlichen Verstandes über. Den Verstand nennt Kant ein Vermögen der Begriffe oder der Urteile (KrV B 93). So wie er in der transzendentalen Ästhetik zwischen empirischen und reinen Anschauungen unterschieden hat, so unterscheidet er auch in der transzendentalen Analytik zwischen empirischen Begriffen und reinen Verstandesbegriffen (KrV B 74). Empirische Begriffe wie der Begriff eines konkreten Gegenstandes, etwa eines Baumes oder Stuhles, werden durch sinnliche Anschauung gewonnen. Die empirischen Begriffe setzen jedoch reine Verstandesbegriffe voraus, die nicht aus der Anschauung stammen, die ihrem Inhalt nach dem Verstand selbst entspringen, die also a priori sind. Sie bilden die Grundbegriffe des Verstandes, d. h., sie bezeichnen die verschiedenen Arten, nach denen wir überhaupt etwas zu denken bzw. empirische Begriffe zu gebrauchen vermögen.

Kant nennt diese reinen Verstandesbegriffe in Anlehnung an Aristoteles Kategorien. Er will allerdings systematischer vorgehen wie Aristoteles, der seine Kategorien Kants Auffassung nach nur zufällig zusammengesucht hat (KrV B 106 f.). Das heißt, Kant ist bemüht, eine vollständige Liste aller Kategorien zu erstellen. Dabei orientiert er sich an der Tafel der möglichen Urteilsformen. Es gibt zwölf Urteilsformen, die in vier Bereiche aufgeteilt sind: Urteile der Quantität, der Qualität, der Relation und der Modalität. Ihnen entsprechen eine gleiche Anzahl von Kategorien bzw. Kategorienpaaren (KrV B 95 u. 106):

Tafel der Urteilsformen	*Tafel der Kategorien*
1. Quantität	*1. Quantität*
Allgemeines Urteil: Die Sonne geht jeden Morgen auf.	Einheit
Besonderes Urteil: Die Sonne geht manchmal auf.	Vielheit
Einzelurteil: Heute Morgen ist die Sonne aufgegangen.	Allheit
2. Qualität	*2. Qualität*
Bejahendes Urteil: Die Sonne ist heiß.	Realität
Verneinendes Urteil: Die Sonne ist nicht heiß.	Negation
Unendliches Urteil: Die Sonne besteht nicht aus Wasser.	Limitation

Kategorien = reine Verstandesbegriffe
Grundbegriffe des Verstandes

3. Relation	*3. Relation*
Kategorisches Urteil: Die Sonne scheint.	Substanz und Akzidenz
Hypothetisches Urteil: Wenn die Sonne scheint, wird es warm.	Ursache und Wirkung
Disjunktives Urteil: Entweder die Sonne scheint oder sie scheint nicht.	Gemeinschaft
4. Modalität	*4. Modalität*
Problematisches Urteil: Die Sonne kann heute erlöschen.	Möglichkeit – Unmöglichkeit
Assertorisches Urteil: Die Sonne wird heute erlöschen.	Dasein – Nichtsein
Apodiktisches Urteil: Die Sonne muss heute erlöschen.	Notwendigkeit – Zufälligkeit

Jedes empirische Urteil muss, wenn es sich um eine objektive, also allgemein gültige und notwendige Erkenntnis handeln soll, einer dieser Kategorien bzw. Urteilsformen entsprechen.

3. Transzendentale Deduktion

Während Kant in der transzendentalen Ästhetik in knapper Form darlegen konnte, dass reine Anschauung unentbehrlich für die Möglichkeit objektiver Erkenntnis ist, benötigt er in der transzendentalen Analytik in einem Kapitel mit dem Titel „Transzendentale Deduktion der reinen Verstandesbegriffe" einen wesentlich komplexeren Gedankengang, um zu begründen, dass auch die reinen Verstandesbegriffe die unverzichtbare Voraussetzung dafür sind.

a) Die transzendentale Einheit der Apperzeption

Die diesem Gedankengang zugrunde liegende Prämisse ist – ich folge generell der 2. Auflage von 1787 –, dass überhaupt erst der Verstand es vermag, die Vielzahl der Eindrücke, die uns in der Anschauung begegnen, miteinander zu verbinden. Die Verbindung der Vielzahl, der, wie es bei Kant heißt, Mannigfaltigkeit dessen, was uns durch die empirische oder reine Anschauung gegeben ist, geschieht nicht durch die Sinne, ist uns nicht schon durch sie vorgegeben, so als würden wir Verbindungen rezeptiv in uns aufnehmen, sondern ist ein Akt der Spontaneität des Verstandes (KrV B 130). Im Raum erkenne ich etwa eine Linie nicht dadurch, dass sie mir in der Anschauung, ohne Zutun meines Verstandes immer schon gegeben ist, sondern der Verstand stellt zwischen zwei Punkten eine Verbindung her, was sich etwa darin äußert, dass wir eine Linie ziehen (KrV B 137 f.). Dabei bedeutet Verbindung zugleich die Stiftung von Einheit. Der

Verstand verbindet das Mannigfaltige in der Anschauung zu einer Einheit (KrV B 130).

Sowohl als ein Vermögen der Begriffe als auch als ein solches der Urteile ist der Verstand ein Vermögen der Verbindung von Mannigfaltigem. Was das Urteil betrifft, versteht sich dies von selbst, da jedes Urteil die Verbindung von Begriffen zu einer Aussage ist. Doch auch die Begriffe selbst sind für Kant Verbindungen von Mannigfaltigem. Durch sie wird eine Mannigfaltigkeit der Anschauung zu einem Objekt zusammengefasst. Nach Kants Auffassung gäbe es ohne Begriffe nur ein unstrukturiertes Gewirr ohne jegliche Einheit in der Anschauung. Urteil und Begriff leisten mit anderen Worten eine Synthesis, durch die verschiedene Anschauungen oder Begriffe zu einer Einheit verknüpft werden (KrV B 103f.).

Was jedoch im Verstand ermöglicht diese Funktion des Verbindens und des Einheitsstiftens? Es sind nicht die Kategorien selbst, sondern es ist etwas, was ihnen voraufgeht. Diese Quelle aller Verbindung, aller Synthesis aber bezeichnet Kant durch das an anderer Stelle bereits einmal angesprochene Begriffsmonster „transzendentale Einheit der Apperzeption" (KrV B 139). Das heißt, es gibt in uns eine Einheit, welche die Voraussetzung für alle Einheit ist, die wir in Bezug auf Gegenstände unseres Erkennens herstellen. Mit der transzendentalem Einheit der Apperzeption aber ist nichts anderes gemeint als das Selbstbewusstsein. Den Begriff „Apperzeption" übernimmt Kant von Leibniz, der von der Perzeption, der Wahrnehmung, die Apperzeption, die Selbstwahrnehmung unterscheidet. Das Selbstbewusstsein ist – Kant greift hier zugleich Descartes' „ego cogito" auf – das reine „Ich denke", ohne alle Inhalte (KrV B 157).

Erst dieses transzendentale Selbstbewusstsein gewährleistet die durchgängige Einheit des Subjekts, erst durch es sind die verschiedenen Vorstellungen, die mir in der Anschauung gegeben sind, *meine* Vorstellungen (KrV B 132ff.). Erst aufgrund dieses Selbstbewusstseins aber gibt es zugleich überhaupt so etwas wie Objekte. Erst dessen Einheit vermag zu gewährleisten, dass das erkennende Subjekt eine Mannigfaltigkeit in der Anschauung zu einem Objekt zusammenzufassen vermag. In diesem Sinne ist die transzendentale Einheit der Apperzeption der Ursprung allen Erkennens, „der höchste Punkt, an den man allen Verstandesgebrauch […] heften muss" (KrV B 134).

Die Kategorien aber stellen nichts anderes dar als die verschiedenen Arten von Einheit, die der Verstand in Bezug auf das in der Anschauung Gegebene herzustellen vermag. Die Kategorien bzw. die verschiedenen Urteilsformen sind die Möglichkeiten, wie Anschauungen mit der Einheit der Apperzeption in Verbindung gebracht werden können. Durch sie bringt der Verstand das Mannigfaltige der Anschauung konkret unter die Einheit der Apperzeption. In diesem Sinne sind auch die Kategorien die notwendige Voraussetzung aller Erkenntnis (KrV B 143).

b) Objektive Erkenntnis

Kant geht es allerdings in der transzendentalen Deduktion nicht um die Möglichkeit von Erkenntnis überhaupt, sondern um die Möglichkeit objektiver Erkenntnis. Der Verstand kann in der Tat das in der Anschauung Gegebene auch so miteinander verbinden, dass es unter keine Kategorie fällt. Wenn es aber unter keine Kategorie fällt, handelt es sich auch nicht um objektive Erkenntnis. Das von Kant selbst angegebene Beispiel „Wenn ich einen Körper trage, so fühle ich einen Druck der Schwere“ ist eine Verknüpfung zweier Wahrnehmungen, die zwar der Verstand vornimmt, die aber nicht in den Kategorien und damit in der transzendentalen Einheit der Apperzeption gründet, sondern in einem Selbstbewusstsein, das Kant lediglich eine „empirische Einheit des Bewusstseins“ nennt (KrV B 140). Das heißt, dieses Urteil ist nur so oft gültig, wie diese Wahrnehmungen von einem sich selbst erfahrenden, stets veränderbaren Bewusstsein gerade gemacht werden. Es mag zwar immer wieder wiederholt werden, es ist dennoch nicht jederzeit gültig bzw. als jederzeit gültig ausgesagt. Es ist nur subjektiv gültig (KrV B 142).

Wie jedoch ist es zu erklären, dass nur ein Urteil, welches in den Kategorien und in der transzendentalen Einheit der Apperzeption gründet, von objektiver Gültigkeit bzw. objektiv ist? Ein solches Urteil ist deshalb objektiv, weil die transzendentale Einheit der Apperzeption ein Selbstbewusstsein ist, das über alle Zeit hinweg mit sich identisch ist. Als mit sich selbst identisches Selbstbewusstsein nämlich ist es notwendig und allgemein. Notwendig, weil es, indem es sich nie ändert, nicht anders sein kann, als es ist, allgemein, weil es sich über alle Zeiten hinweg gleich bleibt. Das heißt, der Verstand, der aus der Einheit des Selbstbewusstseins heraus die verschiedenen Wahrnehmungen zu einer Einheit verknüpft, unterwirft sich diese Wahrnehmungen, indem er sie mit der Notwendigkeit und Allgemeinheit ausstattet, die das transzendentale Selbstbewusstsein selbst auszeichnet. Aus der Mannigfaltigkeit der Anschauung wird so ein „Zusammenhang […] nach Gesetzen“, denn Gesetze sind notwendige und allgemeine Bestimmungen (KrV A 108). Die Kategorien aber sind nichts anderes als die verschiedenen Möglichkeiten, nach denen das transzendentale Bewusstsein das in der Anschauung Gegebene objektiv bestimmt. In diesem Sinne – und dies wollte die transzendentale Deduktion eigentlich beweisen – sind die Kategorien die Bedingung der Möglichkeit für objektive Erkenntnis (KrV B 143).

4. Die Grenze der Erkenntnis

Entscheidend für die Frage der Metaphysik ist jedoch eine Art zweiter Schritt, den Kant in der „Transzendentalen Deduktion der reinen Verstandesbegriffe“ noch über den Aufweis der Notwendigkeit der Verstandesbegriffe für objektive Erkenntnis hinaus macht.[2] Das heißt, nachdem Kant in einem ersten Teil dieser Deduktion die Reichweite der reinen Verstandesbegriffe bestimmt hat, ihrer Unverzichtbarkeit für alle objektive Erkenntnis, legt er in einem zweiten Teil die Grenze ihres Gebrauchs dar. Diese Grenze aber besteht darin, dass es jenseits der Gegenstände möglicher Erfahrung keinen Gebrauch der Kategorien gibt. Kategorien können sinnvoll nur auf Erfahrungsgegenstände bezogen werden. Sie sind unabhängig von der Erfahrung völlig leer (KrV B 147f.).

Erfahrungsgegenstände sind uns in empirischer Anschauung gegeben. Die Erkenntnis a priori der Mathematik ist damit, wie sich jetzt erweist, streng genommen keine Erkenntnis, da in der reinen Anschauung nur die Form der Gegenstände gegeben ist, nicht ihr empirischer, materieller Gehalt, d.h. nicht die Empfindungen, die ein Gegenstand im erkennenden Subjekt auslöst und durch die er erst zu einem Erfahrungsgegenstand wird. Eigentliche Erkenntnis ist empirische Erkenntnis, d.h. Erkenntnis, die sich auf empirische Anschauung bezieht. Die Mathematik kann daher nur so weit als Erkenntnis angesehen werden, als sie auf empirisch gegebene Gegenstände angewandt wird, für sich genommen fehlt ihr die Materie der Anschauung, ist sie nur Erkenntnis der Form nach (KrV B 147). Es bedarf also nicht nur reiner Anschauung und reiner Verstandesbegriffe, um zu objektiver Erkenntnis zu gelangen. Synthetische Urteile a priori sind nicht in sich schon Erkenntnisse, sondern sie müssen auf die empirische Anschauung bezogen werden.

Hiermit aber gilt allgemein: Erst wenn Begriffe welcher Art auch immer auf die Erfahrung bezogen werden, erhält die Erkenntnis objektive Realität (KrV B 195). Es gibt keinen erkenntnisrelevanten Gebrauch von Begriffen unabhängig von der Erfahrung. Weder Begriffe ohne eine ihnen korrespondierende empirische Anschauung noch empirische Anschauung ohne Begriffe können Erkenntnis abgeben. Ohne Erfahrung wäre uns kein Gegenstand gegeben, und ohne Verstand könnte keiner gedacht werden. In diesem Sinne ist letztlich der berühmte Satz zu verstehen: „Gedanken ohne Inhalt sind leer, Anschauungen ohne Begriffe sind blind“ (KrV B 75).

Mit dieser Auffassung, dass alle Erkenntnis sowohl Erfahrung als auch

[2] Bezüglich der schwierigen Frage, wie sich der zweite Teil der transzendentalen Deduktion (KrV B 146ff.) zum ersten verhält, folge ich grundsätzlich O. Höffe, *Immanuel Kant,* München 1983, 105ff.

reine Anschauung und Verstandesbegriffe a priori voraussetzt, nimmt Kant eine mittlere Stellung zwischen Rationalismus und Empirismus ein. Er gibt dem Empirismus darin Recht, dass die menschliche Erkenntnis in dem Sinne radikal auf die Erfahrung angewiesen ist, dass alle Erkenntnis notwendig mit ihr anfängt (KrV B 1). Dennoch entspringt nicht alle Erkenntnis aus der Erfahrung. Es gibt zugleich, womit Kant sich dem Rationalismus annähert, apriorische Formen des Verstandes und der Sinnlichkeit, denen die empirischen Anschauungen unterworfen werden. Wissenschaftliche Erkenntnis ist nur da gegeben, wo Erfahrung mit notwendigen Strukturen vor aller Erfahrung zusammenkommt.

Da es aber in Bezug auf Gegenstände wie Gott, Seele oder Welt überhaupt keine empirischen Anschauungen gibt, ist hiermit zugleich das Urteil über alle spezielle Metaphysik gesprochen. Wissenschaftliche Erkenntnis kann es in Bezug auf sie nicht geben. Dabei kann die Metaphysik nicht einmal wie die Mathematik für sich den Status beanspruchen, Erkenntnis der Form nach zu sein, da sie nicht nur über keine Anschauungen a posteriori verfügt, sondern auch über keine Anschauungen a priori und damit auch über keinerlei synthetische Urteile a priori.

III. Metaphysikkritik

Auf die transzendentale Ästhetik und die transzendentale Analytik folgt in der „Kritik der reinen Vernunft“ die transzendentale Dialektik. Hierin weist Kant nun konkret auf, dass alle Versuche, etwas über die Erfahrung hinaus zu erkennen, tatsächlich misslingen. Während die transzendentale Ästhetik und Analytik als eine Art „metaphysica generalis“ verstanden werden können, allerdings auch hier nicht als Seinslehre, sondern als Prinzipienlehre der Erkenntnis, genauer gesagt objektiver Erkenntnis, geht es Kant in der transzendentalen Dialektik um den Aufweis, dass alles Bemühen der Philosophie, auf theoretischer Ebene Erkenntnisse auf dem Gebiet der „metaphysica specialis“ zu gewinnen, grundsätzlich zum Scheitern verurteilt sind. Das heißt, die theoretische Vernunft kann weder beweisen, dass die Seele unsterblich ist, noch dass es in der Welt Freiheit oder dass es Gott gibt. Da sie aber auch nicht das Gegenteil beweisen kann und damit die Möglichkeit solcher Gegenstände nicht ausschließt, bereitet sie zugleich den Boden für eine praktische Metaphysik.

1. Das Interesse der Vernunft

Grundlegend für die Metaphysikkritik, die Kant in der transzendentalen Dialektik vornimmt, ist die Unterscheidung zwischen Verstand und Vernunft. Genau besehen ist der Verstand unser Vermögen, Gegenstände der Erfahrung zu erkennen. Seine Tätigkeit besteht darin, sinnliche Anschauungen unter Begriffe und Gesetze a priori des Verstandes zu bringen, d. h. objektive Urteile über sinnliche Anschauungen zu bilden. Hiermit ist die Tätigkeit des menschlichen Geistes jedoch noch nicht erschöpft. „Alle unsere Erkenntnis", so heißt es bei Kant, „hebt von den Sinnen an, geht von da an zum Verstande und endigt bei der Vernunft" (KrV B 355). Die Vernunft aber ist wesentlich das Vermögen logischen Schließens. In diesem Sinne ist auch der Begriff der transzendentalen Dialektik zu verstehen. Dialektik steht hier für das, was man in der Tradition darunter verstand, nämlich die Kunst zu beweisen oder zu widerlegen. Das logische Schließen der Vernunft bezieht sich aber nicht direkt auf Erfahrungsgegenstände, sondern verbindet verschiedene Einzelurteile, die der Verstand über Erfahrungsgegenstände bildet, so miteinander, dass er ihnen allgemeine Prinzipien überordnet und so das Wissen zu einer Einheit zusammenschließt (KrV B 359). Die Vernunft versucht, die vielen Einzelerkenntnisse von einer möglichst kleinen Zahl allgemeiner Prinzipien her als ein systematisches Ganzes zu verstehen (KrV B 361).

Das Aufsuchen derartiger Prinzipien aber ist nichts anderes als das Aufsuchen der Bedingungen für ein Bedingtes. Die Vernunft ist ein Bestreben, bzw. sie hat das natürliche Interesse, immer weiter, nach immer grundlegenderen, allgemeineren Bedingungen zu suchen. Dies führt allerdings folgerichtig zur Frage nach einer letzten Bedingung, d. h. nach einer Bedingung, die selbst nicht wieder bedingt ist, also nach dem Unbedingten (KrV B 364). Durch dieses Unbedingte erst ist die systematische Einheit aller Erkenntnis erreicht bzw. „gelangt der Verstand mit sich selbst in durchgängigen Zusammenhang" (Krv B 362). Dieses Unbedingte ist jedoch etwas, was über alle Erfahrung hinaus ist. Kant nennt es von daher eine transzendentale Idee (KrV 367 f.).

Drei solche transzendentalen Ideen gibt es: die Seele, die Welt und Gott. Ohne hier auf Kants komplexe Ableitung dieser Ideen von den Kategorien der Relation einzugehen (KrV B 379 ff.), lässt sich so viel sagen, dass die Wirklichkeit für Kant grundsätzlich eingeteilt ist in erkennende Subjekte und in Dinge, die dem erkennenden Subjekt als Objekte gegenüberstehen. Damit gibt es Urteile über die Beschaffenheit des erkennenden Subjekts und Urteile über die dem Subjekt erscheinenden Objekte. Das Unbedingte aller Urteile über das erkennende Subjekt aber bzw. das der menschlichen Psyche zugrunde liegende Prinzip ist die Seele. Die unbedingte Einheit hingegen, in der alle Dinge zu einer Totalität zusammengefasst sind, ist die Welt als ganze. Schließlich ist die unbedingte Einheit aller Gegenstände des Denkens überhaupt Gott (KrV B 391).

Die spezielle Metaphysik teilt sich damit auf in eine spekulative Psychologie, deren Gegenstand die Seele ist, eine spekulative Kosmologie, deren Gegenstand die Welt ist, und in eine philosophische Theologie, deren Gegenstand Gott ist. Jede dieser Disziplinen aber führt, so der Grundtenor von Kants Metaphysikkritik, zu Trugschlüssen, wenn sie versucht, zu diesen unbedingten Ideen aufzusteigen. Man glaubt auf Seele, Welt und Gott als metaphysische Realitäten schließen zu können, in Wahrheit aber verstrickt man sich im Fall der Psychologie in Fehlschlüsse (Paralogismen), im Fall der Kosmologie gelangt man zu Widersprüchen (Antinomien), und mit Bezug auf Gottes Existenz erstellt man Beweise, die sich bei näherem Hinsehen allesamt widerlegen lassen (KrV B 397 f.). Die Erkenntnis des Unbedingten entpuppt sich so als Scheinerkenntnis bzw. die Logik des Schließens als eine „Logik des Scheins“ (KrV B 349). Das Unbedingte kann nicht erkannt werden, denn zu aller wahren Erkenntnis bedarf es der Erfahrung. Die transzendentalen Ideen aber liegen nicht im Bereich des Erfahrbaren, und damit können auch die Kategorien nicht auf sie angewendet werden (KrV B 345).

Die transzendentale Dialektik bleibt allerdings nicht bei diesem negativen Resultat stehen, sondern spricht der vom Verstand unterschiedenen Vernunft zugleich eine positive Funktion zu. Die Erfahrung nämlich zeigt uns immer nur Teile und Ausschnitte der Wirklichkeit, die Vernunft aber versucht zu Recht alle Teilerkenntnisse zu einem Ganzen zusammenzusetzen. Wenn etwa der Verstand mehrere einzelne Naturgesetze gefunden hat, dann versucht die Vernunft, diese einzelnen Gesetze unter ein umfassendes und allgemeines Gesetz zu bringen. Diese Vorgehensweise aber ermöglicht naturwissenschaftlichen Theorien den Fortschritt, indem die Vernunft zu neuen, überlegenen Standpunkten gelangt, die neue Perspektiven eröffnen. Allerdings unterliegt die Vernunft immer wieder der Versuchung, sich bis zum Unbedingten aufzuschwingen, bis zum höchsten, alles unter seine Einheit zusammenfassenden Begriff vorzudringen, und dies übersteigt ihre Möglichkeiten. Die transzendentalen Ideen dürfen nicht mehr als der Fluchtpunkt sein, auf den sich der fortschreitende Forschungsprozess zubewegt, d. h., der Vernunft kommt lediglich eine *regulative* Funktion zu, die regulative Aufgabe des relativen Systematisierens der naturwissenschaftlichen Erkenntnisse (KrV B 697 ff.).

2. Paralogismen

Die erste Täuschung, der die Vernunft erliegt, ist die Meinung, sie könne Erkenntnisse über die Seele als etwas Übersinnliches gewinnen, wobei das letzte Ziel aller spekulativen Psychologie immer darin bestand, die Unsterblichkeit der Seele zu beweisen. Diese Täuschung äußert sich in Form von Paralogismen, d.h. von Vernunftschlüssen, die ihrer Form nach falsch sind. Der Formfehler der spekulativen Psychologie aber besteht darin, dass auf das transzendentale Selbstbewusstsein Bestimmungen übertragen werden, die voraussetzen, dass es uns in der Erfahrung gegeben ist. Mit anderen Worten: Sie geht vom „Ich denke", von der transzendentalen Einheit der Apperzeption aus und versucht, von ihr Erkenntnisse zu gewinnen, ohne zu berücksichtigen, dass dieses Ich nichts in der Erfahrung Gegebenes ist, sondern ein transzendentales Ich, das nichts als die Bedingung der Möglichkeit aller auf die Erfahrung bezogenen Erkenntnis ist. Sie wendet Bestimmungen, Kategorien auf das Ich an, die nur auf Inhalte sinnlicher Anschauung bezogen werden können (KrV B 421f.).

Insbesondere gilt dies für die Kategorie der Substanz. Das „Ich denke" ist wie gesehen eine Einheit, aus der alle Verstandestätigkeit hervorgeht und die uns überhaupt erst dazu befähigt, Gegenstände als Einheiten, als Objekte zu erkennen. Wie für Descartes ist dieses „Ich denke" die notwendige Bedingung aller wahren Erkenntnis. Descartes allerdings gelangt vom „Ich denke, also bin ich" unmittelbar zu der Aussage „Ich bin ein denkendes Ding (res cogitans)", d.h. zur Auffassung vom Ich als einem geistigen, für sich bestehenden Etwas, als einer geistigen Substanz. Diesen Übergang vom Bewusstsein des „Ich denke" zur Auffassung, dass ich ein denkendes Ding bin, lehnt Kant ab. Das „Ich denke" kann nicht als Substanz erkannt werden, weil es kein Erfahrungsgegenstand ist. Die Kategorie der Substanz kann wie alle anderen Kategorien auch nur auf in der Anschauung Gegebenes angewandt werden, nicht auf das transzendentale Ich als den Ursprung der Kategorien (KrV B 421f.).

Die Substanzhaftigkeit der Seele diente in der Metaphysik vor allem dazu, auf die Unsterblichkeit der Seele zu schließen. Die Substanz ist das, was im Wechsel der Dinge gleich bleibt. Sie ist, wie es bei Kant selbst heißt, das Beharrende im Wechsel der Erscheinungen (KrV B 224). Aus der Substanzhaftigkeit der Seele aber wurde auf die *unendliche* Beharrlichkeit der Seele geschlossen. Nun ist auch für Kant das Ich notwendig als etwas zu denken, was unseren wechselhaften Vorstellungen als etwas identisch Bleibendes zugrunde liegt. Man muss es transzendentalphilosophisch als das denken, dem alle Vorstellungen eines

Subjekts anhängen. Es ist somit das Bleibende bei allem Wechsel der Vorstellungen eines Subjekts. In diesem Sinne hat es den Charakter einer Substanz. Die Tatsache, dass man *denkend* zu der Einsicht gelangt, dass das Ich eine Substanz ist, bedeutet jedoch nicht, dass es auch als Substanz *erkannt* wird. Dazu müsste es in der Anschauung gegeben sein. Nicht bloßes Denken, sondern erst Denken zusammen mit Anschauung ergibt Erkenntnis. Von daher aber kann auch die Erkenntnis der tatsächlichen Fortdauer nach dem Tod bzw. die Unsterblichkeit der Seele in keinem Fall vom Gedanken des Ich als Substanz abgeleitet werden. Das Ich kann höchstens als unsterblich gedacht werden (KrV A 349f.).

Der Fehlschluss der spekulativen Psychologie besteht nach Kants Auffassung immer wieder darin, dass die transzendentale, also aller Erfahrung vorausliegende Einheit der Apperzeption wie ein Gegenstand behandelt wird, der in einer Anschauung gegeben ist. Dies betrifft auch die weiteren Prädikate, die der Seele im Rahmen der spekulativen Psychologie zugeschrieben werden: Einfachheit, numerische Identität und Immaterialität (KrV B 402f.). Kant geht zwar auch hier davon aus, dass ich mir bewusst bin, dass ich als „Ich denke" einfach bin, dass ich mit mir selbst identisch bin, immateriell bin usw., dies sind aber wiederum lediglich Bestimmungen meines Ich, die ich denkend erschließe. Durch das bloße Denken ist aber noch keine Selbsterkenntnis gegeben. Keine dieser metaphysischen Bestimmungen kann daher dem Selbstbewusstsein als eine Erkenntniswirklichkeit zugesprochen werden (KrV A 401f.).

3. Antinomien

Der Versuch, zu positiver Erkenntnis bezüglich der Welt als ganzer zu gelangen, misslingt ebenfalls. Die Idee der Welt steht bei Kant für den „Inbegriff aller Erscheinungen", d.h. für die Totalität aller nur möglichen Erfahrung (KrV B 391). Diese Totalität kann aber als Totalität niemals erfahren werden. Die Welt als Inbegriff aller Erfahrung ist etwas jenseits aller Erfahrbarkeit und damit auch jenseits aller Erkennbarkeit.

In Bezug auf die Idee der Welt verstrickt sich die Vernunft nicht in Paralogismen, sondern in Antinomien. Antinomien sind Paare von Sätzen, die sich widersprechen. Das heißt, im Bereich der Kosmologie findet sich die Vernunft im Widerspruch mit sich selbst, eine Situation, die nach Kants eigener Aussage ein wesentlicher Auslösefaktor für sein kritisches Unternehmen war. Er listet den vier Kategorienbereichen gemäß vier solcher Antinomien auf:

These	*Antithese*
1. Quantität	
Die Welt ist der Zeit und dem Raum nach begrenzt.	Die Welt ist der Zeit und dem Raum nach unbegrenzt.
2. Qualität	
Jede zusammengesetzte Substanz in der Welt besteht aus einfachen Teilen, und es existiert nichts als das Einfache oder das, was aus dem Einfachen zusammengesetzt ist.	Kein zusammengesetztes Ding in der Welt besteht aus einfachen Teilen, und es existiert überall nichts Einfaches in der Welt.
3. Relation	
Außer der Kausalität nach Gesetzen der Natur ist noch eine Kausalität durch Freiheit zur Erklärung der Erscheinungen notwendig.	Es ist keine Freiheit, sondern alles in der Welt geschieht lediglich nach Gesetzen der Natur.
4. Modalität	
Zu der Welt gehört etwas, was entweder als ihr Teil oder ihre Ursache ein schlechthin notwendiges Wesen ist.	Es existiert kein schlechthin notwendiges Wesen, weder in der Welt noch außer der Welt als ihre Ursache.

Die erste Antinomie also bezieht sich auf die Frage, ob die Welt einen Anfang in der Zeit hat oder als ewig anzusehen ist. Es geht um Endlichkeit oder Unendlichkeit der Welt. Die zweite Antinomie macht gegensätzliche Aussagen darüber, ob die Welt aus letzten, nicht mehr teilbaren, d.h. einfachen Bausteinen besteht oder nicht. Die dritte Antinomie betrifft die Frage, ob es Freiheit gibt oder alles schlechthin determiniert ist. In der vierten Antinomie schließlich geht es um die Frage von Notwendigkeit oder Zufall, d.h., ob ein notwendiges Wesen Ursache der Welt ist oder alles zufällig ist. Diese letzte Antinomie bezieht sich bereits auf die Gottesfrage und nimmt damit den letzten Teil der transzendentalen Dialektik vorweg.

Kant weist nun in Bezug auf jede dieser Antinomien auf, dass sowohl die These als auch die Antithese rein von der vernünftigen Argumentation her gleich stark sind. Während sich aber bezüglich der ersten beiden Antinomien sowohl These als auch Antithese als unrichtig erweisen, sind bei der dritten und vierten Antithese beide Behauptungen von der vernünftigen Argumentation her schlüssig. Ich werde mich im Folgenden nur mit der dritten Antinomie befassen, weil sie ganz spezifisch diejenige ist, welche die Möglichkeit einer praktischen Metaphysik eröffnet.

Die These der dritten Antinomie geht von dem Prinzip aus, nichts geschehe in der Natur, ohne hinreichend, d. h. vollständig durch Ursachen bestimmt zu sein. Wenn nun alles unendlich auf ein anderes zurückverweisen würde, sodass es keine erste, selbst nicht wieder verursachte Ursache gäbe, so würde man nie zu einer vollständigen Reihe der Ursachen von etwas gelangen. Es muss also eine Ursache geben, die nicht von etwas anderem bestimmt wird, sondern absoluter Anfang ist, eine Ursache, die von selbst anfängt, die absolute Spontaneität, d. h. Freiheit ist (KrV B 472 ff.). Freiheit ist für Kant die Fähigkeit, „causa sui" zu sein, ein Vermögen der reinen Selbstbestimmung, ein Sichbestimmen, ohne von etwas anderem bestimmt zu werden. Die Antithese hingegen beruht auf dem alles Naturgeschehen bestimmenden Kausalitätsprinzip, wonach jede Wirkung eine ihr vorhergehende Ursache voraussetzt, von der sie bestimmt ist. Da Freiheit nur als eine Ursache verstanden werden kann, die nicht noch einmal durch einen vorhergehenden Zustand determiniert ist, eine solche Ursache aber in der Erfahrung, im Naturgeschehen nicht anzutreffen ist, ist Freiheit, so die Antithese, nichts als ein leeres Gedankending (KrV B 473 ff.).

Eine Schwierigkeit besteht bei dieser Antinomie darin, ob mit der freien Ursache eine erste Ursache des Naturgeschehens insgesamt gemeint ist, also Gott, oder vielmehr der Mensch als ein der Freiheit fähiges Wesen, das zugleich der Natur angehört. Die Frage ist vom Text her nicht leicht zu beantworten, das eigentlich Ansgesprochene scheint aber dennoch die Vereinbarkeit von Naturnotwendigkeit und Freiheit des Menschen zu sein. Ich gehe jedenfalls davon aus, dass Kant eine Mehrzahl von freien Ursachen in der Natur im Blick hatte.

Kant geht es nun nicht darum, die Antinomien in ihrer Widersprüchlichkeit einfach stehen zu lassen, sondern er versucht in gewisser Weise, den Widerspruch aufzulösen, d. h. ein Drittes zu finden, worunter These und Antithese zusammengedacht werden können. Zugleich hält er allerdings daran fest, dass weder über die Richtigkeit der These noch der Antithese entschieden werden kann. Das heißt, Kant versucht aufzuweisen, dass These und Antithese auf jeweils verschiedener Ebene oder aus verschiedener Perspektive gesehen berechtigt sind und in diesem Sinne widerspruchslos miteinander koexistieren können.

Für die Antithese der dritten Antinomie spricht zunächst, dass alles in der sinnlichen Erfahrung Gegebene immer dem Kausalitätsprinzip bzw. der Kategorie der Kausalität gemäß geschieht, wie die transzendentale Analytik gezeigt hat. Die Natur kann nur als ein durchgehender Kausalzusammenhang erkannt werden. Jede Ursache in der sinnlichen Erfahrung hat wiederum eine Ursache (KrV B 561). Es gibt zudem keine Kategorie der Freiheit, durch die hindurch uns sinnlich Erfahrbares gegeben sein könnte, wohl aber eine Kategorie der Ursache. Dies gilt allerdings nur in Bezug auf den Bereich des Erfahrbaren, sodass damit nicht bewiesen ist, dass es in der Welt als ganzer keine Freiheit geben kann. Die Erfahrung bezieht sich auf die Welt, wie sie uns erscheint, und nicht wie sie an sich ist. Wir wissen nur, dass es Freiheit in der Erscheinungswelt nicht gibt. In Bezug auf die Dinge, wie sie an sich sind, unabhängig von dem, wie wir sie erfahren, ist es jedoch denkmöglich, dass es Freiheit gibt. Naturnotwendigkeit und Freiheit können also insofern zusammen bestehen, als man das eine Mal vom Standpunkt der Erscheinungswelt, das andere Mal von dem der Dinge an sich aus urteilt. Dabei ist dies so zu verstehen, dass Wirkung nach Naturnotwendigkeit und Wirkung nach Freiheit „beides in verschiedener Beziehung bei einer und derselben Begebenheit zugleich stattfinden können" (KrV B 564). Eine Wirkung kann aus verschiedener Perspektive zugleich als notwendig und als frei angesehen werden, d.h., These und Antithese können widerspruchslos miteinander koexistieren (KrV B 586).

Aus theoretischer Sicht, aus der Sicht der „Kritik der reinen Vernunft", lässt sich damit in Bezug auf die Freiheit zumindest eine Aussage machen: Es ist nicht beweisbar, dass es keine Freiheit gibt. Freiheit ist möglich, die theoretische Vernunft ist allerdings weder fähig zu beweisen, dass es sie wirklich gibt, noch, dass es sie nicht gibt. Nur vom Standpunkt der praktischen Vernunft aus kann behauptet werden, dass sie als wirklich anzunehmen ist.

4. Kritik der natürlichen Theologie

Gott als das zuhöchst Unbedingte muss Kant nach als der Inbegriff aller Prädikate, aller Vollkommenheiten gedacht werden (KrV B 603f.). Es gibt nichts Positives, was nicht im Gottesbegriff enthalten wäre. Doch auch diese Idee – Kant nennt sie transzendentales Ideal – übersteigt alle Erkennbarkeit, weil ihr kein Gegenstand der Anschauung entspricht. Insbesondere ist es unmöglich, die Realität dieses Ideals zu beweisen, und Kant befasst sich in diesem dritten Teil wesentlich damit, alle existierenden Gottesbeweise zu widerlegen. Dabei unterscheidet er zwischen drei verschiedenen Beweisarten: einem ontologischen, einem kosmologischen und einem physikotheologischen Gottesbeweis.

a) Der ontologische Gottesbeweis

Der auf Anselm von Canterbury zurückgehende ontologische Gottesbeweis schließt von der bloßen Idee Gottes auf seine Existenz. Gott als ein in jeder Hinsicht vollkommenes Wesen muss auch die Vollkommenheit der Existenz besitzen. Aus dem Wesen Gottes folgt mit Notwendigkeit sein Dasein. Kant versucht diesen Beweis mit dem Hinweis darauf zu widerlegen, dass die Existenz kein „reales Prädikat" sei und damit auch keine zu einem Gegenstand hinzukommende Vollkommenheit, keine positive Sachhaltigkeit (KrV B 626). „Hundert wirkliche Taler", so der berühmte Satz Kants, „enthalten nicht das mindeste mehr, als hundert mögliche" (KrV B 627). Anders formuliert: „Wenn ich also ein Ding, durch welche und wie viel Prädikate ich will, (...) denke, so kommt dadurch, dass ich noch hinzusetze, dass das Ding ist, nicht das mindeste zu dem Dinge hinzu" (KrV B 628). Denke ich mir also ein Wesen von höchster Vollkommenheit, so bleibt immer noch die Frage – dies war auch der Einwand von Thomas von Aquin –, ob es existiert oder nicht. Auch wenn ich mir die höchste Realität denke, eine Realität ohne jeden Mangel, ist die reale Existenz noch nicht mitgegeben. Die Existenz kann niemals im Begriff einer Sache mitenthalten sein, weil sie im Gegensatz zu anderen Attributen keine inhaltliche Bestimmung darstellt. Sie kann insbesondere nicht analytisch im Gottesbegriff enthalten sein.

Die Existenz ist aber auch eine Kategorie, die nur in Anwendung auf sinnliche Anschauung sinnvoll ist. Ein Existenzurteil ist immer ein synthetisches Urteil, das nur mit Bezug auf sinnliche Anschauung zustande kommen kann. Von einem Objekt reinen Denkens wie Gott kann also die Existenz gar nicht ausgesagt werden (KrV B 629).

b) Der kosmologische Gottesbeweis

Die beiden anderen Beweisarten gehen im Gegensatz zum ontologischen Gottesbeweis nicht vom Gottesbegriff, sondern von der erfahrbaren Wirklichkeit aus. Das kosmologische Argument erfolgt bei Kant in zwei Schritten. Es schließt daraus, dass überhaupt etwas existiert, auf die Existenz eines schlechthin notwendigen Wesens und beweist anschließend, dass dieses notwendige Wesen ein Wesen von höchster Vollkommenheit und damit Gott ist.

Der Beweisgang des ersten Schrittes ist äußerst knapp: *Obersatz:* Wenn etwas existiert, so muss auch ein schlechterdings notwendiges Wesen existieren. *Untersatz:* Zumindest existiere ich selbst. *Schlusssatz:* Also existiert ein absolut notwendiges Wesen (KrV B 632f.). Der entscheidende Obersatz aber gründet auf folgender Überlegung: Alles Zufällige, also nicht notwendig Existierende hat eine Ursache, einen Grund seiner Existenz, d.h., es kann nur als Folge von einem anderen existieren. Dieser Grund, wenn er selber nicht wiederum zufällig ist, muss ebenfalls einen Grund haben usw. Die Reihe der einander untergeordneten Gründe aber muss bei einem schlechthin notwendigen Grund enden. Ohne einen absolut notwendigen Grund könnten wir nämlich das Zufällige in seiner Existenz nicht hinreichend erklären, d.h. nicht so erklären, dass dessen Existenz vollständig durch Ursachen bestimmt ist. Es gäbe keine vollständige Reihe der Ursachen (KrV B 633 Anm.). Ohne hinreichend bestimmte Ursache aber, wie es bereits in der These der dritten Antinomie formuliert wurde, geschieht nichts (KrV B 474).

Im zweiten Schritt wird dann bewiesen, dass dieser notwendige Grund Gott ist, d.h. ein Wesen von allerhöchster Vollkommenheit bzw. das allerrealste Wesen. Aufgrund der Schwierigkeit dieses zweiten Beweisschrittes soll hier zunächst Kants eigener Wortlaut wiedergegeben und erst anschließend daran der im Text selbst nur umrisshaft skizzierte Argumentationsgang interpretiert werden[3]:

„Nun schließt der Beweis weiter: das notwendige Wesen kann nur auf eine einzige Art, d.i. in Ansehung aller möglichen entgegengesetzten Prädikate nur durch eines derselben, bestimmt werden, folglich muss es durch seinen Begriff *durchgängig* bestimmt sein. Nun ist nur ein einziger Begriff von einem Dinge möglich, der dasselbe a priori durchgängig bestimmt, nämlich der des ‘entis realissimi’: Also ist der Begriff des allerrealsten Wesens der einzige, dadurch ein notwendiges Wesen gedacht werden kann, d.i. es existiert ein höchstes Wesen notwendigerweise.“ (KrV B 633f.)

Kant scheint sich hier auf die leibnizsche Schulphilosophie zu beziehen, wie sie in der Zeit kurz vor Kant vor allem von Chr. Wolff vertreten wurde. Ein Prinzip der Wolff'schen Ontologie ist, dass alles Existierende durchgängig bestimmt ist. Das heißt, von allen denkbaren Paaren von entgegengesetzten Prädikaten kommt jedem existierenden Gegenstand immer eins zu (vgl. KrV B 599ff.). Diese Pflanze ist gesund und nicht krank, sie hat Blüten und nicht keine, aber sie kann auch – etwas wahllos herausgegriffen – nicht lachen, sie ist kein Planet usw. Es gibt keine entgegengesetzten Prädikatspaare, von denen nicht jedem Gegenstand das eine oder das andere Prädikat zukommt. Kontingenten Wesen allerdings kann bei bestimmten entgegengesetzten Prädikaten sowohl das eine als auch das andere Prädikat zukommen: Eine Pflanze kann je nachdem krank oder gesund sein bzw. dieselbe Pflanze kann einmal krank und einmal gesund sein. Dies jedoch ist für ein notwendiges Wesen wie das im ersten Beweisschritt bewiesene nicht möglich. Von zwei kontradiktorischen Prädikaten kann ihm nur eins zukommen, denn was notwendig

[3] Meine Interpretation stützt sich auf die Ausführungen von G. B. Sala, *Kant und die Frage nach Gott. Gottesbeweise und Gottesbeweiskritik in den Schriften Kants*, Berlin 1990, 302ff.

ist, kann nicht anders sein, als es ist. Ein notwendiges Wesen kann „nur auf eine einzige Art […] bestimmt werden". Es ist aber, und dies ist der entscheidende Punkt in der ganzen Argumentation, nur ein einziges Wesen denkbar, das auf diese Weise durchgängig bestimmt ist, d.h. so bestimmt ist, dass ihm in Bezug auf alle entgegengesetzten Prädikatenpaare immer nur eines und kein anderes zukommen kann. Dieses Wesen ist Gott als das allerrealste Wesen, d.h. als der Inbegriff aller Vollkommenheiten, aller positiven Prädikate. Das allerrealste Wesen enthält notwendig alle positiven Prädikate und keine anderen. In seinem Begriff ist die durchgängige Bestimmtheit „auf eine einzige Art" gewissermaßen schon analytisch enthalten. Also ist das notwendige Wesen des ersten Beweisschrittes notwendig Gott.

In diesem zweiteiligen Argument – ein Konstrukt von Kant selbst, das sich mit den kosmologischen Gottesbeweisen vor ihm kaum zur Deckung bringen lässt – liegt Kants Auffassung nach „ein ganzes Nest von dialektischen Anmaßungen verborgen" (KrV B 637). Was den ersten Beweisschritt betrifft, greife ich zwei Kritikpunkte heraus. 1. Allein auf die Erfahrung kann der Grundsatz, dass Zufälliges eine Ursache hat, angewendet werden. Ein Erfahrungsgegenstand aber kann nur etwas seinerseits in der Erfahrung Gegebenes als Ursache haben, nicht aber ein die Erfahrung übersteigendes, absolut Notwendiges. Man kann diesen Grundsatz also nicht dazu benutzen, auf eine erste, die Sinnenwelt überschreitende Ursache zu schließen (ebd.). 2. Der Begriff von etwas absolut Notwendigem, also einem Grund, der nicht selbst wieder begründet werden muss, ist unbegreiflich. Auch die Notwendigkeit ist eine Kategorie, die nur auf Erfahrungsgegenstände bezogen sinnvoll ist. In Bezug auf Erfahrungsgegenstände hängt sie mit dem Gesetz der Kausalität zusammen (KrV B 280). Es ist notwendig, dass Wasser, auf 100°C erhitzt, zu kochen anfängt. Die Erhitzung erklärt die (bedingte) Notwendigkeit des Kochens des Wassers. Hingegen geht es bei der Frage nach dem Grund dafür, dass etwas existiert, um eine absolute Notwendigkeit, wie sie in der Erfahrung nie gegeben ist. Ihre Unbegreiflichkeit aber äußert sich darin, dass die Vernunft in Bezug auf sie zu keinem Halt gelangt. Die Vernunft kann immer weiter fragen, d.h. auch beim schlechthin notwendigen Wesen als dem Träger aller Dinge angelangt, lässt sich immer noch fragen: „aber woher bin ich denn?" (KrV B 641). Der kosmologische Gottesbeweis kann somit einen unhintergehbaren Grund von allem gar nicht festmachen, bzw. für die Vernunft wird dieser Grund selbst wieder der Erklärung bedürftig, obwohl er als ein abschließender Grund gedacht war.

Erst bezüglich des zweiten Beweisschrittes holt Kant jedoch zum für ihn entscheidenden Argument gegen den kosmologischen Gottesbeweis aus. Er behauptet nämlich in seinem Kommentar zum zweiten Beweisschritt, dieser setze den ontologischen Gottesbeweis voraus, weil er vom allerrealsten Wesen auf dessen Notwendigkeit schließe. Der zweite Teil setze voraus, „der Begriff eines Wesens von der höchsten Realität tue dem Begriffe der absoluten Notwendigkeit im Dasein völlig genug, d.i. es lasse sich von jener auf diese schließen“ und das tue auch der ontologische Gottesbeweis (KrV B 635). Inwiefern jedoch ist hierin der ontologische Gottesbeweis enthalten? Der Grund ist, dass Kant in diesem Kommentar plötzlich die Auffassung vertritt, der zweite Beweisschritt schließe von einem vollkommenen bzw. allerrealsten Wesen auf dessen notwendige Existenz. Worauf geschlossen wird, ist dem Text nach die „Notwendigkeit im Dasein“ bzw. das „notwendige Dasein“ oder ein Wesen von „absoluter Notwendigkeit“, das auch „schlechterdings notwendig existiert“ (ebd.). Der Schluss von einem vollkommenen Wesen auf dessen notwendige Existenz aber ist genau das, was der ontologische Gottesbeweis zu leisten beansprucht.

Genau betrachtet beweist der zweite Schritt, so wie Kant ihn in der anfangs zitierten Textstelle unkommentiert darstellt (KrV B 633f.), aber nur, dass ein notwendiges Wesen ein Wesen sein muss, dessen *Prädikate* alle auf eine einzige Art bestimmt sind, dass aber das vollkommenste bzw. allerrealste Wesen das einzige Wesen ist, dessen Prädikate durchgehend auf diese Weise bestimmt sind. Dies jedoch hat mit dem ontologischen Gottesbeweis nichts zu tun. Von notwendiger Existenz ist hier nicht die Rede. Es ist auch gar nicht einzusehen, warum der zweite Teil auf die notwendige Existenz des notwendigen Wesens schließen müsste, da dessen Existenz ja schon durch den ersten Beweisschritt gesichert ist.[4] Es besteht somit kein Grund zu sagen, der kosmologische Gottesbeweis setze den ontologischen voraus. Kant aber ist der Auffassung, der kosmologische Gottesbeweis sei, weil er sich implizit auf den bereits widerlegten ontologischen stütze, seinerseits widerlegt.

c) Der physikotheologische Gottesbeweis

Der physikotheologische Gottesbeweis schließlich geht nicht von der Tatsache der Existenz eines Erfahrungsgegenstandes überhaupt aus, sondern von einer bestimmten Beschaffenheit der Erfahrungswelt. Er schließt genauer gesagt aus der erstaunlichen Ordnung und Zweckmäßigkeit der Natur auf eine oberste Ursache, welche die Natur derart zweckmäßig und geordnet zu gestalten vermag. Als oberste Ursache aber, die über alles andere Mögliche gesetzt wird, bietet sich die Vorstellung eines Wesens an, das als Inbegriff aller Vollkommenheit gedacht wird (KrV B 650f.). Ge-

[4] Vgl. die Schwierigkeiten, die F. Copleston, *A History of Philosophy*, Bd. 6, Wolff to Kant, Westminster, Maryland 1960, 298f. mit diesem Beweis hat.

meint ist mit diesem Gottesbeweis somit etwas Ähnliches wie das, was üblicherweise als teleologischer Gottesbeweis bezeichnet wird.

Kants Kritik konzentriert sich auf zwei Punkte. 1. Die Argumentation enthält seiner Auffassung nach einen falschen Analogieschluss. Mit dem Beweis werden nämlich unberechtigterweise Naturverhältnisse mit den Produkten menschlicher Kunst verglichen. Es wird angenommen, dass die Natur wie ein Kunstprodukt von einem Wesen mit Verstand und Willen hervorgebracht wird. Diese Analogie aber führt höchstens zur Annahme eines Weltbaumeisters, eines Demiurgen, der wie beim menschlichen Künstler durch die Tauglichkeit des vorgegebenen Materials eingeschränkt ist, nicht zu der eines allmächtigen Weltschöpfers, eines Schöpfers aus dem Nichts (KrV B 654f.). 2. Der Beweis kann auf nicht mehr als auf eine Ursache schließen, deren Vollkommenheit der Vollkommenheit der weltlichen Ordnung proportional ist. Das heißt, so bewundernswert die Naturordnung ist, wir können von ihrer relativen Vollkommenheit nicht auf die absolute Vollkommenheit Gottes bzw. von der endlichen Ordnung der Dinge nicht auf einen unendlichen Gott schließen (KrV B 655f.). Dies wäre nur möglich, wenn wir den kosmologischen Gottesbeweis zu Hilfe nähmen, denn der besagt, dass die erste, selbst nicht wieder zufällige Ursache von allem die absolute Vollkommenheit ist. Der kosmologische Gottesbeweis aber ist ja bereits widerlegt.

Indem der physikotheologische Gottesbeweis vom kosmologischen abhängt und dieser wiederum vom ontologischen, hängt somit Kants Auffassung nach letztlich alles vom ontologischen ab. Mit anderen Worten: Alle Gottesbeweise scheitern letztlich daran, dass der ontologische Gottesbeweis scheitert, da keiner der anderen Gottesbeweise ohne den ontologischen auskommt. Es gibt also keinerlei Möglichkeit, auf die Existenz Gottes zu schließen. Weder über rein begriffliche noch über empirische Argumente führt ein Weg zu Gott. Die natürliche Theologie scheitert in ihrem fundamentalsten Anliegen. Allerdings zeigt die transzendentale Dialektik zugleich, dass die Idee Gottes widerspruchsfrei gedacht werden kann. Gottes Realität kann zudem nicht nur nicht bewiesen, sondern auch nicht widerlegt werden (KrV B 669). Kant versucht also nicht, an die Stelle einer philosophischen Theologie einen philosophischen Atheismus zu setzen. Vielmehr geht es ihm letztlich darum, die Beantwortung der philosophischen Gottesfrage von der Ebene der theoretischen Vernunft auf die der praktischen Vernunft zu verlagern. Die einzige, im positiven Sinne mögliche, philosophische Theologie bzw. Transzendenzwissenschaft ist eine solche, die sich als praktische Metaphysik versteht.

IV. Praktische Metaphysik

1. Die Kritik der praktischen Vernunft

Mit Kant findet eine Verlagerung der „metaphysica specialis“ vom Bereich der theoretischen zur praktischen Vernunft statt. Dabei ist die praktische Vernunft keine grundsätzlich andere als die theoretische: Es gibt nur eine Vernunft, die entweder praktisch oder theoretisch verwendet wird. Praktisch aber ist sie, insofern sie nicht auf betrachtendes Wissen, sondern auf sittliches Handeln hingeordnet ist. Es geht ihr vornehmlich darum, dem sittlichen Handeln verbindliche Normen zu geben.

Was dem sittlichen Handeln zugrunde liegt, ist der Wille, durch den wir uns zum Handeln bestimmen. So aber wie wahre theoretische Erkenntnis nur in absolut notwendigen und allgemeinen Urteilen gründen kann, also in Grundsätzen des menschlichen Verstandes, die a priori sind, kann für Kant auch die Grundlage eines sittlichen Wollens nur eine Norm, ein moralisches Gesetz sein, das absolute Notwendigkeit und Allgemeingültigkeit mit sich führt, also a priori ist (GMS 389). So untersucht Kant in der „Grundlegung zur Metaphysik der Sitten“ und in der „Kritik der praktischen Vernunft“ die dem menschlichen Wollen zugrunde liegenden Gesetze, insbesondere aber geht es ihm um „die Idee und die Prinzipien eines möglichen reinen Willens“ (GMS 390), gemeint ist ein Wille, der unabhängig von aller Sinnlichkeit ist, der also nicht von Trieben, Bedürfnissen, Leidenschaften, oder wie es bei Kant vor allem heißt, von Neigungen bestimmt ist, sondern rein von der Vernunft. Nur ein rein von der Vernunft bestimmter Wille bzw. ein Wille, den nichts zum Handeln bewegt als ein moralisches Gesetz a priori, ist ein sittlicher Wille.

So wie die „Kritik der reinen Vernunft“ eine „metaphysica generalis“ enthält, die das menschliche Subjekt auf die Bedingungen der Möglichkeit von Erkenntnis befragt, gibt es damit auch im Bereich der praktischen Vernunft eine allgemeine Metaphysik der Sitten, welche die apriorischen Voraussetzungen moralischen Handelns zu erarbeiten sucht. Im Gegensatz zur theoretischen Vernunft aber führt diese allgemeine Metaphysik zugleich zu einer speziellen Metaphysik mit gültigen Aussagen über die Seele, die Welt und Gott, genauer gesagt mit gültigen Aussagen über die Unsterblichkeit der Seele, das Gegebensein von Freiheit in der Welt und die Existenz Gottes. Während die Kritik der reinen theoretischen Vernunft in einem negativen Befund bezüglich der Erkennbarkeit transzendenter Denkgegenstände gipfelt, gelangt Kant in seiner Kritik der reinen praktischen Vernunft zu einer „metaphysica specialis“ positiven Inhalts.

2. Handeln aus Pflicht

Unser Handeln kann für Kant nur dann moralisch sein, wenn wir es einem notwendigen und allgemein gültigen, d.h. einem unbedingt verbindlichen Gesetz unterstellen. Ein unbedingt verbindliches Gesetz ist ein Gesetz, dessen Gültigkeit nicht von den Umständen abhängt, in denen gehandelt wird. Was aber berechtigt uns zu der Annahme, dass es im Menschen ein moralisches Gesetz dieser Art überhaupt gibt? Für Kant ist die Existenz eines notwendigen und allgemein gültigen, d.h. apriorischen Moralgesetzes ein „Faktum der Vernunft“, das er für unbestreitbar hält (KpV 56). Das heißt, es ist unmittelbar gewiss, dass es in uns das Bewusstsein eines solchen moralischen Gesetzes gibt. Kant bringt es ausdrücklich mit dem Begriff des Gewissens in Verbindung. Wir sind uns einer letzten Norm, die all unserem praktisch-sittlichen Handeln zugrunde liegt bzw. zugrunde liegen sollte, unmittelbar bewusst.

Wie dies zu verstehen ist, wird anhand eines Beispiels in der „Kritik der praktischen Vernunft“ deutlich (KpV 54). Kant fragt, ob jemand, der unter Androhung sofortiger Todesstrafe aufgefordert wird, ein falsches Zeugnis gegen einen ehrlichen Mann abzulegen, fähig wäre, trotz noch so großer Liebe zum eigenen Leben, diese Liebe, diese Neigung zum eigenen Leben zu überwinden und das falsche Zeugnis zu verweigern. Die Antwort auf diese Frage lautet: Ja. Die Fähigkeit zu solch einer Verweigerung aber zeigt, dass im Menschen ein absolutes, ein unbedingtes Sollen ist, das ihn dazu anleitet, unabhängig von allen Umständen und allen Neigungen diesem Sollen gemäß zu handeln. Das moralische Gesetz als eine absolute, unbedingte Forderung an uns ist keine Einbildung oder Erfindung des Menschen, sondern etwas, was immer schon in uns angelegt ist.

Moralisch handelt der Mensch also dann, wenn er in seinem Handeln diesem unbedingten Sollen in sich entspricht. Wie er diesem unbedingten Sollen entsprechen soll, macht Kant aber in der „Grundlegung zur Metaphysik der Sitten“ anhand des für ihn zentralen Pflichtbegriffs deutlich. Es ist unsere sittliche Pflicht, dem unbedingten Sollen ins uns entsprechend zu handeln. Es gibt jedoch zwei Möglichkeiten, diese Pflicht zu erfüllen. Man kann entweder *pflichtgemäß* handeln oder *aus Pflicht*. Kant führt das Beispiel eines Geschäftsmanns an (GMS 397), der nur deshalb auch mit unerfahrenen Käufern ehrlich ist, weil er Angst hat, ansonsten seine Kunden zu verlieren. Er handelt gewiss pflichtgemäß, denn Pflicht ist es, ehrlich zu sein. Er entspricht in gewisser Weise dem, was er soll. Er handelt aber nicht aus Pflicht, sondern um eines egoistischen Interesses willen. Doch mehr noch: Angenommen, selbst er wäre ehrlich aus Sympathie oder Liebe für seine Mitmenschen, d.h., er hätte eine Neigung dazu, als Geschäftsmann ehrlich zu sein, seine Pflicht zu tun, so wäre auch dies für

Kant nur ein pflichtgemäßes Handeln. Aus Pflicht handelt der Kaufmann erst, wenn er um der Pflicht selbst willen ehrlich ist, wenn er das tut, was Pflicht ist, weil es Pflicht ist, weil die Vernunft es ihm als Pflicht vorschreibt. Bloße Pflichtgemäßheit nennt Kant Legalität, Moralität hingegen ist dann gegeben, wenn der Mensch das sittlich Richtige aus keinem anderen Grund ausführt als dem, dass die Vernunft es für sittlich richtig hält (KpV 127).

Hiermit wird deutlich, dass keine Handlung allein schon für sich genommen moralisch, sittlich gut ist. Der moralische Wert der Handlung liegt nicht in ihrem Vollzug oder in ihrer Wirkung. Vielmehr handelt es sich bei Kant um eine Gesinnungsethik, d.h., die Moralität, die Sittlichkeit, hängt von der Absicht, der Motivation ab, die unseren Willen zu einer gewissen Handlung bestimmt. Bestimmen aber Neigungen unser Wollen, so handeln wir nicht aus Pflicht, sondern um der Neigungen willen. Ich bin ehrlich um eines egoistischen Interesses willen oder weil ich Freude am Ehrlichsein habe. In jedem Fall ist dies für Kant ein Handeln aus Eigeninteresse, denn – dies ist die Begründung – alle Neigungen sind auf Erfahrungsgegenstände bezogen, alle Erfahrungsgegenstände aber erwecken Lust oder Unlust, versprechen die eigene Glückseligkeit zu fördern oder nicht (KpV 38ff.). Das heißt, wer aus Neigung handelt, handelt niemals um der Pflicht willen, sondern immer im Hinblick auf die eigene Glückseligkeit. Daher darf der Wille von keinerlei Bedürfnis, Trieb, Leidenschaft, Interessen usw. bewegt werden, von nichts sinnlich Bedingtem in uns. Moralisch, d.h. aus Pflicht handeln bedeutet, eine Handlung rein aus Vernunftgründen vollziehen. Rein aus Vernunftgründen aber vollziehe ich sie, wenn ein moralisches Gesetz a priori der alleinige Grund dafür ist, dass ich handle.

Das höchste moralische Gesetz in mir, das mich zu unbedingtem sittlichem Wollen antreibt, ist für Kant kein diffuses, undefinierbares Sollen, sondern ein genau formulierbares, apriorisches Gesetz der praktischen Vernunft. Es ist der so genannte *kategorische Imperativ*, der in seiner grundlegendsten Fassung wie folgt formuliert wird: Handle so, dass du wollen kannst, dass deine Maxime zu einem allgemeinen Gesetz werde (GMS 402). Eine Maxime ist ein gewisses subjektives Prinzip, nach dem ich vorhabe zu handeln. Ich muss also dieses subjektive Prinzip dahingehend überprüfen, ob ich es zu einem allgemeinen, d.h. zunächst einmal für jedes Vernunftwesen gültigen Gesetz machen kann. Wie diese Überprüfung konkret aussehen soll, ist eine schwierige Frage der Kant-Interpretation, auf die hier nicht näher eingegangen werden kann. Festzuhalten ist vor allem, dass das moralische Gesetz ein genau formuliertes Vernunftgesetz ist, nach dem der moralisch handelnde Mensch sich richtet, und zwar im Prinzip ohne dass er das Gesetz in seiner Formulierung explizit kennt. Das Gesetz bringt nur das zum Ausdruck, wonach jeder seinem Gewissen gehorchende, d.h. aus Pflicht handelnde Mensch sich je schon richtet.

Wenn also der Wille rein vernunftbestimmt ist, und er ist dies, wenn der Mensch dem kategorischen Imperativ gemäß handelt, dann verhält er sich moralisch. Damit aber verhält er sich anders gesagt genau dann moralisch, wenn die Vernunft sich selbst das Gesetz ihres Handelns gibt, d.h., wenn der Mensch autonom handelt. Autonomie bedeutet Selbstgesetzgebung bzw. Selbstbestimmung von „autos", selbst, und „nómos", Gesetz. Das Selbst des Menschen aber ist für Kant seine Vernunft. Selbstbestimmung heißt somit Bestimmung des Handelns allein durch die Vernunft. Wann immer der Wille durch die menschliche Natur bestimmt ist, durch Bedürfnisse, Triebe, Leidenschaften, ist er fremdbestimmt. Es besteht Heteronomie, bzw. der Mensch handelt heteronom. Moralität ist somit erst da gegeben, wo der Mensch autonom ist, wo allein der vernünftige Wille bzw. die Vernunft sein Handeln bestimmt (KpV 58f.).

3. Freiheit

Wie aber ist von diesem Ansatz aus der Übergang zu einer „metaphysica specialis" möglich? Beginnen wir mit dem Moment der Freiheit. Freiheit hatte Kant in der „Kritik der reinen Vernunft" als das Vermögen bestimmt, etwas von selbst anzufangen, unabhängig von allem Bestimmtwerden durch etwas anderes. Der Begriff der Autonomie aber ist der positive Begriff für Freiheit auf der Ebene der praktischen Vernunft. Der Mensch handelt frei, wenn er allein von seiner Vernunft bestimmt handelt, wenn die Vernunft nicht ihrerseits in ihrer Gesetzgebung von noch etwas anderem bestimmt wird, wie etwa von Neigungen. Was berechtigt uns jedoch zu der Annahme, dass es ein autonomes Handeln, ein Handeln aus Freiheit tatsächlich gibt? Kants Begründung diesbezüglich variiert nicht nur von der „Grundlegung der Metaphysik der Sitten" zur „Kritik der praktischen Vernunft", die Argumentation ist zudem wenig klar ausgeführt. Ich beziehe mich im Folgenden auf die Darlegung der „Kritik der praktischen Vernunft".

Um aufzuzeigen, wie Kant auf praktischer Ebene die auf theoretischer Ebene nicht beweisbare Realität der Freiheit zurückgewinnt, möchte ich zunächst das Freiheitsverständnis, wie es in der „Kritik der reinen Vernunft" thematisiert wurde, noch einmal aufgreifen. Betrachtet der Mensch auf theoretischer Ebene sich selbst als ein in der Erscheinung, in der Erfahrung gegebenes Wesen, so vermag er sich nur als nach notwendigen Naturgesetzen funktionierend zu erfassen. Alles, was er mit seinen Sinnen von sich wahrnimmt, erklärt sich durch notwendige Kausalzusammenhänge. Er ist empirisch gesehen nichts als ein Glied in der Kette von notwendigen Ursachen und Wirkungen. Wie aus der dritten Antinomie hervorging, kann die theoretische Vernunft nicht beweisen, dass es über diese notwendige kausale Verkettung aller Erscheinungen hinaus noch eine, wie es bei Kant heißt, Kausalität der Freiheit gibt, sodass der Mensch fähig wäre, spontan zu wirken, ohne dass die Ursache dieser Wirkung selber wieder von etwas anderem verursacht ist. Da die theoretische Vernunft jedoch ebenso wenig beweisen kann, dass es eine solche Kausalität nicht gibt, bleibt die Freiheitsfrage in der „Kritik der reinen Vernunft“ offen.

Wie nun gelangt Kant auf der Ebene der praktischen Vernunft zur positiven Annahme von Freiheit? Die Grundlage hierfür bildet das bereits erwähnte „Faktum der Vernunft“, d.h. das Bewusstsein, dass in uns ein moralisches Gesetz a priori ist. Das Bewusstsein von diesem moralischen Gesetz in uns ein Faktum zu nennen ist insofern überraschend, als Existenz in der „Kritik der reinen Vernunft“ eine Kategorie ist, die sich auf Erfahrungsgegenstände beschränkt, wir es aber hier mit einem Gesetz a priori zu tun haben, das sich per definitionem jeder Erfahrung und damit auch jeder theoretischen Erkenntnis entzieht. Kant statuiert hier in der Tat eine Ausnahme. Das Bewusstsein des moralischen Gesetzes in uns ist für Kant „kein empirisches, sondern das einzige Faktum der reinen Vernunft“ (KpV 56). Es ist uns a priori bewusst und zugleich absolut gewiss (KpV 81). Ich weiß mit absoluter Gewissheit, dass ein moralisches Gesetz in mir ist.

Dieses Faktum aber ist Kant nach mit dem Bewusstsein der Freiheit „unzertrennlich verbunden“ (KpV 72). Das moralische Gesetz nämlich fordert uns ständig dazu auf, in unserem Handeln von allen Neigungen abzusehen, d.h. rein vernünftig und damit aus Freiheit zu handeln. Der kategorische Imperativ ist die Aufforderung zu einem Handeln, bei dem das Vernunftsubjekt unabhängig von aller Natur sich selbst bestimmt. Es ist bemüht, die Maxime der Handlung allein danach zu beurteilen, ob sie als ein allgemeines Gesetz angesehen werden kann. Damit aber kann dem moralischen Gesetz überhaupt nur entsprechend gehandelt werden, wenn der Mensch frei ist. Wäre er nicht frei, so könnte das vom moralischen Gesetz Verlangte gar nicht erfüllt werden. Zwar ist die Freiheit selbst kein Erfahrungsgegenstand, und wir können uns ihrer auch nicht unmittelbar bewusst werden, das moralische Gesetz aber, dessen wir uns unmittelbar bewusst sind, führt „gerade auf den Begriff der Freiheit“ (KpV 53). Die Idee der Freiheit „offenbart sich durchs moralische Gesetz“ (KpV 5).

Das moralische Gesetz „führt“ also direkt auf den Begriff der Freiheit. Allerdings ist allein dadurch, dass in uns ein moralisches Gesetz ist, noch nicht bewiesen, dass wir auch fähig sind, es tatsächlich zu befolgen. Das heißt, das Faktum des moralischen Gesetzes in uns als eines Gesetzes, das uns dazu auffordert, frei zu handeln, ist noch kein Beweis dafür, dass wir auch tatsächlich frei handeln können. Es könnte sein, dass in uns ein derartiges Gesetz ist, wir es womöglich prinzipiell auch befolgen könnten, unsere Neigungen aber so stark sind, dass es nie gelingt, eine Handlung völlig unabhängig von ihnen zu vollziehen. Kant selbst muss zugeben, man könne in der Erfahrung kein Beispiel angeben, dass das moralische Gesetz je genau befolgt, d.h. eine wirklich freie Handlung je vollzogen worden sei, da die Freiheit sich in der Erfahrungswirklichkeit nicht zeigt und damit nicht durch sie bewiesen werden kann (KpV 81).

Zur Annahme der Wirklichkeit der Freiheit gelangt Kant auf praktischer Ebene von daher erst durch einen weiteren Schritt, den er allerdings mehr andeutet als richtig ausführt. Betrachten wir noch einmal das bereits erwähnte Beispiel des Menschen, der unter Androhung sofortiger Todesstrafe aufgefordert wird, ein falsches Zeugnis gegen einen ehrlichen Mann abzulegen. Dieser Mensch kann, so Kant, trotz noch so großer Liebe zum eigenen Leben, diese Liebe, diese Neigung zum eigenen Leben überwinden und aufgrund des moralischen Gesetzes in ihm das falsche Zeugnis verweigern, also in den Tod gehen. Dieses Beispiel aber legt Kant selbst wie folgt aus: „Er urteilt also, dass er etwas kann, darum weil er sich bewusst ist, dass er es soll, und erkennt (auf diese Weise) in sich die Freiheit, die ihm sonst ohne das moralische Gesetz unbekannt geblieben wäre" (KpV 54). Der Satz, der Kants Begründung der Freiheit letztlich zugrunde liegt, ist somit: Du sollst, also kannst du (vgl. KpV 260, Rel. 50, 58, 60). Weil das moralische Gesetz einen Sollensanspruch erhebt, der freies Handeln fordert, muss dieser Sollensanspruch erfüllt werden können und damit auch die dazu nötige Freiheit gegeben sein. Die Tatsache, dass das moralische Gesetz in jedem vernünftigen Wesen anwesend ist, berechtigt a priori zu der Annahme, dass auch die Bedingungen zu seiner Verwirklichung gegeben sind (vgl. KpV 260 Anm.). Die Formulierung „Du sollst, also kannst du" ist also so zu verstehen, dass es moralisch gesehen nicht sein kann, dass es ein moralisches Gesetz in uns gibt, ohne dass wir es befolgen könnten. Wenn ein solches Gesetz in uns ist, muss es auch die entsprechende Freiheit geben, die es uns erlaubt, das moralisch Geforderte zu verwirklichen. Es wäre gewissermaßen (moralisch) absurd, wäre dies nicht der Fall.

Freiheit ist damit auf praktischer Ebene nichts psychologisch Erfahrbares, sondern, wie Kant es ausdrückt, ein notwendiges *Postulat* der praktischen Vernunft. Ein Postulat ist eine Annahme, die nicht theoretisch bewiesen werden kann, die aber praktisch notwendig ist. Und praktisch notwendig ist etwas, das notwendig angenommen werden muss, wenn es sinnvoll sein soll, moralisch zu handeln. Wenn es sinnvoll sein soll, moralisch zu handeln, muss ich das, was ich soll, auch können. Ich kann aber nur dem unbedingten Sollen entsprechend handeln, wenn ich frei bin. Es ist also praktisch notwendig, dass ich frei bin.

4. Unsterblichkeit der Seele und Existenz Gottes

Nicht nur die Freiheit ist ein notwendiges Postulat der praktischen Vernunft. Es gibt zudem noch die Postulate der Unsterblichkeit der Seele und der Existenz Gottes, wobei allerdings die Freiheit die Grundlage bildet, ohne welche auch die beiden anderen Ideen nicht postuliert werden können. Um zu verstehen, wie Kant die Unsterblichkeit der Seele und die Existenz Gottes zu notwendigen Postulaten der praktischen Vernunft erhebt, muss zunächst der Begriff des höchsten Gutes geklärt werden.

Höchstes Interesse der theoretischen Vernunft war es, durch logisches Schließen vom Bedingten zum Unbedingten aufzusteigen, um von diesem Unbedingten aus den systematischen Zusammenhang von allem zu erkennen. So wie der Mensch auf der Ebene der theoretischen Vernunft nach vollendeter Erkenntnis strebt, trachtet er aber auch auf der Ebene der praktischen Vernunft nach der absoluten Erfüllung seines Wollens. Die absolute Erfüllung menschlichen Wollens jedoch, d.h. das Praktisch-Unbedingte, ist das höchste Gut (KpV 94). Dabei gehören nach Kants Auffassung zum höchsten Gut zwei Momente: Heiligkeit, d.h. für ihn sittliche Vollkommenheit, und Glückseligkeit. Diese zwei Momente aber verhalten sich so zueinander, dass der Mensch zunächst nach der Heiligkeit oder der Tugend als der vollkommenen Übereinstimmung des Willens mit dem moralischen Gesetz streben muss. Die Heiligkeit ist die „conditio sine qua non“ des höchsten Gutes. Der Mensch kann aber, so Kant, auch nach der Glückseligkeit streben, soweit er sich ihrer durch Tugend würdig gemacht hat. Er bedarf auch der Glückseligkeit, und es steht dem nichts entgegen, dass, wenn er die vollkommene Tugend erreicht hat, er nicht auch die Glückseligkeit erhalten soll. Das höchste Gut ist die so verstandene Einheit von Heiligkeit und Glückseligkeit (KpV 198f.).

Das moralische Gesetz nun fordert den Menschen nicht dazu auf, seinen Willen diesem Gesetz nur gelegentlich angemessen zu machen, sondern ihm völlig zu entsprechen. Damit ist es aber das moralische Gesetz selbst, das den Menschen dazu auffordert, heilig zu werden, die vollkommene Tugend zu verwirklichen. Das heißt, das höchste Gut ist nicht nur ein Wunschziel, sondern es ist des Menschen Pflicht, es verwirklichen zu wollen. Es wäre jedoch ebenso absurd bzw. das moralische Handeln des Menschen wäre ebenso wenig sinnvoll, wenn er das höchste Gut nicht erreichen könnte, wie wenn er überhaupt zu moralischen, d.h. freien Handlungen nicht fähig wäre, obwohl ihn das moralische Gesetz dazu auffordert.

Es ist somit praktisch notwendig, dass das höchste Gut für den Menschen erreichbar ist (KpV 257). Damit gründet auch diese Argumentation in dem „Du sollst, also kannst du“: „Es ist Pflicht, das höchste Gut nach unserem größten Vermögen wirklich zu machen; daher muss es doch auch möglich sein“ (KpV 260 Anm.).

Die Voraussetzungen für die Erreichbarkeit des höchsten Gutes aber sind die Postulate der Unsterblichkeit der Seele und der Existenz Gottes.

1) Das Postulat der Unsterblichkeit der Seele ist notwendig, weil der Mensch zur Verwirklichung moralischer Vollkommenheit in diesem Leben zu keinem Zeitpunkt fähig ist. Es ist also anzunehmen, da dieses Ziel erreichbar sein muss, wenn das moralische Gesetz es fordert, dass es einen unendlichen Prozess gibt, in dem der Mensch sich noch über dieses Leben hinaus moralisch zu vervollkommnen vermag. Die Voraussetzung für einen solchen Prozess aber ist die Unsterblichkeit der menschlichen Seele. Um aufgrund der Forderung des moralischen Gesetzes seiner moralischen Vollkommenheit auch nach diesem Leben noch weiter nachgehen zu können, muss die Seele des Menschen als unsterblich angenommen werden (KpV 220).

Kants Vorstellung vom künftigen Leben hebt sich damit wesentlich von der christlichen oder auch der platonischen Unsterblichkeitsvorstellung ab. Der moralische Kampf findet nicht mehr nur im Diesseits statt, sondern wird im Jenseits ins Unendliche verlängert. Wenn allerdings der Weg der moralischen Vervollkommnung wirklich unendlich sein soll, fragt sich, wie der Mensch jemals zur moralischen Vollkommenheit und dem anschließend daran von Gott gewährleisteten, vollkommenen Glück gelangen soll.

2) Schließlich ist die Existenz Gottes ein notwendiges Postulat der praktischen Vernunft, weil der moralische Mensch es gemäß der Idee vom höchsten Gut verdient, glücklich zu sein, in dieser Welt aber kein notwendiger Zusammenhang zwischen Moralität und Glückseligkeit besteht. Der Mensch ist nicht fähig, die Glückseligkeit zu bewirken, da er nicht Urheber der Welt und des Naturgeschehens ist. Ihm wird in dieser Welt keine seiner Moralität proportionierte Glückseligkeit zuteil. Wenn wir aber das höchste Gut befördern sollen und dies notwendig darin besteht, dass es aus vollkommener Moralität und einer ihr proportionierten Glückseligkeit besteht, so muss es – moralisch gesehen – eine allwissende und allmächtige Macht geben, die oberste Ursache der Natur ist, sodass sie die Harmonie von Moralität und Glückseligkeit herstellen kann. Nur die Existenz Gottes kann garantieren, dass die notwendige Proportionalität von Moralität und Glückseligkeit am Ende verwirklicht wird. Von daher ist sie ein notwendiges Postulat der reinen praktischen Vernunft (KpV 224ff.).

Kant betont in der „Kritik der praktischen Vernunft“ mit Nachdruck den Vorrang der praktischen gegenüber der reinen Vernunft (KpV 215 ff.). Sie ist das höhere Vermögen. In diesem Sinne ist auch das Verhältnis zwischen Kants praktischer Metaphysik und seiner theoretischen Metaphysikkritik zu verstehen. Die Metaphysik, die sich eröffnet, indem den transzendentalen Ideen durch die praktische Vernunft praktische Gültigkeit verliehen wird, gehört für Kant allerdings nicht mehr dem Bereich des Wissens, sondern dem des Glaubens an. Das Wissen musste im Bereich der theoretischen Vernunft in seine Grenzen verwiesen werden, damit im Bereich der praktischen Vernunft der Glaube entfaltet werden kann. Kants berühmter Satz aus der „Kritik der reinen Vernunft“ lautet: „Ich musste also das Wissen aufheben, um zum Glauben Platz zu bekommen“ (KrV B XXX). Der Begriff „Glaube“ darf hier allerdings nicht missverstanden werden. Er hat nichts mit einem religiösen oder mit einem irrationalen Glauben zu tun, sondern ist ein „Fürwahrhalten in moralischer Absicht, d. i. ein reiner praktischer Vernunftglaube“ (KpV A 263). Das heißt, Glaube ist hier das, was der Mensch aufgrund der praktischen Vernunft, genauer gesagt aufgrund des Bewusstseins des moralischen Gesetzes in ihm, notwendig annehmen muss. Die Postulate werden geglaubt, weil sie aus den Grundsätzen der praktischen Vernunft notwendig folgen. Zu einem Glaubensgegenstand wird die spezielle Metaphysik somit lediglich in der Hinsicht, dass ihre Aussagen nicht den Status theoretischer Erkenntnis beanspruchen können.

Neuntes Kapitel: Hegel

I. Geist und Dialektik

1. Leben und Werk

Georg Wilhelm Friedrich Hegel wurde 1770 in Stuttgart geboren. 1788 trat er ins Tübinger Stift ein und absolvierte dort ein zweijähriges philosophisches sowie ein dreijähriges theologisches Studium. Er war in dieser Zeit eng befreundet mit dem Dichter Hölderlin und mit Schelling. Von 1793 bis 1800 war Hegel Hauslehrer in Bern und in Frankfurt. Schelling, der im Gegensatz zu Hegel früh berühmt wurde, veranlasste, dass er 1801 als Privatdozent nach Jena kommen konnte. Er wurde dort 1805 zum außerordentlichen Professor ernannt. 1807 zog Hegel infolge des Krieges nach Bamberg, wurde Redakteur einer Zeitung und ein Jahr danach Direktor des Gymnasiums von Nürnberg. 1816 bekam er eine Professur an der Universität Heidelberg, blieb aber nur zwei Jahre, da er schon 1817 nach Berlin berufen wurde. Dort gelangte Hegel zu großem Ruhm und hatte trotz anscheinend wenig glänzender Vortragsweise bis zu 250 Hörer in seinen Vorlesungen, was für die damalige Zeit außerordentlich viel war. Fast nur mit seinen Vorlesungen befasst, starb Hegel 1831 in Berlin, womöglich an Cholera.

Seine wichtigsten von ihm selbst veröffentlichten Schriften sind die „Phänomenologie des Geistes“ von 1807 (Jenaer Zeit), die „Wissenschaft der Logik“ aus der Nürnberger Zeit (1812 und 1816 in zwei Bänden erschienen), die „Enzyklopädie der philosophischen Wissenschaften“ aus der Heidelberger Zeit (1817), die eine Art Synthese seines gesamten philosophischen Systems darstellt, und schließlich die „Grundlinien der Philosophie des Rechts“, die 1821 in Berlin erschienen. Seine vielen Vorlesungen sind erst später, unter Rückgriff sowohl auf Hegels eigene Notizen als auch auf Mitschriften seiner Studenten veröffentlicht worden.[1]

[1] Textverweise im Folgenden aus: Werke in zwanzig Bänden, Frankfurt 1969–1971, oder den Ausgaben von G. Lasson: Diff. = Differenz des Fichteschen und Schellingschen Systems der Philosophie, Werke 2; Enz. = Enzyklopädie der philosophischen Wissenschaften, Werke 8–10; GPhR = Grundlinien der Philosophie des Rechts, Werke 7; PhG = Phänomenologie des Geistes, Werke 3; VÄ I = Vorlesungen

2. Von Kant bis Hegel

Den Höhepunkt von Kants Philosophie bildet der Freiheitsgedanke. Dabei wird die Freiheit mit einer nie dagewesenen Radikalität gedacht, indem Kant darunter auf der Ebene der theoretischen Vernunft eine absolute Spontaneität versteht, also die Fähigkeit, einen Zustand ganz von selbst zu beginnen, völlig unabhängig von jeglichem Einfluss von außen. Auf der Ebene der praktischen Vernunft wird diese Spontaneität dann als Autonomie bestimmt, d.h. als Fähigkeit zu einem rein vernunftgeleiteten Wollen und Handeln. Jede Abweichung hiervon, jede Willensbestimmung durch der Vernunft äußere Beweggründe, selbst das freudigste Wohlwollen gegenüber anderen, selbst wenn Gott, das höchste aller Wesen, uns zu etwas bewegen wollte, wird als Heteronomie strikt abgelehnt. Autonomie ist die Forderung an den Menschen, absoluter Herr seiner selbst, seiner Handlungen zu sein. Nur so handelt der Mensch moralisch. Kants ganze Philosophie ist im Grunde genommen nichts anderes als die theoretische Grundlegung seines „Wahlspruchs der Aufklärung", den er in seinem berühmten, kleinen Aufsatz, „Was ist Aufklärung?" wie folgt formuliert hat: „Habe Mut, dich deines *eigenen* Verstandes zu bedienen." Die Devise, sich seines eigenen Verstandes, seiner eigenen Vernunft, unabhängig von aller Bevormundung durch andere, aber insbesondere auch unabhängig von allem Einfluss durch die eigenen Neigungen zu bedienen, liegt Kants philosophischen Vorhaben als letzter Beweggrund zugrunde. Ontologisch bzw. metaphysisch ausgedrückt aber bedeutet dies: Mit Kant wird die Selbstbestimmung zur höchsten Form des Seins erhoben. Das denkbar höchste Seiende, das es gibt, ist autonomes Selbstsein, sind Realitäten, die fähig sind, sich unabhängig von allem selbst zu bestimmen, völlig selbstgesetzgebend zu sein.

Dieses Ideal nun wird in Deutschland in der unmittelbar unter dem Eindruck der Französischen Revolution stehenden Generation von 1790 mit Enthusiasmus aufgegriffen. Hegel bringt das, was Kant für diese Generation war, wie folgt zum Ausdruck: „Die Hauptwirkung, welche die kanti-

über die Ästhetik I, Werke 13; VGPh = Vorlesungen über die Geschichte der Philosophie, Werke 18–20; VPhR/AR = Vorlesungen über die Philosophie der Religion, Bd. 2, Die absolute Religion, hrsg. v. G. Lasson, Hamburg 1966; VPhR/BR = Vorlesungen über die Philosophie der Religion, Bd. 1, Begriff der Religion, hrsg. v. G. Lasson, Hamburg 1966; VPhR/RI = Vorlesungen über die Philosophie der Religion, Bd. 2, Die Religionen der geistigen Individualität, Hamburg 1966; VPhW = Vorlesungen über die Philosophie der Weltgeschichte, 4 Bde., neu hrsg. v. G. Lasson, Leipzig 1917; WL = Wissenschaft der Logik, 2 Bde., hrsg. v. G. Lasson, Hamburg 1966f.

sche Philosophie gehabt hat, ist gewesen, das Bewusstsein dieser absoluten Innerlichkeit geweckt zu haben." Was meint Hegel mit absoluter Innerlichkeit? Er meint damit eine Selbstbezogenheit, die sich „schlechthin weigert, etwas, was den Charakter einer Äußerlichkeit hat, in sich gewähren und gelten zu lassen". Noch prägnanter formuliert Hegel gleich anschließend: „Das Prinzip der Unabhängigkeit der Vernunft, ihrer absoluten Selbständigkeit in sich, ist von nun als das allgemeine Prinzip der Philosophie wie als eines der Vorurteile der Zeit anzusehen" (Enz. § 146).

Der deutsche Idealismus, also vornehmlich Johann Gottlieb Fichte (1762–1814), Friedrich Wilhelm Schelling (1775–1854) und Hegel erheben nun dieses Prinzip in dem Sinne zu einem allgemeinen Prinzip der Philosophie, dass es ins Absolute gesteigert wird, d.h., der Autonomiegedanke wird in einem spekulativen Elan, wie es ihn in der Philosophiegeschichte nicht wieder gegeben hat, zu einem Prinzip des Seins überhaupt erhoben. Die Grenzen, in denen die Autonomie bei Kant festgelegt war, die Beschränkung auf den praktisch handelnden Menschen, auf die praktische Vernunft, sollten überwunden werden, Freiheit zu einer alles umfassenden Bestimmung gemacht werden. Die Idee der freien Vernunft musste gewissermaßen total werden. Das Sein als solches ist Freiheit.

Der Idealismus erweist sich damit als eine radikale Metaphysik der Freiheit. Es gibt nicht nur freie Subjekte in der Wirklichkeit, sondern die Wirklichkeit als ganze wird von der Freiheit bestimmt gedacht. Hegel, der hierin am weitesten geht, identifiziert die Wirklichkeit mit einem freien, vernünftigen, allumfassenden und damit absoluten Subjekt. Das Sein ist das absolute, sich aus sich selbst hervorbringende Sein. Hegels Subjektmetaphysik hebt die Seinsmetaphysik in sich auf. Generelle und spezielle Metaphysik fallen zusammen.

3. Die Wirklichkeit als Geist

a) Monismus

In der berühmten Vorrede zu den „Grundlinien der Philosophie des Rechts" formuliert Hegel den Grundsatz seines Denkens wie folgt: „Was vernünftig ist, das ist wirklich: was wirklich ist, das ist vernünftig" (GPhR 24). Es gibt nichts, was getrennt von der Vernunft als völlig anders als sie selbst ihr gegenübersteht. Das Sein ist nichts anderes als die sich selbst bestimmende Vernunft. In etwa gleichbedeutend mit dem Begriff der Vernunft verwendet Hegel den Begriff „Geist". Das Sein, d.h. alles, was ist, ist Geist.

Hegels Ansatz gründet damit in dem schon von Parmenides formulierten Gedanken der Einheit von Denken und Sein. Alles Sein ist Denken, ist

Vernunft, Geist, oder anders noch formuliert: Idee. In diesem Sinne nennt Hegel seine Philosophie einen absoluten Idealismus (Enz. § 45). Unter Idealismus versteht man in der Neuzeit gewöhnlich Philosophien, welche die äußere oder materielle Wirklichkeit verneinen. Wichtigstes Beispiel hierfür ist der Ansatz des englischen Philosophen George Berkeley (1685–1753). Hegels absoluter Idealismus besagt jedoch nicht, die Wirklichkeit sei nur ein menschlicher Gedanke, sondern es ist die unabhängig vom partikularen Subjekt existierende Wirklichkeit, die nichts als Idee, als Geist ist. Hegel erhebt gewissermaßen die Ideenwelt, die bei Platon im Gegensatz zu einer Sinnenwelt steht, zur alleinigen Wirklichkeit, bzw. die Sinnenwelt fällt mit der Ideenwelt zusammen, da sie nichts weiter als ein Ausdruck, ein Moment der Ideenwelt selbst ist.

Hegels Philosophie ist damit ein Monismus im Gegensatz zu wesentlich dualistischen Denkansätzen wie etwa demjenigen von Descartes oder Kant. Eine seiner Hauptaufgaben sieht Hegel seit der frühen Schrift von 1801 „Die Differenz des Fichteschen und Schellingschen Systems der Philosophie“ in der Überwindung aller Entzweiungen, in der Überwindung vor allem der frühneuzeitlichen Gegensätze von Geist und Materie, Seele und Leib, Vernunft und Glaube, Freiheit und Notwendigkeit usw. Die Vernunft ist ganz wie bei Kant ein Vermögen der Einheit. Darin unterscheidet sie sich vom Verstand, der wesentlich ein Vermögen der Unterscheidung, der Festlegung von Gegensätzen ist. Unser unmittelbares Verhalten als Denkende ist die Verstandestätigkeit, Aufgabe der Vernunft aber bzw. das „Bedürfnis der Philosophie“ (Diff. 20) ist es, die fest gewordenen Gegensätze bzw. die Entzweiungen des Verstandes aufzuheben, ihre Einheit zu denken. Dies geht für Hegel bis hin zur Erfassung der gesamten Wirklichkeit als ein alles umfassendes, einheitliches Ganzes, als eine „Totalität des Wissens“ bzw. als ein „System der Wissenschaft“ (Diff. 46). Im Gegensatz zu Kants Verständnis der reinen Vernunfttätigkeit als Logik des Scheins ist die Vernunft Hegels Verständnis nach dazu auch fähig.

Dieser Monismus aber steht in enger Verbindung mit dem idealistischen Freiheitsprinzip. Genauer gesagt: Weil Hegel die Wirklichkeit als Freiheit denken will, muss er sie monistisch konzipieren. Die Vernunft kann nämlich nur dann als radikale Selbstbestimmung gedacht werden, wenn ihr nichts in den Weg gelegt werden kann, wenn sie kein Gegenüber hat, welches sie in ihrer Selbstbestimmung einzuschränken vermag, wenn es streng gesehen nichts außerhalb ihrer gibt, wenn sie „reines Selbsterkennen“ ist (Diff. 46).

b) Der absolute Geist

Die als Geist gedachte Gesamtwirklichkeit ist zugleich das Absolute, d.h., sie ist Gott selbst, und zwar Gott als ein sich selbst verwirklichendes, absolutes Subjekt gedacht. Die Gesamtwirklichkeit ist ein Prozess, ist der Prozess der Selbstverwirklichung dieses Subjekts, ist dieses Subjekt selbst als das sich selbst verwirklichende Absolute. Gott ist damit erst am Ende einer Entwicklung das, was er in Wahrheit ist. Das Absolute ist Resultat, wie es in der „Phänomenologie des Geistes" heißt (PhG 24). Dieser Entwicklungsprozess beinhaltet auch die Hervorbringung einer Welt. Sie ist jedoch für den Geist nichts anderes als die Hervorbringung seiner selbst. Gott verkörpert sich gewissermaßen im Universum als Ausdruck seiner selbst. Der Geist „setzt", in idealistischer Sprache formuliert, sich selbst bzw. seine eigene Verkörperung. Er ist diese Verkörperung und ist sie doch nicht. Er hat nichts anderes als Gegenüber als sich selbst. Dabei verwirklicht er sich durch dieses Gegenüber hindurch im Sinne eines Denkprozesses, in dem er sich selbst denkt, d.h., bei Hegel wird gewissermaßen die aristotelische Gottesvorstellung des sich denkenden Denkens – um den Begriff der Selbstproduktion bereichert – zum Inbegriff von Wirklichkeit überhaupt.

Eine solche Setzung von Welt ist somit keine Schöpfung im christlichen Sinne, bei der etwas anderes als Gott selbst geschaffen wird. Die Setzung ist zudem kein Akt der freien Wahl. Gott muss nach klassischer Vorstellung keine Welt erschaffen und ist auf sie nicht angewiesen, um er selbst zu sein. Für Hegel hingegen ist der Prozess der Selbstverwirklichung ein notwendiger. Gott bedarf der Welt, um sich selbst zu verwirklichen, er kann sich selbst nicht anders verwirklichen als durch diesen Prozess hindurch. „Ohne Welt ist Gott nicht Gott", heißt es in Hegels „Vorlesungen zur Philosophie der Religion" (VPhR/BR 67). Auch bei Plotin ist die Emanation notwendig. Das Eine ist auf seine Emanationen jedoch nicht angewiesen, es verwirklicht sich nicht durch seine Emanationen hindurch. Im Gegensatz zum Absoluten bei Hegel ist es immer schon vollkommen es selbst.

Hegels Prozess der Selbstverwirklichung ist dennoch ein radikal autonomer Prozess, ein Prozess reiner Selbstbestimmung. Die Substanz des absoluten Geistes – Substanz bedeutet hier das, was das Wesen, die Grundbeschaffenheit des Geistes ausmacht – ist „die Freiheit, d.h. das Nichtabhängigsein von einem Anderen, das Sichaufsichselbstbeziehen" (Enz. § 383). So wird der Prozess bei aller Notwendigkeit von nichts dem Geist selbst Fremdem bewirkt, und er bringt auch nichts hervor, was den Geist nachträglich in eine Abhängigkeit bringen könnte, d.h., Freiheit und Notwendigkeit fallen so zusammen, dass das Prinzip der Selbstbestimmung nicht angetastet wird. Freiheit ist in dem Sinne das alles bestimmende Seinsprinzip, dass das Sein als ganzes ein einziges, völlig sich aus sich selbst hervorbringendes, absolutes Subjekt ist.

4. Die dialektische Bewegung

Die Bewegung, die der absolute Geist im Prozess der Selbstverwirklichung vollzieht, nennt Hegel Dialektik. Die Dialektik ist genauer gesagt das Gesetz, nach dem die Selbstbewegung des Geistes abläuft. Wie ist dieses Gesetz näher zu bestimmen?

Hegels monistischer Auffassung nach ist alles Geist. Geistsein aber ist nicht nur die eine, alles umfassende Wirklichkeit, der Geist ist zugleich wesentlich durch Gegensätze gekennzeichnet. Der Geist ist vor allem ein Subjekt, das sich selbst denkt und in diesem Sinne in einen Gegensatz zu sich selbst tritt. Der Geist ist Selbstbewusstsein (PhG 505). So wie bei Plotin der Geist eine Einheit war, zugleich aber eine Zweiheit von Denkendem und Gedachtem, so zeichnet sich auch bei Hegel die Einheit des Geistes zugleich wesentlich durch Entzweiung aus. Diese Zweiheit in der Einheit aber ist kein notwendiges Übel, sondern gehört auf eine noch näher zu bestimmende Weise positiv zur Wirklichkeit des Geistes dazu, ist ein Bestandteil der nicht weiter überbietbaren Vollkommenheit des Geistes. So gibt es bei Hegel im Gegensatz zu Plotin nicht noch ein über dem Geist zu stehen kommendes unterschiedsloses Eines, das vollkommener wäre als der Geist selbst. Die Wirklichkeit des Geistes als Einheit von Einheit und Zweiheit ist die höchste Wirklichkeit.

Die Entzweiung innerhalb des Geistes jedoch bildet die Grundlage für die dialektische Selbstbewegung des Geistes, insofern der Geist ständig Gegensätze setzt und zugleich überwindet. Der Geist geht genauer besehen von einer ersten Verstandesbestimmung bzw. einem ersten Begriff aus, gelangt in einem zweiten Schritt zum Gegenteil dieses Begriffs, um schließlich diesen Gegensatz zu etwas Höherem, was den Gegensatz umfasst, zu vereinen. Die dialektische Bewegung funktioniert also nach dem Prinzip eines Dreierschritts: Bestimmen von etwas Positivem, Negation (des Positiven) und Negation der Negation als Aufhebung des Widerspruchs zwischen Positivem und Negativem, bzw., wie es vor allem bei Fichte, weniger bei Hegel heißt: Thesis, Antithesis und Synthesis. Ein vom Verstand gesetzter Begriff (Thesis) schlägt in sein Gegenteil um (Antithesis), die Entgegensetzung aber wird durch die Synthesis beider auf einer höheren Ebene wieder aufgelöst.

Dabei ist der Übergang von einem Begriff in sein Gegenteil stets ein immanentes Hervorbringen. Es wird also nicht von außen ein konträrer Begriff an die Thesis herangetragen, sondern der Gegensatz ist im ersten Begriff bereits angelegt. Der Begriff entwickelt sich aus sich selbst, er enthält „in sich selbst den Anfang des Fortgehens und der Entwicklung" (WL II, 490), bzw. er hat das Negative seiner selbst in sich selbst (WL I, 35 f.). Die Synthesis aber ist so zu verstehen, dass die beiden ersten Begriffe in dem neuen dritten zugleich erhalten bleiben. Hegel spricht von einer „Aufhebung". Aufhebung hat im Deutschen einen zweifachen Sinn, den Hegel in seiner Verwendung dieses Begriffs gewahrt wissen will: Aufhebung bedeutet 1) aufheben im Sinne von aufhören lassen (etwa ein Gesetz, das aufgehoben wird), 2) aufheben im Sinne von aufbewahren (ich hebe dir etwas auf) (WL I, 94). Die Synthesis ist zudem zu verstehen als ein Aufheben im Sinne von auf eine höhere Ebene Heben. Der Gegensatz als solcher hört also auf, er bleibt aber in der Synthesis als in einer höheren Einheit zugleich bewahrt.

Ähnlich wie bei Descartes alle Erkenntnis aus der ersten Erkenntnis des „cogito, ergo sum" notwendig hervorgehen soll, entfaltet sich auch bei Hegel der Geist aus einer ersten, leeren Bestimmung heraus nach notwendigen Denkgesetzen, und zwar bis hin zu dem Punkt, wo er sich absolut, d.h. alle seine Inhalte eingeholt hat. Die erste Bestimmung muss nach Hegel etwas Allgemeines und Einfaches sein (WL II, 489), während die Entwicklung darin besteht, dass dieses Allgemeine sich besondert, d.h. Bestimmungen annimmt, die es näher kennzeichnen, und in diesem Sinne konkret wird. Das zunächst abstrakte Allgemeine wird zu einem konkreten oder bestimmten Allgemeinen, d.h. zu einem Allgemeinen, welches das Besondere in sich hat (WL II, 261). Das zuhöchst Allgemeine und Einfache aber ist der Begriff des Seins. Der Geist ist also zunächst reines Sein. Das reine Sein ist der Beginn, hinter den nicht noch einmal zurückgedacht werden kann. Es gibt nichts, was dem völlig einfachen und allgemeinen Sein vorhergehen kann, nichts Einfacheres und Allgemeineres, was noch vor ihm gedacht werden kann (WL I, 66). Dieses Sein ist gewissermaßen das bloße „ist" ohne jeden Inhalt. Die dialektische Bewegung beginnt nun damit, dass aus dem reinen Sein dessen Gegensatz hervorgeht, das Nichts. Das heißt, das Sein enthält in sich schon seine eigene Negation, denn was ist reines Sein, d.h. völlig bestimmungsloses Sein? Nichts. Die Synthese von Sein und Nichts jedoch ist das Werden. Werden ist das ständige Vernichtetsein von etwas, was gerade war, bzw. das Entstehen von dem, was noch nicht ist, es ist das ständige Übergehen von Sein in Nichts und Nichts in Sein (WL I, 67). Damit ist das Werden genau in dem Sinne eine Synthesis, dass Sein und Nichts in ihm aufgehoben sind. Es enthält beide in sich, aber so, dass Sein und Nichts zugleich aufhören, einzeln für sich zu bestehen. Mit dem Werden ist die dialektische Bewegung jedoch nicht abgeschlossen. Jeder erreichte Begriff enthält wiederum seine eigene Negation, was wiederum zu einer höheren Einheit führt usw., so lange, bis der Geist alle Inhalte hervorgebracht hat bzw. bis er sich selbst in seiner vollen Bestimmtheit, d.h. als absoluter Geist eingeholt hat (WL I, 55f.).

Der Geist, der auf diese Weise seine eigenen Inhalte entfaltet, wird sich dabei zugleich seiner selbst bewusst. Das heißt, er wird sich seines Wesens, seines Inhalts, d.h. seiner Substanz als etwas zunächst von ihm Verschiedenes bewusst. Es findet eine Entfremdung statt, wie es in der „Phänomenologie des Geistes“ heißt, indem die eigene Substanz dem Subjekt als eine ihm fremde Wirklichkeit gegenübertritt (PhG 360). Diese Entfremdung ist jedoch zugleich die Aufforderung, sich dieser Substanz zu bemächtigen (PhG 363), d.h. sie als das andere seiner selbst verstehen zu lernen und sie damit mit sich zu versöhnen. Am Ende der Bewegung des Geistes steht die Versöhnung mit dem Anderen, mit dem, was dem Geist zunächst entgegengesetzt erscheint. Der vollendete Geist erkennt in seinem Gegenüber sich selbst (vgl. PhG 25f., 493).

Als ein Prozess der inhaltlichen Selbstentfaltung und zugleich der Selbstbewusstwerdung wird der dialektische Prozess auch als die Entwicklung von einem Zustand des Ansichseins über das Fürsichsein zu einem An-und-fürsichsein beschrieben. Ansich ist etwas als sich im Keim befindend, es ist das zunächst rein mit sich Identische, vor aller Entzweiung. Das Fürsichsein bezeichnet die Entfaltung des im Keim Befindlichen, Entfaltung als Trennung in Gegensätze und als Bewusstwerdung seiner selbst. Es bedeutet Verlust der Identität, ist also Nichtidentität, Entzweiung seiner selbst. Um Beispiele von Hegel selbst zu nehmen: Der Embryo ist an sich Mensch, aber nicht für sich (PhG 25), ein Beispiel für Fürsichsein hingegen ist das bloße, d.h. das inhalts- und unterschiedslose Ich (Enz. § 96). Das An-und-fürsichsein aber stellt die Synthesis dar, die Verbindung der beiden ersten Momente, wobei bei Hegel allerdings oft schon der Begriff des Fürsichseins die Synthesis als solche bezeichnet. Der Geist gelangt zu sich selbst zurück, ist aber zugleich um die explizite Entfaltung seiner Inhalte und um das Bewusstsein seiner selbst reicher (vgl. PhG 28). Das An-und-fürsichsein ist anders ausgedrückt die Identität von Identität und Nichtidentität (vgl. WL I, 59).

Ein weiteres Begriffspaar, das Hegel für die Beschreibung des dialektischen Weges heranzieht, ist schließlich dasjenige von Unmittelbarkeit und Vermittlung. Die dialektische Bewegung ist ein Übergang von der Unmittelbarkeit in die Vermittlung und schließlich in die Synthesis von Unmittelbarkeit und Vermittlung (WL II 491ff.). Das Unmittelbare ist das, was sich noch nicht in seinem Inhalt entfaltet hat bzw. das, was sich seiner noch nicht bewusst geworden ist. Reine Unmittelbarkeit ist mit anderen Worten die jeweilige Wirklichkeit, soweit sie in sich ruht, vor ihrem Heraustreten aus sich selbst in den dialektischen Prozess der Entgegensetzung und Aufhebung dieser Entgegensetzung. Die Vermittlung aber ist das Sichwegbewegen des Unmittelbaren, es ist die Bewegung des Fürsichwerdens (PhG 25f.).

5. Dialektik und Leben

Wie Aristoteles Gott und Plotin den Nous, so denkt auch Hegel den absoluten Geist als Leben. Die Wirklichkeit ist ein einziger lebendiger Organismus, die dialektische Bewegung aber nichts anderes als eine Entwicklung von Leben. Das Leben ist zunächst konzentriert in einem Samen, dann faltet es sich auseinander und fasst sich zuletzt in der Frucht wieder zusammen, bzw. „der Keim in der Natur, nachdem er sich zu einem anderen gemacht, nimmt sich wieder in die Einheit zusammen". In Analogie hierzu ist der dialektische Prozess gedacht: „Die Entwicklung des Geistes ist Herausgehen, Sichauseinanderlegen und zugleich Zusichkommen" (VGPh XVII, 51, Glockner). Allerdings versteht Hegel den Lebensprozess als einen aufsteigenden Prozess. Er führt, im Unterschied zum biologischen Kreislauf des Entstehens und Vergehens innerhalb einer Art, zu immer höheren Formen.

Was den Lebensbegriff betrifft, ist vor allem Hegels Verständnis des Verhältnisses von Leben und Tod hervorzuheben. Das Leben des Geistes muss den Tod als ein notwendiges Moment seiner selbst in sich aufnehmen. Tod und Schmerz sind nämlich nichts anderes als die zum dialektischen Prozess notwendig dazugehörende „Mühe des Negativen" (PhG, 24). Das Leben des Geistes geht durch den Tod hindurch. In der „Phänomenologie des Geistes" heißt es: „Aber nicht das Leben, das sich vor dem Tode scheut und von der Verwüstung rein bewahrt, sondern das ihn erträgt und in ihm sich erhält, ist das Leben des Geistes" (PhG, 36).

Dieses Ineinander von Leben und Tod ist wie folgt zu verstehen: Der dialektische Prozess vollzieht sich durch einzelne Dinge, insbesondere einzelne Lebewesen hindurch. Es geht zwar letztlich um das Fortschreiten von Begriff zu Begriff, von Idee zu Idee, dieser Prozess aber ist in der Natur nicht ohne sie verkörpernde Individuen möglich. Jedes Einzelleben jedoch ist endlich, begrenzt, es entsteht und vergeht. Das Allgemeine hingegen, das es verkörpert, ist etwas Ewiges. Es ist das ewige Leben des Geistes, das sich durch die sterblichen Individuen hindurch verwirklicht. Damit aber sind die Individuen wie Gefäße, in denen das Allgemeine nicht verbleiben kann. Mit dem Tod des Individuums wird das Allgemeine von der Begrenztheit des Individuellen befreit. Das Individuelle ist etwas der Allgemeinheit des Geistes Unangemessenes (Enz. § 375).

Allerdings stößt das Allgemeine das Individuelle nicht einfach von sich ab, sondern es kommt auch hier zu einer Synthesis. Das Allgemeine als das Unendliche nimmt das Individuelle als das Endliche mit in sich auf, macht es zu einem Moment seiner selbst. Der Tod ist nichts anderes als das Aufheben des Einzelnen (Enz. § 376), d. h., durch den Tod wird das Endliche von seiner Endlichkeit befreit, indem es dialektisch mit in das ewige

Leben des Geistes hineingenommen wird (VPhR/BR 130f.). Dialektik ist ein Prozess der Versöhnung des Unendlichen mit dem Endlichen. Das Individuum aber kann demnach nur darin seine Wahrheit finden, dass es sich zu einem unselbstständigen Moment dieses unendlichen Lebensprozesses macht. Es ist nur wahrhaft, was es sein soll, wenn es sich dem Gesetz dieses unendlichen Lebensprozesses nicht verweigert, wenn es nicht in seiner Einzelheit zu verharren versucht, sondern sich dem Ganzen hingibt.

Doch nicht nur die Endlichkeit, sondern auch der Tod selbst als die „höchste Spitze der Endlichkeit" (VPhR/AR 157) wird mit in das ewige Leben des Geistes aufgehoben. Dies macht Hegel besonders anhand seiner Auslegung vom Tod Jesu deutlich. Für ihn stirbt Gott selbst in Jesu Tod (VPhR/AR 165). Dieser Tod Gottes aber ist so zu verstehen, dass damit der Tod zu einem Teil von Gottes eigener Wirklichkeit wird. Jesus aufersteht nämlich zugleich und mit ihm Gott, den Tod aber wirft Gott damit nicht einfach wieder von sich ab, sondern er nimmt ihn mit in sich hinein. Im Sinne der Negation der Negation tötet Gott mit seinem eigenen Tod den Tod, indem er ihn in der Auferstehung überwindet (VPhR/AR 167). Gott hebt den Tod auf, d.h., einerseits hört er auf zu sein, etwas für sich Selbstständiges zu sein, andererseits wird er mit in die Wirklichkeit Gottes hineingenommen, in ihr aufbewahrt. Tod und Auferstehung Jesu bilden somit eine Art Musterfall hegelscher Dialektik.

II. Das System

Hegels Philosophie unter die wesentlichen Ansätze abendländischer Metaphysik zu zählen ist gerechtfertigt, wenn man vom aristotelischen Metaphysikverständnis ausgeht. Metaphysik ist Hegels Philosophie, weil ihr Gegenstand sowohl Gott als auch das Sein im Allgemeinen ist, wobei bei Hegel, wie bereits bemerkt, die „metaphysica specialis" und die „metaphysica generalis" zusammenfallen, da der absolute Geist zugleich das Ganze des Seins ist.

Hegel selbst verwendet den Begriff der Metaphysik allerdings meist negativ. Gelegentlich kommt es sogar zu drastischen Äußerungen wie: Metaphysik sei ein Wort, „vor dem jeder mehr oder minder wie vor einem mit der Pest Behafteten davonläuft" (Diff. 575). Dieser Begriff steht bei ihm jedoch vor allem für eine vordialektische Philosophie, d.h. für ein Denken, das auf der Ebene des Verstandes verharrt, für eine „Verstandesmetaphysik" (Enz. § 32), welche die Wirklichkeit von endlichen, sich voneinander abgrenzenden Bestimmtheiten her erklärt und die daraus hervorgehenden Gegensätze absolut setzt, statt sie dialektisch aufzuheben. Dies betrifft insbesondere die frühneuzeitliche Metaphysik, in der Gegensätze wie der von Geist und Materie verabsolutiert werden (VGPh 265). Diese Metaphysikkritik aber schließt nicht die grundsätzliche Einreihung Hegels unter die größten abendländischen Metaphysiker aus. Es kommt sogar vor, dass Hegel selbst die Dialektik mit der Metaphysik identifiziert (Enz. § 24). Der Aussage: „Hegel treibt Metaphysik [...] und treibt sie kühner denn je" kann demnach trotz aller Polemik von Seiten Hegels selbst uneingeschränkt zugestimmt werden.[2]

Hegels Denken bildet ein in drei Wissenschaften gegliedertes System: Logik, Naturphilosophie und Philosophie des Geistes. Diese drei Wissenschaften entsprechen zugleich den Etappen der Entfaltung der Wirklichkeit selbst. Logik, Naturphilosophie und Geistesphilosophie stellen damit den umfassendsten dialektischen Dreischritt dar, innerhalb dessen eine Vielzahl kleinerer Schritte stattfindet, die jede dieser Wissenschaften für sich durchnimmt. Dieses Schema jedenfalls ist das Strukturprinzip der erstmals 1817 veröffentlichten „Enzyklopädie der philosophischen Wissenschaften", dem einzigen Werk, in dem Hegels Gesamtsystem in einer Art Abbreviatur zur Darstellung kommt. An diesem Werk orientiert sich die nun folgende Darstellung der inhaltlichen Gestaltung des dialektischen Geistprozesses.

1. Logik

In der Logik, die Hegel außer in der „Enzyklopädie" vor allem in dem schwierigen Werk „Logik der Wissenschaften" darlegt, geht es zunächst um die dialektische Entfaltung des absoluten Geistes bzw. des Absoluten, insoweit dieses Absolute als „reiner Gedanke", also unabhängig von aller materiellen Wirklichkeit betrachtet wird (WL I 31). Normalerweise verstehen wir unter Logik die Wissenschaft der formalen Denkstrukturen, deren wir uns zum inhaltlichen Denken bedienen. Für Hegel ist die Logik die Entfaltung des Gedankeninhalts selbst. Als formaler Aspekt bleibt allein, dass es in der Logik um die Denkinhalte noch vor der Setzung der Natur geht. Die Natur ist der Gegensatz zum Geist, den der Geist sich selbst setzt und durch den hindurch er sich ebenfalls noch verwirklichen muss. Die Logik aber untersucht die Entwicklung des Geistes in sich selbst, vor aller Setzung der Natur.

Dabei ist der Gegenstand der Logik, d.h. das Absolute als reiner Gedanke, nichts anderes als Gott selbst. Die Logik ist die Darstellung Gottes, wie er in sich selbst, „wie er in seinem ewigen Wesen vor der Erschaffung

[2] J. Hirschberger, *Geschichte der Philosophie*, Bd. 2: Neuzeit und Gegenwart, Freiburg 1953, 411.

der Natur (…) ist“ (WL I, 31). Der Logiker breitet somit das innere Wesen Gottes vor sich aus, die in der Logik beschriebene Dialektik ist die progressive Selbstdefinition Gottes, so wie sie in Gott selbst stattfindet. Das Prinzip dieser progressiven Selbstdefinition lautet auch hier: Ein gegebener Begriff schlägt in sein Gegenteil um, der Gegensatz aber wird durch die Negation der Negation auf einer höheren Ebene wieder aufgehoben. Der neu gewonnene Begriff führt wiederum zu einem Gegenbegriff und einer daraus folgenden Synthesis usw. In jedem nachfolgenden Begriff aber sind die Inhalte aller vorherigen enthalten. Der dialektische Prozess führt so zu einer letzten Synthesis, die alle anderen Begriffe in sich aufgehoben enthält. Diese letzte Synthesis ist die Idee. Das Absolute vollendet sich auf der ersten Stufe des dialektischen Prozesses, auf der Stufe der Logik, in der Idee bzw. in der absoluten Idee. Die absolute Idee ist der Inbegriff aller Begriffe, aller Gegensätze und zugleich sich selbst denkende Idee (Enz. § 236).

Die dialektische Entfaltung, die hier nur grob skizziert werden soll, erfolgt auch innerhalb der Logik in drei Stufen, einer Logik des Seins, einer Logik des Wesens und einer Logik des Begriffs. Die Logik des Seins befasst sich mit dem einfachen Sein und dessen Bestimmtheiten, wie sie unmittelbar gegeben sind. Das sind für Hegel in einem dialektischen Dreischritt Qualität, Quantität und das Maß als die Synthesis der ersten beiden. Die Qualität ist eine Bestimmtheit, die mit dem Sein unmittelbar identisch ist. Es ist eine innere Bestimmtheit des Seins. Das heißt, etwas hört auf, das zu sein, was es ist, wenn es seine Qualität verliert. Die Quantität hingegen ist als Gegensatz zur Qualität eine äußere Bestimmtheit, die für das Sein gleichgültig ist. Ein Haus etwa, gleich ob es größer oder kleiner ist, bleibt ein Haus. Die Synthesis beider aber ist das Maß, d. h. die qualitative Quantität. Überschreiten gewisse Dinge ein bestimmtes Maß an Mehr oder Weniger, hören sie auf, das zu sein, was sie waren. Das Wasser etwa wird ab einer bestimmten Temperatur zu Eis oder Dampf, d. h., die Veränderung des Quantums bedeutet zugleich eine Veränderung der Qualität (Enz. § 85).

Die Logik des Seins geht über in eine Logik des Wesens. Das Denken sucht jetzt hinter dem unmittelbaren Sein noch etwas anderes, was das eigentliche Sein sein soll. Dies ist das Wesen (WL II, 3). Es ist das, was dem unmittelbaren Sein zugrunde liegt (WL II, 63), d. h., es entsteht eine grundsätzliche Trennung in Grund und Gegründetes bzw. in Wesen und in Erscheinung, aber auch in Kraft und Ausdruck, Ursache und Wirkung usw. Die Wahrheit des Seins ist jedoch nicht das Wesen unter Ausschließung der Erscheinung, sondern die Synthesis von Wesen und Erscheinung bzw. die Einheit des Innern und des Äußern (WL II, 156). Erst diese Synthesis steht für das, was Hegel in einem spezifischen Sinne Wirklichkeit nennt.

Als das Ganze von Grund und Gegründetem aber – ich vereinfache hier stark – ist die Wirklichkeit etwas, was nicht durch anderes bedingt ist. Sie enthält den Grund ihrer selbst, d.h., sie ist Substanz. Dabei denkt Hegel den Substanzbegriff von Spinoza her, denn es gibt nur eine einzige Substanz: die Totalität des Seins. Die Substanz ist das selbstständige, weil von nichts anderem abhängige Ganze (Enz. § 151).

Der Geist, der auf den ersten beiden Stufen nur auf seine Inhalte als unmittelbares Gegenüber bezogen war, tritt schließlich in der Logik des Begriffs in Beziehung zu sich selbst. Auf dieser Stufe erfolgt somit die Entzweiung in Subjekt und Objekt bzw. Subjektivität und Objektivität, um zu dem Bewusstsein zu führen, dass die dem Subjekt entgegengesetzte Wirklichkeit nichts anderes ist als die Wirklichkeit des Subjekts selbst. Das heißt, der Geist kehrt zugleich aus seiner Selbstentzweiung in Subjekt und Objekt zu sich zurück. Genau dies versteht Hegel unter der Bestimmung „Begriff". Er meint damit in einem sehr speziellen Sinne das, was im Gegenüber sich selbst erkennt. Es ist das Subjekt, das im Objekt sich selbst erkennt. Der Begriff ist das durch sich und mit sich selbst Vermittelte (Enz. § 163). Der Prototyp von Begriff ist das Ich bzw. das Selbstbewusstsein. Wenn ich etwas als Ich bezeichne, erkenne ich in etwas, was mir selbst gegenüber ist, mich selbst (WL II, 220).

Die letzte Stufe erweist sich somit als die Entwicklung des Geistes als Selbstbewusstsein. Der Geist erkennt sich selbst als ein Subjekt, das Inhalte als ihm gegenüberstehende Objekte denkt, und erkennt dann weiter, dass diese Inhalte nichts als er selbst sind. Die sich ihrer selbst bewusste, umfassende Einheit von Subjektivität und Objektivität aber ist die Idee. Die Idee ist die Substanz, die sich als Subjekt vollkommen erfasst hat. Sie ist der sich seiner selbst bewusst gewordene Inbegriff von allem. Sie ist Gott als die vollendete Entfaltung seiner selbst als reiner Gedanke (Enz. § 213ff.).

2. Naturphilosophie

Indem der Geist in der Idee zum Inbegriff seiner selbst gelangt ist, ist er jedoch in gewisser Hinsicht erst an sich seiender Geist (Enz. § 383), in der Hinsicht nämlich, dass er völlig innerhalb der Bestimmung des reinen Gedankens verblieben ist, d.h., dass das Andere des Geistes noch nicht gesetzt ist und seine Inhalte noch nicht durch dieses Andere, d.h. durch die Natur hindurch entfaltet sind, um letztlich zur Einheit von sich und diesem Anderen zu gelangen. Erst mit diesem letzten Schritt ist das Absolute in vollem Sinne an-und-fürsich seiender Geist.

Die Naturphilosophie beginnt mit der Aussage, der Geist setze die Natur, die Welt als das andere seiner selbst, bzw. die Natur oder die Welt als ein Verschiedenes von sich aus sich heraus. Eine schwierige Interpretationsfrage ist hierbei zunächst, wie dieses aus sich Heraussetzen näher zu verstehen ist. In der „Enzyklöpädie der Wissenschaften“ heißt es am Ende der Ausführungen zur Logik, die absolute Idee würde sich entschließen, „sich als Natur frei aus sich zu entlassen“ (Enz. § 244). Dieser Darlegung nach wäre die Natur der freie Schöpfungsakt eines zuvor ohne diese Schöpfung für sich existierenden, absoluten Wesens. Dem widerspricht 1), dass die Setzung der Natur als das Andere des Geistes für Hegel ein ebenso notwendiger Prozess ist wie jede andere Hervorbringung auch, 2) stellt sich die Frage, ob in Bezug auf Hegel überhaupt sinnvoll von einem zeitlichen Davor die Rede sein kann, d. h., ob das Absolute oder Gott als vor der Setzung der Natur existierend angenommen werden kann. Auch von der Logik hieß es zwar, sie sei „die Darstellung Gottes [...] in seinem ewigen Wesen vor der Erschaffung der Natur“ (WL I, 31), in der „Enzyklopädie“ findet sich aber auch eine Aussage wie: „Die Welt ist erschaffen, wird erschaffen jetzt und ist ewig geschaffen worden“ (Enz. § 247). Von letzterer Aussage her ist die Logik eher als diejenige Wissenschaft anzusehen, die nicht etwas real-zeitlich vor der Erschaffung der Natur Liegendes darstellt, sondern allein die begriffliche Struktur des Seins überhaupt unter Absehung seiner konkreten Verwirklichung in der Natur und der aus der Natur hervorgehenden Geschichte der Menschen. Die absolute Idee wäre demnach immer schon Natur bzw. der Entschluss zur Setzung der Natur immer schon geschehen und die Logik nicht zeitlich, sondern allein logisch der Naturphilosophie und der Philosophie des Geistes vorzuordnen. Es spricht einiges für letztere Lösung, wobei allerdings der Versuch, zu einer eindeutigen Antwort zu gelangen, an Aussagen wie der folgenden letztlich scheitert: „Eine runde, positive Antwort lässt sich auf die Frage nicht geben, ob die Welt ohne Anfang in der Zeit sei oder einen Anfang habe. Eine runde Antwort soll heißen, dass *entweder* das eine *oder* das andere sei“ (Enz. § 247).

Die Natur entsteht, damit der Geist durch die Natur hindurch zu sich selbst zurückfindet. Unter Natur versteht Hegel die materielle, körperliche, in Raum und Zeit erscheinende Welt. Sie ist „die Idee in der Form des Andersseins“ (Enz. § 247). Als solche ist sie entfremdeter Geist, d. h., die Idee ist in ihr lediglich als „versteinerte“ oder gar „gefrorene“ anwesend, Metaphern, die Hegel von Schelling übernimmt. Durch die Natur tritt die Idee zudem in die Äußerlichkeit, d. h., sie tritt in einen unendlichen Reichtum von Formen, Erscheinungen und Gestaltungen, wie sie die Einzeldinge der Natur darstellen (GPhR 24). Erst in der Natur gibt es überhaupt so etwas wie Einzeldinge im Sinne von Einheiten, die sich durch eine Vielzahl von gegeneinander gleichgültigen Eigenschaften auszeichnen (Enz. § 250). Die Idee aber muss sich durch diese Einzeldinge hindurch entfalten. Das Allgemeine verwirklicht sich in der Natur allein durch das Einzelne hindurch.

Auch die Natur gestaltet sich als ein notwendiger Prozess, als ein System von Stufen über die Materie bis hin zum Lebendigen, wobei jede Stufe im Sinne der Dialektik in eine höhere Stufe übergeht (Enz. § 249). Hegel aber versteht diesen Prozess (auf dessen verschiedene Etappen ich hier nicht eingehe, zumal es sich um den eindeutig schwächsten Teil seiner Philosophie handelt) als einen Prozess in Richtung auf eine Geistwerdung der Natur. Die Entwicklung der Natur geht in Richtung einer immer größeren Innerlichkeit und zielt letztlich auf die Entstehung des Geistes in der Natur, gemeint ist der menschliche Geist. Er ist der Endzweck der Natur (Enz. § 251).

3. Philosophie des Geistes

Hiermit ist die Stufe der Philosophie des Geistes erreicht. Mit dem menschlichen Geist aber beginnt die Überwindung der Entfremdung des Geistes, der Entäußerung des Geistes in der Natur, indem der menschliche Geist sich die Natur zum Gegenstand seiner Erkenntnis macht und erkennt, dass die Natur nicht das schlechthin vom Geist Verschiedene ist. Erkennen nämlich ist „Zurückführung des Äußerlichen in die Innerlichkeit", besteht darin, sich die Natur zu assimilieren und sie dadurch zu idealisieren, d.h. alles Äußerliche als den Inhalt des Geistes selbst zu verstehen (Enz. § 381). Der Naturprozess entfaltet die Idee in der Natur als das Andere des Geistes bis hin zur Entstehung von Geist in diesem Anderen und versöhnt dann durch diesen Geist hindurch die Natur wieder mit der Idee. Der Geist ist das „aus ihrem Anderen in sich Zurückkehren und Zurückgekehrtsein" der Idee (ebd.).

Damit aber gelangt die Idee erst im menschlichen Geist dazu, sich wahrhaft selbst zu erkennen, d.h., um wahrhaft absoluter Geist zu werden, um seine Selbstentfaltung zu vollenden, ist der absolute Geist auf den Menschen angewiesen. Ohne ihn kann er seinen Prozess nicht zu Ende führen, kann die Versöhnung mit sich selbst nicht stattfinden. Den Gang durch die Natur geht der Geist, um sich im Menschen als dem Anderen seiner selbst als Selbstbewusstsein zu verwirklichen. Dieses Selbstbewusstsein unterscheidet sich von dem Selbstbewusstsein, das am Ende der Logik erreicht wurde. Am Ende der Logik weiß die Idee zwar von sich, dies ist aber nur ein „einfaches Insichsein" (ebd.), was man so verstehen kann, dass der Geist sich auf dieser Ebene noch nicht mitsamt dem Anderen seiner selbst bzw. durch das Andere seiner selbst hindurch selbst erkennt, dass er sich lediglich als reiner Gedanke weiß. Es fehlt die Integration der äußersten Form der Selbstunterscheidung, der Unterscheidung von Geist und seinem absoluten Gegensatz in sein Selbstbewusstsein (Enz. § 379).

Auch diese Selbstbewusstwerdung durch den menschlichen Geist hindurch geht über verschiedene Etappen. Dabei führt der dialektische Großschritt in der Philosophie des Geistes vom subjektiven Geist, d.h. vom Geist des je einzelnen, menschlichen Individuums, über den objektiven Geist, d.h. den in der menschlichen Gesellschaft und Geschichte verkörperten Geist bis hin zum absoluten Geist, den Geist, der durch Kunst, Religion und Philosophie hindurch sein Selbsterkennen vollendet. Der absolute Geist ist auch hier die Synthesis der beiden vorangehenden und zugleich das Endziel des Gesamtprozesses. Der Begriff „absoluter Geist" kann bei Hegel entweder das Ganze der prozesshaften Wirklichkeit oder das Resultat des Prozesses bezeichnen.

a) Der subjektive Geist

Der subjektive Geist ist zunächst die Seele als nur latent bewusstes Leben, als „Schlaf des Geistes" (Enz. § 388ff.). Auf der nächsten Stufe erwacht er dann zum Bewusstsein, zur Reflexion (Enz. § 413). Das erste Moment innerhalb dieser Stufe ist das reine Selbstbewusstsein: Ich = Ich. Hiermit erst entsteht im menschlichen Geist der Gegensatz von Subjekt und Objekt. Der subjektive Geist vergegenständlicht, verobjektiviert sich in einem ersten Moment als ein abstraktes, formelles Ich ohne alle Inhalte. Er ist die bloße Gewissheit seiner selbst (Enz. § 414). Der dialektische Fortgang auf der Ebene des Bewusstseins aber besteht darin, dass das Ich von dieser formellen Selbstbeziehung zu einer Selbstbeziehung fortschreitet, in der es zum Bewusstsein seiner Identität mit all dem gelangt, was es zunächst als ein außer ihm seiendes Objekt betrachtet.

Die Stufen dieser Entwicklung innerhalb des Bewusstseins gehen über die Momente gegenständliches Bewusstsein, Selbstbewusstsein und Vernunft (Enz. § 417). Als Bewusstsein betrachtet der subjektive Geist das Objekt, das er sich zum Gegenstand macht, zunächst als ein selbstständiges Objekt außer sich. Mittels des Selbstbewusstseins macht er sich dann die Objekte des Bewusstseins zu Inhalten seiner selbst. Er verinnerlicht sie, er kommt zu der Einsicht, dass das Objekt nichts anderes ist als er selbst als Subjekt: „Ich weiß von dem Gegenstande als dem meinigen (er ist meine Vorstellung), ich weiß daher darin von mir" (Enz. § 424). Der subjektive Geist gelangt zum Wissen um die Einheit von Subjekt und Objekt. Der Weg dahin aber führt über die Anerkennung fremden Selbstbewusstseins (Enz. § 430ff.). Anderes Selbstbewusstsein ist zunächst das sich von mir abgrenzende, gegen mich seiende Selbstbewusstsein. Über die berühmte Dialektik von Herr und Knecht aber, die hier nur angedeutet werden kann, gelangt das Selbstbewusstsein dahin, den Anderen als ein Selbstbewusstsein anzuerkennen, das frei und vernunftbestimmt wie es selbst ist. Das heißt, der subjektive Geist erkennt sich als identisch mit etwas, was er zunächst als das völlig Andere verstanden hatte. Das andere Selbstbewusstsein, welches mein Bewusstsein erkennt, ist zwar unterschieden von mir, wird aber doch zugleich als identisch mit mir erfahren. Das andere Selbstbewusstsein ist ein Gehalt meines Bewusstseins, der identisch mit mir selbst qua Selbstbewusstsein ist. Damit jedoch erhebt der subjektive Geist sich in einem zunächst abstrakten oder formellen Sinne zur Einheit des Selbstbewusstseins mit seinem Objekt. Er erreicht damit die Ebene der Vernunft als Einheit von Bewusstsein und Selbstbewusstsein, als „Gewissheit, dass seine Bestimmungen ebenso sehr gegenständlich, Bestimmungen des Wesens der Dinge, als seine eigenen Gedanken sind“ (Enz. § 439).

Auf die Stufen der Seele und des Bewusstseins folgt schließlich die Stufe des Geistes. Nachdem der subjektive Geist zur Einsicht in die Einheit des Subjektiven und des Objektiven gelangt ist, nachdem er weiß, dass er alle Objektivität in sich befasst (Enz. § 440), schreitet er zu der Einsicht fort, dass die Bestimmungen der Objekte, auf die er sich bezieht, für ihn nicht mehr wie auf der Ebene des Bewusstseins etwas ihm Gegebenes sind, etwas, was er bei aller Einheit des Subjektiven und des Objektiven als Vorgegebenes in sich aufnimmt, sondern Bestimmungen, die der Geist selbst schafft, die er aus sich selbst hervorbringt, die durch ihn selbst gesetzt wurden. Er erfasst die objektiven Inhalte als „Taten des Geistes“ (Enz. § 441). Der subjektive Geist erkennt damit seine eigene Substanz als eine Hervorbringung seiner selbst, er erfasst sich am Ende seiner Entwicklung angelangt als „absolutes Sichselbstbestimmen“, als Freiheit (Enz. § 442).

b) Der objektive Geist

Der subjektive Geist vollzieht all dies als individueller, vereinzelter Geist. Auf der Ebene des Geistes aber hat er zugleich alle Besonderheit aufgegeben, ist er allgemeiner Geist. Er ist sich bewusst, dass es der Geist überhaupt ist, der eine absolute Geist, der in ihm denkt. Seine Besonderheit hat er durch die Anerkennung der Identität anderer subjektiver Geister mit sich selbst überwunden. Das Bewusstsein der Einheit mit dem einen, absoluten, allen gemeinen Geist ist allerdings zunächst wiederum formal, so wie das bloße Ich = Ich formal war. Der subjektive Geist weiß sich nur als eins mit dem absoluten Geist, mit der Idee überhaupt.

Weiter gilt es daher, den ganzen Inhalt dieser Idee hervorzubringen und als mit sich identisch zu erkennen (Enz. § 482). Dies geschieht auch hier dialektisch, indem der subjektive Geist sich die Idee zunächst wiederum als etwas außerhalb seiner entgegensetzt, als etwas, das für ihn wie eine ihm fremde Macht ist. Der subjektive Geist bezieht sich auf eine „äußerliche, vorgefundene Objektivität" (Enz. § 483), die ihm als objektiver Geist gegenübertritt. Ein überindividueller Geist ist damit gesetzt. Der absolute Geist verwirklicht sich auf der Ebene des Menschen nicht nur in einzelnen Individuen, sondern auch in der Gesellschaft, im Staat und in der Geschichte, in der Entwicklung ihrer Institutionen und Strukturen. Auch dieser objektive Geist geht, wie nicht anders zu erwarten, in einem dialektischen Dreierschritt durch verschiedene Etappen der Entwicklung hindurch, durch Recht, Moralität und Sittlichkeit als Einheit von Recht und Moralität. Die konkrete Dialektik des objektiven Geistes soll hier lediglich anhand der bereits der Ebene der Sittlichkeit zugerechneten Weltgeschichte exemplifiziert werden.

Der objektive Geist ist geschichtlich gesehen der Weltgeist, der sich im konkreten Geschichtsprozess in eine Vielzahl einzelner Volksgeister besondert. Der Geist jedes Volkes ist ein Moment des allgemeinen Weltgeistes. Dabei hat jeder Volksgeist die Aufgabe, sein eigenes Prinzip in allen möglichen Lebensbereichen zu entfalten. Seine höchste Tätigkeit ist das Denken und das sich selbst Erfassen in diesen Entfaltungen (VPhW I, 177). In dem Augenblick aber, wo der einzelne Volksgeist dies erreicht hat, an und für sich geworden ist, hat er seinen Zenit erreicht und muss untergehen. Nur der allgemeine Weltgeist, der absolute Geist, der sich durch die Weltgeschichte hindurch verwirklicht, kann nicht untergehen (VPhW I, 71). Der Volksgeist hingegen ist ein natürliches Individuum, das aufblüht, stark wird, abnimmt und stirbt. Der Untergang muss nicht einer physischen Vernichtung gleichkommen, ein Volk kann endlos weiterexistieren, dann aber lediglich als „interesselose, unlebendige Existenz", die zu keiner weltgeschichtlich bedeutsamen Entwicklung mehr fähig ist. Es ist dann „eine politische Nullität und Langeweile" und dient lediglich anderen Völkern als „Material" (VPhW I, 69). Dabei versteht Hegel die Volksgeister als einander ablösende Glieder des fortlaufenden Geschichtsprozesses, wobei immer nur ein Volk auf dem Höhepunkt des Geschichtsprozesses stehen kann (VPhW I, 180). Jedes Stadium der Geschichte wird durch ein bestimmtes Volk verkörpert, das die Idee des jeweiligen Stadiums hervorbringt. Dabei gilt hier wie auch überall sonst bei Hegel das Gesetz der Dialektik. Die Volksgeister treten zueinander in Gegensätze, konkret gesagt, bekämpfen einander – der Krieg ist wie für Heraklit der Vater aller Dinge – und erzwingen neue Synthesen, verkörpert von neuen Völkern, die den Geschichtsprozess weiterführen. Die Weltgeschichte ist somit ein dialektisches Entstehen, Fortgehen und Ablösen der Prinzipien der Völker, mit dem Ziel, dass der Weltgeist durch die einzelnen Volksgeister hindurch zur Gewinnung seines Bewusstseins bzw. seiner vollendeten Freiheit gelangt (VPhW I, 71 ff.).

Eine wichtige Frage, die sich in diesem Kontext stellt, ist die Frage der Rolle des Individuums im weltgeschichtlichen Prozess. Zunächst ist hervorzuheben, dass der objektive Geist nicht unabhängig von Individuen frei für sich bestehen kann, sondern sich notwendig durch einzelne, subjektive Geister hindurch verwirklicht. Die objektive Inhaltlichkeit des Weltgeistes muss sich sogar ganz konkret durch alle Bedürfnisse, Triebe und Neigungen, kurzum die Leidenschaften der einzelnen Menschen hindurch ins Werk setzen. In diesem Sinne ist der bekannte Satz Hegels zu verstehen, dass „nichts Großes in der Welt ohne Leidenschaft vollbracht worden ist" (VPhW I, 85). Mit den Leidenschaften aber sind immer die partikularen Interessen, die selbstsüchtigen Absichten des einzelnen Subjekts gemeint. Es sei ein „Recht des Subjekts", dass sie in ihrer (weltgeschichtlichen) Tätigkeit Befriedigung finden (VPhW I, 82). Einzelne, herausragende Individuen, so genannte „welthistorische Individuen" wie Alexander der Große, Cäsar oder Napoleon, sind sogar die entscheidenden Motoren des weltgeschichtlichen Fortschritts. Sie machen das höhere Allgemeine zu ihrem Zweck und verwirklichen es.

Dennoch bleibt bei Hegel das Individuum der Allgemeinheit des objektiven Geistes letztlich radikal untergeordnet. Selbst die welthistorischen Individuen durchblicken nicht den weltgeschichtlichen Prozess, der mit ihnen vorgeht. Sie verfolgen, wie etwa Cäsar, ihre besonderen Interessen, ihre persönlichen Leidenschaften, der Geist aber bedient sich ihrer durch eine List – Hegels „List der Vernunft" (VPhW I, 105) –, indem er diese Leidenschaften gegen das mit ihnen Beabsichtigte für sich wirken lässt und dabei die Individuen für seine Zwecke preisgibt und aufopfert. Von daher soll der einzelne Mensch zwar in der Tätigkeit Befriedigung finden, zugleich aber heißt es: „Die Weltgeschichte ist nicht der Boden des Glücks" (VPhW I, 92). Die Individuen sind im Grunde nichts als „Mittel und Werkzeuge eines Höhern" (VPhW I, 87).

Hegel geht sogar noch weiter, indem er jegliches Belieben des Einzelnen gegenüber dem objektiven Geist zum Inbegriff des Bösen stempelt. Böse ist der menschliche Wille, der sich in seiner Besonderheit gegenüber dem allgemeinen Weltprozess behaupten will, sich diesem Prozess nicht unterordnen will: „Der böse Wille will ein der Allgemeinheit des Willens Entgegengesetztes" (GPhR § 139). Das Individuum hat kein Recht, subjektiv zu bleiben, alle Erziehung muss vielmehr dahin gehen, dass es objektiv werde, dass es das vom objektiven Geist dargestellte Allgemeine zu seinem Inhalt mache, dass es sich zum bewussten Werkzeug des allgemeinen Weltprozesses erhebe: „Der Wert der Individuen [...] beruht darauf, dass sie gemäß seien dem Geist des Volks ..." (VPhW I, 94).

Damit aber wird der allgemeine Weltprozess als solcher zum in sich selbst Guten. Alles, was geschieht, ist gut, sinnvoll und gerecht, weil es die inhaltliche Entfaltung Gottes selbst ist. Hegels philosophischer Grundsatz, die Wirklichkeit als solche sei vernünftig, wird hier zur unmittelbaren Rechtfertigung des faktisch gegebenen Weltablaufs: „Die Einsicht der Philosophie ist […], dass Gott Recht behält, dass die Weltgeschichte nichts anderes darstellt als den Plan der Vorsehung. Gott regiert die Welt" (VPhW I, 77). Sogar das Negative, das Böse in der Geschichte, und nicht nur das Böse, das im Sinne Hegels dem Weltlauf widersteht, sondern auch alle Gräueltaten und Ähnliches sind ein Moment der Verwirklichung des absoluten Geistes, dienen der Versöhnung des Geistes mit sich selbst am Ende der Geschichte: „Alle Opfer, die je am Altar der Erde gebracht wurden, sind um dieser Versöhnung willen gerechtfertigt."[3] Das einzelne Individuum ist nichts als ein dienendes Glied im Ganzen und löst sich am Ende auf, unabhängig davon, ob ihm selbst in der Weltgeschichte Glück oder auch nur Gerechtigkeit widerfahren ist.

c) Der absolute Geist

Ziel der Entgegensetzung von subjektivem und objektivem Geist aber ist deren Synthesis, nämlich der absolute Geist. In Wahrheit ist der objektive Geist nichts dem subjektiven Fremdes, ihn Entfremdendes, sondern der einzelne Mensch als subjektiver Geist versteht sich dann richtig, wenn er sich als Moment und zugleich als Träger des objektiven Geistes auffasst. Wenn sich aber der objektive Geist bis dahin entfaltet hat, dass alle seine Inhalte offen darliegen, wenn also der Inhalt des objektiven Geistes mit der voll entfalteten Idee identisch geworden ist und das einzelne Subjekt sich als dessen Vehikel und damit als Vehikel des ganzen unendlichen Gehalts des absoluten Geistes versteht, dann wird dieses Subjekt zum Träger und Verwirklicher der absoluten Idee bzw. dann weiß sich der absolute Geist durch das einzelne Subjekt hindurch als absolute Idee (VÄ I, 130). Der absolute Geist hat das Bewusstsein seiner selbst erreicht, bzw. der einzelne Mensch selbst ist zu diesem Bewusstsein geworden.

Der einzelne Mensch kann die absolute Idee jedoch verschieden zum Ausdruck bringen, d.h., auf der Ebene des absoluten Geistes gibt es noch einen letzten dialektischen Dreischritt, indem hier verschiedene Formen subjektiven Bewusstseins der objektiven Idee unterschieden und entfaltet werden müssen. Es gibt drei Formen des Sichselbstwissens des absoluten Geistes durch den Menschen hindurch: Kunst, Religion und Philosophie (VÄ I, 139). Auf der Stufe der Kunst weiß der absolute Geist unmittelbar

[3] K. Löwith, *Weltgeschichte und Heilsgeschehen. Die theologischen Voraussetzungen der Geschichtsphilosophie*, Stuttgart 1953, 60.

durch sinnliche Gehalte von sich selbst. Die absolute Idee wird durch die Sinnlichkeit hindurch zum Ausdruck und damit zum Bewusstsein ihrer selbst gebracht. Das Schöne, das in der Kunst dargestellt wird, ist „das sinnliche Scheinen der Idee" (VÄ I, 151). Schönheit ist da gegeben, wo der Begriff und dessen sinnliche Erscheinung sich vollkommen durchdringen (VÄ I, 156). In der Religion geschieht die Selbstdarstellung des absoluten Geistes nicht durch die Sinnlichkeit, sondern durch Vorstellungen hindurch (Enz. § 565). Die Religion steht damit zwischen Kunst und Philosophie. Die Kunst ist das Absolute in sinnlich fassbarer Form, die Philosophie in Form des reinen Denkens, des Begriffs, die Vorstellung aber stellt ein Mittleres zwischen beiden dar. Das Vorstellen ist innerlicher als die Sinnlichkeit, ist aber zugleich noch nicht reiner Begriff, sondern eine Art Mixtur aus auf Sinnlichkeit beruhenden Bildern und Begriffen. Die Philosophie schließlich bildet den Höhepunkt des gesamten Weltprozesses, denn hier geschieht vollkommene Selbstdarstellung durch das reine Denken, durch den Begriff hindurch (Enz. § 574). Der Geist erfasst sich in einer Form, die mit dem Inhalt selbst identisch ist. Die Philosophie ist die Tätigkeit des Erkennens, worin „die ewige und an sich seiende Idee sich ewig als absoluter Geist betätigt, erzeugt und genießt" (Enz. § 577).

Dies ist das Ende des Prozesses. Darüber hinaus scheint es nichts mehr zu geben. Das neuzeitliche Denken hat sich zu einer Art maßloser Hybris verstiegen, denn Hegels eigene Philosophie ist nichts anderes als die Verwirklichung dieses Endes. In Hegel findet die absolute Idee zu sich selbst, wird der Geist zum nicht weiter entzweibaren, an-und-für-sich seienden, sich absolut selbst bestimmenden Geist. Die Wirklichkeit als ganze erweist sich als Freiheit, die Totalisierung von Kants Autonomiegedanken ist vollzogen.

d) Philosophie und Religion

Ein letzter Punkt, auf den ich abschließend noch eingehen möchte, ist das Verhältnis von Philosophie und Religion, wie es sich auf dieser höchsten Stufe der Dialektik abzeichnet. Während im Mittelalter und nach üblichem christlichen Selbstverständnis die Religion bzw. die Offenbarung das der Vernunft übergeordnete Moment bleibt, kann die deutsche Philosophie von Lessing an als ein Versuch verstanden werden, eine Synthese von Philosophie und Christentum herzustellen, in der sich umgekehrt die Philosophie als Vollendung des Christlichen erweist. In Hegels System erreicht diese Idee ihren Höhepunkt. Die Religion ist in der Philosophie enthalten und aufgehoben, in der Philosophie begreift die Religion sich selbst, erhebt der in ihr vorgestellte Inhalt sich zum Begriff (Enz. § 572).

Hegel verleiht der Religion allerdings zugleich eine philosophische Aussagekraft wie kaum ein anderer Philosoph. Dies gilt vor allem für die christliche Religion, die Hegel als die absolute Religion versteht, weil alle anderen Religionen in einem dialektischen Prozess auf das Christentum hin zielen. Das Objekt der Religion ist Gott, das Subjekt das menschliche Bewusstsein, das Ziel die Vereinigung beider. Diese Vereinigung aber findet erst mit dem Christentum statt, während alle anderen Religionen lediglich ein Drang und ein Streben nach ihr sind (vgl. VPhR/RI). Dabei birgt die christliche Religion für Hegel bereits die gesamte Dialektik des Weltprozesses in sich, sodass bei aller Unterordnung der Religion unter die Philosophie „der Inhalt der Philosophie und der Religion derselbe ist" (Enz. § 573).

So deutet Hegel etwa die Trinität als Ausdruck des dialektischen Prozesses als eines solchen (vgl. VPhR/AR). Das Reich des Vaters ist Gott, so wie er als ewige Idee vor der Erschaffung der Welt im Gedanken rein für sich ist. Das Reich des Sohnes ist die Erscheinung der Idee innerhalb der Natur, d.h. die Setzung der Natur außer seiner als das Andere seiner selbst sowie die Entfaltung der Welt über die Materie, das Lebendige, den subjektiven Geist, Staat, Weltgeist und Religion bis hin zu Jesus Christus, in dem der Gegensatz erstmals wieder aufgehoben ist. Das Reich des Geistes aber ist der Vollzug der Versöhnung des Gegensatzes, das Wiederzusammengehen Gottes mit sich selbst, zunächst in der vom Heiligen Geist belebten Kirche und dann durch die Menschen im Allgemeinen hindurch.

Ein weiteres Beispiel ist Hegels Interpretation des Sündenfalls. Durch den Sündenfall setzt der menschliche Geist sich in seiner Einzelheit. Er fällt aus der ewigen göttlichen Einheit heraus (Enz. § 246). Das Böse, die Sünde, ist der menschliche Wille, der den partikularen Neigungen folgt und nicht der Allgemeinheit Gottes (VPhR/AR 140). Er wird zum Fürsichsein gegen Gott (VPhR/AR 168). Dieser Sündenfall ist jedoch zugleich notwendig für die Geistwerdung des Menschen und die Selbstverwirklichung Gottes. Der Mensch muss zunächst ein sich Gott widersetzendes Subjekt werden, damit er sich als Geist entfalten kann und damit zugleich Gott sich durch das menschliche Subjekt hindurch als das Andere seiner selbst zu verwirklichen vermag. Der Sündenfall ist somit für Hegel „das Krankmachen und die Quelle der Gesundheit, der Giftbecher, aus dem der Mensch sich Tod und Verwesung trinkt, und zu gleicher Zeit der Quellpunkt der Versöhnung" (VPhR/AR 110).

Die Versöhnung als solche aber findet durch die Menschwerdung in Jesus Christus statt. Sie ist die Versöhnung des Gegensatzes von Mensch und Gott: Der Mensch ist nicht mehr das Gott Fremde, steht nicht mehr im Gegensatz zu ihm, sondern der Gegensatz als Gegensatz wird überwunden, der Mensch wird zum Moment Gottes selbst, bzw. er wird sich der Unendlichkeit des Geistes in sich bewusst (VPhR/AR 173). Der Tod

Jesu Christi aber ist notwendig, damit die Inkarnation zur Wirklichkeit für viele Menschen werden kann, damit die Synthesis von Gott und Mensch sich nach und nach unter den Menschen durchsetzen kann, zuerst in der Kirche und dann in der Menschheit überhaupt. Der Tod Jesu Christi ist die Voraussetzung für die Aussendung des Geistes, der die christliche Gemeinde zur Einheit mit Gott erhebt (VPhR/AR 194), allerdings nur zu einer unmittelbaren Einheit, die, sobald die Gemeinde sich darin selbst zu verstehen versucht, sobald die Reflexion in sie einbricht, dazu bestimmt ist, in die Philosophie aufgehoben zu werden (VPhR/AR 224ff.).

Hegel hat hiermit auf eine für die christliche Religion selbst wohl kaum annehmbare, aber dennoch denkerisch beeindruckende Weise zentralen Momenten christlichen Selbstverständnisses philosophisch Ausdruck verliehen. Weder Augustinus noch Thomas von Aquin haben es versucht, das Innerste des Christlichen selbst auf dermaßen grundlegende Weise zum Fundament ihrer Metaphysik zu machen. Allerdings ist der Preis, den die Religion hierfür zahlt, weit größer als im Mittelalter. Dennoch ist die Aussage berechtigt, die Synthese von Philosophie und Religion, wie sie nicht nur das christliche Mittelalter und weitgehend die christlich geprägte Frühneuzeit charakterisiert, sondern auch in der Philosophie der Antike implizit gegeben ist, finde in Hegel ihren Höhepunkt. Bei keinem Denker zuvor hat der Gehalt der Religion die philosophische Idee selbst derart tiefgreifend durchdrungen.

Metaphysik nach Hegel?

Die historisch maßgebenden Philosophen nach Hegel nehmen in der Mehrheit eine ablehnende Haltung gegenüber der Metaphysik ein, die z. T. radikale Züge angenommen hat. Auf die Frage einer Metaphysik nach Hegel soll in diesem abschließenden Kapitel eingegangen werden, indem ich die drei wichtigsten Formen der nachhegelschen Metaphysikkritik skizziere.

1. Metaphysik als Illusion

Hegel kann in dem Sinne als die Vollendung der abendländischen Metaphysik angesehen werden, als er die in ihr vorherrschende Vorstellung einer allem zugrunde liegenden geistigen Wirklichkeit verabsolutiert hat. Diese Vorstellung hat die Metaphysik von Platons Ideen über den sich selbst denkenden Gott Aristoteles', die Wirklichkeit des Einen, des Geistes und der Seele bei Plotin, das christliche Gottesverständnis im Mittelalter bis hin zum frühneuzeitlichen Dualismus von Materie und Geist oder Natur und Freiheit wesentlich geprägt. Hegel aber setzt die Wirklichkeit mit dem absoluten Geist schlechthin gleich.

Eine derart extreme Position beschwört den Umschlag in ihr krasses Gegenteil, in eine radikal a-metaphysische Philosophie reiner Endlichkeit und Diesseitigkeit bzw. reiner Materialität geradezu herauf. Es verwundert daher nicht, dass sich ein solcher Umschlag im Anschluss an Hegel tatsächlich ereignet hat. Es gibt vor allem zwei Ansätze im 19. Jahrhundert, die diesen philosophiegeschichtlichen Einschnitt auf besonders radikale Weise vollzogen haben: einerseits die von Feuerbach und Marx ausgehende materialistische Metaphysikkritik mit Auswirkungen bis hin zur Kritischen Theorie der Frankfurter Schule, andererseits diejenige Nietzsches, die einen starken Einfluss auf das postmoderne Denken ausgeübt hat. Beide Positionen aber sind sich darin ähnlich, dass sie versuchen, die Metaphysik als Illusion zu entlarven.[1]

[1] Textverweise im Folgenden: a) Feuerbach/Marx: AD = Friedrich Engels, Anti-Dühring, Karl Marx–Friedrich Engels Werke Bd. 20, Berlin 1962; FS = Karl Marx, Die Frühschriften, Stuttgart 1971; WdC = Ludwig Feuerbach, Das Wesen des Chris-

a) Feuerbach und Marx

Bei Feuerbach und Marx gibt es im Grunde keine eigenständige Metaphysikkritik. Vielmehr ist die Metaphysikkritik integraler Bestandteil ihrer jeweiligen Religionskritik. Die Religionskritik, die Ludwig Feuerbach (1804–1872) in seinem 1841 erschienenen Werk „Das Wesen des Christentums“ entfaltet hat, gründet in der Unterscheidung zwischen dem konkreten, individuellen Menschen und dem allgemeinen, die ganze Menschengattung bestimmenden Wesen des Menschen. Als das Wesen des Menschen bezeichnet Feuerbach die Vernunft, den Willen und das Herz (WdC 41). Während das konkrete, individuelle Menschsein sich durch Beschränktheit, Endlichkeit auszeichnet, sind Denken, Wollen und Fühlen Vollkommenheiten, die wir nicht als beschränkt oder endlich wahrnehmen können (WdC 43ff.). Zu Recht fühlt und erkennt sich das menschliche Individuum als solches als beschränkt und endlich. Die Gattungseigenschaften des Menschen aber, Denken, Wollen und Fühlen als solche sind in sich unendlich bzw. der einzelne Mensch erfährt sie als unendlich. Das Wesen des Menschen ist für sich unendlich (WdC 45f.).

Das Prinzip der Religionskritik Feuerbachs besteht nun darin, dass aufgrund der Unendlichkeit des menschlichen Wesens Gottesvorstellungen nichts anderes sind als das zu einem Gegenstand hypostasierte Wesen des Menschen. Jede Gottesvorstellung ist eine Projektion des unendlichen Wesens des Menschen in etwas anderes als den Menschen selbst: „Das Bewusstsein Gottes ist das Selbstbewusstsein des Menschen, die Erkenntnis Gottes die Selbsterkenntnis des Menschen“ (WdC 53). Genauer gesagt: „Die Religion […] ist das Verhalten des Menschen zu sich selbst, oder richtiger: zu seinem Wesen, aber das Verhalten zu seinem Wesen als zu einem andern Wesen. Das göttliche Wesen ist nichts anderes als das menschliche Wesen oder besser: das Wesen des Menschen, abgesondert von den Schranken des individuellen, d.h. wirklichen, leiblichen Menschen, vergegenständlicht, d.h. angeschaut und verehrt als ein andres, von ihm unterschiednes, eignes Wesen“ (WdC 54).

Der religiöse Mensch ist sich nicht bewusst, dass es in der Religion um nichts anderes geht als um den Menschen selbst. Die Religion hält ihn vielmehr davon ab, zu diesem Bewusstsein zu gelangen, d.h. statt einer Projektion sich sein eigenes Menschsein zum Gegenstand zu machen. Wenn er sich sein Menschsein als solches zum Gegenstand macht, steht er

tentums, Stuttgart 1994; b) Nietzsche: AC = Der Antichrist, Schlechta Bd. II; FW = Die fröhliche Wissenschaft, Schlechta Bd. II; GA = Werke. Gesamtausgabe, Leipzig 1895ff.; GM = Zur Genealogie der Moral, Schlechta Bd. II; J = Jenseits von Gut und Böse, Schlechta Bd. II; KGW = Kritische Gesamtausgabe. Werke, hrsg. G. Colli u. M. Montinari, Berlin 1965ff.; Z = Also sprach Zarathustra, Schlechta Bd. II.

über ihm, als Projektion jedoch ist es ein Gott, der den Menschen beherrscht (WdC 63, 76). Der Mensch projiziert sein eigenes Wesen in Gott und versteht anschließend sich selbst als ein von diesem Wesen abfallendes, als ein sündiges Wesen (WdC 70f.). Diese Entfremdung, diese „Entzweiung des Menschen mit sich selbst“ (WdC 80) muss Feuerbachs Auffassung nach rückgängig gemacht werden. Der Mensch muss sich selbst als das verstehen lernen, als was er Gott verstanden hat. Er „hat seinen Gott, sein höchstes Wesen in sich selbst“ (WdC 46).

Diese Religions- bzw. Metaphysikkritik als Reduktion aller Transzendenz auf die Immanenz des menschlichen Wesens verschärft Karl Marx (1818–1883) durch seinen gesellschaftlich-materialistischen Ansatz. Mit der Vorstellung, der Mensch habe ein unendliches Wesen, bleibt auch Feuerbach in gewisser Hinsicht noch der Metaphysik verhaftet. Im Begriff des Wesens des Menschen klingt die aristotelische zweite Substanz und damit die Vorstellung von etwas Bleibendem, Beharrendem, Abstraktem, Zeitunabhängigem im Menschen an. In seiner sechsten These über Feuerbach in der „Deutschen Ideologie“ von 1845/46 setzt sich Marx hiervon ab, indem er bemerkt, das menschliche Wesen sei entgegen Feuerbach „kein dem einzelnen Individuum innewohnendes Abstraktum“, sondern „das Ensemble der gesellschaftlichen Verhältnisse“ (FS 340). Mit den gesellschaftlichen Verhältnissen sind die materiellen Lebensbedingungen des Menschen gemeint, genauer die wirtschaftlichen Bedingungen, die Produktionsverhältnisse, in denen der Mensch lebt: „Wie die Individuen ihr Leben äußern, so sind sie. Was sie sind, fällt also zusammen mit ihrer Produktion, sowohl damit, was sie produzieren, als auch damit, wie sie produzieren“ (FS 347). Diese Produktionsverhältnisse aber sind geschichtlich variabel. Es gibt somit keine unzeitliche Identität des Menschen, sondern alles ist im Fluss eines dialektischen Prozesses materieller Begebenheiten begriffen.

Innerhalb dieses Rahmens übernimmt Marx die Religionskritik Feuerbachs. Die Religion ist ein Erzeugnis des Menschen. „Der Mensch macht die Religion“, wie es in der Einleitung zur „Kritik der hegelschen Rechtsphilosophie“ heißt (FS 207). Dabei ist sie nichts als „das Selbstbewusstsein und das Selbstgefühl des Menschen“, nichts als eine „phantastische Verwirklichung des menschlichen Wesens“ (FS 208), die ihn durch die Verheißung eines illusorischen Jenseits vom Protest gegen sein diesseitiges Elend abhält. Die Religion ist das „Opium des Volkes“ (FS 208). Religiöse Vorstellungen aber entstehen dadurch, dass der Mensch in falschen materiellen bzw. ökonomischen Verhältnissen lebt. Alle Theorie – und in diesem Zusammenhang werden in der „Deutschen Ideologie“ Religion und Metaphysik in einem Atemzug genannt – ist nichts als ein „Supplement ihres materiellen, empirisch konstatierbaren und an materielle Voraussetzungen geknüpften Lebensprozesses". „Moral, Religion, Metaphysik und sonstige Ideologie" sind lediglich ein Überbau, d.h., ihnen kommt keinerlei Selbstständigkeit zu, sondern „die ihre materielle Produktion und ihren materiellen Verkehr entwickelnden Menschen ändern mit dieser ihrer Wirklichkeit auch ihr Denken und die Produkte ihres Denkens" (FS 349). Religiöse Vorstellungen aber würden ganz verschwinden, wenn die sie generierenden gesellschaftlichen Verhältnisse beseitigt würden. So ist die christliche Religion und ihre metaphysische Gottesvorstellung nichts als Ausdruck der zu überwindenden kapitalistischen Produktionsverhältnisse und würde mit einer Aufhebung dieser Produktionsverhältnisse gegenstandslos. Wo nämlich der Mensch sich nicht mehr ökonomisch von einer fremden Macht beherrscht weiß, wird er auch die Vorstellung der Abhängigkeit von einem höchsten Wesen aufgeben (AD 295). Er wird dann sich selbst das Höchste sein, allerdings nicht im Sinne einer Verwirklichung seines metaphysischen Wesens wie bei Feuerbach, sondern eines Humanismus, der „vollendeter Naturalismus" ist, wie es in den „Pariser Manuskripten" heißt, eines Zustandes, wo der Mensch seine konkreten, natürlichen Fähigkeiten uneingeschränkt verwirklichen kann (FS 235ff.).

b) Nietzsche

Auch bei Friedrich Nietzsche (1844–1900) steht die Metaphysikkritik in enger Verbindung mit der Religionskritik. Beide aber gründen bei ihm in einer Kritik der Moral, deren Prinzipien im Gegensatz zu Marx nicht die wirtschaftlichen Verhältnisse sind, sondern – zumindest für den späten Nietzsche – die Lehre vom Willen zur Macht.

Der Wille zur Macht ist die zentrale Kraft, die nicht nur allen menschlichen Tätigkeiten zugrunde liegt, sondern sie ist das Prinzip alles Lebendigen (Z 371), ja alles Seienden schlechthin (KGW VIII 3, 52). Wille zur Macht ist ein Streben, Macht zu gewinnen, Macht über sich selbst, aber immer zugleich auch Macht über die Anderen und Macht über die Natur. Dabei ist der Wille zur Macht kein Wille zur Selbsterhaltung, sondern der Wille, mehr zu werden, mehr im Sinne von ständiger Steigerung (KGW VIII 3, 93). Steigerung aber bedeutet, über alles bereits Erreichte immer wieder hinauszugehen, d.h., alles Begehren, Streben, Verlangen, das Leben überhaupt ist ein unerschöpflicher Wille zur Selbstüberwindung (Z 369ff.). Alles, was der Mensch tut, alle Vorstellungen, die er sich gibt, sind nichts als der Ausdruck eines solchen – sich seiner selbst unbewussten oder bewussten – Willens zur Macht.

Dabei darf dieser Wille zur Macht nicht wiederum als ein metaphysisches Prinzip angesehen werden. Es gibt für Nietzsche nicht einen Willen zur Macht, welcher der gesamten Wirklichkeit zugrunde liegt, vielmehr ist die Welt nichts als eine Vielheit miteinander im Streit liegender Willen zur Macht.[2] Selbst der jeweils einzelne Wille unter den vielen bildet keine irreduzible Einheit, sondern ist seinerseits eine Pluralität einander bekämpfender Willen zur Macht. Die Welt besteht aus einer Vielzahl von „Macht-Gebilden" (KGW VIII 1, 2 [87]), d.h., nirgends gibt es letzte, nicht weiter teilbare Einheiten. Nietzsche möchte den Begriff der Einheit völlig loswerden (GA XV, 381). Die Welt ist lediglich ein „Spiel von Kräften und Kraftwellen" ohne Ziel und Grund (KGW VII, 3, 38 [12]), ein Spiel von ungerichteten „Überwältigungsprozessen", bei denen sich ständig ein Wille zur Macht auf Unkosten zahlreicher kleinerer Mächte durchsetzt (GM 818f.).

Damit aber kann die entscheidende Frage der abendländischen Metaphysik, die Frage nach dem der Wirklichkeit Zugrundeliegenden, nur negativ beantwortet werden. Insbesondere gibt es keinen Gott, kein höchstes, sich von der erscheinenden Wirklichkeit abhebendes Wesen. Gott ist tot, verkündet der tolle Mensch auf dem Marktplatz (FW 126), Gott ist tot ist auch die Grundaussage, mit der Nietzsche seine Ausführungen in „Also sprach Zarathustra" beginnt (Z 279).

Wie begründet Nietzsche seine Metaphysikkritik? Soweit von einer eigentlichen Begründung überhaupt die Rede sein kann, bildet hierzu die bereits erwähnte Kritik der Moral ein gewisses Fundament. Nietzsches eigene Moral ist unmittelbar am Willen zur Macht orientiert: „Was ist gut? Alles, was das Gefühl der Macht, den Willen zur Macht, die Macht selbst im Menschen erhöht. Was ist schlecht? Alles, was aus der Schwäche stammt ..." (AC 1165). In diesem Sinne unterscheidet Nietzsche zwischen einer Herrenmoral und einer Sklavenmoral (J 729ff.). Die Herrenmoral ist die Moral der Vornehmen, Stolzen und Starken, es ist die Moral derjenigen, die starken Willens sind. Die Sklavenmoral hingegen, und darunter versteht Nietzsche alle bisherige Moral in Europa, vor allem aber die christliche Moral des Mitleids, der Demut und der Geduld, ist auf einen schwachen Willen zurückzuführen. Letztere aber ist lediglich das Resultat eines Ressentiments, eines Gefühls geheimen Hasses gegen die Willensstarken, eine Art Missgunst, die aus der Unfähigkeit hervorgeht, selbst starken Willens zu sein (GM 782).

So wie Nietzsche die Werte der Sklavenmoral auf Äußerungen eines schwachen Lebenswillens zurückführt und ablehnt, so urteilt er auch über alle anderen menschlichen Vorstellungen, denn nicht nur Werte, sondern die menschlichen Äußerungen überhaupt sind Ausdruck des Willens zur

[2] Ich folge hierin der Interpretation von W. Müller-Lauter, „Nietzsches Lehre vom Willen zur Macht", in: *Nietzsche-Studien. Internationales Jahrbuch für die Nietzsche-Forschung*, 2 (1974), 1–60.

Macht. Auch in Bezug auf die Vorstellungen der Metaphysik stellt sich somit die Frage, ob ihnen ein schwacher oder ein starker Wille zur Macht zugrunde liegt. Alle Vorstellungen der Metaphysik aber, mit denen wir der Welt entweder ein höchstes Prinzip (metaphysica specialis) oder aber eine konstante Struktur (metaphysica generalis) zugrunde legen, sind für Nietzsche grundsätzlich der Ausdruck eines schwachen Willens und von daher zu verwerfen. Die Welt, wie sie von einem starken Willen her zu verstehen ist, kennt keinerlei unabänderbar konstante Strukturen und auch kein höchstes, diese Strukturen garantierendes Wesen, sondern ist eine Wirklichkeit, die ständig über sich, über ihre gerade bestehenden Strukturen hinausstrebt, ist ständige Selbstüberwindung (J 600f.).

In der „Genealogie der Moral" erklärt Nietzsche im Sinne dieser Metaphysikkritik die Entstehung der Gottesvorstellung aus der Entstehung des schlechten Gewissens. Das schlechte Gewissen sei dadurch entstanden, dass eine kleine Zahl von Eroberern und Herrschern Staaten bildeten, indem sie sich eine große Zahl von Menschen tyrannisch unterwarfen. Die unterworfenen Menschen, die ihren Willen zur Macht nicht mehr gegen andere Menschen richten konnten, richteten ihn nun gegen sich selbst, gegen ihre eigenen Instinkte, gegen ihren eigenen Willen zur Macht und erzeugten so das schlechte Gewissen, das Schuldbewusstsein in sich. Dabei hat sich das Schuldgefühl in den früheren Gesellschaften insbesondere auch als Verhältnis der jeweils gegenwärtigen Menschen gegenüber ihren Vorfahren geäußert. Das gegenwärtige Geschlecht versteht sich als nur durch die Opfer und Leistungen der Vorfahren bestehend und erkennt sich damit dem Vorfahren, dem Ahnherren gegenüber als schuldig. Dieser Ahnherr aber wird zu etwas immer Mächtigerem gesteigert und letztlich in einen Gott transfiguriert. Dabei ist der christliche Gott der Maximal-Gott, mit dem auf Erden auch das Maximum an Schuldgefühl erreicht ist. Gott ist also ursprünglich eine Projektion jener Willensschwachen, die nicht die Herrschaft an sich zu reißen vermochten bzw. sich der angeblichen Macht ihrer Vorfahren immer mehr unterordneten (GM 826ff.).

Doch nicht nur die Gottesvorstellung, auch die für die neuzeitliche Metaphysik so zentrale Vorstellung des Ich oder des Subjekts verwirft Nietzsche auf der Grundlage seiner Willenslehre. Die Vorstellung, das Denken oder sonst eine menschliche Tätigkeit setze ein Subjekt voraus, das denkt, ist für Nietzsche nichts als eine „grammatische Gewohnheit" aufgrund der Subjekt-Prädikat-Struktur unserer Sprache (KGW VIII 1, 2 [83]). Eigentlich gibt es keinen Denker im Sinne eines konstanten, mit sich identischen Subjekts, das unseren Denkakten zugrunde liegt. Es verhält sich vielmehr so, „dass ein Gedanke kommt, wenn 'er' will, und nicht wenn 'ich' will" (J 580), d.h., der Mensch ist mehr Zuschauer als Urheber des in ihm vorgehenden Denkens. Nicht ich denke, sondern es denkt, wie es mit Anspielung auf Descartes' „cogito" heißt. Das Ich, das Subjekt ist lediglich „eine Construktion des Denkens [...] als regulative Fiktion, mit deren Hilfe eine Art Beständigkeit, folglich 'Erkennbarkeit' in eine Welt des Werdens hineingelegt, hineingedichtet wird" (KGW VII 3, 35 [35]). Im Grunde genommen aber sind Ich oder Subjekt nichts als eine „Subjekt-Vielheit", als ein „Gesellschaftsbau der Triebe und Affekte", dem keinerlei Einheit zugrunde liegt (J 577).

Zur Subjektvorstellung führt auch hier wieder der schwache Wille, denn das einheitliche Subjekt wird stets als ein freies, für sein Handeln verantwortliches Subjekt konzipiert, dies aber ist für Nietzsche lediglich ein Subjekt, das sich die Tugenden seiner Sklavenmoral als Verdienst anrechnen möchte: „Das Subjekt [...] ist vielleicht deshalb bis jetzt auf Erden der beste Glaubenssatz gewesen, weil er die Überzahl der Sterblichen, den Schwachen und Niedergedrückten jeder Art, jene sublime Selbstbetrügerei ermöglichte, die Schwäche selbst als Freiheit, ihr So- und So-sein als Verdienst auszulegen" (GM 791). Was für das Subjekt gilt, gilt schließlich für alle ontologischem Begriffe, für Begriffe wie Stoff, Ding, Substanz, Individuum, Zweck, Zahl usw. (KGW VII 3, 35 [35]) Mit Begriffen dieser Art dichten wir konstante Strukturen in die Welt hinein, die der Beschaffenheit der Welt als ein Prozess ständiger Selbstüberwindung widersprechen.

2. Heideggers Überwindung der Metaphysik

Eine Steigerung über Hegel hinaus hat es nach Hegel bestenfalls mit Martin Heidegger (1889–1976) gegeben, indem Letzterer dem Seinsbegriff eine Überhöhung hat zukommen lassen, wie es sie in der Metaphysikgeschichte bisher noch nicht gegeben hat. Diese Überhöhung wird allerdings aus einer zugleich dezidiert metaphysikkritischen Position heraus vorgenommen, indem Heidegger dieses Sein als etwas alle bisherige Metaphysik Überbietendes versteht.[3]

Die Grundlage von Heideggers Denken bildet die Differenz von Sein und Seiendem. Sein und Seiendes sind nicht dasselbe. Das Seiende meint das, „was jeweils seiend ist", d.h. Wirkliches, Greifbares, Reales, einzelne Dinge wie etwa ein Kreidestück, „diese weißgraue, so und so geformte,

[3] Textverweise im Folgenden: EiM = Einführung in die Metaphysik, Tübingen 1953; Hu = Über den Humanismus, Frankfurt a.M. 1949; ID = Identität und Differenz, Pfullingen 1957; N I + II = Nietzsche, 2 Bde., Pfullingen 1961; SdD = Zur Sache des Denkens, Tübingen 1969; SuZ = Sein und Zeit, Tübingen 1977; VA = Vorträge und Aufsätze, Pfullingen 1954; WiM = Was ist Metaphysik?, Frankfurt a.M. 1986.

leichte, zerbrechliche Masse". Das Sein ist demgegenüber das, „was gleichsam 'macht', dass [...] ein Seiendes ist und nicht vielmehr nichtseiend". Das Sein ist nicht das, was seiend ist, sondern „die Seiendheit, das Seiendsein" von etwas Seiendem (EiM 23f.).

Die traditionelle Metaphysik hält sich Heideggers Auffassung nach immer schon im Raum dieser Differenz auf (ID 41). Heidegger versteht sie als Onto-Theologie, d. h. ganz im aristotelischen Sinne als Einheit von „metaphysica generalis", der es als Ontologie um das Seiende im Allgemeinen geht, und von „metaphysica specialis", die als philosophische Theologie nach dem ersten, höchsten Prinzip alles Seienden fragt. Diese Metaphysik aber hat, so Heidegger, das Verhältnis von Sein und Seiendem seit Platon immer nur als das Verhältnis von Grund und Begründetem gedacht. Das Denken überhaupt wurde mit ihr zu einem Vorgang des Begründens von Seiendem (ID 48ff.). Das Seiende wird auf etwas zurückgeführt, aus dem es ist. Das, aus dem es ist, ist das, was „macht", dass es ist. Dieser Grund ist in der Philosophie verschieden konzipiert worden, etwa als Idee, als das Eine, als absoluter Geist oder als personaler Gott. Versteht man jedoch die Frage nach dem Sein als Frage nach dem letzten Grund, so wird – und hierin liegt das Problem der traditionellen Metaphysik – „unausgesprochen nach einem anderen, höheren *Seienden*" statt nach dem Sein selbst gefragt (EiM 21; von mir hervorgehoben). Das Sein wird von der Metaphysik als Seiendes verstanden. Die Metaphysik ist immer „begründendes Vorstellen" (SdD 62), die sich etwas zum Gegen-stand macht, die sich etwas vor-stellt. Damit aber denkt sie immer dort, wo sie nach dem Sein des Seienden fragt, dieses Sein als ein Seiendes, das wie anderes Seiendes Gegenstand seines Vorstellens ist, denn „alles wird dem Vorstellenden zum Seienden" (VA 232).

Die Metaphysik ist demnach unfähig, das Sein als Sein zu bedenken. Sie zeichnet sich durch eine grundlegende „Seinsvergessenheit" aus (EiM 14). Sie bewegt sich zwar im Rahmen der Differenz von Sein und Seiendem, das Denken des Grundes setzt diese Differenz voraus, die Differenz als solche aber, d. h. inwiefern das Sein wirklich etwas vom Seienden Verschiedenes ist, wird von der Metaphysik nicht bedacht. Dies zu klären jedoch sieht Heidegger als die eigentliche Aufgabe des Denkens an. Die eigentliche Aufgabe des Denkens ist die Beantwortung der Frage: Was ist das Sein? Aus diesem Grund geht es Heidegger um eine „Destruktion" (SuZ 40), „Überwindung" (N II 370) oder „Verwindung" (VA 75) der Metaphysik. Gemeint ist eine Hinterfragung der Philosophiegeschichte, um all das von ihr zu entfernen, was verhindert, dass das Sein, von dem her alle Metaphysik immer schon denkt, sich von sich her, an sich selbst zeigt, ohne durch das Seiende verdeckt zu werden.

Auch wenn Heidegger in diesem Sinne der Metaphysik gegenüber eine stark ablehnende Haltung einnimmt, bleibt er doch mit der Frage nach dem Sein als solcher in einem hervorgehobenen Sinne Metaphysiker. So ist auch bei Heidegger selbst – zumindest bis zu seiner Spätphilosophie – der Metaphysikbegriff zweideutig. Es gilt zwar einerseits, zu einem Seinsdenken zu finden, das „ursprünglicher […] ist als die Metaphysik" (Hu 42), andererseits heißt es jedoch, die Überwindung der Metaphysik beseitige die Metaphysik nicht (WiM 9), preisgegeben werde nur die „metaphysische Auslegung der Metaphysik" (N II, 370). Diese Zweideutigkeit entsteht dadurch, dass die Frage nach dem, was ist, ganz gleich, ob es sich um Seiendes oder Sein handelt, in gewisser Weise doch unabänderbar die Frage der Metaphysik bleibt.

Gewissermaßen hat Heidegger die Metaphysik dadurch zu vollenden versucht, dass er sie mit seiner Seinsfrage überhaupt erst richtig in Angriff nehmen wollte. Zugleich sieht Heidegger sich jedoch ernsthaft mit der Anfrage Nietzsches konfrontiert, die er – zumindest rhetorisch – auch an sich selbst gerichtet hat: ob das Sein, um das es ihm in Abhebung vom Seienden geht, nicht letztlich nichts als ein Dunst und ein Irrtum sei (EiM 27).

3. Die Sinnlosigkeit metaphysischer Aussagen

Eine ebenfalls äußerst einflussreiche Form von moderner Metaphysikkritik ist Anfang des 20. Jahrhunderts aus der im angelsächsischen Bereich entstandenen analytischen Philosophie hervorgegangen. Ihr geht es weder um die Entlarvung der Metaphysik als Illusion noch um deren seinstheoretische Überwindung, sondern um den Verdacht der Sinnlosigkeit metaphysischer Aussagen. Vor allem die Positionen des frühen Wittgenstein, Carnaps und des späten Wittgenstein waren prägend für die Metaphysikkritik dieser philosophischen Richtung.[4]

a) Der frühe Wittgenstein

Im „Tractatus logico-philosophicus", dem 1921 erschienenen Frühwerk von Ludwig Wittgenstein (1889–1951), wird eine Aussage dann als sinnvoll bezeichnet, wenn – abgesehen von den logischen Zeichen „und", „oder"

[4] Textverweise im Folgenden: a) und c) Wittgenstein: PU = Philosophische Untersuchungen, Nummerierung nach Bemerkungen, Werkausgabe, Frankfurt a. M. 1984 ff., Bd. 1; TB = Tagebücher 1914–1916, Werkausg. Bd. 1; TLP = Tractatus logico-philosophicus, Werkausg. Bd. 1; VüE = Vortrag über Ethik, hrsg. v. J. Schulte, Frankfurt a. M. 1989; b) Carnap: Ü = Überwindung der Metaphysik durch logische Analyse der Sprache, in: Erkenntnis 2/1931.

usw. – alle Namen, die in der Aussage vorkommen, wirkliche Gegenstände bezeichnen. Die Bedeutung eines Wortes ist nichts anderes als der Gegenstand, den das Wort bezeichnet (TLP 3.203). Unter wirklichen Gegenständen aber scheinen – bei aller Schwierigkeit der Interpretation in diesem Punkt – zumindest in Raum und Zeit gegebene Realitäten gemeint zu sein. Wittgenstein jedenfalls setzt die Gesamtheit der wahren Sätze mit der gesamten Naturwissenschaft gleich (TLP 4.11). Hiervon unterscheidet er zwei Arten von nicht sinnvollen Sätzen. Es gibt sinnlose und unsinnige Sätze. Sinnlos sind die Sätze der Logik. Sie enthalten formale Begriffe wie etwa den Begriff „Gegenstand“ selbst, oder die Begriffe „Tatsache“, „Funktion“, „Zahl“ usw. Als rein formale Begriffe sind sie sinnlos, denn sie bezeichnen keinen konkreten Gegenstand. Doch auch wenn die Sätze der Logik die logischen Strukturen, weil ungegenständlich, nicht sagen können, können sie sie doch, so Wittgenstein, zeigen. Die logische Form spiegelt sich in den Sätzen der Logik (TLP 4.121).

Anders verhält es sich mit den nicht sinnvollen Sätzen der zweiten Klasse, die sich dadurch auszeichnen, dass sie vor allem Wertbegriffe enthalten. Gemeint sind Ausdrücke, die in ethischen, ästhetischen und religiösen Aussagen vorkommen. Sie haben ebenfalls keinerlei Gegenstand in der Welt: „In der Welt ist alles, wie es ist, und geschieht alles, wie es geschieht; es gibt in ihr keinen Wert ...“ (TLP 6.41). Nicht nur ethische Begriffe, sondern auch Begriffe wie Seele, die ein „metaphysisches Subjekt“, d.h. „die Grenze – nicht ein Teil der Welt“ ist (TLP 5.641), oder Gott: „Gott offenbart sich nicht *in* der Welt“ (TLP 6.432) sind Wertbegriffe. Werte beziehen sich im weitesten Sinne auf Welttranszendentes und damit auf Metaphysisches. Auch die Welt „als-begrenztes-Ganzes“, womit der dritte Teil frühneuzeitlicher „metaphysica specialis“ angesprochen wäre, ist kein Gegenstand der Welt. Die Welt als Ganzes ist uns zwar durch ein Gefühl gegeben, das Wittgenstein mit dem Begriff des Mystischen in Verbindung bringt (TLP 6.45). Das Mystische jedoch ist das Unaussprechliche (TLP 6.522), worüber wir nur schweigen können (TLP 7). Da metaphysische Sätze nicht einmal wie die logischen Sätze die logische Form der Welt anzeigen, sind somit Aussagen, die sie enthalten, völlig unsinnig.

Damit ist allerdings nicht gesagt, dass es für Wittgenstein Metaphysisches nicht gibt. Es geht ihm nicht um die Existenz metaphysischer Gegenstände, sondern um deren Aussagbarkeit in sinnvollen Sätzen. In einem 1929 gehaltenen „Vortrag über Ethik“ nennt er sogar drei Grunderlebnisse, in denen sich uns Absolutes zeigt: 1) das Staunen darüber, dass die Welt existiert, 2) das Gefühl absoluten Geborgenseins, 3) Schuldgefühl (VüE 14f.). Jede Schlussfolgerung jedoch, die wir aus diesen drei Erfahrungen zu ziehen versuchen, ist unsinnig. Aussagen wie: „Gott hat die Welt erschaffen“, „Ich fühle mich sicher in Gottes Hand“ und „Gott missbilligt mein Verhalten" als Antwort auf diese drei Grunderlebnisse sind alles unsinnige Aussagen. Dennoch verleihen sie dem Leben einen Sinn. „Das Gebet ist der Gedanke an den Sinn des Lebens …" „An einen Gott glauben heißt sehen, dass das Leben Sinn hat", lautet es in seinen Kriegstagebüchern (TB 11. 6. 1916; 8. 7. 1916). Die Sinnfrage ist für Wittgenstein die eigentlich entscheidende, aber durch sinnvolle Aussagen nicht beantwortbare Frage.

b) Carnap

Rudolf Carnap (1891–1970) geht als Vertreter des logischen Positivismus ähnlich wie der frühe Wittgenstein und unter dessen Einfluss davon aus, dass sinnvolle Aussagen nur Aussagen über Tatsachen sein können. Er versteht dies allerdings so, dass Sätze nur dann als sinnvoll angesehen werden können, wenn es für sie eine „Methode ihrer Verifikation" gibt. Verifiziert aber wird ein Satz durch die Rückführung auf Sätze – so genannte „Protokollsätze" –, die unmittelbar auf die beobachtbare Wirklichkeit verweisen. Verifikation ist somit die Überprüfung von Sätzen durch Rückführung auf Beobachtungen oder Experimente.

Auf der Grundlage dieses Prinzips nimmt Carnap in einem bekannten Aufsatz von 1931 „Überwindung der Metaphysik durch logische Analyse der Sprache" eine Kritik der Metaphysik vor. Durch logische Analyse, durch die Klarstellung der Bedeutung von den in Sätzen auftretenden Wörtern könne aufgewiesen werden, dass „die vorgeblichen Sätze dieses Gebietes gänzlich sinnlos sind" (Ü 220). Es handelt sich um Scheinsätze, indem in ihnen entweder ein Wort vorkommt, das keine Bedeutung hat, oder aber Wörter, die zwar Bedeutungen haben, die aber syntaxwidrig zusammengesetzt sind, sodass sie dennoch keinen Sinn ergeben.

Als ein Beispiel für bedeutungslose Wörter wird das Wort „Prinzip" (archē) angegeben. Das Prinzip ist in der antiken Philosophie das Zugrundeliegende, etwa Wasser, Zahl oder die Ideen. Was hier Prinzip heißt, sei jedoch nicht klar. „X ist das Prinzip von Y" kann naturwissenschaftlich gesehen sinnvoll bedeuten: Y ist die durch X als Ursache bewirkte Wirkung. Für den Metaphysiker aber sind Wasser, Zahl oder Ideen nicht im Sinne empirisch feststellbarer Kausalität zu verstehen. Der Metaphysiker würde vielleicht präzisieren, der Satz bedeute, dass Y aus X hervorgeht. Fragt man ihn jedoch weiter, wie dies näher zu verstehen sei, so kann er kein anderes Kriterium mehr angegeben, das von der Beobachtung her klarmacht, was unter Hervorgehen zu verstehen ist. Damit aber ist der Begriff „Prinzip" als bedeutungsleer anzusehen, als ein inhaltsloser Scheinbegriff (Ü 224f.).

Ein anderes Beispiel ist für Carnap das Wort „Gott". Allein im mythologischen Gebrauch hat das Wort für ihn eine klare Bedeutung. Es werden damit körperliche Wesen bezeichnet, die auf dem Olymp, im Himmel oder in der Unterwelt thronen und mit gewissen menschlichen Eigenschaften ausgestattet sind. Sie treten in der Welt auf und sind von daher als empirisch gemeint anzusehen. Sie sind somit nicht von vornherein sinnlos, sondern lediglich falsch, weil es eben keine Götter gibt. Im metaphysischen Sprachgebrauch ist mit Gott gar nichts Empirisches mehr gemeint, und der Begriff verliert von daher jegliche Bedeutung, ist völlig sinnlos. Der theologische Sprachgebrauch steht dazwischen. Er schwankt zwischen beiden Gebrauchsweisen des Wortes, zwischen einem mythologischen und einem metaphysischen. Die theologischen Aussagen schwanken gewissermaßen zwischen falsch und überhaupt sinnlos (Ü 225ff.).

Ebenso wie „Prinzip" und „Gott" sind auch die meisten anderen metaphysischen Begriffe, z.B. „Idee", „das Absolute", „das Unendliche", „das Ding an sich", „das Wesen", „das Ich" usw. ohne Bedeutung. Wenn der Metaphysiker behauptet, er meine etwas mit solchen Wörtern, so weiß man, dass damit nur begleitende Vorstellungen und Gefühle angedeutet sind, denen nichts in der Wirklichkeit entspricht und durch die diese Wörter somit auch keine Bedeutung erhalten (Ü 227).

Syntaxwidrige Sätze gibt es zweierlei Art. „Caesar ist und" ist ein syntaxwidriger Satz, weil an die Stelle von „und" ein Adjektiv oder Substantiv gehört, etwa „Caesar ist ein Feldherr". Syntaxwidrig ist für Carnap aber nicht allein, was der Grammatik unserer Sprache widerspricht, sondern auch, was der logischen Syntax widerspricht. Der Satz „Caesar ist eine Primzahl" etwa ist ein grammatikalisch korrekter Satz. Das Satzobjekt ist hier ein Substantiv, dennoch ist der Satz syntaxwidrig, weil man der Logik nach einer Person keine Eigenschaft von Zahlen zu- oder absprechen kann. Er ist nicht grammatikalisch, aber logisch syntaxwidrig. Beides sind also Scheinsätze (Ü 227f.). Als Beispiel für syntaxwidrig zusammengesetzte Sätze metaphysischer Art aber wird auf Heidegger verwiesen, etwa Heideggers Aussage „Das Nichts nichtet". Das Wort „nichts" kann weder sinnvoll als Substantiv verwendet noch zu einem Verb konstruiert werden. Dass aber nach Heideggers Auffassung die Angst das Nichts offenbart, zeigt für Carnap, dass das Wort „nichts" nur eine „gefühlsmäßige Verfassung, vielleicht religiöser Art" bezeichnet (Ü 230f.).

Metaphysik hat also keinerlei theoretischen Gehalt, sie dient nicht der Darstellung von Sachverhalten, sondern ist ähnlich wie beim frühen Wittgenstein Ausdruck unseres Lebensgefühls (Ü 238), d.h. Ausdruck der „Haltung, in der ein Mensch lebt, die gefühls- und willensmäßige Einstellung zur Umwelt, zu den Mitmenschen, zu den Aufgaben, an denen er sich betätigt, zu den Schicksalen, die er erleidet" (Ü 239). Das adäquate Ausdrucksmittel für das Lebensgefühl aber wäre, so Carnap, die Kunst, und nicht die Metaphysik. Die Metaphysik versucht über das Lebensgefühl Aussagen zu machen, die in einem Begründungsverhältnis zueinander stehen, d.h. in Form einer Theorie. Dies aber ist unmöglich. Das reinste Ausdrucksmittel für das Lebensgefühl ist für Carnap die Musik, der Metaphysiker aber ist seiner Auffassung nach nichts als ein „Musiker ohne musikalische Fähigkeit“ (Ü 240).

c) Der späte Wittgenstein

Der späte Wittgenstein hat zwar sein sprachphilosophisches Selbstverständnis in den postum 1953 veröffentlichten „Philosophischen Untersuchungen“ grundlegend geändert, am prinzipiellen Sinnlosigkeitsverdacht an die Adresse metaphysischer Aussagen hat sich dadurch jedoch nichts geändert. Die „Philosophischen Untersuchungen“ beginnen damit, dass Wittgenstein sich von seinem früheren Bedeutungsverständnis absetzt. Die Bedeutung eines Wortes ist jetzt nicht mehr der Gegenstand, den das Wort bezeichnet, und der Sinn von Aussagen hängt nicht mehr unmittelbar damit zusammen, ob die Namen eines Satzes auf einen Gegenstand verweisen oder nicht. Mit anderen Worten: Wir lernen die Bedeutung von Wörtern nicht, indem wir die Gegenstände bezeichnen lernen, für die sie stehen, sondern dadurch, dass wir sie in bestimmten Handlungszusammenhängen verwenden lernen. Sprache ist etwas, was man zusammen mit Handlungen vollziehen lernt (PU 1). Im Handlungszusammenhang zwischen einem Bauenden und seinem Gehilfen – dies ist Wittgensteins Basisbeispiel – findet sprachliche Verständigung statt. Diese Verständigung aber gelingt dann, wenn der Gehilfe die Befehle des Bauenden richtig ausführt (PU 2). Das heißt, derjenige versteht ein Wort, der richtig nach ihm handelt. Wenn wir gelernt haben, wie ein Wort in einem gewissen Handlungszusammenhang gebraucht wird, kennen wir die Bedeutung des Wortes, und zwar zunächst unabhängig davon, welchen Gegenstand das Wort bezeichnet.

Handlungszusammenhänge werden immer im Rahmen von vorgegebenen Sprachzusammenhängen vollzogen. Die Einheit beider nennt Wittgenstein ein Sprachspiel. Ein Sprachspiel ist „das Ganze: der Sprache und der Tätigkeiten, mit denen sie verwoben sind“ (PU 7). Sprachspiele können relativ vereinzelte Zusammenhänge innerhalb einer Sprache bezeichnen, etwa Sprachspiele des Bittens, Dankens oder Fluchens, sie können für umfassendere Sprachvollzüge stehen wie Theater spielen oder einen Witz erzählen (PU 23), sie können schließlich auch eine mehr oder weniger umfassende Lebensform in ihren vielen besonderen sprachlichen Äußerungen darstellen (PU 19). Nur im Rahmen solcher Sprachspiele aber erhalten einzelne Wörter Bedeutung oder wird die Bedeutung einzelner Wörter erlernt.

Das Lernen von Wörtern durch Benennen von Gegenständen kann zwar *eine* Form von Sprachlernen unter anderen sein, ist für Wittgenstein aber nicht diejenige, die unserem Sprachlernen letztlich zugrunde liegt, denn sie setzt immer schon das Verstehen einer Anzahl von Sprachzusammenhängen voraus, die nicht durch Benennen von Gegenständen gelernt werden. Wenn ich etwa auf ein rotes Dach zeige und sage: „Das ist rot", setzt das Verstehen dieses Satzes schon voraus, dass ich weiß, dass es sich um ein Farbwort handelt, sonst könnte ich ebenso gut das Wort „rot" mit dem Dach selbst in Verbindung bringen. Wenn ich auf ein rotes Dach zeige, ist für den Lernenden an sich noch nicht klar, dass ich mit „rot" die Farbe meine. Das heißt, die Rolle der Wörter lerne ich nicht primär durch Bezeichnen von Gegenständen kennen, sondern durch ihren Gebrauch in anderen Handlungszusammenhängen (vgl. PU 30).

Wittgenstein verallgemeinert diesen bedeutungstheoretischen Ansatz nun dahingehend, dass für ihn überhaupt nur solche Wörter und Sätze Bedeutung haben, sinnvoll sind, die in konkrete Handlungszusammenhänge eingebettet sind. Dies aber tun im Wesentlichen die Sätze unserer Alltagssprache. Die Alltagssprache wird hiermit zu einem Kriterium sinnvoller Aussagen erhoben. Sinnvoll sind also solche Sätze, die sich im Rahmen unserer alltäglichen Sprechkonventionen, d. h. den Regeln unseres Sprachgebrauchs gemäß auf menschliches Handeln beziehen. Wenn diese Regeln sich ändern, ändert sich auch der Sinn der Wörter und Sätze. Damit jedoch sind für Wittgenstein vor allem die Sätze der Philosophie sinnlose Sätze. Die Philosophie versucht nämlich, die Wörter aus ihrem alltäglichen Kontext herauszunehmen und ihnen eine davon unabhängige Bedeutung zu verleihen. Sie rennt gegen die Grenzen der Sprache an, sie fügt ihr Beulen zu, und dies führt zu Unsinn (PU 119). Ihre Probleme aber handelt sie sich genauer gesagt dadurch ein, dass sie den Wörtern statt einer alltäglichen eine *metaphysische* Bedeutung verleiht, und Wittgenstein geht es darum – dies ist der Ansatzpunkt für die Metaphysikkritik seiner Spätphilosophie –, die metaphysischen Begriffe wieder auf ihre alltägliche und damit zulässige Verwendung zurückzuführen: „Wenn die Philosophen ein Wort gebrauchen – 'Wissen', 'Sein', 'Gegenstand', 'Ich', 'Satz', 'Name' [...] – muss man sich immer fragen: Wird denn dieses Wort in der Sprache, in der es seine Heimat hat, je tatsächlich so gebraucht? – *Wir* führen die Wörter von ihrer metaphysischen auf ihre alltägliche Verwendung zurück" (PU 116).

Dies ist eine der zwei Stellen in den „Philosophischen Untersuchungen", an der das Wort „Metaphysik" überhaupt auftaucht. Die Grundsätzlichkeit dieser Metaphysikkritik aber zeigt sich, wenn man die Frage zu beantworten versucht, inwiefern denn die Philosophie dahin tendiert, aus der Alltagssprache auszuscheren. Ich konzentriere mich hier auf *einen* zentralen Aspekt. Im alltäglichen Gebrauch zeichnen sich die Wörter nach Wittgensteins Auffassung vor allem dadurch aus, dass ihre Bedeutung nicht streng definierbar ist. Die Bedeutung eines Wortes aufweisen ist, wie bereits gesagt, erklären bzw. beschreiben, wie dieses Wort in einem gegebenen Sprachspiel und damit Handlungszusammenhang funktioniert. Dieses Beschreiben aber erfolgt wesentlich durch die Angabe von Beispielen. Durch Beispiele der richtigen oder falschen Verwendung beschreiben wir die Verwendungsregel und damit die Bedeutung eines Wortes in einer Sprache. Der springende Punkt jedoch ist, dass sich aus der Zusammenschau aller Beispiele niemals eine für alle Beispiele gültige Bedeutung bzw. Definition des jeweiligen Wortes ergibt. Das heißt, es gibt keine einheitliche Bedeutung von Wörtern. Es gibt nichts definierbar Gemeinsames, sondern die verschiedenen Bedeutungen, d.h. die verschiedenen Verwendungsweisen der Wörter sind nur in vielen verschiedenen Weisen miteinander *verwandt* (PU 65). Wittgenstein führt ein Beispiel für das Wort „Spiel" an:

„Betrachte z.B. einmal die Vorgänge, die wir 'Spiele' nennen. Ich meine Brettspiele, Kartenspiele, Ballspiel, Kampfspiele, usw. Was ist allen diesen gemeinsam? – Sag nicht: 'Es *muss* ihnen etwas gemeinsam sein, sonst hießen sie nicht 'Spiele' – sondern *schau*, ob ihnen allen etwas gemeinsam ist. – Denn wenn du sie anschaust, wirst du zwar nicht etwas sehen, was *allen* gemeinsam ist, aber du wirst Ähnlichkeiten, Verwandtschaften, sehen, und zwar eine ganze Reihe." (PU 66)

Über diese Verwandtschaften hinaus – Wittgenstein hat diesbezüglich den Begriff der „Familienähnlichkeiten" geprägt – gibt es seiner Auffassung nach keine Einheit der Bedeutung. Der Begriff „Spiel" ist „ein Wort mit verschwommenen Rändern" (PU 60).

Wörter werden demnach genau in dem Augenblick ihrem alltagssprachlichen Kontext entfremdet, wo sie – so könnte man es formulieren – zu Begriffen erhoben werden, d.h. zu definierbaren Allgemeinheiten, wo also versucht wird, das Gemeinsame in *allen* konkreten Anwendungen eines Wortes zu bestimmen. Von da aber ist es nur ein kleiner Schritt, sie auch als Idealitäten zu verstehen, wovon die konkreten Einzeldinge die unvollkommenen, materiellen Vorkommnisse sind, oder gar als etwas Ewiges, etwas, was bleibt, wenn das konkrete Einzelding, das es verkörpert, vergeht. Dass die Spannbreite von „metaphysisch" für Wittgenstein wirklich bis hin zur Auffassung ewiger Einheiten geht, belegt die zweite Textstelle, in der das Adjektiv „metaphysisch" verwendet wird. Dort heißt es, die Farbe „Rot" werde dann metaphysisch verstanden, wenn man sie als etwas Zeitloses und Unzerstörbares ansehe (PU 58). Metaphysisch also – und damit sinnlos – werden Wörter dann, wenn sie zu überkontextuellen Wesenheiten verabsolutiert werden. Hiermit aber stellt Wittgenstein ein Fundament abendländischer Metaphysik in Frage. Bei Platon und Aristoteles zeichnen sich Ideen oder Formen durch genau diese drei Momente aus: Allgemeinheit, Idealität und Ewigkeit.

Auch die Bedeutungstheorie des späten Wittgenstein läuft demnach darauf hinaus, metaphysische Entitäten grundsätzlich als sprachlichen Unsinn auszugeben. In der Alltagssprache gibt es nur Wörter, die über verschiedene Kontexte hinweg Familienähnlichkeiten aufweisen. Diese Familienähnlichkeiten sind Bestandteil der Grammatik, des Regelwerks der Sprechkonventionen einer Sprache, und können damit nicht auf sprachunabhängige, allgemeine Wesenheiten verweisen. Hieraus aber kann auch die Konsequenz gezogen werden – Wittgenstein zieht sie in den „Philosophischen Untersuchungen" zwar nicht ausdrücklich, er deutet aber zugleich nirgends an, dass es einen Bereich geben könnte, für den sein Ansatz nicht gelten sollte –, dass sich auch von Gott als einer der gesamten Wirklichkeit zugrunde liegenden Idealität nicht sinnvoll reden lässt, d.h., auch ein metaphysischer Gottesbegriff ist kein sinnvoller Begriff, weil auch mit ihm wieder eine Einheit gesetzt wird, ein der Wirklichkeit zugrunde liegendes, ideales, ewiges Wesen, für das es ebenso wenig ein den Sprechkonventionen entsprechendes Sprachspiel gibt wie für Begriffe wie Satz, Sprache, Denken oder Welt (vgl. PU 96).

4. Ausblick

Während Heideggers Metaphysikkritik den Rahmen der Metaphysik letztlich nicht verlässt, wird diese Kritik bei Feuerbach, Marx und Nietzsche im Grunde genommen rein thetisch gesetzt, sodass sich Metaphysik und Metaphysikkritik wie Modell und Gegenmodell unvermittelt gegenüberstehen. Dem Verdacht, dass es sich bei der Metaphysik um eine komplette Illusion handelt, die soziologisch oder psychologisch erklärt werden kann, muss sich die Metaphysik zwar stellen. Doch dieser Verdacht allein widerlegt sie nicht.

Die Frage einer möglichen, zukünftigen Metaphysik nach Hegel stellt sich m.E. vor allem von den drei letztgenannten analytischen Ansätzen her. In sich problematisch sind diese Ansätze, weil sie jeweils auf ihre Weise das Kriterium für sinnvolle Sätze dermaßen einengen, dass nicht nur die metaphysischen Aussagen von vornherein als sinnlos ausscheiden, sondern immer auch ein wichtiger Teil dessen, was der Mensch in seiner Lebenswelt sonst zur Aussage bringt. Karl Popper (1902–1994) bemerkt hierzu (er bezieht sich in dieser Aussage auf das Sinnverständnis von

Carnap): „… nichts ist leichter als eine Frage als 'sinnloses Scheinproblem' zu enthüllen: Man braucht ja nur den Begriff des 'Sinnes' eng genug fassen, um von allen unbequemen Fragen erklären zu können, dass man keinen 'Sinn' in ihnen zu finden vermag; und indem man nur Fragen der empirischen Wissenschaft als 'sinnvoll' anerkennt, wird auch jede Debatte über den Sinnbegriff sinnlos: einmal inthronisiert, ist dieses Sinndogma für immer jedem Angriff entrückt, 'unantastbar und definitiv'…"[5] Mit anderen Worten: Es stellt sich bezüglich der analytischen Metaphysikkritik etwas paradox formuliert die Frage, ob das ihr zugrunde liegende Sinnverständnis sinnvoll ist.

Bei aller Engführung jedoch spricht die analytische Metaphysikkritik mit der Sinnfrage die für die nachhegelsche Metaphysik vordringliche Frage nach dem Erkenntnisstatus metaphysischer Aussagen an. Es scheint mir auf der Hand zu liegen, dass es Erkenntnis über die streng naturwissenschaftliche Erkenntnis bzw. sinnvolle Aussagen über bestehende Sprachspiele hinaus gibt. Es stellt sich jedoch die Frage, welcher Grad an Gewissheit und Präzision derartiger Erkenntnis oder derartigen Aussagen zugeschrieben werden kann. Die analytische Philosophie unterliegt immer noch der frühneuzeitlichen Tendenz, nur das als Erkenntnis gelten zu lassen, was dem strengsten Maßstab genügt. Für die frühe Neuzeit war dies notwendige Erkenntnis. Auch wenn der analytische Positivismus grundsätzlich von der Fallibilität und damit Nichtnotwendigkeit naturwissenschaftlicher Aussagen ausgeht, versucht er, das Sinnkriterium an einem einzigen, höchsten Maßstab, etwa dem der Verifizierbarkeit, festzumachen. Diese Tendenz ist ein Erbe der Metaphysik selbst. Wie gesehen hatte schon Platon der Ideenerkenntnis allein „epistḗmē", Erkenntnis im eigentlichen Sinne zugesprochen, während alle Aussagen bezüglich sinnlich wahrnehmbarer Dinge bloße „dóxa" waren. Von Platon bis Descartes beansprucht die Metaphysik den erkenntnistheoretisch höchsten Grad an Gewissheit für sich.

Oft wird Metaphysik heute deshalb abgelehnt, weil dieser Aspekt als wesenskonstitutiv für die Metaphysik angesehen wird.[6] Doch könnte man die Metaphysikkritik Kants nicht so verstehen, dass nach ihr zumindest dies feststeht, dass metaphysische Theorien den Erkenntnisstatus etwa von naturwissenschaftlichen Theorien niemals erreichen können? Aussagen von Einzelwissenschaften im Allgemeinen gründen – nicht ausschließlich, aber prinzipiell – in der Beobachtung. Die Metaphysik kann lediglich versuchen, die auf diesen Beobachtungen beruhenden Theorien zu einem ein-

[5] K. Popper, *Logik der Forschung*, Wien 1935, 24.

[6] So ganz besonders auch J. Habermas, *Nachmetaphysisches Denken. Philosophische Aufsätze*, Frankfurt a.M. 1988.

heitlichen Verständnis von Welt zusammenzudenken bzw. von einem spekulativen Einheitspunkt aus rückwärts schreitend die Beobachtung in ihren wichtigsten Grundzügen wieder einzuholen. Sie schafft auf diese Weise eine Gesamtorientierung bezüglich dessen, was ist. Ihre Schlüsse und Einsichten aber sind, obwohl sie die wissenschaftlichen Erkenntnisse nicht ignoriert, nicht noch einmal durch Beobachtungen gedeckt. Damit erhält sie auf rein rational-diskursiver Ebene – die wichtige Frage einer möglichen intuitiven bzw. noetischen Erkenntnis übergehe ich hier – nicht nur einen grundsätzlich hypothetischen Charakter, sondern sie darf und kann sich auch nicht nach dem Sinnkriterium richten, welches die Einzelwissenschaften für sich beanspruchen. Metaphysik heute sollte sich nicht nur im Hinblick auf die Fallibilität und Revidierbarkeit der zu berücksichtigenden wissenschaftlichen Erkenntnisse selber als fallibel und revidierbar verstehen, sondern auch ihre Erkenntniskritierien grundsätzlich nicht völlig denjenigen der Einzelwissenschaften angleichen wollen. Im Hinblick auf eine rein empiristische Kriteriologie – die ja auch wieder vom Erfolgsprinzip geleitet ist – bleibt sie den Einzelwissenschaften in jedem Fall unterlegen.

Die Metaphysikkritik bedeutet damit jedoch nicht das Ende der Metaphysik als solcher, sondern höchstens das Ende einer unkritischen Metaphysik. Nicht nur die metaphysischen Fragen sind unabweisbar, weil von der Vernunft selbst aufgegeben, wie es bei Kant heißt, sondern auch das Entwerfen metaphysischer Modelle, denn wo wir uns im Denken solcher Modelle nicht ausdrücklich versuchen, holen sie uns unbewusst ein. Es gibt kein menschliches Handeln, das nicht in einem bestimmten Vorverständnis bezüglich unseres Verstehens von Welt insgesamt gründet. In diesem allgemeinsten Sinne von Metaphysik jedoch, als ein Verstehen von Welt insgesamt, von Wirklichkeit überhaupt, ist der Mensch unabdingbar ein „homo metaphysicus".

Literaturverzeichnis

Dieses Literaturverzeichnis enthält neben dem Hinweis auf Werkausgaben (eventuell Einzelausgaben) lediglich Angaben zu allgemein einführenden Werken sowie grundlegenden Werken zum Thema selbst. Es handelt sich lediglich um eine Auswahl. Der Hinweis auf die im Text zitierten Werke sowie eventuelle Angaben zu unmittelbar verwendeter Sekundärliteratur erfolgten in den Fußnoten.

Zur Metaphysik im allgemeinen

Artikel „Metaphysik“ in: Historisches Wörterbuch der Philosophie, Bd. 5, Basel 1980, Spalte 1186–1279.

Artikel „Metaphysik“ in: Theologische Realenzyklopädie, Bd. XXII, hrsg. v. G. Krause und G. Müller, Berlin – New York 1992, 638–665.

Fischer, N.: Die philosophische Frage nach Gott: ein Gang durch ihre Stationen, Paderborn 1995.

Heimsoeth, H.: Die sechs großen Themen der abendländischen Metaphysik und der Ausgang des Mittelalters, Darmstadt [3]1954.

Kaulbach, F.: Einführung in die Metaphysik, Darmstadt [5]1991.

Muck, O.: Philosophische Gotteslehre, Düsseldorf 1983.

Schmidinger, H.: Metaphysik. Ein Grundkurs, Stuttgart 2000.

Weischedel, W.: Der Gott der Philosophen. Grundlegung einer philosophischen Theologie im Zeitalter des Nihilismus, 2 Bde., Darmstadt 1975.

Weissmahr, B.: Ontologie, Stuttgart [2]1991.

–: Philosophische Gotteslehre, Stuttgart [2]1994.

I. Teil: Metaphysik der Antike

Zur Philosophie der Antike im Allgemeinen

Copleston, F.: A History of Philosophy, Bd. 1, Greece and Rome, Westminster, Maryland 1946.

Guthrie, W. K. C.: A History of Greek Philosophy, Bd. 1, Cambridge 1962.

Hirschberger, J.: Geschichte der Philosophie, Bd. 1, Altertum und Mittelalter, Freiburg 1965.

Ricken, F.: Philosophie der Antike, Stuttgart 1988.

Zeller, E.: Die Philosophie der Griechen in ihrer geschichtlichen Entwicklung dargestellt, 5 Bde., Leipzig 1919–1923 (Hildesheim 1990).

1. Platon

a) Werkausgaben und Übersetzungen

Platonis opera, 5 Bde. Hrsg. v. I. Burnet, Oxford 1900–1907.

Œuvres complètes (gr./frz.), 14 Bde., Paris 1961–1964.

Jubiläumsausgabe sämtlicher Werke, 8 Bde. Übertr. v. R. Rufener u. eingel. v. O. Gigon, Zürich 1974.

Sämtliche Dialoge. Übersetzt und hrsg. von O. Apelt in Verbindung mit C. Ritter, K. Hildebrandt und G. Schneider, Hamburg 1988 (Nachdr.).

Werke in acht Bänden (gr./dt.). Hrsg. v. G. Eigler, übers. v. F. Schleiermacher, Darmstadt 1977.

b) Sekundärliteratur

Bormann, K.: Platon, Freiburg/München ^{3}1993.

Copleston, F.: A History of Philosophy, Bd. 1, Greece and Rome, Westminster, Maryland 1946, 127–265.

Friedländer, P.: Platon, 3 Bde., Berlin ^{3}1964–1975 (^{1}1928).

Graeser, A.: Platons Ideenlehre: Sprache, Logik, Metaphysik, Bern 1975.

Grube, G. M. A.: Plato's Thought, London 1980 (^{1}1935).

Guthrie, W. K. C.: A History of Greek Philosophy, Bd. 4–5, Cambridge 1975, 1978.

Hirschberger, J.: Geschichte der Philosophie, Bd. 1, Altertum und Mittelalter. Freiburg 1965, 72–151.

Martin, G.: Platons Ideenlehre, Berlin 1973.

Ross, D.: Plato's Theory of Ideas, Oxford 1951.

Zehnpfennig, B.: Platon zur Einführung, Hamburg 1997.

2. Aristoteles

a) Werkausgaben und Übersetzungen

Aristoteles opera, 5 Bde. Hrsg. v. I. Bekker, Berlin 1831–1870.

The Complete Works of Aristotle. The Revised Oxford Edition. Hrsg. v. J. Barnes, Princeton 1984.

Werke in deutscher Übersetzung. Begründet v. E. Grumach, hrsg. v. H. Flashar, Berlin 1956ff.

b) Einzelübersetzungen

Aristotle's De partibus animalium I and De generatione animalium I (with passages from II. 1–3). Übers. mit Anm. v. D. M. Balme, Oxford 1975.

Kategorien. Lehre vom Satz (Organon I/II). Übers., Einl. u. Anm. v. E. Rolfes, Hamburg 1958.

Lehre vom Schluß oder Erste Analytik (Organon III). Übers. u. mit Anm. v. E. Rolfes, Hamburg 1975.

Lehre vom Beweis oder Zweite Analytik (Organon IV). Übers. u. mit Anm. v. E. Rolfes, neue Einl. v. O. Höffe, Hamburg 1976.

Aristoteles' Physik. Vorlesung über Natur (gr./dt.), 2 Halbbde. Übers., Einl. und Anm. v. H. G. Zekl, Hamburg 1987f.

Metaphysik. Hrsg. v. F. F. Schwarz, Stuttgart 1970.
Metaphysik (gr./dt.). Übers. v. H. Bonitz, neu hrsg. v. H. Seidl, Hamburg 1994.
Topik (Organon V). Übers. u. mit Anm. v. E. Rolfes, Hamburg 1968.
Über die Seele. Übers. v. W. Theiler, eingel. und komm. v. H. Seidl, Hamburg 1995.
Vom Himmel. Von der Seele. Von der Dichtkunst. Übers. u. hrsg. v. O. Gigon, München 1983.

c) Sekundärliteratur

Barnes, J.: Aristoteles. Eine Einführung, Stuttgart 1992.
Copleston, F.: A History of Philosophy, Bd. 1, Greece and Rome, Westminster, Maryland 1946, 266–378.
Düring, I.: Aristoteles. Darstellung und Interpretation seines Denkens, Heidelberg 1966.
Flashar, H.: Aristoteles, in: Grundriß der Geschichte der Philosophie. Begr. von F. Überweg, hrsg. v. H. Flashar, Philosophie der Antike, Bd. 3, Basel 1983, 175–457.
Guthrie, W. K. C.: A History of Greek Philosophy, Bd. 6, Cambridge 1981.
Hager, F.-P. (Hrsg.): Metaphysik und Theologie des Aristoteles, Darmstadt 1969.
Höffe, O.: Aristoteles, München 1996.
Leszl, W.: Aristotle's Conception of Ontology, Padua 1975.
Liske, Th.-M.: Aristoteles und der aristotelische Essentialismus. Individuum, Art, Gattung, Freiburg 1985.
Owens, J.: The Doctrine of Being in the Aristotelian *Metaphysics*. A Study in the Greek Background of Mediaeval Thought, Toronto 1951.
Rapp, Ch.: Identität, Persistenz und Substantialität, Freiburg 1995.
Ross, W. D.: Aristotle, London 1923.
Zeller, E.: Die Philosophie der Griechen in ihrer geschichtlichen Entwicklung dargestellt. Zweiter Teil, zweite Abt.: Aristoteles und die alten Peripatetiker, Darmstadt 1963 ([1]1921).

3. Plotin

a) Werkausgaben und Übersetzungen

Plotini opera. Hrsg. v. P. Henry u. H.-R. Schwyzer, 3 Bde., Paris 1951–1973; editio minor, 3 Bde., Oxford 1964–1982.
Plotins Schriften (gr./dt.). Übers. von R. Harder, neubearb. von R. Beutler/W. Theiler, 6 Bde., Hamburg 1956–1971 (chronologische Anordnung).
Plotinus (gr./engl.). Übers. von A. H. Armstrong, 7 Bde., Cambridge, Mass. (Loeb Classical Library) 1966–1988 (Anordnung von Porphyrios).

b) Sekundärliteratur

Beierwaltes, W.: Denken des Einen, Frankfurt 1985.
–: „Plotins philosophische Mystik", in: M. Schmidt u. D. Bauer (Hrsg.), Grundfragen christlicher Mystik, Stuttgart 1987, 39–49.
Bréhier, E.: La philosophie de Plotin, Paris 1961 ([1]1928).

Copleston, F.: A History of Philosophy, Bd. 1 (Greece and Rome), Maryland 1946, 463–475.
Jaspers, K.: Die großen Philosophen, Bd. 1, München 1957, 656–723.
O'Meara, D.: Plotinus. An Introduction to the Enneads, Oxford 1995.
Zeller, E.: Die Philosophie der Griechen in ihrer geschichtlichen Entwicklung dargestellt. Dritter Teil, zweite Abt.: Die nacharistotelische Philosophie, Darmstadt 1963 ([1]1923).

II. Teil: Metaphysik des Mittelalters

Zur Philosophie des Mittelalters im Allgemeinen

Copleston, F.: Geschichte der Philosophie im Mittelalter, München 1976.
–: A History of Philosophy, Bde. 2–3, Westminster, Maryland 1950ff.
Flasch, K.: Das philosophische Denken im Mittelalter. Von Augustin zu Machiavelli, Stuttgart 1988.
Heinzmann, R.: Philosophie des Mittelalters, Stuttgart 1992.
Schulthess, P./Imbach, R.: Die Philosophie im lateinischen Mittelalter. Ein Handbuch mit einem bio-bibliographischen Repertorium, Zürich 1996.

4. Augustinus

a) Werke und Übersetzungen

Augustini opera, in: Corpus scriptorum ecclesiasticorum Latinorum, Wien 1887ff.
Bibliothek der Kirchenväter, Bde. I–XV. Hrsg. v. O. Bardenhewer, Th. Schermann u. K. Weyman, Kempten/München 1911ff.
Bibliothèque augustinienne. Œuvres de saint Augustin (lat./frz.), Paris 1947ff.
Sancti Aurelii Augustini opera omnia, in: J. P. Migne, Patrologiae cursus completus, series Latina, Bde. 32–47, Paris 1841–1849.
Werke in deutscher Sprache. Deutsche Augustinus-Ausgabe. Hrsg. und übers. v. C. J. Perl, Paderborn 1940ff.

b) Einzelübersetzungen

Bekenntnisse (dt./lat.). Eingel., übers. und erl. v. J. Bernhart, Vorw. v. E. L. Grasmück, Frankfurt a.M. 1987.
Vom Gottesstaat, 2 Bde. Übers. v. W. Thimme, eingel. u. komm. v. C. Andresen, München 1977.
Philosophische Frühdialoge. Engel., übers. und erl. v. E. Mühlenberg, I. Schwarz-Kirchenbauer u. B. R. Voss, Zürich 1972.
Philosophische Spätdialoge (lat./dt.). Übers. u. erl. v. G. Weigel u. K. H. Lütke, Zürich 1973.
Selbstgespräche/Von der Unsterblichkeit der Seele (lat./dt.). Einf., Übertr. und Anm. v. H. Müller, Zürich 1986.
Theologische Frühschriften (lat./dt.). Übers. u. erl. v. W. Thimme, Zürich 1962.

De utilitate credendi – Über den Nutzen des Glaubens (lat./dt.). Übers. u. eingel. v. A. Hoffmann, Freiburg 1992.
De vera religione – Über die wahre Religion (lat./dt.). Übers. u. Anm. v. W. Thimme, Nachwort v. K. Flasch, Stuttgart 1983.

c) Sekundärliteratur

Brown, P.: Augustinus von Hippo, Frankfurt a. M. ²1982.
Flasch, K.: Augustin. Einführung in sein Denken, Stuttgart 1980.
Gilson, E.: Der hl. Augustin, Breslau 1930.
Heinzmann, R.: Philosophie des Mittelalters, Stuttgart 1992, 60–94.
Horn, Chr.: Augustinus, München 1995.
Schöpf, A.: Augustinus. Einführung in sein Philosophieren, München 1970.

5. Thomas von Aquin

a) Werkausgaben

Opera omnia. Editio Leonina. Krit. Ed., Rom 1882 ff.
Opera omnia. Hrsg. v. E. Fretté u. P. M. Vivès, Paris 1889–1890.
Opera omnia. Stuttgart 1980.

b) Übersetzungen

Die Gottesbeweise in der „Summe gegen die Heiden" und der „Summe der Theologie" (lat./dt.). Hrsg., eingel. u. komm. v. H. Seidl, Hamburg 1981.
Prologe zu den Aristoteles-Kommentaren (lat./dt.). Hrsg., übers. u. eingel. v. R. Imbach u. F. Chenaval, Frankfurt a. M. 1993.
Summe gegen die Heiden (Summa contra gentiles) (lat./dt.). Hrsg. und übers. von K. Albert, P. Engelhardt u. L. Dümpelmann, 5 Bde., Darmstadt 1982–1996.
Summa theologica (lat./dt.). Mit Kommentar, übers. v. Dominikanern und Benediktinern Deutschlands und Österreichs, hrsg. von der Albertus-Magnus-Akademie Walberberg bei Köln, Salzburg 1933 ff.
Summa theologiae (lat./engl.), London 1964 ff.
Über das Seiende und Wesenheit. De ente et essentia (lat./dt.). Hrsg., eingel., übers. u. komm. v. H. Seidl, Hamburg 1988.
Über die Trinität. Eine Auslegung der gleichnamigen Schrift des Boethius = In Librum Boethii de Trinitate Expositio (lat./dt.). Übers. und erl. v. H. Lentz, Einf. v. W.-U. Klünker, Stuttgart 1988.
Untersuchungen über die Wahrheit (Quaestiones disputatae de veritate). Übers. v. E. Stein, Löwen 1964.
Von der Wahrheit. De veritate q. 1 (lat./dt.). Hrsg., übers. u. eingel. v. A. Zimmermann, Hamburg 1985.

c) Sekundärliteratur

Beiträge zum Problem der Metaphysik bei Aristoteles und Thomas von Aquin. Hrsg. v. M. Lutz-Bachmann, Frankfurt a. M. 1988.

Copleston, F.: A History of Philosophy, Bd. 2, Augustine to Scotus, Westminster, Maryland 1950, 302–422.
Gilson, E.: Le Thomisme. Introduction à la philosophie de Saint Thomas d'Aquin, Paris 1965.
Heinzmann, R.: Thomas von Aquin, Stuttgart 1994.
Hoping, H.: Weisheit und Wissen des Ursprungs. Philosophie und Theologie in der „Summa contra gentiles" des Thomas von Aquin, Freiburg 1997.
Mayer, H.: Thomas v. Aquin. Sein System und seine geistesgeschichtliche Stellung, Bonn 1938.
Pieper, J.: Thomas von Aquin. Leben und Werk, München 1986.
Schönberger, R.: Thomas von Aquin zur Einführung, Hamburg 1998.
Sertillanges, A. D.: Der heilige Thomas von Aquin, Köln ²1954.

6. Wilhelm von Ockham

a) Werke

Expositio aurea et admodum utilis super artem veterem, New Jersey 1964.
Opera philosophica et theologica. Hrsg. v. S. Brown u. a., St. Bonaventure/New York 1967 ff.
Quodlibeta septem, Louvain 1962.

b) Übersetzungen

Philosophical Writings (lat./engl.). Ed. and transl. by P. Boehner, Edinburgh 1962.
Quodlibetal Questions, 2 Bde., übers. v. A. J. Freddoso u. F. E. Kelley, New Haven 1991.
Somme de logique (lat./frz.), 2 Bde. Übers., Einl. u. Anm. v. J. Biard, 1988–1996.
Summe der Logik (Summa logicae, Ausz.). Aus Teil I: Über die Termini. Lat./dt., hrsg., übers., Einf. u. Anm. v. Peter Kunze, Hamburg 1984.
Texte zur Theorie der Erkenntnis und der Wissenschaft (lat./dt.). Hrsg., übers. u. komm. v. R. Imbach, Stuttgart 1984.

c) Sekundärliteratur

Adams, M. Mc Cord: William Ockham, 2 Bde., Notre Dame 1987.
Beckmann, J. P.: Wilhelm von Ockham, München 1995.
Copleston, F.: A History of Philosophy, Bd. 3, Ockham to Suarez, Westminster, Maryland 1953, 43–121.
Imbach, R.: Wilhelm von Ockham, in: Klassiker der Philosophie, hrsg. v. O. Höffe, Bd. 1, München ³1994, 220–244.

III. Teil: Metaphysik der Neuzeit

Zur Philosophie der Neuzeit im Allgemeinen

Blumenberg, H.: Säkularisierung und Selbstbehauptung, Frankfurt a. M. 1974.
Copleston, F.: A History of Philosophy, Bde. 4–7, Westminster, Maryland 1960 ff.
Heimsoeth, H.: Metaphysik der Neuzeit, München/Berlin 1929.
Hirschberger, J.: Geschichte der Philosophie, Bd. 2, Freiburg [1]1965.
Kobusch, Th.: Die Entdeckung der Person. Metaphysik der Freiheit und modernes Menschenbild, Freiburg [2]1998.

7. Descartes

a) Werke

Correspondence. Hrsg. v. Ch. Adam und G. Milhaud, 8 Bde., Paris 1936–1963.
Œuvres de Descartes. Hrsg. v. Ch. Adam u. P. Tannery, 13 Bde., Paris 1897–1913.
Œuvres et Lettres, hrsg. v. A. Bridoux, Paris 1992.

b) Übersetzungen

Briefe 1629–1650. Hrsg. v. F. Baumgart u. M. Bense, Köln 1949.
Discours de la méthode/Von der Methode des richtigen Vernunftgebrauchs und der wissenschaftlichen Forschung (frz./dt.). Übers. u. hrsg. v. L. Gäbe, Hamburg 1960.
Meditationes de prima philosophia/Meditationen über die Grundlagen der Philosophie (lat./dt.). Neu hrsg. u. durchgesehen v. L. Gäbe u. H. G. Zekl, Hamburg 1960.
Prinzipien der Philosophie/Bemerkungen über ein gewisses Programm. Übers. u. hrsg. v. H. Buchenau, Hamburg 1965.
Regulae ad directionem ingenii/Regeln zur Ausrichtung der Erkenntniskraft (lat./dt.). Revid., übers. u. hrsg. v. H. Springmeyer, L. Gäbe u. H. G. Zekl, Hamburg 1973.
Über die Leidenschaften der Seele/Les Passions de l'Ame (frz./dt.). Übers. u. hrsg. v. K. Hammacher, Hamburg 1984.

c) Sekundärliteratur

Beck, L. J.: The Metaphysics of Descartes, Oxford [2]1967.
Copleston, F.: A History of Philosophy, Bd. 4, Descartes to Leibniz, Westminster, Maryland 1960, 116–152.
Gouhier, H.: La pensée métaphysique de Descartes, Paris [2]1969.
Oeing-Hanhoff, L.: R. Descartes, in: J. Speck (Hrsg.), Grundprobleme der großen Philosophen, Philosophie der Neuzeit I, Göttingen 1979, 35–73.
Perler, D.: René Descartes, München 1998.
Rodis-Lewis, G.: Descartes, Paris 1984.
Röd, W.: Descartes, in: Geschichte der Philosophie, Bd. VII: Die Philosophie der Neuzeit I, München 1978.

Röd, Wolfgang: Descartes. Die Genese des Cartesianischen Rationalismus, München 1982.

8. Kant

a) Werke

Sämtliche Werke. Hrsg. v. der Preußischen Akademie der Wissenschaften (Akademie-Ausgabe), bisher 28 Bde., Berlin 1910ff.
Werke in sechs Bänden. Hrsg. von W. Weischedel, Wiesbaden 1956–1964 (Nachdruck: Darmstadt 1963–1964; seitenidentische Paperbackausgabe in 10 Bänden, Frankfurt a.M. 1968).

b) Sekundärliteratur

Baumgartner, H. M.: Kants „Kritik der reinen Vernunft". Anleitung zur Lektüre, Freiburg ³1991.
Beck, L. W.: Kants „Kritik der praktischen Vernunft". Ein Kommentar, München 1974.
Copleston, F.: A History of Philosophy, Bd. 6, Wolff to Kant, Westminster, Maryland 1960, 180–439.
Coreth, E./Schöndorf, H.: Philosophie des 17. und 18. Jahrhunderts, Stuttgart 1983, 95–156.
Grondin, J.: Kant zur Einführung, Hamburg 1994.
Heidegger, M.: Kant und das Problem der Metaphysik, Frankfurt a.M. 1929.
Heimsoeth, H.: Transzendentale Dialektik, 4 Bde., Berlin 1966–1971.
Höffe, O.: Immanuel Kant, München 1983.
Kaulbach, F.: Immanuel Kant, Berlin 1982.
Sala, G. B.: Kant und die Frage nach Gott. Gottesbeweise und Gottesbeweiskritik in den Schriften Kants, Berlin 1990.

9. Hegel

a) Werke

Werke. Vollständige Ausgabe durch einen Verein von Freunden des Verewigten, 18 Bde., Berlin 1832–1845.
Werke in zwanzig Bänden, auf der Grundlage der Werke von 1832–1845 neu ediert. Red. E. Moldenhauer u. K. M. Michel, Frankfurt 1969–1971.

b) Sekundärliteratur

Copleston, F.: A History of Philosophy, Bd. 7, Fichte to Nietzsche, Westminster, Maryland 1963, 159–247.
Fischer, K.: Hegels Leben, Werke und Lehre, 2 Bde., Heidelberg ²1911.
Kroner, R.: Von Kant bis Hegel, 2 Bde., Tübingen 1921–1924.
Mure, G. R. G.: The Philosophy of Hegel, Oxford 1965.
Taylor, Ch.: Hegel, Frankfurt a.M. 1978.

Theunissen, M.: Hegels Lehre vom absoluten Geist als theologisch-politischer Traktat, Berlin 1970.
Volkmann-Schluck, K.-H.: Hegel. Die Vollendung der abendländischen Metaphysik, Würzburg 1998.

10. Metaphysik nach Hegel?

Feuerbach, Ludwig: Sämtliche Werke, 13 Bde. Hrsg. v. W. Bolin, F. Jodl u. H. M. Sass, Stuttgart 1959–1964.
–: Werke, 6 Bde. Hrsg. v. E. Thies, Frankfurt 1975 ff.
–: Das Wesen des Christentums, Stuttgart 1994.
Marx, Karl/Engels, Friedrich, Werke, 39 Bde., 2 Ergänzungsbände, Berlin 1956–1968.
–: Werke–Schriften–Briefe, 7 Bde. Hrsg. v. H.-J. Lieber, Darmstadt 1962.
–: Die Frühschriften, Stuttgart 1971.
Nietzsche, Friedrich: Werke. Kritische Gesamtausgabe. Hrsg. v. G. Colli und M. Montinari, Berlin 1967 ff.
–: Werke. Gesamtausgabe. Nietzsche-Archiv, Leipzig 1895 ff.
–: Werke in drei Bänden. Hrsg. v. K. Schlechta, München 1966.
Heidegger, Martin: Gesamtausgabe, Frankfurt a. M. 1975 ff.
–: Einführung in die Metaphysik, Tübingen 1953.
–: Über den Humanismus, Frankfurt a. M. 1949.
–: Identität und Differenz, Pfullingen 1957.
–: Nietzsche, 2 Bde., Pfullingen 1961.
–: Sein und Zeit, Tübingen 1977.
–: Zur Sache des Denkens, Tübingen 1969.
–: Vorträge und Aufsätze, Pfullingen 1954.
–: Was ist Metaphysik?, Frankfurt a. M. 1986.
Wittgenstein, Ludwig: Werkausgabe. 8 Bde., Frankfurt a. M. 1984 ff.
–: Vortrag über Ethik und andere kleine Schriften. Hrsg. v. J. Schulte, Frankfurt. a. M. 1989.
Carnap, Rudolf: Der logische Aufbau der Welt, Hamburg 1998.
–: „Überwindung der Metaphysik durch logische Analyse der Sprache“, in: Erkenntnis 2/1931, 220–241.

Bucher, A.: Martin Heidegger. Metaphysikkritik als Begriffsproblematik auf dem Denkweg Martin Heideggers, Bonn 1972.
Casper, B.: Wesen und Grenzen der Religionskritik. Feuerbach–Marx–Freud, Würzburg 1974.
Djuric, M.: Nietzsche und die Metaphysik, Berlin 1985.
Hacker, P. M. S.: Einsicht und Täuschung. Wittgenstein über Philosophie und die Metaphysik der Erfahrung, Frankfurt a. M. 1978.
Habermas, J.: Nachmetaphysisches Denken. Philosophische Aufsätze, Frankfurt a. M. 1988.
Haeffner, G.: Heideggers Begriff der Metaphysik, München 1981.

Kettering, E.: Nähe. Das Denken Martin Heideggers, Pfullingen 1987.
Krisis der Metaphysik. Hrsg. v. G. Abel und J. Salaquarda, Berlin 1989.
Metaphysik. Neue Zugänge zu alten Fragen. Hrsg. v. J. L. Brand, A. Hieke, P. M. Simons, St. Augustin 1995.
Metaphysik nach Kant. Hrsg. v. D. Henrich und R. P. Horstmann, Stuttgart 1988.
Metaphysikkritik, Ethik, Religion. Hrsg. v. M. Lutz-Bachmann, Würzburg 1995.
Müller-Lauter, W.: „Nietzsches Lehre vom Willen zur Macht", in: Nietzsche-Studien. Internationales Jahrbuch für die Nietzsche-Forschung, 2 (1974), 1–60.
Schacht, R.: Nietzsche, London 1983.
Schweidler, W.: Die Überwindung der Metaphysik. Zu einem Ende der neuzeitlichen Philosophie, Stuttgart 1987.
Winter, St.: Heideggers Bestimmung der Metaphysik, Freiburg 1993.

Namen- und Sachregister